T0293467

الإدارة التنفيذية لشركة هواوي

www.royalcollins.com

الإدارة التنفيذية لشركة هواوي

فهم الثقافة الإدارية للشركة الرائدة في الصين

سون كه ليو

RC
Books Beyond Boundaries
ROYAL COLLINS

الإدارة التنفيذية لشركة هواوي

سون كه ليو

النسخة العربية الأولى عام ٢٠٢٢
By Royal Collins Publishing Group Inc.
BKM ROYALCOLLINS PUBLISHERS PRIVATE LIMITED
www.royalcollins.com

Headquarters: 550-555 boul. René-Lévesque O Montréal (Québec) H2Z1B1 Canada
India office: 805 Hemkunt House, 8th Floor, Rajendra Place, New Delhi 110 008

ISBN: 978-1-4878-0213-4

نشكر برنامج الحزام والطريق للكتب على المساعدة المالية في نشر هذا الكتاب.

We are grateful for the financial assistance of B&R Book Program in the publication of this book.

تمهيد

لقد قمنا كخبراء استشاريين، بتوفير بناء النظم والاستشارة الداخلية فيما يتعلق بعملية التنفيذ في الكثير من المؤسسات على المدى الطويل، وفي المقابل، فان العمل الاستشاري يمكننا من الحصول على مزيد من التفكير العميق والخبرة في هذا المجال. كما أن هناك العديد من الشركات التي تريد أن تصبح كهواوي، لذلك فإنها تقوم بدراسة ثقافة الشركة وعمليات إدارة فريقها والعمليات التنفيذية الخاصة بها، وعلى الرغم من أن نتيجة كل تلك الجهود المبذولة تكون بعيدة عن توقعات تلك الشركات.

هناك العديد من الأسباب خلف هذا الفشل والتي لن أقوم بتحليلها واحد تلو الآخر هنا ولكن ما أريد التركيز عليه هو بناء نظام إدارة الشركة وهو مهمة شاقة، حيث يتكون هذا النظام من العديد من النظم الفرعية مثل التراث الثقافي والنظام المؤسسي ومعايرة العمليات وإدارة الأهداف وإدارة الأداء مع التركيز على التفاني الشديد في العمل. لتحقيق ذلك، لا يحتاج مدراء الشركات إلى وضع خطة تنموية طويلة الأجل فقط، بل يحتاجون إلى ما يكفي من الصبر والمثابرة. كما أن أعمال الشركة لا يمكن إنجازها دفعة واحدة حيث أنها عبارة عن مشروع فعلي يرتكز على التفاصيل.

مما يثير دهشتنا أنه من بين الشركات التي نزودها بالمشورة، هناك من يمتلك ما يكفي من الخبرة في بناء العملية التنفيذية الخاصة به والتي تعود بنتائج داخلية جيدة، حيث أنه عندما ذهب فريقنا الاستشاري في عام 2013 إلى تشانغده في مقاطعة هونان لإجراء مشورة داخلية لمجموعة سنتو (SNTO)، اكتشفنا أن الشركة بنت "الثقافة الكفاحية مع التنفيذ الفعال" بشكل مدهش.

في بعض الشركات، شعرنا بتأثير شركة هواوي في حين أن العديد من الشركات ما زالت تبحث بشكل عشوائي على ثقافة إدارية خاصة بها. وكخبراء استشاريين، أجرينا اتصالات

متعمقة مع مدراء شركة هواوي وموظفيها العاديين، كما أجرينا تبادلات مع أصحاب العمل والمدراء والموظفين في العديد من الشركات المشهورة، وقمنا بإجراء تحليل عميق لإستراتيجية العمل والإدارة وطرق العمل لديهم. وعلى هذا الأساس قمنا بزيارة بعض من مدرسي الجامعات الذين شاركوا في وضع القانون الأساسي وتقديم المشورة لشركة هواوي وذلك للحصول على فهم أفضل لتاريخ التنمية والجينات الثقافية لشركة هواوي. هذه المعرفة والخبرة تشكل أساس هذا الكتاب.

لا داعي لتكرار إنجازات هواوي. فعلى الرغم من أن شركة هواوي بعيدة عن الأضواء، حيث أن الغالبية يرونها شركة اتصالات مشهورة بثقافة الذئب. لكن في الحقيقة، هذا فهم من جانب واحد لشركة هواوي. فبالإضافة إلى حفاظ هواوي على ثقافة الذئب في الفترة المبكرة من العمل الجاد وريادة الأعمال، فإن شركة هواوي لديها تقنيات تنفيذ الرعاية الإنسانية الجيدة والإدارة العلمية وآليات الحوافز التنظيمية. كما أثار التنفيذ الدقيق للموظفين المتوسطين والمبتدئين في شركة هواوي غيرة العديد من الشركات التي تعمل في نفس المجال ولكنها لم تستطع الوصول إلى جوهر ثقافة الشركة.

يقدم الكتاب "الإدارة التنفيذية لشركة هواوي" تحليلا دقيقا جدا للتفاصيل الإدارية والروح الأساسية لكفاءة شركة هواوي العالية في التنفيذ. كما يوفر هذا الكتاب شرحا منهجيا لنظام القوة التنفيذية في شركة هواوي والذي يتكون من 11 جانبا من حيث المسؤوليات وتحمل المسؤوليات، والتوجه نحو تحقيق النتائج، والعملية والمعايرة، وإدارة الأهداف، وإدارة الوقت، وتوجيه الموظفين، والتواصل والتنسيق، والتنفيذ الدقيق، ومراقبة العملية، ونظام المكافأة والمعاقبة، وإدارة المشاكل.

يستكشف هذا الكتاب كل التفاصيل الكاملة لتنفيذ الأعمال عن طريق قيادة شركة هواوي، فضلا عن التراث الفلسفي الذي تم توارثه من رن تشنغ في، عراب هواوي. فالقارئ لا يتعلم عن ثقافة أعمال التنفيذ الفريدة من شركة هواوي فقط، بل يحصل على لمحة عن عبقرية قادتها أيضا.

نود أن نعرب عن تقديرنا للمساعدة الهائلة التي حصلنا عليها من العديد من المدراء ومن الزملاء في شركة هواوي خلال عملية كتابة هذا الكتاب.

وآمل بكل إخلاص أن يزود هذا الكتاب القراء برؤى قيمة لعملهم. كما سنعطي اهتماما كبيرا لتعليقاتكم واقتراحاتكم على أي عيوب قد تجدونها في هذا الكتاب.

المؤلف

المحتويات

تمهيد v

الفصل الأول: المسؤوليات وتحمل المسؤوليات 1
1. هذه مسؤوليتي 1
2. كن متفانيا في عملك 5
3. عد لأرض الواقع وأنجز المهمة 9
4. كن واثقا بنفسك أولا، لتكن مسؤولا فيما بعد 12
5. كن مستعداً للمساهمة في الجهد 16
6. التمسك بموقفك هو مسؤولية فضلا عن كونه فضيلة 20
7. كن أحد الأصول لشركتك 24

الفصل الثاني: التوجه نحو تحقيق النتائج 27
1. التركيز على الأعمال الأساسية وكن واقعيا 27
2. التوجه نحو التسويق التجاري 30
3. كن واضحا فيما تريد التوجه إليه 34
4. لا تتعجل في أي شيء 36
5. ترتيب الأولويات لمهامك 39
6. اجعل عملك صحيحا في المحاولة الأولى 41
7. افعل العمل وافعله جيدًا 44

الفصل الثالث: العملية والمعايرة 49

1. تبسيط العمل وتحسين العملية 49

2. سر على درب الأمريكين 53

3. من الصواب إعادة تصميم العملية 56

4. إصلاح جميع العمليات غير المعقولة 59

5. التحجر والتحسين والتوطيد 61

6. تحقيق الإدارة الموحدة 64

7. بناء ثقافة التنفيذ التي لا تعتمد على الناس 68

8. تطوير عادة عمل موحدة 70

الفصل الرابع: إدارة الأهداف 73

1. القفز لالتقاط الخوخ 73

2. التصويب قبل إطلاق النار 76

3. بناء التفكير المنهجي 78

4. تحسين خطة العمل 80

5. جعل الخطة مواكبة التغييرات 83

6. تصور الخطة 85

الفصل الخامس: إدارة الوقت 89

1. الكفاءة تأتي من التصميم 89

2. استخدم وقتك بطريقة مركزة 92

3. اقبض على "اللص" الذي يسرق وقتنا 94

4. تأكد من إيقاع العمل الخاص بك 98

5. إنشاء وتيرة عمل خاصة بك 99

6. استخدام الوقت في القيام بالأشياء المهمة 102

7. الاستفادة من الدقائق العشر الأخيرة قبل الانتهاء من العمل 104

الفصل السادس: توجيه الموظف 107

1. ممارسة التنفيذ الكامل للنظام 107

2. "نظام التوجيه المهني" في شركة هواوي 109

3. تطوير الذات من خلال الممارسة 112

4. يرجى الانتباه! فأنت أيضا المدير 115

5. اختيار المهام السهلة أولاً........ 119

6. تعزيز التواصل لتحقيق ترابط وثيق 122

7. الحفاظ على مسافة مناسبة مع المرؤوسين 125

الفصل السابع: التواصل والتنسيق **129**

1. التواصل يعني الإنتاجية........ 129

2. اتخاذ موقف متواضع سيجعل الموظفين يخبرونك بالحقيقة 132

3. يجب على التواصل التركيز على الاحترام المتبادل 133

4. بقلب واحد وعقل واحد لتحقيق التقدم المشترك 135

5. لا تضع وقت الآخرين 137

6. لا تقل"أنا فهمت" بسهولة 141

7. التغذية الراجعة في الوقت المناسب تضمن التواصل أكثر سلاسة 144

8. لا تنس أن تعد تقريرا جيدا حول عملك 147

الفصل الثامن: التنفيذ الدقيق **151**

1. قم بتنظيم بيئة العمل الخاصة بك 151

2. المضي قدما خطوة بخطوة 154

3. النجاح يكمن في التفاصيل 157

4. افعل شيئا واحدا في كل مرة وافعله جيداً 161

5. كن حذرًا وجادًا، وقم بحل المشكلة بشكل كامل 165

6. التعامل مع الأمور التافهة بشكل كلي 167

7. تقديم الدعم اللوجستي المهني 171

الفصل التاسع: مراقبة العملية **175**

1. التركيز من البداية حتى النهاية 175

2. تحديد أهداف مرحلية يمكن السيطرة عليها 178

3. تحقيق الاستخدام الأمثل للموارد 181

4. خطة معالم المشروع 184

5. مراقبة كل تفصيل عن كثب 186

6. العمل بدقة وصرامة 188

7. الاستعراض وإجراء التحسينات 190

الفصل العاشر: نظام المكافأة والمعاقبة **195**

1. "سياسة العليا الثلاثة" في هواوي 195

2. تنفيذ نظام الرواتب بالتدرج 202

3. آلية التخصيص الديناميكي لجميع الموظفين 206

4. تفعيل المنافسة من قبل نظام الرواتب الوظيفية 210

5. آلية الحوافز الخاصة بخطة ملكية الأسهم لجميع الموظفين (ESOP) 214

6. استخدام الحوافز السلبية لتفعيل القوة الدافعة الداخلية 218

الفصل الحادي عشر: إدارة المشاكل **221**

1. تعزيز روح السعي الدؤوب من أجل التميز 221

2. الأخطاء مسموحة ولكن يجب أن يكون هناك التقدم 225

3. استمر في البحث عن السبب حتى تجده 227

4. اسأل المزيد من "لماذا" 229

5. كن مرآة للآخرين 231

6. القيام بالتحسينات استنادا إلى حكمة الفريق 234

7. التلخيص مرارا وتكرارا 236

الفصل الأول

المسؤوليات وتحمل المسؤوليات

لا يكمـن الـدور الرئيـسي لـلإدارة التنفيذيـة في شركـة هـواوي في اتخـاذ ميـزة إسـتراتيجية، بـل هـو كسـب زخـم مسـتدام مـن عـدد هائـل مـن الموظفـين القادريـن عـلى تحمـل المسـؤوليات والالتزامـات. فشـعور الموظفـين بالمسـؤولية وتحملهـم المسـؤولية يمكنـان شركـة هـواوي مـن المـضي قدمـا بسرعـة هائلـة.

1. هذه مسؤوليتي

يمكـن للمسـؤولية أن توقـظ وعـي الأفـراد، وتعظـم إمكاناتهـم، وتحفزهـم عـلى بـذل المزيـد مـن الجهـود. ويختـص بذلـك أولئـك الذيـن يجـرؤون عـلى تحمـل المسـؤوليات ويمكنهـم الحصـول عـلى الاحـترام مـن الآخريـن.

نمـت هـواوي مـن شركـة ناشـئة في مجال معـدات الاتصـالات إلى شركـة عملاقة عالميـة، وذلك بالاعتـماد عـلى مجموعـة مـن الموظفـين الشـجعان الذيـن يجـرؤون عـلى تحمـل مسـؤولياتهم. على الرغـم مـن أن الأفـراد في شركـة هـواوي كانـوا يواجهـون ضغوطـا هائلـة مـن المنافسـين ويعانـون مـن ظـروف معيشـية سـيئة في المـاضي مـما جعـل كل خطـوة مـن خطواتهـم إلى الأمـام صعبـة للغايـة، إلا أن رن تشـنغ في وموظفـي هـواوي مـا اعتقـدوا "أنهـا ليسـت مشـكلتهم". بـل أصبـح تفانيهـم في العمـل الـذي يظهـر في شـجاعتهم عـلى تحمـل المسـؤوليات، أكـبر عامـل في نجـاح شركـة هـواوي.

كان ثمة وقت، كانت فيه شركة هواوي متفائلة بشأن شركة أجنبية وعلى استعداد لشرائها. وفوضت شركة هواوي تشانغ بينغ (اسم مستعار) وفريقه تفويضا كاملا لتنفيذ عملية الشراء. وعلى الرغم من أن الشركة كانت تدعمه بشكل جيد وكانت نتيجة المناقشات الداخلية إيجابية أيضا وتؤكد على أهمية أن خطة الاستحواذ سوف تجلب مزيدا من التنمية لشركة هواوي، إلا أن تشانغ بينغ لا يزال يشعر بضغط هائل. بعد كل شيء، كانت الخطة صفقة بقيمة ملايين الدولارات. فإذا لم تقم شركة هواوي بعملية الاستحواذ بشكل صحيح، فإن ذلك لن يجلب أرباحا في المستقبل، وسيتحول إلى فشل. لم يستطع تشانغ بينغ النوم لعدة ليالي، وهو يفكر في ذلك مرارا وتكراراً.

وفي ذلك الحين، قدم شخص ما اقتراحاً لتشانغ بينغ. فبدلا من اتخاذ القرارات بنفسه، عليه وبكل بساطة الانتظار حتى تقوم قيادة الشركة بإصدار الأوامر إليه ثم قيامه بتنفيذها وفقا لذلك.

بهذه الطريقة، فإنه لن يكون مسؤولا في حال حدوث أي مشكلة. لكن تشانغ بينغ رفض هذا الاقتراح رفضا قاطعا. وهز برأسه قائلاً: "لا. إذا كنت لا أتحمل مسؤولياتي بصفتي رئيسا لقسم الأعمال، فكيف للشركة أن تطور أعمالها في هذا المجال؟ كيف لها أن تتخذ قرارا في مثل خطط الشراء الرئيسية هذه؟" وفي وقت لاحق، صمم على أخذ زمام المبادرة في تحمل المسؤوليات الرئيسية من أجل إتمام خطة الشراء بنجاح.

في الحقيقة لقد استفادت شركة هواوي بشكل كبير من هذا الاستثمار في نهاية الأمر. وقد تبين أن الملكية الفكرية والتكنولوجيا الرئيسية لتلك الشركة التي تم شراؤها قد عززت بشكل كبير من خبرة هواوي في تصميم المنتجات، وبالتالي ساعدتها على تقصير فترة تطوير المنتجات المعنية لمدة عامين.

يعتبر كل فرد جزءا مهما من الفريق؛ لذلك، لدينا التزام ومسؤولية لتحمل المخاطر في مجالات الأعمال التي نكون مسؤولين عنها. حيث إنه إذا قام كل فرد باتخاذ موقف غير مسؤول، وخاف من اتخاذ القرارات أو قام بنقل المسؤولية إلى رؤسائه أو زملائه في معظم الأوقات، فإن ذلك سيؤدي إلى فقدان الفريق لقدرته التنافسية. كما يمكن للتردد أن يؤدي إلى فقدان الفرص التنموية للموظفين. لذلك، يجب أن نتعامل بشكل كامل بأخلاقياتنا المهنية ونحافظ على موقف إيجابي في العمل، طالما أننا نحب عملنا، سنمتلك الشجاعة الكافية لتحمل مسؤولياتنا.

وفي هذا الشأن يعتبر موظفي هواوي نموذجا جيدا بالنسبة لنا. حيث أنهم عندما يواجهون مشاكل، لا يكون رد فعلهم بتفادي المشاكل، بل لكنهم يسألون أنفسهم: "من

سننتظر من أجل مساعدتنا، لماذا لا نعمل بمفردنا؟" وهناك العديد من الأمثلة على ذلك في تاريخ شركة هواوي.

يعتبر سالار دي يوني (Salar De Uyuni) أكبر المستنقعات المالحة في العالم ويقع في مقاطعة دانييل كامبوس في بوتوسي في جنوب غرب بوليفيا ويحظى بسمعة أسطورية حيث يطلق عليه "مرآة السماء" بسبب المشهد الساحر الذي لا ينسى للمكان.

ويقع مكتب فرع شركة هواوي بمدينة فولغا هناك وقد أضاف تفاني الموظفين في شركة هواوي المزيد من الجمال على ذلك المكان.

في إحدى المناسبات، أثناء مرحلة تنفيذ المشروع الذي تم إجراؤه هناك، قرر العميل تغيير هيكله التنظيمي. هذا وتركت تلك التعديلات أثرا سلبيا للغاية على التنسيق الداخلي وأدت إلى تأخير الجدول الزمني لتنفيذ المشروع. حينها قدم تانغ ون (اسم مستعار) بصفته مدير المشروع، اقتراحًا إلى ألكسندر (اسم مستعار)، المدير الإقليمي حينذاك، بأنه خلال الاجتماع الأسبوعي الدوري القادم، يتعين على جميع العملاء تعجيل العملية.

عندما تم عقد الاجتماع الأسبوعي الدوري جاء جميع العملاء، وكان عددهم أكبر من ذي قبل. كان يجب أن تنتهي ساعات عمل العملاء في الساعة السادسة مساءً، وقبل نهاية ساعات العمل بـ20 دقيقة، قدم ألكسندر قائمة بالأسئلة المعدة، ووزعها على العملاء وطلب منهم ملاحظات واضحة قبل إنهاء العمل. من الواضح أن ألكسندر كان مستعدًا لاحتجاز العملاء حتى يقوموا بإنجاز الأعمال.

في الواقع كلما قام أحد العملاء بتسليم ورقة الإجابة إلى ألكسندر، كان ألكسندر يطلب من العميل البقاء لفترة قصيرة حتى يتمكنا من العمل على حل المشاكل معًا واحدةً تلو الأخرى. وقام بفعل ذلك بطريقة هادئة دون التسرع مع أي من الحالات. كانت نهاية ساعات العمل تقترب وبدأ العملاء يفقدون صبرهم ويتحدثون مع بعضهم البعض. على الأرجح، كانوا يشكون من عدم القدرة على إنجاز العمل في الوقت المحدد. تظاهر ألكسندر بأنه لم يسمع أي شيء من ذلك، وطلب من تانغ ون أن يدلي بآرائه من وقت لآخر حتى تم التوصل إلى حل واضح بشأن المشاكل المعنية. ولم ينته الاجتماع إلا بعد الساعة الثامنة مساء عندما قدم العملاء تعهدات بحل معظم المشاكل.

بعد الاجتماع، سأل تانغ ون ألكسندر كيف يمكنه أن يجرؤ على القيام بمثل هذه "المواجهة" المباشرة مع العملاء. ألم يخف من أن يغضب العملاء منه؟ أجاب الشاب: "يجب أن أكون مسؤولاً عن النتائج. وإلا فإن الكثير من المشاكل لن يتم حلها". لقد كان تفاني ألكسندر المحترف بعدم كونه خائفا من تحمل المسؤوليات هو الذي ألهم وحث تانغ

ون وفريقه على مواجهة التحديات المستقبلية. في النهاية، أكمل فريقه بنجاح ما يقرب من 60 نقطة من التحكم في شبكة الراديو. كما تطور تانغ ون من كونه وافدا جديدا في التكنولوجيا اللاسلكية إلى مدير ناضج في المشروع اللاسلكي.

الموظفون في شركة هواوي هم بشر مثلنا. ولكن الفرق يكمن في مثابرتهم على تحقيق أهدافهم والتفاني المهني المتمركز في الحمض النووي الخاص بهم. وهذا ما جعل الموظفين في شركة هواوي يمتلكون الشجاعة في مواجهة الصعوبات، كما سمح لهم بالاستمرار في النمو بشكل أقوى بعد كل صراع.

لذلك على أولئك الذين يشكون من عدم تحقيق أي شيء أو عدم قدرتهم على الحصول على أي فرصة لتطورهم في الشركة، أن يدركوا أن ذلك ليس لأنهم لم يحصلوا على أي فرص، ولكن الحقيقة أنهم يفتقرون إلى التفاني والشعور بالمسؤولية. حيث أنه في الأوقات الصعبة، يميل هذا النوع من الأشخاص دائمًا إلى التملص أو الهروب من الصعوبات وتبني أسلوب عمل سلبي. هذا النوع من المواقف غير المسؤولة يجعلهم يكونون شخصيات هامشية في الشركة تعيق مسار التنمية.

يشكل الموظفون في شركة هواوي مثالاً يحتذى به حيث أنهم يعكسون أن الشعور بالمسؤولية هو أساس القيام بعمل جيد وإنجاز مهنة ناجحة، كما يوفر دعمًا روحيًا هائلًا في التغلب على كل الصعوبات التي يواجهونها في العمل.

كانت وو دي (اسم مستعار) شخصًا شديدة الانتباه وتهتم بأدق التفاصيل، وفي عيون زملائها كانت في بعض الأحيان جدية بصورة كبيرة وحتى "عنيدة". كانت المهمة الرئيسية لوو دي هي تلقي وإصدار الوثائق للإدارات من المستوى الأول. وكانت في كل مرة تتسلم فيها وثيقة تحتاج إلى توزيعها، تقوم وو دي بقراءتها في البداية لفحص وتصحيح جميع الأمور التي لا تتطابق مع المعيار، بما في ذلك رأس المستند، وتباعد الأسطر، والخط، إلخ. وعندما تم تعيينها لتكون المسؤولة عن سداد فواتير الهاتف المحمول، كانت وو دي تقوم بفحص كل اسم ورقم للموظفين في المستند بدقة متناهية. أما بالنسبة لأولئك الموظفين الانتهازيين الذين يخططون لتجاوز مبالغ الدفع أو لديهم فواتير غير متطابقة، فإنه يتم اختيارهم والطلب منهم تقديم المستند مرة أخرى. هذا التفاني في العمل من قبل وو دي أدى إلى تحسين كفاءة العمل إلى حد ما. لأن المشاكل لم تعد بحاجة إلى الانتظار حتى يتم اكتشافها من قبل المحاسبين وثم تصحيحها، والتي تعتبر الخطوة الأخيرة في عملية الدفع، ثم تتكرر العملية بأكملها مرة أخرى. وبالتالي، يمكن للموظفين الحصول على دفوعات في وقت مبكر.

في عـام 2005، بـدأت الشركـة في تعزيـز التوحيـد القيـاسي للوثائـق الرسـمية، وكانـت وو دي أول شـخص يفـي بالمعايـير ومـن أجـل تحقيـق ذلـك، وضعـت أنواعـا مختلفـة مـن قوالـب وثائـق تكنولوجيـا المعلومـات كمراجـع. وفي وقـت لاحـق، وجـدت وو دي أن زملائهـا الذيـن قامـوا بصياغـة ملفـات في الغالـب لم يتقنـوا معايـير العمليـة حتـى الآن، لذلـك نظمـت تدريبـات بشـكل تطوعـي لتوحيـد المعايـير وألقـت محـاضرات في التدريبـات. ومنـذ ذلـك الحـين، تـم منحهـا لقبًـا جديـدًا مـن قبـل زملائهـا "البروفيسـور وو". وقـد سـألها العديـد مـن النـاس، أنـه مـن المقبـول التغـاضي عـن شيء مـا في بعـض الأحيـان، فلـماذا كان عليهـا أن تكـون جـادة وصارمـة حـول كل شيء في كل تفصيـل؟

أجابـت وو دي بابتسـامة: "أنـا مسـؤولة عـن أي خلـل قـد يحـدث في المسـتندات في أي حـال مـن الأحـوال. لـذا عـلي القيـام بذلـك بحـذر ووعـي شـديدين. هـذا مهمتـي وأنـا ملزمـة بتحمـل المسـؤولية". وبفضـل مثابرتهـا وجهودهـا، نالـت وو دي اعـتراف جميـع القـادة والزمـلاء في قسـمها وسرعـان مـا تمـت ترقيتهـا كقائـدة فريـق.

في العمـل، يجـب أن نكـون حازمـين مـع أنفسـنا، ونركـز عـلى العمـل ونبـذل قصـارى جهدنـا لإنجـاز المهمـة تمامـاً كـما تفعـل وو دي. ينبغـي لنـا أن نـدرك أن فكـرة ونظريـة "الاهتـمام بالعمـل الخـاص فقـط" غـير مرحـب بهـا مـن قبـل الرؤسـاء والزمـلاء، وسـتؤثر عـلى تطـور مهنـة الفـرد. إن الموظفـين الذيـن يكسـبون احـترام الآخريـن وثقتهـم هـم في الغالـب أولئـك الذيـن يتحملـون مسـؤولياتهم بشـجاعة. كـما قـال رن تشـنغ في مـرة: "طريقـة الحكـم عـلى مـا إذا كان الموظـف مؤهـلاً للترقيـة كقائـد فريـق أم لا تكمـن في إحساسـه بالمسـؤولية والشـعور بالمهمـة. إذا كنـت تعتقـد أنـك تشـعر بـشيء مـن المسـؤولية، فحـاول أن تتحسـن بسرعـة، وإلا سـيتم إقالتـك في النهايـة". يجـب أن نسـتلهم مـن كلماتـه، ونقـوم بتطويـر الشـعور بالمسـؤولية، وأن نصبـح شـخصًا مسـتعدًا دائمًـا لتحمـل المسـؤولية.

2. كن متفانيا في عملك

أولئـك الذيـن يكونـون مسـتعدين لتحمـل المسـؤوليات، والذيـن يتفانـون في القيـام بعملهـم هـم مـن أصـول الشركـة الأكـثر قيمـة.

عندمـا سـئل كثـير مـن رجـال الأعـمال المشـهورين في العـالم عـن "مـا هـي الأخلاقيـة الأكـثر ضرورة يجـب أن تتوفـر لـدى الموظـف؟"، ذكـروا جميعهـم كلمـة واحـدة - "التفـاني".

كما يعتبر بيل غيتس أن التفاني في العمل هو الأخلاقية الأكثر ضرورة التي يجب أن يمتلكها الموظف. وفي كثير من الأماكن في العالم، يثتني الشعراء على أولئك الموظفين المتفانين في عملهم حيث يصفونهم باسم "الخيزران" بسبب مثابرتهم والالتزام بوظائفهم مثل الخيزران الذي لا يفلت بسهولة من تربته المزروعة حيث تمتد جذوره بعمق.

كما تعطي شركة هواوي أهمية كبيرة لتفاني موظفيها. حيث أن الجميع في شركة هواوي يجتهدون في وظائفهم ويكرسون أنفسهم لتطوير التكنولوجيا. كما يحب الموظفون في شركة هواوي وظائفهم وكذلك هم متخصصون فيما يفعلونه. ويكرسون الاهتمام الكامل لها ويلتزمون بواجباتهم التزاما كاملا.

منذ 14 فبراير 2011، اندلعت مظاهرات حاشدة في البحرين وسرعان ما تصاعدت المظاهرات إلى صراعات عنيفة. حيث يقع مركز تشغيل وصيانة المشاريع في هواوي في تقاطع حيث كان الطرف المعارض والجهة الداعمة يقومان بأنشطة تضع سلامة أعضاء فريق المشروع تحت تهديد كبير.

في ظل هذه الظروف، قام الفنيون الرئيسيون لشركة هواوي بتنفيذ مناوبات لإجراء عملية مراقبة ميدانية على مدار 24 ساعة بدون توقف للشبكة، وتم إجبارهم على ترك طريق القيادة المؤدي إلى مركز التشغيل والصيانة الذي كانوا يأخذونها عادة خلال أيام الأسبوع والذي يستغرق 15 دقيقة، وبدلا من ذلك قاموا بتمديد وقتهم على الطريق ما يقرب من ساعتين. ومع مرور الوقت، استمر حجم المظاهرات في التوسع، وبدأت العديد من المواقع مزدحمة بشكل كبير مما أدى إلى شل الشبكة تقريبًا. قرر 14 من موظفي الطوارئ من فريق المشروع البقاء في المحطة وخاطروا بحياتهم لمراقبة تطورات الشبكة على مدار الساعة.

في ذلك الوقت، سافر والد قائد فريق المشروع لي سي هان من الصين إلى البحرين لزيارة ولده، ولكن لم يتمكن لي سي هان من إيجاد وقت فراغ في جدول أعماله المزدحم لمرافقة والده.

كان جميع زملائه ينصحونه بالعودة إلى البيت والبقاء مع والده لبرهة، لكن لي سي هان أجاب: "الآن الفريق يحتاجني أكثر، كيف يمكنني أن أغادر في هذه الأوقات العصيبة؟ أريد أن أقاتل إلى جانبكم أيها الرفاق."

كان رئيس قسم التكنولوجيا خه هونغ وي مشغولًا في اتخاذ الترتيبات اللازمة للإجلاء، بما في ذلك ترتيب الجداول، والنقل إلى المطار، وحجز تذاكر الطيران، إلخ. وكان يصر على الاتصال أو إرسال رسائل نصية إلى أعضاء فريقه كل يوم للتأكد من أن الجميع ما زالوا

بخير وأمان، لكن خه هونغ وي لم يكن يمتلك الوقت للاتصال بعائلته وقد اتصل بزوجته مرة واحدة فقط لطمئنتها قائلا: "عزيزتي، لا تقلقي نحن على ما يرام، ونحن نعرف كيف نحمي أنفسنا. كل شيء هنا ليس بالسوء الذي يظنه الناس، من فضلك لا تقلقي علي." بمثل هذا بقي فريق مشروع هواوي صامداً في "ساحة المعركة" في البحرين واعتز الولاء على الخوف.

وكما يقال: لا تحسبن المجد تمرا أنت آكله، لن تبلغ المجد حتى تلعق الصبر، فقد اكتسب موظفو هواوي الاحترام من قبل زبائنهم بسبب تفانيهم. كما أنهم تركوا انطباعًا جيدًا لشركة هواوي على عملائها، لذا فإن جميع العملاء يرغبون أن يكونوا أصدقاء مع الموظفين في شركة هواوي ويواصلون التعاون معهم.

لذلك، فإن التفاني في أداء الواجب لا يؤدي فقط إلى إتمام المشروع بنجاح، بل يجذب فرصا للتنمية المستقبلية أيضاً. كما يؤكد ما تم طرحه من قبل روبرت كيوساكي، مؤلف كتاب "الأب الغني والأب الفقير" (Rich Dad Poor Dad)، حيث يقول إن "هؤلاء الموظفون الذين يمتلكون الولاء للشركة والكفاءة في الأداء هم أعظم ثروة للشركة."

وحول التفاني في أداء الواجب، قال رئيس مجموعة فيرجن السيد ريتشارد برانسون ذات مرة: "يمكن القول إن الولاء والتفاني في العمل لهما مكانة مهمة في كل مستوى من مستويات الشركة. في أي شركة، يمكن للموظفين المخلصين في عملهم أن يجلبوا العملاء المخلصين، في المقابل سيجذب العملاء المخصلون المساهمين الذين يتمتعون بحماس كبير. وهذا يدل على أن التفاني وإقامة علاقة شراكة تتسم بالولاء هما من المفاتيح التي تدفع المشاريع الحديثة إلى أن تكون فعالة حقاً."

بالنظر إلى تاريخ التنمية لشركة هواوي، فإنه بفضل مجموعات مختصة من الأفراد في شركة هواوي، استطاعت الشركة النمو من شركة صغيرة إلى شركة عملاقة دولية في غضون 20 عاما. وعندما يتعلق الأمر بالعمل، فيكون لديهم دائما العزم على "البقاء على ساحة المعركة حتى يتم إنجاز المهمة". ويمنحهم تفانيهم بالعمل الشجاعة للتغلب على الصعوبات بالإضافة إلى جعلهم جديرين بالثقة بين عملائهم. وبالتالي، تأخذ هواوي المبادرة وتحتل مكانة رائدة في منافسة السوق.

كان تشه دونغ (اسم مستعار) مديرًا إقليميًا لأحد فروع شركة هواوي في الخارج، وكان مسؤولًا بشكل رئيسي عن ترميم الموقع الإقليمي وقبوله. ولكن حدثت مشاكل بعد فترة وجيزة من تشغيل الموقع: أثناء فترة الترميم، كان هناك تفشٍ كبير لفيروس الإيبولا الرهيب في المنطقة، وكان الموقع الذي كان يعمل فيه تشه دونغ يقع داخل المناطق المتضررة.

وأصدرت منظمة الصحة العالمية إخطارًا طارئًا إلى فريق مشروع تشه دونغ وعملائه للانتقال إلى منطقة آمنة. تردد تشه دونغ لأنه بمجرد إجراء النقل، سيحتاجون إلى إعادة تعديل خطة التسليم، مما يعني أنهم قد يفشلون في تنفيذ خطتهم الأصلية لتحقيق الهدف بحلول نهاية العام. وأخيراً، اتخذ تشه دونغ قراراً محفوفاً بالمخاطر، وأقنع العملاء بالبقاء لمواصلة العمل.

في ذلك الوقت، كانت المنطقة التي يمكث فيها تشه دونغ تعاني فعليا من نقص حاد في المياه الصحية، والظروف الصحية سيئة جدا ولم يكونوا قادرين على الحفاظ على إمدادات الكهرباء الأساسية. كان تشه دونغ وفريقه لا يتناولون خضاراً طازجة لمدة ثلاثة أشهر، وكل ما يقومون بتناوله هو وجبة محلية تسمى "فوفو Fufu" لحمايتهم من الموت جوعاً.

كان الجميع يعاني من الجفاف الشديد، وكانت بشرتهم جافة جدًا ومشققة. ومن أجل إكمال المشروع، قام أعضاء الفريق بتشجيع بعضهم البعض والتشبث بمواجهة الصعوبات. وبعد ثلاثة أشهر من العمل الشاق، اجتازت جميع المواقع الـ 104 في المنطقة القبول الأولي (PAC) في النهاية.

وكما هو الحال مع تشه دونغ، كان سونغ جيان بينغ (اسم مستعار) المدير الإقليمي لشركة هواوي في بلد معين. كان متمركزاً عند تقاطع ثلاثة بلدان، حيث تتمركز القوات العسكرية، ويندلع القتال من وقت لآخر. ذات مرة، عندما كان بناء المشروع على قدم وساق، تلقى سونغ جيان بينغ فجأة مكالمة هاتفية تخبره أن بعض القوات العسكرية قد غزت المدينة، وأنه بحاجة إلى إجلاء أعضاء فريقه إلى مناطق آمنة. نظم سونغ جيان بينغ على الفور فريق مشروعه للإجلاء إلى دولة رواندا المجاورة. ومع ذلك، ماذا عن المواد الموجودة في الموقع بعد إجلائهم؟ شعر سونغ جيان بينغ بالقلق من فقدان جميع المواد، لذلك بعد بضعة أيام عاد بهدوء إلى الموقع لجمع المواد. وبعد أن اكتشف أنه لم يتكبد خسارة كبيرة في المواد ولن يؤجل جدول أعمال المشروع، عاد إلى رواندا بارتياح كبير.

هناك العديد من الأفراد مثلهم في شركة هواوي. إنهم يمثلون مئات الآلاف من الأشخاص في شركة هواوي الذين يتشبثون في ساحات المعارك. فهم يجعلوننا نفهم أن التفاني في أداء الواجب لا يدل فقط على إحساس قوي بالمسؤولية المهنية، ولكنه يتطلب أيضًا أن يتحمل الموظف المسؤولية وأن يتفانى في أداء عمله. كما يحافظ الموظفون في شركة هواوي على عزمهم على "التمسك بساحة المعركة حتى يتم إنجاز المهمة" في ظل ظروف صعبة،

وبالتالي يثبت تمامًا تفانيهم المهني المخلص. هم في الحقيقة أهم الثروات التي تمتلكها شركة هواوي.

يمنحنا التفاني في العمل الشعور بالرضا الذاتي والاحترام لأنفسنا وهو قوة روحية دائمة تجعلنا نشعر بالرضا وتدفعنا للمضى قدما، كما يمتلك التفاني قوة سحرية تمكن أولئك الذين يعانون من محنة من نسيان مشاكلهم عن طريق التزامهم بمعتقداتهم واستمتاعهم بما يفعلون.

3. عد لأرض الواقع وأنجز المهمة

تنقسم الإدارة الداخلية لشركة هواوي إلى قسمين: عدد قليل من كبار القادة الذين يركزون على النظرية والإستراتيجية، والقادة العمليين في المستوى القاعدي الذين يتعاملون مع مسائل محددة. يطلب رن تشنغ في من الموظفين من المستوى القاعدي أن يكونوا عمليين في العمل، وأن يهتموا بالتفاصيل، وأن يبدأوا عملهم من الأشياء الصغيرة من أجل وضع أساس متين لعملهم.

يعتقد رن تشنغ في أن الموظفين من المستوى القاعدي يجب أن يكونوا عمليين وأن ينجزوا الأمور بطريقة واقعية. كما هو الحال عندما نضع الأساسات في التربة، عندما يتم ضغط طبقة واحدة، نحتاج إلى رش طبقة أخرى، ثم نستمر بالضغط عليها. بهذه الطريقة فقط يمكننا الاستمرار في إثراء أنفسنا وتحقيق إنجازات جديدة.

في إحدى المرات كان هناك وافد جديد في شركة هواوي أراد أن يحقق طموحاته. لذلك، أمضى وقتًا طويلاً في إعداد خطة تنموية إستراتيجية تتكون من عشرات الصفحات. كان يعتقد أن هذه الخطة التي أخذت منه الكثير من الجهد ستكون موضع تقدير من رن، وحتى لو لم تكن جيدة جدًا، ولأنه كان وافداً جديداً، كان رن يظهر له بعض التشجيع. وعلى الرغم من ذلك، ما أدهشه هو قيام رن بإلقاء هذه الرواية الطويلة من الحكمة في سلة المهملات، وبعدها قام رن بانتقاده بشدة قائلا: "لا تفكر دائمًا في كيفية القيام باختراع هائل، ولكن ابدأ من الأشياء الصغيرة وحاول إنجازها."

من اللحظة التي يتم فيها تعيين موظف في مكان ما في الشركة، يتم تحديد قدره وقيمته وهذا يتماشى مع مبدأ الترتيب المنهجي، وهو ما يعني وضع الموظف في المكان

الصحيح لصالح خدمة العمليات في الشركة والفريق؛ ومن حيث الأداء، يجب أن يكون الموظف المعين قادراً على تحقيق الأهداف المنشودة التي تأتي مع القيام بمسؤوليات الوظيفة لضمان تحقيق أهداف الأداء الشاملة. ويبدو أن هذا الموظف الجديد في شركة هواوي لا يعرف قيمته جيدا بالنسبة للشركة. ولم يكن وضع الإستراتيجيات التنموية تخصصه وذلك سيؤثر سلبا على قدرته على إنهاء مهامه الخاصة بشكل جيد. وبشكل عام، لا يجب تشجيع مثل هذا السلوك في أي منظمة.

وفي هذا الصدد، يؤكد رن أنه لا توجد حيلة يمكن القيام بها عندما يتعلق الأمر بإجراء البحوث العلمية، لأنها تتطلب أن يتعلم الناس ويعملوا بجد من أجل التغلب على الصعوبات. فهو يشجع موظفي شركة هواوي على إنجاز مهمتهم بطريقة واقعية.

ومع تحقيق شركة هواوي المزيد من الإنجازات، فإن موظفيها يتغلبون على العقلية السلبية من خلال كونهم ببساطة جزءًا من المستوى القاعدي واعتماد التفكير البراغماتي بفعالية. هذا النمو العقلي الجديد ينعكس على أعمالهم. لقد أدركوا أن: كل الأعمال العظيمة تبدأ من الأشياء البسيطة، شيئا فشيئا، خطوة فخطوة، إلى أن يتم تحقيق الإنجاز العظيم.

كان زملاء دنغ شياو (اسم مستعار) خبير العمليات في شركة هواوي ينادونه باسم العجوز دنغ. عندما بدأ دينغ شياو عمله في بناء العملية، كان يفكر دائما في إجراء إصلاحات كبيرة وابتكار في العملية، لكنه لاحقا لاحظ أن ذلك غير ممكن، لأنه مجرد قيامه بتعديل بسيط، يحتاج إلى التنسيق بين الإدارات المختلفة، ناهيك عن إجراء تغييرات كبيرة. بعد ذلك، بدأ دنغ شياو بإجراء تحسينات بسيطة بشكل منظم.

إن بناء العملية هو مشروع طويل الأمد، حيث تستغرق نتائجه وآثاره سنوات لتطويرها والكشف عنها. لذلك فيمكن القول إن هذا النوع من العمل بأنه ممل وشاق. على عكس إجراء مشروع التسليم، حيث يمكن للفرد أن يكون خبيرا من الدرجة الأولى في فترة تتراوح بين ثلاث وخمس سنوات، كما يتطلب بناء العملية أن يكون مدير المشروع قادراً على مقاومة الإغراءات من جميع الجوانب وأن يصمد أمام وحدته. أصر دنغ شياو على القيام بالأشياء بطريقة ملموسة ودقيقة وبصبر كبير. وبعد عشر سنوات من العمل الشاق، أصبح خبيراً في مجال بناء العمليات في الشركة.

ومع المثابرة طويلة الأجل، بدأ دنغ شياو من الصفر حتى أصبح في النهاية خبيرا في العمليات. وأصبح ذو قيمة لا غنى عنها في الشركة. حيث أن تحسينا بسيطا في العملية يمكن أن يوفر ملايين يوان أو حتى أكثر من الأموال للشركة. إن الالتزام بأسلوب عملي في العمل

يحتاج إلى مثابرة استثنائية وشخصية فذة؛ و فيما يلي سندرج طريقتين عمليتين للعمل تبناهما الموظفيون في شركة هواوي.

أولاً، كن قادرا على معرفة كمن العظمة في الأشياء البسيطة. يميل الناس إلى فقدان اهتمامهم ورغبتهم في القيام بالعمل بعد إجراء نفس المهام لفترة طويلة. وللحفاظ على موقف جديد تجاه عملهم، عادةً ما يعرف الموظفون في شركة هواوي كيفية العثور على الجزء "الممتع" من الأشياء التافهة. على سبيل المثال، قد يبدو أن إدارة المستندات بسيطة، ولكن السكرتيرين في شركة هواوي يعتبرونها مشروعا: أولاً لتوضيح المتطلبات، وتحديد خطوات الإدارة والشخص المسؤول، ومن ثم مراقبة عملية التنفيذ واستكشاف الأخطاء وإصلاحها. إن القيام بالأشياء البسيطة أمر ذو أهمية عظيمة للنمو الشخصي.

ثانيا، التحفيز الذاتي المناسب من وقت لآخر. تكرار نفس العمل يوما بعد يوم يجعل الناس يشكون في قدرتهم وقيمتهم. لذلك بعد الانتهاء من بعض المهام واكتساب المديح من رؤسائك والتقدير من زملائك، لا تنسى أن تشجع نفسك أيضًا، لأنك بذلك يمكن أن تثير حماسك للعمل.

في الوقت الحاضر، تم تبني هذه العقلية البراغماتية العملية من قبل المزيد من الموظفين في شركة هواوي، وانعكس ذلك على جميع الأعمال الأساسية. فإن أقسام المالية والتخطيط والتصميم والإدارة والشهادات وغيرها من الأقسام الأخرى في الشركة، حققت التنسيق الفعال وكفاءة التشغيل على أساس هذه الروح البراغماتية.

يطلب رن تشنغ في من الموظفين في شركة هواوي أن يكرسوا أنفسهم لمهنتهم بموقف هادئ وموحد، وأن يحبوا ما يفعلونه وأن يكونوا بارعين فيه. ذات مرة ذهب رن تشنغ في إلى مختبر هواوي وتجاذب أطراف الحديث مع أحد الموظفين هناك. سأله رن: "هل تفضل أن تقوم بتحسين المنتجات القديمة بشكل مستمر أو تطوير منتج جديد؟" وما أثار دهشة رن أن الإجابة التي قدمها الموظف أثارت غضبه. حيث قال الموظف: "بالنسبة لي، المنتجات الجديدة أفضل، لأنه عندما أغادر شركة هواوي، سيكون لدي فرصة أفضل للعثور على وظيفة جديدة."

غضب رن تشنغ في ليس لأن الموظف قال إنه سيغادر هواوي يوما ما ولكن بسبب موقفه تجاه العمل. حيث كان يركز كثيرا على السعي إلى أشياء جديدة، وبالتالي فهم كل شئ فهما محدودا. ومثل هذا الشخص لن يكون قادرا على تحقيق أي إنجاز عظيم.

في رأي رن تشنغ في، أن أولئك الذين يستطيعون الصمود أمام الوحدة وتكريس أنفسهم لدراسة مجال محدد للغاية هم الذين يمتلكون القدرة على تطوير قدرتهم التنافسية

الأساسية لإحداث فرق.

ويشدد رن تشنغ في على أن ما تحتاج إليه شركة هواوي هو الخبراء، بدلاً من الأشخاص الذين يقومون بكل شيء ولا يتقنون شيئا. من خلال المتخصصين، مثل ميكانيكي اللحام، وعبقري البرمجيات، وفني تجميع الكابلات والهيئات، وخبراء التعبئة، وخبراء الشحن، وأخصائي المستودعات، والطباعة، وغيرهم. إن الجمع بين كل هؤلاء الأشخاص الذين لديهم أشكال مختلفة من الخبرة يمكن أن يجعلهم فريقًا تنافسيًا عظيماً.

4. كن واثقا بنفسك أولا، لتكن مسؤولا فيما بعد

تتغلب الثقة على الخوف. كما قال الملهم الكبير أوغ ماندينو (Og Mandino) ذات مرة: "يعتبر كل فرد أعظم معجزة للطبيعة". لذلك، طالما أننا نمتلك الجرأة على مواجهة صعوباتنا بشجاعة كبيرة، فإن هذه الصعوبات ستذلل من نفسها بشكل طبيعي في الغالب.

يعتبر الموظفون في شركة هواوي أفضل مثال على ذلك. فهم يبنون الثقة الشخصية بشكل مستمر خلال مسارهم في التنمية كما أنهم يغيرون اتجاهاتهم من "التملص" إلى "التفكير" في كيفية التغلب على الصعوبات.

في المرحلة الأولى من إجراء تعديلات على نظام معين، كان أحد الموظفين الجدد في شركة هواوي، ويدعى لي جينغ (اسم مستعار)، يمتلك فكرة ساذجة، كان دائمًا يتمنى ألا يكون هناك مشاكل، وإذا توقف البرنامج عن العمل أو تعطلت منصة الاختبار، اعتاد أن يطلب المساعدة من الآخرين؛ وإذا لم يكن أحد متاحا لمساعدته، فإنه يستخدم كل الوسائل لتجنب المشكلة أو التظاهر بأنها لم تكن موجودة طالما أن المعدات لا تزال قادرة على العمل. لكن في يوما من الأيام حدث شيء ما، أحدث تغييراً جذرياً لدى لي جينغ.

في ذلك الوقت، كان لي جينغ المسؤول الرئيسي عن اختبار مجموعة من المعدات. وفي إحدى الليالي توقفت معدات الاختبار عن العمل فجأة. في ذلك الوقت، كان زملاؤه الآخرون قد غادروا إلى منازلهم. لذلك إذا ما أراد طلب المساعدة من الآخرين، فعليه الانتظار حتى اليوم التالي. لكن يجب إنهاء فحص المعدات وإعادتها إلى المستودع في نهاية ذلك اليوم. التفت لي جينغ ورأى أن عمال الإنتاج ينتظرون النتائج بفارغ الصبر، لذلك قرر أن يتخذ قراراً صعباً وبدأ حل المشكلة بنفسه. بدأ لي جينغ بفحص المعدات بعناية دقيقة. وبعد فترة وجيزة، قام بتفكيك كل شيء. وأخيراً، وجد المشكلة - تعطلت خسارة الإدراج في

سلك لتردد الراديو. قام لي جينغ على الفور باستبداله بكابل جديد، ثم عادت الألة إلى العمل "بأعجوبة" مرة أخرى. عندما قرأ لي جينغ تعبيرات التقدير من كل العمال، أحس في قلبه إحساسا كبيرا بالفخر.

أعطت هذه التجربة الناجحة لي جينغ الكثير من الثقة. كل تلك المشاكل التي تسببت له بصداع من قبل، لم تكن صعبة بعد ذلك. كما أن أعمال تحديث وتحميل البرامج يمكن إكمالها ببعض الصبر، كما يمكن اكتشاف معظم المشاكل الأساسية من خلال المراقبة الدقيقة. لم يكن تشغيل منصة الاختبار أمرًا صعبًا، فقد احتاج إلى اتباع الكتيبات والممارسة لعدة مرات فقط بدلاً من انتظار فريق الاختبار لتقديم الدعم. مع هذا الموقف الإيجابي، بدأ لي جينغ في محاولة ترأس مشاريع مختلفة وفي كل مرة تمكن من حل المشاكل بنفسه.

من خلال تجربة لي جينغ، يمكننا أن نرى أنه في معظم الحالات، نحن لا نفقد ثقتنا بسبب أمر يبدو صعبًا للغاية، ولكننا نشعر بأن هناك أمرًا صعبًا للغاية يسبب انعدام الثقة. وطالما أننا بقينا واثقين وشجعان في مواجهة الصعوبات، فإننا نخطو خطوة كبيرة نحو النجاح.

كان هناك شاب أمريكي يدعى هنري وقد نشأ في دار للأيتام. كان رجلا قصيرا وقبيحا بلهجة ريفية قوية. كان يشعر بشعور قوي من الدونية منذ أن كان طفلاً. عندما بلغ الثلاثين من العمر، كان قد فكر في الانتحار.

ذات يوم، قال له أحد الأصدقاء: "قرأت في مجلة أن نابليون كان لديه طفل خارج إطار الزواج يعيش في المنفى في الولايات المتحدة، وكان لهذا الطفل غير الشرعي من نابليون ابن. أعتقد أنك تبدو مثله تمامًا! كلاكما من أقزام بلكنة فرنسية".

لم يكن هنري مقتنعًا بذلك. وبعد عودته إلى المنزل، أمسك بالمجلة وقرأ المقالة بعناية لفترة طويلة، وفي النهاية توصل إلى استنتاج مفاده أنه ربما كان حفيد نابليون.

بعد ذلك، نظر هنري إلى نفسه بطريقة مختلفة تمامًا. لم يعد غير معتز بكونه قصيرا، بل أصبح فخوراً بكونه قصيراً "كجده" نابليون. كما كان يستمتع بقدرته على التحدث باللغة الإنجليزية بلكنة فرنسية فريدة، الأمر الذي تذكره بجدّه. وعندما كان يواجه صعوبات في العمل أو في الحياة، كان يذكّر نفسه بأنه "حفيد نابليون".

بعد ثلاث سنوات، أصبح هنري رئيس شركة كبيرة. وفوض شخصا ليقوم بالبحث في سجله العائلي واكتشف أنه ليس حفيدًا لنابليون. ومع ذلك، أخذ هنري النتيجة ببرود. وقال: "سواء كنت حفيد نابليون أم لا، لم يعد ذلك يهمني بعد الآن، لأنني وجدت سر النجاح - طالما أنك تمتلك معتقداتك، فإن المعجزات ستحدث".

الثقة هي عنصر لا غنى عنه لشخص ناجح. يجب أن نكون واثقين في كل مرة نواجه ونحل بها المشاكل. لأنه فقط من خلال ذلك، يمكننا تعزيز قدرتنا على التنفيذ وبالتالي نجعل أنفسنا أقرب من النجاح. وكما قال ونستون تشرشل ذات مرة: "يجب على المرء ألا يتراجع عن الخطر الذي يواجهه ويحاول الهروب منه. إذا كنت تفعل ذلك، سوف تضاعف هذا الخطر. ولكن إذا قمت بمواجهته فورا، فسوف تقلل الخطر إلى النصف. لا تهرب من أي شئ أبدا!"

يتغلب الموظفون في شركة هواوي على خوفهم من خلال الثقة بأنفسهم وأن يصبحوا أكثر نضجا في التعامل مع الأشياء.

في عام 2005، تخرجت تشونغ لينغ (اسم مستعار) من الجامعة بعد دراستها هناك لمدة سبع سنوات. مع قلق كبير، جاءت إلى شركة هواوي وأصبحت عضوًا في إدارة الشؤون المالية في السوق لديها. وبعد مرور عام، تم إرسالها وتمركزت في القاهرة لرعاية تمويل السوق في منطقة الشرق الأوسط وشمال أفريقيا.

بعد وصولها إلى المدينة الأجنبية، تم دعوة تشونغ لينغ من قبل رئيسها للاجتماع مع العملاء على الفور. حتى أنه لم يكن لديها وقت للتعرف على بيئة العمل الجديدة بعد. كان الجزء الأول من الاجتماع تقديم عرض تقديمي لما يقارب ساعة، كان من الواضح أن جميع زملاء تشونغ لينغ الذين شاركوا معها كانوا من ذوي الخبرة العالية وكانوا يبتسمون للعملاء بثقة من وقت لآخر.

وعلى وجه النقيض، كانت تشونغ لينغ التي كانت تجلس في الصف الأول، متوترة للغاية. كانت يديها تعرقان ولم تستطع التوقف عن عض شفتيها وفرك يديها. وعندما توجه أحد العملاء بالحديث إليها، أصيبت بالذعر تمامًا. كان زميل تشونغ لينغ يجلس بجانبها يربت على يدها مع نظرة تشجيعية على وجهه. صمتت تشونغ لينغ لبرهة، ثم بدأت حديثها باللغة الإنجليزية بطلاقة قائلة: "مرحبا، أنا تشونغ لينغ، ويمكنك مناداتي إيلين". كل شيء صعب في البداية ولكن بمجرد تتغلب على خوفها، أصبح لديها الشجاعة للتحدث مع العملاء بحرية وتبادل معلومات الاتصال معهم.

تكيفت تشونغ لينغ مع بيئة العمل في القاهرة بسرعة ولم تعد الفتاة الخجولة الصغيرة التي "سيتورد خديها عندما تتحدث معها". وخلال السنتين في القاهرة، أخذت زمام المبادرة في تنفيذ العديد من المشاريع. على الرغم من أنها واجهت العديد من الصعوبات، فإنها لا تزال تظهر الروح العملية للموظفين في شركة هواوي، وتمكنت من التغلب على تلك المشاكل واحدة تلو الأخرى.

قال عالم النفس سكوت بيك مرةً: "في هذا العالم، طالما أنك تبذل جهودا حقيقية، ستجد أن معظم الأبواب مفتوحة أمامك. الشجاعة ليست غياب الخوف؛ بل هي القيام بالعمل على الرغم من الخوف. يمكن للقليل من الشجاعة أن يحقق نجاحًا غير محدود."

لذلك، من خلال القيام بالكثير من العمل الشاق والمحافظة على الشجاعة للابتسام عند مواجهة الصعوبات، وضعت تشونغ لينغ الأساس لنجاحها في المستقبل. تشونغ لينغ ليست سوى واحدة من الأمثلة في هواوي، لأن هناك عددًا كبيراً من الأشخاص الذين يثقون بأنفسهم كما هو الحال مع تشونغ لينغ في تلك الشركة.

في عام 2007، وبسبب التغيرات السياسية في بلد معين، كان بعض العملاء يخططون لتأجيل سداد ديونهم لشركة هواوي. وفي ذلك الوقت، كانت ديون شركة هواوي تحت خطر إعادة الشراء من قبل البنك بسبب التغيرات المتلاحقة في وضع السوق. لذلك عندما علم المقر الرئيسي للشركة بهذه الأخبار، قام على وجه السرعة بتشكيل فريقٍ لإقناع هؤلاء العملاء بالتخلي عن فكرتهم وسداد ديونهم في الوقت المحدد.

في هذا الفريق، كانت هناك موظفة شابة تدعى لي يون (اسم مستعار) انضمت حديثاً للشركة. كلما فكرت لي يون في التعامل مع هؤلاء العملاء المغطين بشوارب ثقيلة، كانت تشعر بالتوتر. وعندما كانت في طريقها إلى هذا البلد، كانت لي يون متوترة جداً، حيث لاحظ رئيس الفريق ذلك وجاءها قائلاً: "يا فتاة، هل تعرفين ما هو الشيء الأكثر أهمية عندما تتعاملين مع العميل؟ إنها الثقة. كل من يمكنه أن يمتلكها حتى النهاية سوف يفوز". هذه الكلمات كانت بمثابة حقنة في الذراع. استجمعت لي يون شتات نفسها وشعرت بارتياح أكثر من ذي قبل.

بعد وصول فريق شركة هواوي الخاص إلى مكان الاجتماع، كان عليهم العبور عبر بوابة شديدة الحراسة مع أشخاص يحملون أسلحة مثل AK47 وMP5. في ذلك الوقت، بدت "الفتاة" هادئة، حتى أنها مازحت زملائها قائلة: "أخيراً تمكنت من رؤية الأسلحة الأسطورية التي كنت قد شاهدتها في لعبة Counter-Strike على أرض الواقع". وخلال المناقشات، لم تكن خائفة من هؤلاء الرجال العمالقة ذوي الشوارب الكثيفة، حتى أنها كانت تقوم بطرح تعليقاتها الخاصة من وقت لآخر. وبسبب أن الموظفين في شركة هواوي كانوا على استعداد تام لهذا الاجتماع، فقد كانت لديهم ميزة خلال المفاوضات. حيث أنهم استطاعوا في نهاية الأمر إقناع عملائهم بنجاح.

إن أكبر عدو لدينا هو عادة أنفسنا. إلى حد كبير، السبب في عدم قدرتنا على التخلص من مشاكلنا هو فقدان الثقة. نحن دائمًا نشكك في إمكانية إتمامنا للمهمة، أو نخاف من

الفشل، إن انعدام الثقة بالنفس له تأثير سلبي على تصرفاتنا وقد يصبح عقبة في طريقنا تجاه النجاح لاحقا. وكما قال سكوت بيك ذات مرة: "إذا كنت محظوظًا بما يكفي لأن تولد شجاعًا، حينئذٍ تهانينا. إذا لم تكن قد طورت هذه الميزة حتى الآن، فقم بغرسها في أسرع وقت ممكن، لأن الناس يحتاجونها حقًا في حياتهم!"

5. كن مستعداً للمساهمة في الجهد

قال ماركس ذات مرة إن النجاح هو تراكم لألاف الإخفاقات. حيث بنيت الحضارة الإنسانية في أيامنا هذه على أنقاض عدد من الصراعات الملحمية. كما يؤمن رن تشنغ في بقوة في هذه الفكرة، حيث كتب في "إحياء ذكرى ليانغ لين" هذه الكلمات المؤثرة:

"يضيء مجد هواوي من آلاف اليراعات. عندما تتوهج، لا يهمها ما إذا كان الآخرون قد رأوا وجهها، أو أي بقعة ضوئية تعطى بها. وعندما لا يكون أحد حولها تستمر في التوهج. إن البريق الذي يوهب من قبلهم ليبقى مجد العلامة التجارية شركة هواوي، إنهم يوهبون حياتهم وشبابهم وصحتهم من أجلنا بكل سخاء".

يؤمن رن تشنغ في أن يانغ لين هي يراعة تمثل ألاف الموظفين في شركة هواوي، هذه اليراعات اللامعة تضيء طريق هواوي نحو التطور، أنهم يضحون بأنفسهم من أجل أن تكون هواوي أقوى وأفضل ويصبحون طوعًا أحجار رصف لطريق هواوي إلى النجاح.

في هواوي، هناك العديد من الأفراد الذين يتفانون بعملهم من دون شكوى، خاصة في مجال تطوير السوق الخارجي، حيث يثبت الموظفون في شركة هواوي تفانيهم بالعمل بشكل كبير.

هذه القصة حدثت على الهضبة الأفغانية القاحلة. حيث كانت الظروف المعيشية هناك سيئة للغاية، وخاصة في فصل الشتاء، عندما تغطي الثلوج الكثيفة الجبال والحقول بأكملها. فالناس الذين كانوا يسيرون على الطريق يمكن أن يلقوا حتفهم من خلال انهيار مفاجئ في أي وقت. وفي الشتاء، كسبت هواوي المناقصة لمساعدة عميل على نقل ما يقرب من 300 محطة قاعدة في الشمال. وبالتالي، سرعان ما وضع الموظفون في شركة هواوي أقدامهم على هذه الأرض.

نظراً لصعوبة مشروع النقل، لم يكن العميل متعاونًا جداً، مما جعل مضي شركة

هواوي في العمل قدماً صعبا جدا. هذا وقررت الشركة إرسال بعض الموظفين ذوي الخبرة للإشراف على الفريق المحلي وتقديم بعض الدعم الفني حتى يتمكن الفريق من إكمال المشروع في الوقت المحدد. كان المهندس دنغ لي (اسم مستعار) أحد الخبراء الذين تم إرسالهم إلى الفريق. وفي إحدى الليالي، كانوا يجرون أعمال النقل لمحطة قاعدة واحدة حيث انفجر أحد الصمامات في المعدات، وعندما سمع دنغ لي عن ذلك، قرر على الفور تسليم قطع الغيار بنفسه إلى الموقع وتوجيههم لحل المشكلة. نصحه فريق المشروع بعدم الذهاب، لكنه أصر بشدة على الذهاب إلى هناك وطلب منه فريق المشروع الاتصال بهم من حين إلى حين من أجل الاطمئنان عليه. لكنهم فقدوا الاتصال مع دنغ لي بعد مغادرته. وكان فريق المشروع قلقاً للغاية، وسأل الفريق في كل مكان إذا ما سمع أحدهم شيئا عن دنغ لي، وأخيراً جاءت الأخبار بأن دنغ لي قد وقع له انهيار جليدي في طريقه إلى الموقع.

أرسلت الحكومة الأفغانية فريق الإنقاذ على الفور وبعد 32 ساعة، تم إنقاذ دنغ لي أخيرا من البربخ، حيث حوصر مع العديد من الأشخاص. كان الجميع يعتقد أن دنغ لي سيكون جائعا ويشعر بالبرد لأنه حوصر في بيئة متجمدة تصل درجة الحرارة فيها إلى ما دون الصفر، ولكن ما أثار دهشتهم هو أنه بعد أن خرج دنغ لي من البربخ، أول شيء فعله هو عدم البحث عن الطعام، ولكن الاتصال بالموقع والتأكد من أن الموقع متصل بالإنترنت أم لا. عندما أُخبر دنغ لي بأنهم ينتظرون قطع الغيار، فذهب فوراً إلى الموقع بقطع الغيار تلك ولم يعد إلى بيته إلا بعد أن تأكد أن الموقع متصل مرة أخرى. في ذلك الوقت كان قد نسي أنه لم يرتاح أو يتناول الطعام لمدة نحو 40 ساعة متواصلة.

إن شركة هواوي محظوظة جدا في امتلاكها لأفراد مثل دنغ لي، أولئك الأفراد الذين وهبوا أنفسهم للشركة ويعملون بكل ما أوتوا من قوة متناسين أي شيء آخر. هؤلاء الأفراد هم الأبطال الحقيقيون لشركة هواوي كما أنهم الثروة الحقيقية لها. قال رن تشنغ في إنه كان له فرصة قليلة للالتقاء بهؤلاء الموظفين العاديين في هواوي ولكنه يدرك جيدا أنهم كيانغ لين من قسم التسويق، وأنهم يعملون منذ سنوات بكفاءة وليس سعياً وراء الشهرة ولكنهم بكل بساطة وهبوا أنفسهم لعملهم، هؤلاء الناس هم الأبطال المجهولون لشركة هواوي، إن مستقبل هواوي يحتاج إلى مثل هؤلاء الأفراد.

ومع ذلك، فإن شركة هواوي هي منصة كبيرة بحيث لا مفر من وجود بعض الشباب الذين يتوقون للحصول على نتائج فورية. كان هناك موظف جديد يشعر أن رئيسه لم يول أي اهتمام به، لذلك سأل رن تشنغ في: "كيف خلقت شركة هواوي البيئة لنمو موظفيها؟

إذا تم توفيرنا دفيئة زراعية بالرمال والصخور بغض النظر عن مدى جودة البذور، فلن ننمو لنصبح نبات." لقد كان الجواب الذي قدمه رن تشنغ في فلسفيًا حيث قال: "الصحراء تعتمد عليك لتحويلها إلى تربة خصبة. يجب أن تكون لديك الشجاعة لتحويل نفسك إلى السماد، وبعدها يمكنك تحويل الصحراء إلى تربة خصبة. يجب أن يكون لديك روح التضحية والتفاني. إذا لم يرغب أحد في التضحية بنفسه وهو يتمنى أن تتحول الصحراء إلى تربة خصبة في يوم من الأيام ويعتقد الجميع أنهم يأتون إلى هنا للحصول على نمو سريع وعلى الآخرين تقديم التضحيات بدلا من قيامهم أنفسهم هم بذلك، فإن هؤلاء الناس ميؤوسون. لذا، فإن التفاني الذي تحدثنا عنه هو تحويلك إلى السماد من أجل تحويل الصحراء إلى تربة خصبة."

يعتقد رن تشنغ في أن تطور شركة هواوي لديه طريق طويل لتقطعه. فتحتاج الشركة إلى كل موظف، خاصة قادة الفرق الذين يتحملون المزيد من الضغط والمسؤولية لتكريس أنفسهم لعملهم، ليضعوا دائمًا مصالح الشركة أمام المصالح الشخصية وأن يصبحوا حجرًا على طريق الشركة لتحقيق النجاح.

تشجع شركة هواوي موظفيها الجدد على أن يكونوا مثل الأجيال القديمة من الموظفين في الشركة، بدون كلمات خيالية أو أحلام كبيرة، بل يثبتون أنفسهم على أرض الواقع وينجزون أعماله.

إنه من المدهش أن نرى ما يمكن أن يقوم به الموظفون في شركة هواوي: حتى في ليلة رأس السنة الجديدة، تسلق الموظفون في شركة هواوي برجا حديديا بارتفاع 30 مترا لصيانة المعدات؛ في مساء متجمد تصل درجة الحرارة فيه لأقل من 30 درجة مئوية تحت الصفر، كما كان هناك أشخاص من شركة هواوي ينتظرون قطار النقل الخاص بالشركة خارج محطة القطار في الريف النائي في شمال شرق الصين؛ في بعض الأحيان، يحتاج الموظفون في هواوي إلى الاحتفاظ بمناصبهم في الخارج.

ربما يعتقد بعض الناس أن هؤلاء الموظفين هم أزواج غير كوئين أو آباء غير مسؤولين أو أطفال غير بارين أو "أغبياء" لا يستطيعون رعاية عائلاتهم، لكن هؤلاء الأفراد هم الحجارة التي تعبد الطريق أمام شركة هواوي للنجاح ولديهم السبب الكافي للفخر وجعل أفراد عائلاتهم يقدمون لهم الدعم والتفهم. أتذكر في منشور شركة هواوي الداخلي، هناك فقرتان كتبتا من قبل أحد أفراد عائلة أحد الموظفين في هواوي:

"زوجي يعمل في شركة هواوي منذ عشر سنوات. في الماضي، كنا قد واجهنا بعض الصعوبات والحزن في الأيام التي قضيناها معا، لكن معظم الوقت كان مليئا بالسعادة

والضحك. في بداية الأمر، لم أكن أفهم لماذا عليه أن يعمل بكل هذا الاجتهاد، ولكن في وقت لاحق توقفت عن التذمر وبدأت في دعمه. وبسبب طبيعة عمله، كان يعمل في عطلات نهاية الأسبوع أو الإجازات، لذلك كان من غير الممكن أن يذهب معي للتسوق. كنت أعد له الطعام وأنتظره لتناول العشاء معه لكنه كان يعود في وقت متأخر جدا. بعد فترة، أصبحت مستاءة للغاية. عندما كنت حاملاً، كنت متأثرة جدا بالحمل، كنت أستفرغ كل شيء أتناوله. لذلك أضطررت إلى المكوث في المستشفى. ساعدني زوجي في الدخول إلى المستشفى ثم عاد إلى العمل على الفور. لاحظ أني كنت مكتئبة بعض الشيء لذا قوى من عزيمتي وقال: "بعد الولادة، سأقوم بقضاء المزيد من الوقت معك ومع طفلنا."

في منتصف يونيو 2009، ولد طفلنا. بقي زوجي معنا لمدة عشرة أيام وتولى العناية بكل شيء: تغيير الحفاضات، وحمل الطفل، وإطعامه الحليب المجفف، وتنظيف المنزل، وأكثر من ذلك. حيث وصفته سيدة كانت معنا في نفس الغرفة بأنه "ممرضة متفوقة". وبعد عشرة أيام، عاد زوجي إلى عمله. كنت مترددة بعض الشيء في السماح له بالذهاب، لكني تذكرت ما كان يقوله دائماً: "إن الشركة عائلة كبيرة، نحن عائلة صغيرة، ورفاهية عائلتنا الصغيرة تعتمد على الأوضاع الجيدة للعائلة الكبيرة." لذلك لم أطلب منه البقاء معي.

بين "العائلة الكبيرة" و"العائلة الصغيرة"، اختار الموظفون في شركة هواوي خدمة العائلة الكبيرة بكل تفاني من خلال تكريس كل جهودهم. بالنسبة للناس العاديين، هذا يتطلب قدرا هائلا من الشجاعة! لكن الموظفين في شركة هواوي قاموا بذلك من دون ندم، إنهم ليسوا أزواجًا جيدين، وليسوا آباءً مسؤولين، وليسوا أبناء بارين، لكنهم بالتأكيد أكثر الأفراد الذين يثيرون إعجاب شركة هواوي.

واليوم، يمكن لموظفي خدمة عملاء هواوي أن يجلسوا داخل مكان مزود بأحدث الأجهزة والتقنيات المتقدمة. ويجب عليهم أن يشكروا الجيل السابق من الموظفين في شركة هواوي لذلك الإنجاز، حيث أن الجهود العظيمة التي بذلوها قد وفرت هذه البيئة الرائعة. كما أشاد رن تشنغ في بمساهماتهم قائلا: "في أيامنا هذه، أنبل شيء هو شعور الناس بالمسؤولية، وأهم شيء هو روح التفاني. كالشموع، أضاء موظفو خدمة العملاء الشركة من خلال التضحية بأنفسهم. واليوم، تتمتع هواوي بسوق جيدة جدا كما كسبت ثقة العديد من العملاء. حيث ينسب الفضل في ذلك إلى زملائنا في مراكز خدمة العملاء الذين حرصوا بشدة على بذل جهود كبيرة وهائلة لتحقيق ذلك."

6. التمسك بموقفك هو مسؤولية فضلا عن كونه فضيلة

هناك بلدة تسمى تشينغشويخه على هضبة تشينغهاي – التبت والتي عرفت منذ فترة طويلة باسم سقف العالم. ثم أصبحت معروفة لدى شركة هواوي بسبب رجل يدعى العجوز خه، الذي كان يعيش في تلك الهضبة الباردة القاحلة لفترة طويلة. وكان مجرد عامل عادي في مجال الاتصالات، فقد كرس شبابه وصحته، وكل ما لديه من أجل مكتب بريد صغير.

كان المكان الذي يعمل فيه العجوز خه هو مكتب بريد قرية تشينغشويخه والذي عرف أيضا باسم مكتب الفرع الأول للنهر الأصفر، كانت قرية تشينغشويخه صغيرة جدا وتقع على الهضبة الباردة في ظروف بيئية صعبة ولكن عند مقارنتها بهضبة التبت البرية فان القرية تعتبر مكانا مزدهرا نسبيا.

وفي نظر السكان المحليين، كان المكان الذي يعمل فيه العجوز خه، هو أغنى مكان في كل بلدة تشينغشويخه. لذلك سيحاول أحدهم سرقته وبالفعل حدث ما كان متوقعا. فخلال إحدى الليالي الباردة، اقتحم العديد من "الضيوف غير المدعوين" الباب بالسكاكين في محاولة لسرقة المكتب. ومن أجل حماية خزنة تساوي 100 يوان تقريبا، أصيب رأس العجوز خه بجروح خطيرة من قبل هؤلاء اللصوص. بينما تم تمزيق وجه زوجته عدة مرات بالسكاكين. ولا يزال بإمكانك رؤية الندوب العميقة على وجهها حتى اليوم. وعلى الرغم من كل ما حدث، عادوا إلى المكان المحزن بعد أن التأمت جراحهم لحماية مكتب البريد الصغير هذا. كانت لديهم أمنية واحدة فقط وهي توصيل الأخبار والمعلومات بأمان إلى عشرات الآلاف من العائلات.

الولاء هو أحد الفضائل الأكثر قيمة للبشر. حيث أنه يمكن ملاحظته من خلال عواطف الناس وسلوكياتهم. فالمخلصون يؤمنون بما يفعلون ويتمسكون به. كما هو موضح في القصة المذكورة آنفا التي كان فيها الزوجان الجريحان على استعداد للتضحية بأوقات حياتهما الجيدة لتأمين قناة اتصال سلسة، هذا هو أفضل تفسير للولاء.

بصفته موظفًا في إحدى الشركات الشريكة لشركة هواوي، جعل العجوز خه الكثير من الموظفين في شركة هواوي يدركون أهمية المثابرة وقيمة الولاء. فنجاح هواوي ليس مجرد مصادفة. بل يعود الفضل إلى موظفيها المحترفين الذين يحبون ويكرسون أنفسهم لما يفعلونه ولا يستسلمون أبداً. إنهم يحققون أهداف هواوي بالإضافة إلى أهدافهم الخاصة. قال رن تشنغ في ذات مرة: "ماذا كان يعرف شيوي ون وي، وتشنغ باو يونغ، ولي يي نان

عن المبدل قبل خمس أو ست سنوات؟ إن الحد الأقصى الذي يمكنهم فعله هو قياس مبدل صغير من 40 منفذًا بمقياس متعدد. في السابق لم يسمع هونغ تيان فنغ عن المبدل بعد، وهنا يمكنك تخيل أي نوع من الأوضاع الصعبة التي كنا نعيشها في ذلك الوقت. في الواقع، لم يكن لدى الشركة المال لشراء معدات مثل جهاز المقياس المتعدد. وفي وقت لاحق، كتب شيوي ون وي مقالاً بعنوان "التعرف على المبدل من خلال جهاز المقياس المتعدد ومرسمة الذبذبات". ولكن الآن يمكن للمبدل الخاص بنا التنافس مع المنتجات من الشركات المشهورة عالميا في السوق. يتميز مبدلنا بالعديد من الوظائف، ولكن الجودة ليست مستقرة بعد."

يمكن تلخيص ملاحظات رن تشنغ في على النحو التالي: لا مكاسب بدون آلام. فعندما تحافظ على معتقداتك بإصرار كبير وتعمل بجد في عملك، فإن النجاح سيأتي إليك تدريجياً. لذلك، أقنعتنا نجاحات كل من شيوي ون وي، وتشنغ باو يونغ، ولي يي نان وغيرهم في شركة هواوي بغض النظر عن المناطق غير المألوفة، طالما أننا نريد أن نحدث فرقا، فإننا نحتاج إلى بذل جهد متواصل من أجل الوصول إلى الهدف وعدم التراجع أو الاستسلام أبدا.

خلال سنة، وصل مشروع معين من شركة هواوي في الخارج إلى مرحلته النهائية، لكنه توقف بسبب العديد من المشاكل: فالمتعاقدون لم يدفعوا للعمال في الوقت المحدد؛ والعمال لم يأخذوا قسطا من الراحة منذ أسابيع وأصيبوا بالتعب الشديد. حتى أن تعطلت الآلات بسبب مشاكل فنية. كما قام مالك آلة مستأجرة باستعادتها، وبدأ العمال المتعاقدون بجمع أدواتهم استعدادا للعودة إلى ديارهم. وكان موعد تسليم المشروع يقترب، وإذا فات الموعد النهائي للمشروع، فإن كل الجهود المبذولة من قبل فريق المشروع سوف تذهب سدى. في ظل هذه الظروف، لم يستسلم فريق المشروع، فقد توصلوا إلى إجماع على أنه مهما كان ذلك صعبا، فإنهم سيلتزمون بما وعدوه للعملاء.

بدا الفريق بالعمل فورا. كان سونغ تشي مسؤولا عن الحصول على آلة، وكان رافيش مسؤولا عن االتعامل مع المتعاقدين المحليين، في حين أن يانش ذهب للتفاوض مع رئيس العمال المتعاقدين وطلب منه إبقاء العمال. بعد ذلك بوقت قصير، اتصل المتعاقد وقال: "أنا آسف يا أخي، لا أستطيع تقديم المساعدة، لقد عاد مشغلو آلاتنا إلى منازلهم، أنا آسف."

كما قال المتعاقد المحلي: "آسف، لقد فات الأوان". في ذلك الوقت، حتى أولئك العمال الذين كانوا ينتظرون هناك بدأوا بالعودة إلى ديارهم، ولكنهم وعدوا بالعودة فورا في حال تم تزويد الآلات.

على الرغم من أن المشكلة الأكبر كانت تكمن في العثور على الآلات، إلا أن كل فريق المشروع والموظفين المحليين بدأوا بالعمل عليه. حتى أن بعضهم طلب المساعدة من أسرهم. لكن للأسف استمروا في الحصول على إجابة "آسف، آسف، آسف" عبر الهاتف، وبدون أن يدركوا أنه مرت أكثر من ساعة وظلمت الدنيا تدريجيا.

لم يفقد فريق المشروع ولا الموظفون المحليون الأمل. واستمروا في البحث عن الآلات. والعمل الشاق يؤتي ثماره. فقد استطاعوا أخيرا من تأمين آلة قبل أن يحل الظلام. وقاموا بتقسيم العمل بشكل واضح بينهم، ثم بدأ الجميع العمل في المشروع على الفور: حيث بدأ بعضهم بالاتصال مع المتعاقدين والعمال، وبعضهم يرتب السائقين لشراء الخبز والكولا. مع هطول الليل، كان هناك عدد أقل من الناس في الشارع، ولكن الآلة كانت في مكانها في النهاية. لقد نسي الجميع أنهم لم يستريحوا بشكل جيد لأسابيع، وهرعوا لإصلاح القناة: القياس، والتنقيب، وزراعة الأنبوب، وإعادة لف اللوحة. كان الجميع مشغولين بإنهاء دورهم في العمل تحت الأضواء. أخيرا، أكملت هواوي مهمة الاتصال لخمسة بروتوكولات للتهيئة الآلية للمضيفين (DHCP) في الوقت المحدد.

روح العمل الجماعي لفريق هواوي وأسلوب عمله الجاد مؤثران جدا. موقفهم من عدم التخلي أبدا ملهم حقا.

في الوقت الحاضر، هناك العديد من الشركات، ليس فقط هواوي، ولا سيما تلك التي احتلت قائمة أكبر 500 شركة في العالم، تولي اهتمامًا بالغا لمهارة موظفيهم. كما تولي شركة كوكا كولا (Coca-Cola) أهمية كبيرة لتمتع موظفيها بروح التفاني في عملهم. وتعتقد الشركة أننا في عصر تفجر المعرفة وأن التكنولوجيا والمعرفة العلمية في مختلف المجالات تتغير باستمرار مع مرور الأيام. لكن الشيء الوحيد الذي يجب أن نحافظ عليه هو موقفنا بشأن عدم التخلي عن العمل. وقيمة هذا الموقف دائما.

مثل شركة كوكا كولا، تتخذ شركة هواوي الاحترافية كمعيار أساسي لتقييم الموظفين. حيث يعتقد موظفو شركة هواوي أن موقفهم بشأن "المثابرة وعدم التخلي" في العمل أكثر قيمة من كونهم أذكياء ومجتهدين في العمل. إذا كنت لا تستطيع أن تثابر على التطور في مجال معين، فإن كل جهودك سوف تذهب سدى. على وجه النقيض، إذا كنا مصممين على فعل شيء جيد والوصول به إلى النهاية، فعندئذ سيكون لدينا الشجاعة لمواجهة أي صعوبات وتجاوز كل العقبات، حتى نصل بالعمل إلى نهاية ناجحة.

في باكستان تبنت شركة هواوي عددًا كبيرًا من المشاريع، وكان عليها التعامل مع مجموعات كبيرة من العملاء. كانت بيئة تسليم المشروع معقدة للغاية. بسبب نقص الموظفين، كان المهندس الصيني شيوي يانغ (اسم مستعار) بحاجة إلى تولي منصب مدير للمشروع بجانب صفته كالمهندس. كل يوم بعد قيامه بتجميع المعدات وتقديم التوجيه الفني للآخرين، عليه أن يقوم بتقديم التدريب للمتعاقدين، والإشراف على عملية تنفيذ المشروع، والتواصل مع العملاء.

في ذلك الوقت، تم إرسال شيوي يانغ إلى باكستان حديثا، ولم يكن لديه القدرة على التكيف مع بيئة العمل المحلية. بالإضافة إلى عبء العمل الثقيل، كان يشعر بالكثير من الضغوط ولم يكن بإمكانه النوم جيدًا. وعندما اقتربت المشاريع من الاكتمال، اشتكى زميله الذي كان يسكن معه في نفس الغرفة من أن شيوي يانغ كان يصدر بعض الأصوات المزعجة أثناء نومه عدة ليال متتالية، مما جعله لا يستطيع النوم. وذات ليلة عندما استيقظ زميله على الأصوات المزعجة مرة أخرى، اقترب إلى جانب شيوي يانغ بدافع الفضول ليسمع ما يتمتم به وسمع بشكل مبهم شيوي يانغ يقوم بتعليم المتعاقدين باللغة الإنجليزية كيفية تشغيل الآلة وتصحيحها وحثهم على الانتباه إلى جودة المنتج وعندما سمع زميل شيوي يانغ هذا، أعرب عن إعجابه به بدلاً من "الشكوى" منه. لقد فهم زميله المعنى الحقيقي للاحترافية من خلال تفاني شيوي يانغ في العمل.

لو لم يكن شيوي يانغ مكرساً لشركة هواوي، لما ذهب إلى باكستان ليعاني من الظروف القاسية. لو لم يكن شيوي يانغ مكرسا للعملاء، لما كان يحلم في تعليمهم كيفية تثبيت الأجهزة؛ لو لم يكن شيوي يانغ مكرسا لعمله، لما كان يتحمل تلك المسؤوليات الجسيمة ويحاول القيام بأفضل ما يمكنه لإنهاء جميع المهام. لذلك، يعد التفاني أحد القوى الدافعة لنجاح هواوي بالإضافة إلى كون أكثر الأصول قيمة لشركة هواوي.

يعمل التفاني بطرق متبادلة، كما قال شكسبير ذات مرة: "كن مخلصًا لحبك، ستحصل على الحب المخلص." عندما تكون مخلصا لشركتك، فان شركتك ستضعك موضعا مهما؛ عندما تكون مخلصًا لعميلك، سيثق عميلك بك بكل ثبات؛ عندما تخلص عملك، سيجلب لك عملك السعادة. لذلك، طالما أننا مخلصون للمجتمع، ولشركتنا، ولمهنتنا، فإن النجاح سيقترب منا أكثر فأكثر.

7. كن أحد الأصول لشركتك

قال خبير إدارة الشركات بيتر دراكر ذات مرة: "إن الميزة الحقيقية الدائمة هي معرفة كيفية التعلم وكيفية جعل عملك الخاص يتطور بصورة أسرع من الآخرين". من أجل الحصول على أداء أفضل، يبذل الموظفون في شركة هواوي جهودًا متواصلة في اكتساب معرفة جديدة، وتعزيز مهاراتهم المهنية، وتوسيع آفاقهم. كل هذا مكنهم من أن يكونوا متقدمين في مجالهم.

قال رن تشنغ في ذات مرة: "نحن نشجع موظفينا على تعلم الأشياء بمبادرتهم الخاصة، لا سيما من خلال الممارسة الحقيقية. إذا تمكنت من تلخيص الخبرات مما قمت به في الوقت المناسب وعلى أساس متكرر، فسوف تتمكن من تحسين نفسك بسرعة كبيرة. كما يوفر تطور الشركة فرصا متكافئة للجميع. إذا أراد أحدهم مواكبة العصر، فعليه تطوير نفسه بشكل مستمر. و"في هذا الصدد، ذكر رن بالتحديد حادث" الاستقالة الجماعية لقسم التسويق في شركة هواوي".

في عام 1996، استقال فريق الإدارة العليا في قسم التسويق في شركة هواوي بأكمله من وظائفهم، بما في ذلك سن يا فنغ، ثم بدأوا جولة جديدة من المنافسة الوظيفية. هذا الحادث المثير للجدل المعروف، في واقع الأمر، هو حالة نموذجية للتحسين الذاتي للموظفين في شركة هواوي. فبعد مرور عام، ذكر سن يا فانغ هذا على وجه التحديد في خطاب له حول الدوافع والأهمية وراء هذا الحادث قائلا:

"كنا نواجه عملاء يتمتعون بقدرة أكبر على اتخاذ القرارات كما يتمتعون بسنوات طويلة من الخبرة والخبرة العميقة في جلب المشاريع الخارجية. لذلك، كان هؤلاء العملاء يقيموننا بالمعايير الدولية. نحن نواجه مشاكل عدم وجود نظام قيادة حديث بالإضافة إلى توجيه الأعمال فيما يتعلق بمبيعات المنتجات المتنوعة. لقد أصبح هذا النوع من القيادة المتمثلة في 'أن الرئيس ياتي في المقدمة'، مسجلا في التاريخ فقط."

من الواضح أن الاستقالة الجماعية لم تكن نقدًا ذاتيًا لشركة هواوي فقط، بل أيضًا عملية لإدراكها لنواقصها، حتى تتمكن من مواصلة التقدم وتعميق معرفتها المهنية. وفي وقت لاحق، أعرب رن تشنغ في عن تقديره العالي لموقف قسم التسويق تجاه التعلم، وقد دعا الآخرين للتعلم من قسم التسويق.

يعتبر التحسين الذاتي العنصر الأكثر أهمية للنجاح. حيث أن هناك عدد قليل من الأشخاص يولدون بقدرات استثنائية، وغالباً ما يكون الفائزون الحقيقيون أولئك الذين لا

يرضـون بالوضـع الحـالي ويجـبرون أنفسـهم عـلى الاسـتمرار في التعلـم، ومواصلـة التقـدم والنجـاح خطـوة بخطـوة. قـال نابليـون هيـل ذات مـرة: "هنـاك الكثـير مـن النـاس في العـالم لم ينجـزوا أي شيء لأنـه مـن السـهل أن يشـعروا بالرضـا. إن الخطـوة الأولى للتحسـين الـذاتي هـي عـدم البقـاء عـلى مـا أنـت عليـه. إن عـدم رضـاك عـن الوضـع الراهـن يمكـن أن يسـاعدك عـلى تحقيـق نجـاح جديـد."

ومـن بـين هـؤلاء الأشـخاص الناجحـين الذيـن تطـوروا مـن خـلال التعلـم المسـتمر ليكونـوا قـادة الأعـمال، يجـب أن نذكـر "أول رئيسـة تنفيذيـة نسـائية في العـالم"، رئيسـة مجلـس إدارة شركة هيوليـت بـاكارد (Hewlett-Packard) والرئيسـة التنفيذيـة السـيدة كارلي فيورينـا. تخصصـت كارلي فيورينـا في القانـون عندمـا كانـت طالبـة جامعيـة، وعـلى أسـاس منطقـي، كان يجـب أن تصبـح محاميـة بـدلاً مـن قائـد في شركـة مبتكـرة مثـل HP. عـلى الرغـم مـن أنهـا درسـت التاريـخ والفلسـفة، لا شيء مـن هـذه يقـع ضمـن المعايـير في أن تصبـح قائـدة في شركـة HP.

في وقـت لاحـق، أخـبرت كارلي فيورينـا أحدهـم مـا يـلي: "يعـد التعلـم المسـتمر أهـم عنـصر أسـاسي للرئيـس التنفيـذي الناجـح. مـن خـلال التعلـم المسـتمر، أقصـد أن نلخّـص باسـتمرار الخـبرات السـابقة مـن العمـل، وأن نسـتمر في التكيـف مـع البيئـة الجديـدة والتغيـيرات وأن نسـتمر باختبـار أسـاليب العمـل والكفـاءة."

"في شركـة HP، ليـس أنـا فقـط مـن يحتـاج الاسـتمرار في التعلـم أثنـاء العمـل، ولكـن HP بأكملهـا لديهـا آليـة لتشـجيع الموظفـين عـلى الدراسـة. مـن حـين لآخـر، نجلـس معـا للتواصـل مـع بعضنـا البعـض مـن أجـل فهـم الآخريـن، والتعـرف عـلى التطـور الجديـدة للشركـة وتعريـف أنفسـنا بالتحـركات القادمـة لهـذه الصناعـة. هـذه الأشـياء الصغـيرة تضمـن أن نسـتطيع مواكبـة العـصر وإيجـاد طريقـة أفضـل لتجديـد أنفسـنا في العمـل."

لذلـك، إذا أردنـا الفـوز بالمنافسـة الصعبـة، يجـب أن نكـون مثـل كارلي فيورينـا وموظفـي شركـة HP، للحفـاظ عـلى التعلـم والاسـتفادة مـن التجـارب، ونكـون حريصـين عـلى اكتسـاب معرفـة جديـدة. نحـن بحاجـة إلى مواجهـة الحيـاة بتواضـع، وإدراك أن المعرفـة لا حـدود لهـا وليسـت هنـاك نهايـة للتعلـم. وكـما قـال إسـحاق نيوتـن: "أنظـر إلى نفسـك كطفـل يلتقـط الصـدف عـن الشـاطئ بينـما المحيـط عميـق بعمـق المعرفـة."

في عـام 1994، أصبـح لي ده (اسـم مسـتعار) عضـوًا في شركـة هـواوي. كانـت مهمتـه لصـق أشرطـة الاسـم أثنـاء عمليـة تجميـع المبـدل. وبعـد أن عمـل لبضعـة أيـام، وجـد لي ده أنـه يكـرر العمـل نفسـه كل يـوم، وبغـض النظـر عـن مقـدار الجهـد الـذي بذلـه، كانـت كفـاءة العمـل لا تـزال منخفضـة للغايـة. ومـن أجـل تغيـير هـذا الوضـع، اشـترى بعـض الكتـب حـول المبـدل و

ACD. ثـم بـدأ يتعلـم منهـا في وقـت فراغـه. وفي الوقـت نفسـه، بـادر لي ده في التحـدث مـع بعـض كبـار الموظفـين للتعـرف عـلى المنتجـات. وأخـيراً، حصـل عـلى فهـم واضـح للمبـدل، مـما أدى إلى تحسـين كفـاءة عملـه في لصـق شريـط الاسـم.

بعـد ذلـك بوقـت قصـير، دخلـت شركـة هـواوي رسـميا في مرحلـة الإتـاج التجريبـي لنظـام الاتصـال اللاسـلكي (ETS). في ذلـك الوقـت تـم إرسـال لي ده إلى ورشـة عمـل ETS وكان مسـؤولا عـن أعـمال التجميـع للمحطـة. ولأنـه لم يكـن ذو خـبرة في عمليـة التجميـع، بـادر لي ده إلى دراسـة ملفـات التصميـم الخاصـة بعمليـة التجميـع في مصنـع التجميـع العامـة. التـزم بتعلـم القليـل عنهـا كل يـوم حتـى أتقـن المعرفـة الأساسـية لنظـام المعالجـة بأكملـه.

عندمـا كان لي ده يعمـل في مصنـع التجميـع، أيقـن أن المصنـع يحتـاج إلى مخطـط لسـير العمليـات في ذلـك الوقـت لم يكـن مصنـع التجميـع مـزودا بأجهـزة الكمبيوتـر بعـد، لذلـك سـيتم رسـم المخطـط يدويًـا وذلـك اسـتغرق وقتـا طويـلا ولم يكـن المخطـط يبـدو جيـداً. لذلـك قـرر لي ده القيـام بـدور ريـادي ودفـع مالـه الخـاص لـشراء جهـاز الكمبيوتـر وبـدأ بتعلـم برنامـج الأوتـو كاد Auto CAD (نـوع مـن برامـج الرسـومات). وفي وقـت لاحـق، أصبـح لي ده الخبـير الوحيـد لبرنامـج الأوتـو في ورشـة العمـل. ونتيجـة لذلـك تـم تحسـين كفـاءة وجـودة أعـمال التصميـم بشـكل ملحـوظ. ومنـذ ذلـك الحـين، تـم تجهيـز مصنـع التجميـع بمخططـات جديـدة تمامـا.

إن السـبب وراء تطـور لي ده المسـتمر وجعلـه أصـلا مـن أصـول الشركـة هـو رغبتـه القويـة بالتحسـين الـذاتي وقدرتـه عـلى وضـع مـا يطمـح إليـه موضـع التنفيـذ. وقـد قـال لي ده في وقـت لاحـق إنـه: "خـلال السـنوات السـت التـي أمضيتهـا في شركـة هـواوي، لم أتوقـف عـن التعلـم أبـداً. ليـس لـديّ مُثـل عليـا أو أهـداف طموحـة، لكـن الغـرض مـن تعلـم تلـك الأشـياء هـو القيـام بالعمـل بشـكل جيـد وجعلـه أسـهل." مـن الواضـح أنـه في ظهـر لي ده، أنـه لا يوجـد طريـق مختـصر للتطـور، ولـكي تتطـور، عليـك الاسـتمرار في التفكـير والتعلـم بجـد وتطبيـق المعرفـة المسـتفادة في الاسـتخدام العمـلي.

يسـتمر المجتمـع بالتقـدم. عندمـا يتغـير العـالم الخارجـي مـع كل يـوم يمـر، تـود كل شركـة أن يكتسـب موظفوهـا مهـارات جديـدة لخلـق قيمـة أكـبر للشركـة. لذلـك عـلى كل واحـد منـا مواكبـة العـصر. فقـط مـن خـلال تعلـم شيء جديـد وتحقيـق بعـض التقـدم كل يـوم، يمكننـا تلبيـة احتياجـات تنميـة الشركـة والتـبرز وسـط المنافسـة الشـديدة في السـوق.

الفصل الثاني

التوجه نحو تحقيق النتائج

إن إعطاء الاهتمام لاحتياجات العملاء والتركيز على توفير منتجات وخدمات قيمة يوفر القوة الدافعة نحو التقدم في الإدارة التنفيذية لشركة هواوي وتدرك الشركة أهمية ذلك في مساعدتها على إحراز تقدم عظيم.

1. التركيز على الأعمال الأساسية وكن واقعيا

قال معلم إدارة الأعمال العظيم بيتر دركر ذات مرة: "لا يمكن لأي شركة أن تفعل كل شيء، حتى لو كان لديها ما يكفي من المال، فلن يكون لديها ما يكفي من المواهب." بهذا القول، لم يكن دركر يشتكي من قلة المواهب ولكنه كان يذكرنا بضرورة التركيز على الأعمال أساسية والعمل على الأشياء التي لدينا ميزة تنافسية فيها.

وهناك قصة مشهورة:

يحكي أنه كان هناك رجلان يحفران الآبار. كان لدى أحدهما اهتمامات واسعة وهوايا مختلفة بينما كان الآخر رجلًا صادقًا يعمل بجد ويركز في عمله. وبعد أن بدءا في الحفر، حفر الرجل الذي يمتلك الكثير من الهوايا أول بئر ولم يجد به ماء فانتقل إلى مكان آخر ليبدأ الحفر من جديد، لكنه لم يحظ بشيء. بينما فكر الرجل الآخر بطريقة آخرى، حيث أنه استمر في حفر نفس البئر وكان مقتنعا أنه سيكون ماء في مكان ما هناك بالأسفل. بعد قليل، خرج الماء من هذا البئر. وعندما أظلم اليل، أصبح الرجل الأول عطشا ولم ينته إلا

ليرى أن الشخص الثاني يشرب ماءً طازجا بجانب بئر عميق. واستدار ثم نظر إلى تلك الحفر الضحلة وراءه، وأدرك السبب الكامن وراء الاختلاف في نتيجة عملها فجأة.

ترتكب الكثير من الشركات ومدراءها الأخطاء عندما تفقد التركيز على الأعمال الأساسية. حيث أنهم يغيرون أفكارهم في كثير من الأحيان كما أنهم يتعاملون مع الأشياء بسطحية، لذلك، بطبيعة الحال لن تكون النتائج مرضية للغاية. لقد علمتنا هذه القصة أن أفضل طريقة للفوز في منافسة السوق هي توجيه كل طاقتك وجهودك على نقطة واحدة مثل التركيز على الأعمال الأساسية للشركة وبطبيعة الحال فإن ذلك سيعود عليك بنجاح كبير.

في بداية تأسيس شركة هواوي، اعتقد رن تشنغ في نفسه أنه من السذاجة اختيار مجال الاتصالات، لأن آفاقه التنموية غير واضحة. ولكن منذ أن قرر رن تشنغ في العمل في مجال الاتصالات، قام بتخصيص كل موارده لهذا الهدف المنفرد والاستمرار في الاستثمار في هذا المجال. وبعد 10 سنوات من العمل الدؤوب والتطور، أصبحت هواوي شركة عملاقة عالمية. خلال ذلك الوقت، توفرت العديد من الفرص الاستثمارية في كل من الصين والخارج في مجالات العقارات وسوق الأوراق المالية التي كانت أكثر ربحا من مجال الاتصالات والتي كانت تعتبر فرصة ضخمة بالنسبة للكثير من رجال الأعمال، حينها تخلت العديد من الشركات التي قامت بتأمين حصة معينة من السوق مثل شركة هواوي، عن أعمالها الأساسية التي كانت تتمتع فيها بميزة تنافسية، وبدلاً من ذلك، تحولت إلى بدء أعمال تجارية جديدة في مجالات أخرى. وعندما كانت شنتشن في حالة من فقاعات السوق العقارية وسوق الأوراق المالية، اختارت العديد من الشركات الاندماج في هذه المجالات المربحة جدا، على أمل الحصول على حصة ضخمة، ولكن هواوي لم تتبع هذا الاتجاه.

في عام 1998، ألقى رن تشنغ في خطابا بعنوان "كم المدة التي يمكن أن تبقى فيها شركة هواوي ناجحة"، والتي عبر من خلاله على تصميمه على جعل شركة هواوي موردا للمعدات. كان يريد الشركة التركيز على تطوير التكنولوجيا، وإصلاح أعماله الأساسية في مجال الاتصالات. على الرغم من أن الكثير من الأشخاص كانوا ضد هذه الفكرة في بداية الأمر، إلا أنه بعد فترة من الكفاح، تم وضعه كالهدف الأسمى.

يعتقد رن تشنغ في أن شركة هواوي تشبه عدسة محدبة تركز طاقة الشمس إلى نقطة واحدة، بحيث يمكن أن يتجاوز مقدار الطاقة حزمة بسيطة من الضوء. وإذا تمكنت شركة هواوي من التركيز على الأعمال الأساسية الخاصة بها في مجال الاتصالات والعمل على التطور التكنولوجي، فإنها ستتمكن من تحسين قدرتها التنافسية من خلال الاحتراف

والاختصاص في مجالها مما سيمهد طريقها للنجاح.

ومن بين أكبر 500 شركة في أنحاء العالم، فان العديد منها خطا نفس خطى شركة هواوي التي ركزت على الأعمال الأساسية من منطلق براغماتي وركزت جميع جهودها ومواردها على الأعمال الأساسية، هذه الشركات مثل شركة كنتاكي المتخصصة بالوجبات السريعة وشركة كوكا كولا المتخصصة في المشروبات الغازية وشركة هاير المتخصصة الصينية في مجال إنتاج الأجهزة المنزلية.

ومن أجل تعزيز قدرتها التنافسية الأساسية، تتبنى هواوي إستراتيجية تنافسية تتمثل في "تعديل منظومة الأعمال التجارية، وتجاهل الأعمال غير الأساسية، وبناء القدرة التنافسية الأساسية"، وبالتالي، يمكنها توفير معظم طاقتها ومواردها من الأعمال غير الأساسية. وكنتيجة لهذه الإستراتيجية، بحلول نهاية عام 1999، قامت هواوي بتأسيس شراكة مع شركة واحدة فقط، على الرغم من أن العدد ارتفع في عام 2003 إلى أكثر من 200 شركة، وجميع الشركاء بشكل عام إما شركات هندسة اتصالات أو شركات ناشئة أنشأها الموظفون الداخليون لشركة هواوي. تقوم شركة هواوي بتزويد شركات التعاون هذه بالتكوين والتشغيل والصيانة والإصلاح وغيرها من الأعمال غير الأساسية حتى تتمكن نفسها من التركيز على تطوير أعمالها الأساسية.

ومع ذلك، فيما يتعلق بإدارة الأعمال، لا تحتاج الشركة إلى التركيز على أعمالها التنافسية الأساسية فقط، بل على جميع مديريها أن يفعلوا نفس الشيء. حيث يأخذ المدير على عاتقه مسؤوليات لإنهاء العديد من المهام الشاقة كل يوم. ومن أجل إنجاز كل هذه المهام، يحتاج المرء إلى التفاني الكامل، ولكن لا أحد لديه طاقة لا تنضب أو وقت غير محدود. لذلك إذا لم يتمكن المدير من التركيز على مهامه الأساسية، فإنه لن يكون قادراً على الحفاظ على حبه لعمله على المدى الطويل، الأمر الذي سيؤدي بكل تأكيد إلى خسارة للشركة.

وللحفاظ على التركيز على الأعمال الرئيسية يتطلب من المدير أن يكون متفانيا ومهتمًا بل مهووسًا بعمله. كما يحتاج إلى أن يكون قادرا على تحمل الشعور بالوحدة والإغراءات المحيطة به. وكما قال رن تشنغ في "نطلب من موظفينا الرئيسيين التركيز على أعمالهم. وتحمل هذه الجملة شعورا كبيرا بالمسؤولية." على جميع القادة في شركة هواوي التفكير في كلمات السيد رن تشنغ في بشكل دقيق لفهم المعنى العميق الذي تحمله.

لا تطلب شركة هواوي من مدرائها التركيز على الأعمال الأساسية فقط، بل من موظفيها أيضا. يطلب رن تشنغ في عدد أقل من الامتحانات للموظفين لأنه يعتقد أن

الكثير من الامتحانات سوف تشتت تركيزهم وتمنعهم من تقديم مساهمات أكبر في عملهم. إذا قامت الشركة بإجراء الكثير من الاختبارات لموظفيها، فإن ذلك سيكون في صالح أولئك الذين يجيدون الامتحانات ولكنهم ليسوا ماهرين في عملهم، في حين أن أولئك الذين يتمتعون بمهارة في العمل ولكنهم ليسوا بجيدين في الامتحانات قد يعانون من فشل فيها. وفي كلتا الحالتين لا أحد يستطيع تخصيص كل وقته وجهده من أجل أداء أفضل في العمل.

لدى شركة هواوي تقليدًا حيث أنه إذا كان الموظف يعمل حتى الساعة 9:00 مساءً، فعندئذ يمكنه الحصول على عشاء مجاني. لذلك يتهكم بعض الموظفين قائلين: "يدعوني رئيسي لتناول العشاء كل ليلة." وهذا يربك الكثير من الناس: "كيف يمكن لرئيسك أن يدعوك لتناول العشاء كل يوم؟" ولكن في حقيقة الأمر أنه إذا كان موظفو هواوي ما زالوا في الشركة حتى الساعة التاسعة مساء، بغض النظر عن أنهم يعملون لوقت إضافي أو أنهم باقون لوقت متأخر، سيتم تقديم لهم عشاء مجاني. وقد أدى هذا النوع من الإجراءات الشكلية إلى حد ما، إلى زيادة عبء الموظفين وعدم تشجيعهم على إمضاء مزيد من الوقت على مهامهم الرئيسية. في هذا الصدد، شدد رن تشنغ في على بعض النقاط في الخطاب الذي ألقاه في عام 2010: "لا يمكننا أن نحصر أنفسنا بشكل صارم في الشكلية. يجب علينا تقليل الاجتماعات والامتحانات لتمكين موظفينا من الحصول على مزيد من الوقت للتركيز على عملهم."

واليوم، يشبه الموظفون في شركة هواوي مجموعة من الذئاب التي تفضل التخلي عن الفريسة الصغيرة السهلة وتوحد قواها لمطاردة حيوانات الرنة أو غيرها من الفرائس الكبيرة. هذا هو السبب الذي يجعل هذه الذئاب تحافظ على الفرائس للتمتع لها. وهو أيضا السبب الرئيسي وراء التزام هواوي بمجال الاتصالات وامتلاكها القدرة القوية على التنفيذ.

2. التوجه نحو التسويق التجاري

كما أشار رن تشنغ في في مقالته بعنوان "كم المدة التي يمكن أن تبقى فيها شركة هواوي ناجحة" قائلا "نحن بحاجة إلى التركيز بشدة على تسويق المنتجات، يجب أن يكون نظام التقييم بأكمله موجها للتسويق لتعزيز نضوج فريق البحث لدينا. يجب أن يتحمل مديرو منتجاتنا المسؤولية طوال العملية برمتها من تطويرها واختبارها وإنتاجها إلى خدمة

ما بعد البيع والتسويق، ولتنفيذ نظام إدارة متكامل يغطي شريان الحياة الكامل للمنتج. وذلك يتطلب منا تأسيس إحساس بالسلع، مما يعني أنه بدءًا من التصميم، نحتاج إلى بناء ميزاتنا في التكنولوجيا والجودة والتكلفة والخدمة. وهذا هو أيضا قضية إدارة القيمة."

يؤكد رن تشنغ في على أن جميع أعمال شركة هواوي أو تقييم أدائها يجب أن يتمحور حول التسويق وهذا يوضح أهم المتطلبات الأساسية في التطبيق لدى شركة هواوي، ألا وهو تلبية احتياجات الزبائن وخلق قيمة للشركة.

قامت شركة Bell بتطوير منتجات أشباه الموصلات، حيث تعد سويسرا أول دولة تقوم بصنع ساعة بمهارة فائقة، لكنها كانت مختلفة عن اليابان التي نجحت في تحويل التكنولوجيا إلى سلع أساسية واكتساب القيمة السوقية المناسبة. وكما يقول الناس في شركة هواوي دائمًا إن التكنولوجيا تُستخدم لكسب الأموال، في حين أن التقنيات التي يمكن بيعها هي التي تمتلك القيمة فقط.

مرت شركة هواوي بالكثير من الدروس التي لا تنسى خلال عملية تنميتها.

في عام 1992، كان تشنغ باو يونغ على استعداد لقيادة عشرات المطورين لتطوير مبدل OSN. وفي ذلك الوقت، كان لديهم فقط خبرة في تطوير مبدلات المقسمات الهاتفية الفضائية SPC ولم يعرفوا شيئاً عن مبدل OSN. لذا، قرّروا تطوير مقسم هاتفي فضائي SPC وتم تسميته JK1000.

في عام 1990، بلغت حصة الهاتف الثابت في الصين 1.1٪ فقط، وذلك احتلت المرتبة 113 في العالم. في عام 1992، قدرت شركة هواوي أنه وفقًا للهدف الإجمالي لصناعة لاتصالات في الصين، سيصل معدل انتشار الهاتف الثابت من 5٪ إلى 6٪ بحلول عام 2000، وبالتالي، فإن مبدل SPC الرقمي المتقدم لم يعد مناسبًا للصين.

مع ذلك، لم يكن هذا التقدير صحيحًا على الإطلاق. فبحلول عام 2000، كان معدل انتشار الهاتف الثابت في الصين أعلى بعشر مرات من المعدل المتوقع، وهو ما ينبأ بمستقبل JK1000.

بعد أن قامت شركة هواوي ببذل كل جهودها ومواردها واستثمارها الضخم في مجال البحث والتطوير في مجال مبدلات المقسمات الهاتفية الفضائية SPC، تم إطلاق JK1000 أخيراً في السوق. وفي أوائل عام 1993 حصلت على إذن للوصول إلى الشبكة الوطنية من وزارة البريد والاتصالات في شهر مايو. كانت هواوي مليئة بالعزم والتفاؤل في تحقيق فوز ساحق في السوق.

وبحلول نهاية عام 1993، أصبحت تكنولوجيا التحويل الرقمي التي يتحكم فيها

البرنامـج تحظـى بشـعبية كبـيرة، وبالتـالي فـإن حصـة السـوق مـن المقسـم الهاتفـي الفضائـي JK1000 الـذي أصدرتـه شركة هـواوي حديثًـا كانت معرضة للخطـر، وسرعـان مـا تم اسـتبداله بمبـدل SPC الرقمـي.

هـذه التجربـة المريـرة جعلـت السـيد رن يـدرك أنـه يجـب علـى فريـق البحـث والتطويـر لشركة هـواوي أن يحـول اعتمـاده مـن التكنولوجيـا إلى السـوق، ويركـز عـن كثـب علـى التسـويق التجـاري للمنتجـات ولا يبـدل أي جهـود في تطويـر "التكنولوجيـا الراقيـة في العـالم التـي لا يمكـن بيعهـا". كمـا طلب السـيد رن تشـنغ في مـن موظفـي شركة هـواوي ألا يكونـوا مثـل موظفـي Bell في الفـترة المبكـرة الذيـن كانـوا يدركـون كيفيـة تطويـر تقنيـات جديـدة ولكنهـم لم يهتمـوا بكيفيـة تحويـل هـذه التكنولوجيـا إلى منتجـات تجاريـة.

يجـب أن يكـون كل جهـد مبـذول في العمـل موجهـاً نحـو النتائـج. وهـذا ليـس مجـرد طلـب لقسـم البحـث والتطويـر لاتخـاذ التسـويق كهـدف فقـط، بـل هـو دعـوة لجميـع الموظفـين مـن الإدارات المختلفـة لتنظيـم عملهـم مـع وجـود التسـويق التجـاري في أذهانهـم. وبهـذه الطريقـة فقـط يمكننـا الاسـتفادة الكاملـة مـن المـوارد المتكاملـة والجهـود المتضافـرة لتحقيـق التسـويق التجـاري للمنتـج النهـائي أو الخدمـة. وتعطـي هـواوي الدعـم الكامـل لدمـج جميـع أقسـامها مـن حيـث التسـويق والبحـث والتطويـر مـن أجـل الحصـول علـى حصـة في السـوق.

في عـام 1996، ظهـرت فـرص لمنتجـات شبكة الوصـول (AN) بشـكل مفاجـئ في سـوق الاتصـالات السـلكية واللاسـلكية في الصيـن بسـبب سـماح وزارة البريـد والاتصـالات للمكتـب السـابق للتحويـل بتبنـي وحـدات المسـتخدمين الأخـرى مـن خـلال الواجهـة التقنيـة V52. ومـع ذلـك، في بدايـة الأمـر، لم يكـن تطويـر منتجـات شبكة الوصـول مـن قبـل فريـق البحـث والتطويـر في شركة هـواوي جيـدًا، نظـرًا للصـراع بـين منتجـات شبكة الوصـول وقسـم أعمـال المبـدلات، حيـث يعتـبر قسـم أعمـال المبـدلات هـو القسـم الأكـبر في قسـم البحـث المركـزي في شركة هـواوي. ومنـذ المرحلـة الأوليـة، تـم تطويـر منتجـات شبكة الوصـول مـن قبـل قسـم واحـد فقـط، في حـين كانـت مـوارد البحـث والتطويـر الداخليـة غـير كافيـة، لذلـك كان التقـدم في التطويـر بطيئًـا نوعًـا مـا. وبالنظـر إلى أن حصـة منتجـات شبكة الوصـول لشركة ZTE التـي تعـد منافسـا قديمـا بالنسـبة إلى شركة هـواوي، ارتفعـت بشـكل كبـير في السـوق، إلا أن حصمهـا الجديـد شركة UT Starcom كانـت تنمـو بسـرعة مـع منتجـات شبكة الوصـول، لذلـك أرسـل قسـم التسـويق بشركة هـواوي العديـد مـن التقاريـر التحذيريـة إلى مقرهـا الرئيسـي. وقـد اسـتدعى رن تشـنغ في رئيـس قسـم البحـث المركـزي لي يـي نـان حينـذاك إلى مكتبـه ووبخـه بقسـوة. وكان هـذا بمثابـة دعـوة لإيقـاظ لي يـي نـان.

بحلول نهاية عام 1996، أنشأت قسم البحوث المركزي فريق مشروع خاصا بين الأقسام المختلفة لتطوير منتجات شبكة الوصول الجديدة. كان الفريق يتألف من أفراد من قسم أعمال الوسائط المتعددة، وقسم أعمال المبدلات، وقسم أعمال النقل، وقسم الأعمال اللاسلكية. وكان الغرض من إنشاء فريق المشروع الجديد هذا هو تشارك الموارد والجمع بين مزايا المنتجات والتكنولوجيا لزيادة القدرة التنافسية الجوهرية للشركة.

قام كل قسم أعمال بإرسال موظفيها الرئيسيين للانضمام إلى فريق المشروع. حيث تعاون جميع أعضاء الفريق في حل المسائل الفنية وإعداد المعلومات الفنية تحت إشراف القيادة العامة لفريق المشروع. بالإضافة إلى الموظفين الرئيسين، عقدت جميع أقسام الأعمال مشاورة مشتركة حول القضايا المتعلقة بمنتجات شبكات الوصول وأحداث التطورات في المنتجات الخاصة بها من أجل تكييفها مع النسخة الجديدة من منتجات شبكة الوصول الخاصة بشركة هواوي. بعد إنشاء فريق المشروع المشترك بين الأقسام، حققت شركة هواوي اختراقات في قضية التقنية الرئيسية للمنتجات الجديدة في غضون ثلاثة أشهر، وطرحت تطبيقات حول كيفية إنشاء شبكة الوصول بطريقة مبتكرة وتطوير خدمات الاتصالات الجديدة (مثل الوصول إلى خدمات ETS اللاسلكية ومؤتمرات الفيديو). وبفضل التعاون الكامل بين جميع أقسام الأعمال في شركة هواوي، أصدرت الشركة منتج شبكة الوصول الجديد الخاص بها الذي كان منافسًا عاليًا من حيث الوظيفة والتكلفة.

كان السبب في أن منتجات شبكة الوصول الخاص بقسم البحوث المركزي في شركة هواوي لم يعمل بشكل جيد في مرحلتها الأولية لأن القسم قام بعمل التطوير بشكل مستقل وفشل في تشارك المعلومات والموارد مع الأقسام الأخرى. وبالتالي، فإن المنتجات المطورة لا يمكن أن تتطابق مع الوحدات الأخرى. وفي وقت لاحق، أنشأت الشركة فريق البحث والتطوير عابر الأقسام وأجرت مشاورات مشتركة لتنسيق مطالب ومتطلبات جميع الجوانب وأخيراً حدد أفضل تصميم لمنتج شبكة الوصول وحقق اختراقا في التقنية الرئيسية. لذلك، يمكننا أن نرى أهمية التركيز نحو النتائج في تنفيذ الأعمال. إذا لم نفكر في النتيجة، فإن جميع الموارد والفرص سوف تذهب سدى.

لزيادة تعزيز التفكير الموجه نحو التسويق التجاري وتنفيذه في شركة هواوي، يجب أن تلتزم جميع الأعمال بمبادئ التقييم والتقويم الموجهة نحو النتائج وتقبلها.

قال أحد مدراء المشاريع في شركة هواوي ذات مرة: "قبل أن أصبح مديرًا، كنت أعمل دائما حتى منتصف الليل ولم أكن أستريح في عطلات نهاية الأسبوع. كنت أعيش في كل يوم حياة مجتهدة، كنت أعيشها بين الشركة والمنزل، وهذا ما جعلني أحصل على التقدير من

رئيسي. وفي ذلك الوقت، كنت أعتقد أن العمل الإضافي يساوي العمل الجاد. ولكن بعد ترقيتي مديرا للمشروع، بدأت في حث أعضاء فريقي على العمل لساعات إضافية كل يوم لإظهار قيمتهم. ومع ذلك، فقد أخبرني رئيسي يوما أن تقييم كفاءة عمل الشخص لم يكن لمعرفة ما إذا كان متعبًا أم لا، أو أنه عمل وقتًا إضافيًا أو لا، أو أنه عمل وقتًا إضافيًا أو لا، ولكن بالنظر إلى نتائج العمل التي قدمها."

العمل الإضافي لا يعني العمل بجد؛ كما أنه لا يمكن قياس العمل الجاد أو الحكم عليه بساعات العمل الإضافي. أشار مدير شركة هواوي إلى أن تقييم العمل يجب أن يكون موجهاً نحو النتائج المحققة. وذلك يعني أن جميع التقييمات يجب أن تكون موجهة للتسويق التجاري.

بغض النظر عن مقدار الجهد الذي يبذله أي قسم أو موظف، إذا كانت النتيجة سيئة أو منخفضة الكفاءة، فإن كل ما تم القيام به لن يكون مفيدًا للشركة على الإطلاق. لذلك، ينبغي أن يكون تقييم العمل موجها نحو تحقيق النتائج.

وإذا كنت لا تهتم بالتسويق التجاري، حتى إذا كان منتجك جيدًا وعملت بجهد كبير، فإن ذلك سيقوض أو يقلل أداء الشركة.

3. كن واضحا فيما تريد التوجه إليه

بالإضافة إلى تنفيذ التفكير الموجه نحو التسويق التجاري، يجب علينا أيضًا أن نكون واضحين في أهداف العمل. العمل كالصيد، والفريسة هي هدفك. يجب عليك معرفة وتحديد الهدف الخاص بك قبل اتخاذ الإجراءات أولا.

وجود هدف واضح هو الخطوة الأولى في العمل. فمن خلال وجود هدف واضح، يمكننا وضع الأمور في نصابها الصحيح وإتمام المهمة بسهولة.

قد يبدو هذا سهل الفهم، ولكن لا يتم تنفيذه بشكل صحيح من قبل الناس في عملهم. حتى بالنسبة لشركة ناجحة مثل شركة هواوي، في مرحلتها الأولية، أهمل العديد من الموظفين مبدأ العمل هذا.

في المرحلة الأولية من تأسيس شركة هواوي، غالبًا ما كانت تعاني من تحقيق نتائج لا تتوافق مع الأهداف المتوقعة. وغالبًا ما تجعل هذه المشكلة الشركة في ورطة. وخلال ذلك الوقت، كان كل من قسم التخطيط وموظفي شركة هواوي يتعرضون لضغط كبير.

لذا، أرسلت الشركة موظفين مختصين للتحقيق في هذه المشكلة. وبعد زيارة بعض الموظفين، اكتشف المحققون أن معظم الموظفين لم يعرفوا الجدول الزمني والموعد النهائي للمهام المسندة إليهم، ولا الطرق التشغيلية ومعايير التنفيذ.

واعتاد هؤلاء الموظفون على دمجهم في عمل جاد متواضع فورا بعد تعيينهم في مهام معينة دون قضاء الوقت في التفكير فيما يجب أن يكون الهدف.

وبعد هذه التجربة المريرة، قرر موظفو هواوي التفكير في أنفسهم ووجدوا أن المشكلة كانت في طريقتهم للعمل: بعد أن قبلوا مهامًا معينة، بدأوا العمل على الفور دون أن يعرفوا بوضوح الهدف منها. هذا جعل عملهم بلا هدف.

في بعض الأحيان يقوم الموظفون بتغيير أهدافهم أثناء التنفيذ، أو حتى في أسوأ السيناريوهات، وجدوا أن النتائج لا تلبي الهدف على الإطلاق إلا عند الانتهاء من عملهم.

في أغلب الحالات يكون الفائز من يحدد أهدافا واضحة وليس من يجهد نفسه بالعمل طوال اليوم، يجب تشجيع روح العمل الجاد في حين أن أساليب العمل للفائز هي أكثر قيمة للتعلم. وفي مثل هذه الظروف، طرح رن تشنغ في فلسفة العمل التي تنطلق تحت شعار "تحديد الهدف قبل إطلاق النار".

يذكر هذا الشعار الموظفين في شركة هواوي بضرورة تحديد أهداف واضحة وعدم إضاعة الموارد القيمة، كما أكد رن تشنغ في في مقال له:

"عندما نواجه منافسة دولية شرسة، يجب علينا أن نعزز قدراتنا المستقبلية في تحليل متطلبات العملاء المستقبلية واتجاهات تطوير التكنولوجيا، والتخطيط للمستقبل واتخاذ الاحتياطات، من أجل تحويل وضعنا السلبي بشكل جذري ومحاولة اللحاق بالآخرين كقادم متأخر في هذه الصناعة؛ يجب علينا تعزيز الفهم الدقيق لاحتياجات العملاء، وتحسين معدل نجاح تحقيق الهدف، والحد من الاستهلاك غير الضروري؛ كما نحتاج أيضًا إلى تعزيز الإدارة على متطلبات الخط الأمامي، وتقديم وعود منطقية حتى نترك وقتًا كافيًا للخط الخلفي للتسليم، ونخفف من إمكانية تنظيم فريق الطوارئ للعمل على حل المشاكل."

إذا، كيف وضع الموظفون في شركة هواوي كلمات رن موضع التنفيذ؟ دعونا نأخذ الموظفين في قسم المبيعات في شركة هواوي كمثال، عادة ما يحددون العملاء المستهدفين ثم يقومون بعد ذلك بفحص معلومات العملاء ويأخذون كل حالة البيع كمشروع. وعند تنفيذ عملية البيع، يقومون بتحديد الأهداف خطوة بخطوة ضمن الخطة. على سبيل المثال، يتم تحديد جدول عمل لتأمين حصة سوقية بحد أدنى 50٪ من مشروع واحد والاستعداد للحصول على 80٪ وبذل الجهود من أجل الحصول على 100٪.

ومـن ثم، سيبدأ فريـق المشروع في الكفـاح مـن أجـل تحقيـق هـدف 100%. حيـث يقـوم بتسجيل جميع المعلومـات المتعلقة بالعملاء والمزايا والعيوب لمنافسي شركة هـواوي، فضلاً عـن الإستراتيجيات التـي يعتمدها المنافسـون، وذلـك مـن أجـل وضع خطة عمل مفصلة. وبمجـرد الانتهـاء مـن وضـع الخطة، سيبدأ جميـع أعضـاء فريـق المشروع في العمل عليهـا.

إن عمليـة "الهـدف – الخطـوة – الإجـراء" تجعـل هـواوي تشهد ارتفاعـا متزايـدا في المبيعـات. والنتائـج في كثير مـن الأحيـان بالمعنـى الحقيقـي تحقيـق الأهـداف بنسبة 100%. والأهـم مـن ذلـك أن "روح الذئب" لموظفي شركة هـواوي يتم تنفيذها بدقة مـن خلال هـذه التفاصيـل.

4. لا تتعجل في أي شيء

مهمـا كانـت الصناعـة التـي نعمـل فيهـا، فـإذا حققنـا شيئًـا في عملنـا، فسـوف يكـون لدينـا شعورا بالرضا. هذا النوع مـن الرضا الـذاتي يمكن أن يعمينـا عـن الواقـع ويجعلنـا أكثـر ثقة في القيـام بعملنـا. مـاذا سيحدث إذا أصبحنـا أكثر ثقـة؟ إن الثقـة يمكن أن تجعلنـا نصبح شجعان ومتهورين، ومـن ثـم سنبـدّل موقـف عمـل حـذرا وموجّهـاً بالتفاصيـل ونبـدأ بالقيـام بالأمـور بطريقـة متهـورة دون أخـذ تقييـم المخاطـر والوقايـة منهـا في عـين الاعتبـار. وبطبيعة الحـال، لا يمكـن للاندفـاع تحقيـق أي آثار إيجابيـة، بـدلا مـن ذلـك ربمـا يـؤدي إلى فشل الفـرد أو حتى الشركـة بأكملهـا.

أجـرت مجموعـة ستانـدش الأمريكيـة (American Standish Group[1]) تحليـلاً إحصائيًـا لمعـدل نجاح أكثـر مـن 8400 مشروع في عـام 1994، حيـث أظهرت النتائـج أن: أكثـر مـن 34% مـن المشاريع فشلـت تمامًـا في تحقيـق الأهـداف العامـة. وأكثـر مـن 50% مـن المشاريع لم تكن ناجحـة، ولم يحقـق سـوى أقـل مـن 16% مـن المشاريع هدفهـا العـام.

ربمـا تعتقـد أن هـذا التحقيـق لا يمكـن أن يظهـر العلاقـة الوثيقـة بـين مشروع فاشـل ونقـص تقييـم مخاطـر العمليـات والتنبـؤ بهـا، لأن فشل المشـروع قـد ينتـج أيضًـا عـن سـوء الإدارة أو مستوى عـالٍ مـن صعوبـة المشروع نفسـه. ومع ذلك، إذا كنـت شاهدت التجـارب الحقيقيـة لموظفـي شركـة هـواوي، فسـوف تبـدد شكوكك قريبًـا.

---

1. معهد أمريكي متخصص في متابعة نجاح وفشل مشاريع تكنولوجيا المعلومات.

كانت التكلفة الإجمالية لأول مشروع لدخول السوق في مقاطعة H أكثر من 8 ملايين يوان صيني. كان هذا المشروع بمثابة فرصة نادرة لشركة هواوي خلال فترة بدايتها. وعلى الرغم من أن المهلة الزمنية المحددة للمشروع كانت شهرين فقط، إلا أن شركة هواوي قاولت المشروع ووعدت بإنهائه في الوقت المناسب.

ومع بدء المشروع، اكتشف موظفو هواوي وجود بعض المشاكل المحتملة التي تمنع إكمال المشروع في غضون شهرين. كان مدراء الشركة يذهبون إلى موقع المشروع مرارًا وتكرارًا للتنسيق مع العملاء على أمل في تأجيل الموعد النهائي. ولكن ما حدث قد حدث؛ ولم تتمكن الشركة من السيطرة على السوق وإقناع عملائها، ولم يكن لديها بديل سوى تنفيذ المشروع. كانت النتيجة بالطبع كارثة. بلغت التكلفة الإجمالية للمشروع 12 مليون يوان صيني، وبعد عام واحد، لم يستطع المشروع الحصول على موافقة مبدئية. كانت أول صفقة لشركة هواوي في دولة E هي مشروع شبكة المدينة بقيمة إجمالية تزيد عن 4 ملايين دولار أمريكي. كان يتطلب العقد أن يشتمل المشروع على معدات كابلات بصرية وخدمة هندسية، وهو مشروع تسليم مفتاح نموذجي[2]. وبعد توقيع العقد، كان كل من المكتب التمثيلي والإدارة الإقليمية والشركة بأكملها متحمسا للغاية لذلك. ولكن عندما دخل المشروع مراحل تطوير مختلفة، تلاشت الإثارة والسعادة التي كانت تتوهج على وجوه الجميع واستبدلت بالتشاؤم والاكتئاب. لم يتم الانتهاء من المشروع، ولكن الشركة كانت قد خسرت مليوني دولار أمريكي، لذلك عليها الاستمرار في الاستثمار في هذه الهاوية، لأنه إذا انسحبت من المشروع، فإن الشركة ستعاني من خسارة أكبر.

توضح لنا كلتا الحالتين أنه من الممكن مواجهة المخاطر أثناء تنفيذ المشروع. وإذا لم نكن حذرين في إدارة المخاطر المحتملة والعمل بجد لحل المشاكل التي نواجهها، فإننا سنواجه احتمالًا كبيرًا للفشل.

الثقة ليست كافية للقيام بعمل جيد. نحن بحاجة إلى وضع أقدامنا على الأرض وإرساء قراراتنا على التحقّق الحذر. بهذه الطريقة فقط، يمكننا استخلاص استنتاجات علمية وتمكين العمل التالي من أن يكون له تأثير حقيقي يمكن أن يعود بالفائدة على الفريق بأكمله.

تسعى شركة هواوي دائمًا إلى تحقيق تطور سريع، لا سيما خلال السنوات العشر الأولى الأكثر أهمية في تاريخها، حيث كان يأمل الجميع في أن تحتل الشركة نكانتها في سوق

2. الترجمة المباشرة هي تسليم المفتاح، مما يعني القدرة على توفير كل شيء يحتاج إليه العميل عند التسليم. ويمكن تفسيره كحصول العميل على النتيجة الفورية بعد الاستثمار.

الاتصالات بسرعة. لكن ظل رن تشنغ في يتمسك بأسلوب العمل الحذر ولا يقبل بالمشاريع بتهور مـن أجـل توسيـع هـواوي بشكل أسرع. قال رن ذات مرة إن خطط التوسع تحتاج إلى إجراء تحقيـق دقيـق كأسـاس؛ عـلى خـلاف ذلـك، لـن يسـاعد التوسـع في تطويـر الشركة، بـل يـؤدي إلى أسـوأ السيناريوهـات، حتـى انهيـار الشركـة بأكملها.

في واقـع الأمـر، مـن الواضح أن كل وظيفة لها بعض المخاطر غـير المرئيـة ويجب اكتشافها مـن خـلال جهودنـا أو حكمـة الفريـق. وإذا تمكنـا مـن معرفـة أسـباب المشـاكل، فنحـن بالفعل في منتصف الطريق لحلها.

في شركـة هـواوي، عندمـا يريـد الموظفـون حـل مشكلـة معينـة فإنهـم يتعاملـون معهـا بإحـدى الطريقتـين، الأولى هـي العصـف الذهنـي وذلـك مـن خـلال التنبـؤ بالمخاطر المحتملة عـن طريـق تحليـل الفريـق للوضـع؛ والثانيـة اسـتخدام الطريقـة التجريبيـة مثـل أخـذ المشاكل المتكـررة في المشاريـع السـابقة في الاعتبـار لتجنبهـا في المـشروع التـالي.

كما يلتزم موظفو هواوي بالمبادئ الثلاثة التالية للتعرف على المخاطر:

- المبدأ الأول: رؤيـة الأشياء مـن منظور طويـل الأجـل بـدلاً مـن الاقتصار عـلى المسألة الحاليـة؛
- المبدأ الثاني: عدم التركيز على جانب معين، بل رؤية الأشياء بطريقة شاملة؛
- المبدأ الثالث: عدم عزل المشكلة ولكن رؤية طبيعتها الأساسية.

مـن خـلال التعـرف عـلى المخاطـر، يمكننا تحديـد المشاكـل في المهمة. ومـن ثـم يمكننا إجـراء تقييـم للمخاطـر، أي تقييـم إمكانيـة وجـود مخاطـر محتملـة وتأثيرهـا عـلى المـشروع. فمـن خـلال التعـرف عـلى المخاطـر وتقييمهـا، يمكننـا بشـكل أسـاسي التنبـؤ بدقـة بجميـع العوامـل التـي قـد تؤثـر عـلى إكمـال المـشروع. ولكـن هـذا لا يكفـي لضمـان أن يتـم الانتهـاء مـن العمـل بسـلاسة. يجب أن نضـع دائمًـا خطـة موجهـة لتجنبهـا، وهـي الهـدف النهـائي لتقييـم المخاطـر.

5. ترتيب الأولويات لمهامك

بمجرد أن يكون لدينا هدف عمل واضح وقمنا باتخاذ الاحتياطات اللازمة ضد جميع أنواع المخاطر، نحتاج فقط إلى تكريس أنفسنا لهذه المهمة. خلال هذه المرحلة من التنفيذ، يعد تحديد أولويات مهامك حسب أهميتها وإلحاحها أمرا ضروريا.

قد يبدو الكثير من الموظفين الذين لم يتلقوا تدريباً فعالا دائماً مشغولين مثل النحلة. ومع ذلك، فإن موقفهم الدؤوب قد لا يزيد من فاعلية العمل بشكل كبير ولا يجعل الأمور أكثر تنظيمًا. هم عادة لا يفهمون لماذا هناك الكثير من العمل للقيام به ولماذا يحتاجون حتى للعمل بعد العودة إلى المنزل أيضا؟

هذه المشكلة شائعة جدا. فالعديد من الناس الذين لم يتقنوا أساليب العمل العلمية سيواجهون مشاكل مماثلة، لأنهم لا يستطيعون تحديد أولويات المهام المختلفة وفقًا لأهميتها وإلحاحها، وبالتالي فهم دائمًا منهمكين في العمل بدون خطة أو غرض.

في الواقع، يُعد الافتقار إلى القدرة على تحديد أولويات الأمور وفقًا لمستوى أهميتها أحد الأسباب الرئيسية التي قد تجعلهم مشغولين بطريقة غير مرغوب فيها. فهم يقومون بفعل ما يتبادر إلى الذهن كل يوم بدلا من وضع جدول زمني للأشياء ذات الأولوية العالية.

وبالتالي، ينتهي بك الأمر دائمًا إلى معالجة الأمور العاجلة ولكنها ليست هامة وتضع الأمور المهمة جانبا، ولن تهتم بها إلا إذا تذكرتها أو كان لديك وقت في المستقبل.

أحد أهم مبادئ العمل في عملية التنفيذ في شركة هواوي هو إعطاء الأولوية للمهام قبل تنفيذها، بحيث يتم الاهتمام بالأشياء ذات الأهمية الكبرى أولاً، مما سيحقق نتائج أفضل.

يمكننا النظر إلى كيفية قيام خبير الكفاءة بتوجيه الناس حول هذه القضية.

التقى تشارلز شواب (Charles M Schwab)، رئيس شركة بيت لحم الأمريكية للصلب مع خبير الكفاءة آيفي لي (Ivy Lee). حيث أخبر شواب آيفي لي أنه على الرغم من أنه يعرف كيف يدير الشركة، إلا أنه غير راضٍ تماماً عن وضع الشركة. وقال له: "أخبرني عن طريقة للاستفادة بشكل أفضل من وقتي، وإذا نجحت، سأمنحك مكافأة سخية."

قال آيفي لي إنه يمكن أن يعطي شواب شيئًا واحدا من شأنه أن يزيد أداء الشركة بنسبة 50٪ على الأقل، ويستغرق 10 دقائق فقط. ثم سلم شواب ورقة فارغة قائلا له: "أكتب كل الأشياء التي يجب عليك القيام بها غدًا ثم قم بترقيمها وفقًا لأهميتها. غدا،

ستبدأ من مهمة رقم 1، وتكرس جهودك حتى تقوم بإنجازها، ومن ثم بدء المهمة التالية. وبهذه الطريقة ستنهي بالتأكيد أهم شيء في نهاية اليوم."

بعد بضعة أسابيع، أرسلت شواب لآيفي لي شيكًا بقيمة 25 ألف دولار أمريكي مع رسالة مرفقة به، كتب فيها شواب أن لي أعطاه أكثر الدروس قيمة في حياته. وبعد خمس سنوات، أصبح هذا المصنع الصغير غير المعروف أكبر مصنع مستقل للصلب في العالم.

تخبرنا هذه القصة الواقعية حقيقة واحدة: جميع المهام لها ترتيب في أولوياتها، فمن خلال تحديد أهمية الأشياء وإلحاحها، يمكننا القيام بعملنا بكفاءة.

قال معلم الإدارة العظيم بيتر دراكر ذات مرة: إن العادة الجيدة في العمل هي وضع أهم الأشياء أولاً ومن ثم إنجاز كل شيء واحد تلو الآخر. وفقا لفكرة بيير داركر، لا يهم مدى ثقل أعباء العمل أو عدد المشاريع التي لدينا، إذا كان لدينا عقل واضح وطريقة عمل صحيحة لرعاية الأشياء وفقًا لأولويتها، سنكون مشغولين ولكن بطريقة منظمة.

بالنسبة إلى شركة هواوي، نظرًا لأن سياسة إدارة الشركة هي تناوب الوظائف، فيجب على موظفي هواوي التناوب في وظائف مختلفة والتعامل مع الكثير من العمل في فترة قصيرة. لذلك، تركز هواوي بشكل كبير على تدريب موظفيها وتعليمهم الطريقة العلمية للقيام بالأشياء.

إذن كيف يقوم الموظفون في شركة هواوي بعملهم اليومي؟

في عام 1998، استقالت لي مي (اسم مستعار) من وظيفتها المريحة في ذوي الياقات البيضاء وأصبحت سكرتيرة إدارية في أحد مكاتب شركة هواوي في جنوب غرب البلاد. تطلبت وظيفتها الجديدة منها الإشراف على جدولة السيارات وإرسالها، وإدارة الموارد البشرية، والشؤون اليومية للمدير، والتواصل مع العملاء المحليين. كانت لي مي تشبه رئيس الشؤون الداخلية، وكانت غارقة في مثل هذه الوظيفة المزدحمة بالعمل.

ومع ذلك، بعد أن تلقت لي مي التدريب من الشركة، تعلمت كيفية عمل الترتيبات الشاملة للأشياء. لقد طبقت الفلسفة الأساسية للعمل - وأعطت الأولوية لكل شيء وفقًا لأهميته وإلحاحه وقامت بتصنيف جميع الأعمال البسيطة بطريقة منظمة، مما أدى إلى زيادة كفاءة عملها بشكل كبير.

في معظم الأوقات لا نتعرض للتشتت أو الفوضى في أعمالنا، ولكننا ببساطة نشعر بالارتباك في أذهاننا. إذا تمكنا من الالتزام بمبدأ "الأشياء الأكثر أهمية أولاً" وإبقاء الأشياء المهمة بعيدة عن الأمور التافهة، فبغض النظر عن مدى صعوبة أو تعقيد مهامنا، يمكننا التعامل معها بطريقة منظمة.

6. اجعل عملك صحيحا في المحاولة الأولى

من المهم الاهتمام بالتفاصيل أثناء تنفيذ العمل من أجل إنهائه بطريقة متميزة. فقط من خلال التقليل من إهدار الوقت والموارد والطاقة، وجعل كل شيء صحيحا في المحاولة الأولى، يمكننا تعظيم إنجازاتنا.

ومع ذلك، فإنه أمر طبيعي للغاية إهمال بعض الأفراد للتفاصيل أثناء عملهم من أجل إنهائه بشكل سريع وفي بعض الأوقات علينا إعادة العمل بشكل كامل مرة أخرى وهذا لا يقلل من كفاءتنا في العمل فقط، بل يهدر المزيد من الموارد. في الواقع، ذلك لأن الناس ليسوا حذرين من إنجاز العمل في المرة الأولى.

كان حدث مفاجئ لشركة هواوي.

خلال عيد الربيع في عام 1999، واجه مكتب العينة في شركة هواوي مشكلة في محطة القاعدة بشكل مفاجئ. وتراكمت الشكاوى من مستخدمي شمال شرق الصين. في ليلة رأس السنة الجديدة، انطلق "فريق الطوارئ" بقيادة مدير التطوير في عجلة نحو المنطقة الشمالية الشرقية شديدة البرودة من الصين. وبعد وصول فريق الطوارئ، كانت المشكلة الأولى التي واجهها هي أن محطة القاعدة بنيت على برج حديدي بارتفاع 30 متراً، لذا كان عليهم الصعود إلى أعلى البرج لتحليل المشكلة وتحديد سببها. وكان القيام بذلك في فصل الشتاء خطيرا جدا. ولم يكن لدى أعضاء فريق الطوارئ وقت للقلق على سلامتهم وخاطروا بحياتهم لتسلق البرج. في الأيام القليلة التالية، خرجوا في ليلة شتوية متجمدة عدة مرات لمعرفة سبب الفشل في المحطة.

وبعد أسبوع، وجدوا السبب أخيرا وهو أن درجة الحرارة منخفضة جدا مما تسبب في عطل في محطة القاعدة. بمجرد أن ظهرت النتيجة، كان رد الفعل الأولي لمطوري المشروع هو "أنه لم يكن مستحيلا" لأنهم كانوا على يقين من أن محطة القاعدة نجحت في اجتياز اختبار درجة الحرارة 40 درجة مئوية تحت الصفر، والذي أثبتته البيانات التجريبية. وفي النهاية، عاد فريق الطوارئ إلى شنتشن لعقد اجتماع على الفور، وحلّل التقارير التجريبية السابقة، وأخيراً وجد المشكلة.

نظرًا لضيق الوقت المحدّد قبل الموعد النهائي لتسليم المنتج، عمل المطوّرون والمختبرون معا في إجراء التجارب البيئية. وفي ذلك الوقت، تم وضع صندوق الاختبار لإعداد اختبار بيئي في مبنى فوتشنغ (Fucheng) في شيشيانغ بمدينة شنتشن، في حين كان المبدل الذي يستخدم للربط مع محطة القاعدة يقع في مبنى جيانتشنغ. ثم جاء شخص

ما بفكرة "ذكية": لم تكن هناك حاجة لربط محطة القاعدة بالمبدل؛ مجرد تطبيق برنامج اختبار لتحفيز الشرط الحقيقي سيكون كافيا. وبالتالي، لم يؤخذ خطر محطة القاعدة في الاعتبار. لذلك، واجتازوا الاختبار "بسلاسة".

هناك الكثير من العمل غير الضروري الذي يحدث بسبب الجهد غير الكافي. مثل النهج "الذكي" الذي اتبعه مطور شركة هواوي في الطبيعة، والذي يفتقر للدقة والصرامة تجاه العمل، مما دفع الموظفين في شركة هواوي لدفع أثمان باهظة: فكل أعضاء فريق الطوارئ أصيبوا بنزلات برد سيئة، كما استهلكت الشركة الكثير من الموارد لحل هذه الحالة الطارئة، وما كان أكثر ضرراً هو أن الحادثة قد أثرت بشكل خطير على مصداقية المنتج وتركت انطباعا سلبيا عن الشركة لمستخدميها.

لذلك، فإن "أن تكون دقيقًا وصارما وأن تقوم بإتمام العمل بشكل صحيح في المرة الأولى" هو أهم المتطلبات الأساسية بالنسبة إلى الموظف. إذا لم نتمكن من القيام بإكمال العمل بشكل جيد في المرة الأولى، يمكننا أن نتسبب في إنفاق المزيد من التكاليف وخفض كفاءة العمل بالكامل.

يدعو رن تشنغ في بشدة إلى أسلوب تسوية الأمور دفعة واحدة في شركة هواوي. إذا كان يجب على شركة هواوي دفع المزيد من الجهد والموارد بسبب عدم الاهتمام بالمشكلة في المرة الأولى، فلن يكون لدى الشركة أي أمل.

شدد رن في مؤتمر حول نظام هواوي للبحث والتجارب على ما يلي: "العمل هواية، وقوة دافعة للتفاني، كما هو فرصة وتحد. ويجب على المرء أن يهتم بكل شيء سواء كان مؤثرا أو تافها. فقط من خلال تكريس نفسه بكل إخلاص، ودراسة الأشياء بصرامة وبعناية، يمكن أن يوجد أناس عظماء مثل ألبرت أينشتاين، وماري كوري، ووات وبيل... هل يمكن أن يكون لدينا مخترع عظيم مثل أديسون الذي لم يتلق أي تعليم منتظم؟

غالبًا ما يذهب رن تشنغ في إلى بعض الدول المتقدمة مثل ألمانيا واليابان، لأن الموظفين في هذه الدول معروفون بأسلوب العمل الصارم والمتفاني. إنهم يسعون إلى إنجاز العمل بشكل مثالي في المحاولة الأولى الأولى. ومن وجهة نظر رن تشنغ في، يبدو أن الموظفين اليابانيين يتمتعون بروح من الصرامة والاهتمام بالتفاصيل المشفرة في جيناتهم والتي تترك تأثيرا على الناس الذين يعملون معهم.

ذات مرة كان هناك صيني عاد من اليابان. خطط لفتح مطعم للمأكولات اليابانية في مسقط رأسه. فقام أولاً باختيار 10 مواقع محتملة للمطعم، وحققها بعناية وأدرج جميع مزاياها وعيوبها التي تتعلق بموقعها الجغرافي، والمناطق المحيطة بها، وتخطيط المطعم على

التوالي. وبعد إجراء الكثير من المقارنات، خفض عدد المواقع على القائمة إلى ثلاثة مواقع. وفي وقت لاحق، قدم قائمة أكثر تفصيلاً وكلف شركة استشارية للمعلومات بإجراء أبحاث السوق. وبعد كل ذلك، حدد الموقع الذي يريد أن يختاره.

عند القيام بديكور المطعم، صمم بعناية المطعم الكامل بما في ذلك المطبخ والحمام والقاعة، وحتى الجزء الخارجي من المطعم. ويمكن القول إنه كان يولي اهتمامًا كبيراً بكل التفاصيل. بعض أصدقائه "لم يفهموا" وشكوا من أنه بعد عودته من اليابان، أصبح مفرطا للاهتمام مثل اليابانيين ولم يعد صريحا. وبعد الانتهاء من أعمال الديكور، شعر هؤلاء الأصدقاء الذين اشتكوا من اهتمامه المفرط كم كان المطعم دافئًا ومريحًا.

بعد أن كان كل شيء جاهزاً، لم يستطع صديقه الانتظار لحثه على فتح المطعم وقال له إنه إذا مكّن من تشغيل المطعم بوقت مبكر، سيكون بإمكانه كسب المزيد من المال. لكنه لم يهرع إلى ذلك وقرر جمع اقتراحات للمطعم لمدة أسبوع آخر. وقال: "في اليابان، لا يمكنك جعل العميل ينتظر أكثر من 5 دقائق. لا يمكنك جعلهم يشعرون بأي استياء. الآن، لست متأكداً مئة بالمئة من فتح المطعم بعد، لذلك أحتاج إلى مزيد من الوقت للعثور على الأخطاء والمشاكل المحتملة؛ أحتاج إلى التأكد من أن المطعم مثالي من البداية".

إن السبب في أن العديد من الشركات اليابانية الكبيرة قوية للغاية يعود إلى حد كبير إلى أسلوب عملها الصارم وقدرتها على جعل الأشياء مثالية من البداية. في اليابان، إذا ارتكبت خطأً واحداً، فسيتعين عليك الاستقالة من الشركة لأنه لا يوجد شيء اسمه فرصة ثانية في ثقافة الشركة اليابانية. ربما هذا هو السبب في أنه لدى اليابانيين الكثير من الشركات ضمن قائمة أكبر 500 شركة في العالم مثل تويوتا وسوني وباناسونيك وتوشيبا وغيرها.

ولتعميم أسلوب العمل الصارم والدقيق في موظفي شركة هواوي، فإن رن تشنغ في يقوم بأخذ بعض موظفي هواوي الرئيسين لزيارة ألمانيا واليابان والولايات المتحدة. وفي كل مرة عادوا فيها من زياراتهم، كان لديهم مختلف الأنواع من المشاعر والتأملات. كتب أحد مديري شركة هواوي ما يلي بعد أن زار شركة مصنعة لإمدادات الطاقة في بوسطن بالولايات المتحدة:

"إن روح العمل الواقعي والجدي ومواصلة تحسين أسلوب العمل والأجواء الأكاديمية غير المحافظة لدى الأمريكيين جديرة بالتعلم. خلافا للشعب الصيني، لا يمتلك الأمريكيون مُثلًا كبرى أو تخيلات غير واقعية، ولا طموحًا فارغًا للبلاد أو لمصلحة أكبر. هذا بلد لديه أناس يضعون أقدامهم في العمل ويرفعون رؤوسهم في الحياة. وإن سفينة الفضاء، والسيليكون واسع النطاق، وأجهزة الكمبيوتر الفائقة، والمحطات الطرفية فائقة الصغر،

ومعـدات الاتصالات المتطـورة، ومعـدات الاختبـار، ومـا إلى ذلـك، كلهـا أخـترع مـن قبـل الشـعب الأمريـكي الـذي يعمـل بجـد، وهـو أمـر لا يمكـن أبـدا أن يسـلبه الآخـرون."

يأمـل السـيد رن تشـنغ في أن يكـون موظفـو شركـة هـواوي مثـل موظفـي اليابـان والولايـات المتحـدة وألمانيـا الذيـن يعملـون بطريقـة واقعيـة ويحاولـون القيـام بالأمـور بشـكل صحيـح في المـرة الأولى. وسـتكون منتجـات هـواوي عاجـلاً أم آجـلاً بنفـس جـودة المنتجـات التـي تنتجهـا شركات عالميـة المسـتوى، ومـن ثـم يمكـن لشركـة هـواوي أن تكسـب الثقـة والاحـترام مـن زبائنهـا تدريجيـاً وأن تحقـق هدفهـا المتمثـل في "كونهـا مـوردًا عالميًـا للمعـدات".

في الوقـت الحـاضر، يقـوم الموظفـون في شركـة هـواوي بـكل شيء بدقـة عاليـة وينفـذوه عـلى أكمـل وجـه مـن المـرة الأولى مثلـما رغـب فيـه رن تشـنغ في. كـما تـم اعتـماد هـذا النـوع مـن أسـلوب العمـل عـلى نطـاق واسـع مـن قبـل موظفـي هـواوي.

ذات مـرة، كان رئيـس قسـم الإدارة في شركـة هـواوي تشـنغ شـو شـنغ غائبـا عـن اجتـماع الشركـة حـول "اللقـب والمسـتوى الوظيفـي" بسـبب بعـض الشـؤون الطارئـة، لذلـك طلـب مـن أحـد مرؤوسـيه حضـور الاجتـماع نيابـة عنـه. وخـلال الاجتـماع، سـلم هـذا الموظـف قائمـة حـول "اللقـب والمسـتوى الوظيفـي" لقسـم التسـويق إلى سـن يـا فانـغ، التـي ألقـت نظـرة عليهـا وتسـاءلت: "هـل رأى تشـنغ شـو شـنغ هـذه القائمـة؟" فوجـئ هـذا الموظـف بمثـل هـذا السـؤال وأجابـه بـتردد: "لقـد رآه عـلى الأرجـح." اسـتدارت إليـه سـن يـا فانـغ بسرعـة وانتقدتـه قائـلا: "لا يوجـد شيء اسـم 'عـلى الأرجـح' إمـا أنـه قـد رآه أو لم يـره!"

علينـا تسـوية جميـع المسـائل في خطـوة واحـدة، وذلـك ليـس بالانتهازيـة أو السـعي للنجاح بالسرعـة. يجـب أن نضـع في الاعتبـار التكلفـة التـي قـد ندفعهـا إذا "خدعنـا" في العمـل. يجـب أن نتعلـم مـن موقـف الرجـل الـذي فتـح المطعـم اليابـاني، والتـصرف كـما فعلـت سـن يـا فانـغ بعـدم اسـتخدام كلـمات مثـل "عـلى الأرجـح". مثـل القفـز عـبر فجـوة واسـعة، لا يمكننـا القفـز مرتـين للوصـول إلى الجانـب الآخـر، يجـب أن نكملـه في قفـزة واحـدة. أو سـوف نتفتـت إلى قطـع.

7. افعل العمل وافعله جيدًا

عندمـا يواجـه كثـير مـن الموظفـين انتقـادات مـن الرئيـس، يجادلـون دائمًـا بالقـول "فعلـت ذلـك"، لكـن مـا "تـم فعلـه" لا يعنـي بالـضرورة أنـه "تـم إنجـازه جيـدا". إنهـم يأملـون في أن يفهـم رئيسـهم أنهـم يعملـون بجـد فقـط. عـلى الرغـم مـن أن كل النتائـج الموجهـة نحـو الأداء

تتطلب الحكم عليها استنادا إلى المساهمة النهائية لها.

الموظف الذي يعتبر أن "الانتهاء من العمل" بنفس معنى "إكمال العمل بشكل جيد" هو في الواقع فعل نموذجي لاستبدال الهدف. اقترح أحد خبراء الإدارة الأمريكيين مصطلحًا يسمى "أثر استبدال الأهداف": قلق الفرد بشأن كيفية إنهاء المهمة سيؤدي إلى تحويل انتباهه تدريجيًا وتحريك رأيه في اكتشاف المشكلات الفنية مثل التقدم في العمل والأساليب، مما يجعله ينحرف عن متابعة الهدف الذي بدأ به. بعبارة أخرى، يتم استبدال سؤال "هل تم الانتهاء من العمل" بالتدريج بـ"كيف نكمل العمل".

عادة ما يكون "أثر استبدال الأهداف" ناتجا عن عاملين:

أثناء العمليات لأي مؤسسة، يكون الموظفون إما مركّزين بشكل مفرط على السعي إلى الكمال أو التمسك بالتقاليد، أو التركيز على ما هي الأساليب أو التقنيات التي يجب تطبيقها لتحقيق الهدف مع إهمال الهدف نفسه. مما جعل سلوك الشخص "منحرفًا" و"في غير محله". لذلك ربما عملوا بجد، ولكن النتائج غير مرضية إلى حد ما!

روح العمل الدؤوب تستحق الإعجاب والتشجيع. ولكن عندما تنغمس في شيء ما، تحتاج إلى البحث من وقت لآخر للتحقق مما إذا كنت تتجه إلى الاتجاه الصحيح، وإذا ما كانت الطريقة التي يتم تطبيقها مناسبة، وإذا كانت القضية التي تعمل عليها ذات قيمة؟ فقط من خلال متابعة عملك وتحديد ما إذا كان على المسار الصحيح، يمكنك التأكد من أنك لن تفقد نفسك أثناء العملية.

عندما كانت شركة هواوي تصمم CT2 (نوع من نظام الاتصالات اللاسلكية)، خصصت الشركة كمية كبيرة من الموارد للتطوير. وقد أنشأت فريقًا للمشروع في البداية وأعقبه عدة أشهر من الدراسة في تقنية CT2 الجديدة. وفي وقت لاحق، وقعت هواوي عقد تعاون لشبكة CT2 العامة مع مكتب الاتصالات في قوانغتشو. وخلال فترة البحث والتطوير، واجه فريق المشروع مشكلة كبيرة فيما يتعلق بتطوير تردد الراديو اللاسلكي. بسبب نقص المعرفة حول تكنولوجيا CT2، على الرغم من أن جميع الباحثين غمروا أنفسهم في تطوير المنتجات، إلا أنهم لم يحققوا أي إنجاز تكنولوجي كبير.

في هذه المرحلة، ظهر تطور جديد في السوق، حيث حقق تطوير الشبكة العامة للنظام العالمي للاتصالات المتنقلة (GSM) اختراقا كبيرا، في حين أن CT2 لديها العديد من العيوب الفنية. لذلك، في النهاية، أصبحت CT2 – وهي تقنية قضت هواوي قرابة عامين في تطويرها – قديمة. كانت جميع الجهود عبثا ولم تحصل شركة هواوي على أي عائد من السوق.

في وقت لاحق، أمعنت شركة هواوي في أسباب حدوث هذا الخطأ: أولاً، عندما بدأت الشركة المشروع، لم تقم بإجراء أي استطلاع أو تقييم؛ حيث كانت بعض الدول من ذوي الخبرة التقدمة في تطوير تكنولوجيا ترددات الراديو اللاسلكية، في حين كانت شركة هواوي تعمل بسرية.

عملت شركة هواوي بجد من أجل تحقيق CT2؛ ومع ذلك، لم تستمر في التحقق من نفسها لتظل متماشية مع الهدف النهائي، ولكنها استمرت في تطوير المنتجات بالاستناد إلى الأحكام الذاتية. وعلى الرغم من أنها عملت بجد خلال عملية تطوير، كانت النتائج سيئة للغاية في نهاية الأمر.

يجب أن نكون حذرين في منع هذا النوع من الأوضاع من الحدوث. يجب أن نعمل بطريقة موجهة نحو تحقيق النتائج أو الأهداف، والتوقف عن التفكير في الأمر من وقت لآخر للتأكد من أننا لم نبتعد عن هدفنا. وبعد التدقيق المستمر، تخلصت شركة هواوي تدريجياً من أساليب العمل التي حلت بموجبها العملية محل الهدف، واستخدمت الأفكار الموجهة نحو تحقيق النتائج أثناء تنفيذ كل مهمة.

كثير من الناس غالبا ما يفقدون أنفسهم في العملية دون أن يلاحظوا ذلك، وهم غير مدركين تماما لمدى اكتمال الهدف. بعبارة أخرى، لا توجد وسيلة فعالة لمراقبة عملية إتمام الهدف النهائي. فيما يتعلق بهذه المشكلة، تلعب بطاقة إدارة الأهداف في شركة هواوي لإدارة مشروعات الشركة دورًا كبيراً.

إذا ألقيت نظرة فاحصة على البطاقة، فهي تشمل جميع الأنشطة المتعلقة بإدارة الأهداف والتي لا تغطي فقط الأهداف والالتزامات الخاصة بالمسؤولية (بما في ذلك المحتوى المستهدف والمتطلبات والمواعيد النهائية للإتمام)، ولكن أيضًا الشروط والتفويض المقدم من المدير.

كما يندرج في بطاقة إدارة الأهداف قائمة بالتدابير والجدول الزمني لتحقيق الأهداف. حيث يقوم الشخص المسؤول عن الهدف بممارسة ضبط النفس، ويقوم مديره بمراقبة إشرافية للتأكد من إدارة الجدول بشكل جيد من كلا الجانبين.

وبسبب أن بطاقة إدارة الأهداف توفر أهداف المشروع ومعاييره ومتطلباته لتحقيق الهدف، فيمكن استخدامها من قبل الشخص المسؤول لإجراء التقييم الذاتي على نتائج المشروع الجاري وكذلك بالنسبة للمدير لأخذها كمرجع في تقييم النتائج.

حددت شركة هواوي الأهداف والمقاييس والمواعيد النهائية على بطاقة إدارة الأهداف وتستخدم هذه البيانات كمعايير في تقييم إكمال الأهداف. كما تقوم بتقييم تنفيذ تلك

الأهداف من خلال الجمع بين التقييم الذاتي واختبار المدير. والغرض من ذلك هو التحكم في التقدم المحرز من قبل الموظفين وتحفيزهم.

لا تحتوي بطاقة إدارة الأهداف على شكل ثابت، ويمكن تصميمها وفقًا لخصائص المهام المختلفة. لتشكيل تباين بصري واضح بين أهداف المهمة وتنفيذها، يمكن أيضًا تقسيم الاستمارة إلى عمودين إلا وهما "الخطة" و"الواقع"، مما يسهل على الناس متابعة التقدم وحالة التنفيذ للأهداف، وبالتالي تعديل وتيرة العمل وزيادة جودة العمل في الوقت المناسب.

لذلك، عندما نبذل جهودًا متواصلة لتحقيق أهدافنا، يجب أن نكون قادرين على التراجع عن عملنا في الوقت المناسب وإعادة التفكير فيما إذا كان العمل الشاق الذي قمنا به بالفعل هو الذي يدفعنا نحو الهدف النهائي أم لا. إذا وجدنا أنفسنا قد انحرفنا عن المسار الصحيح، فمن الضروري تصحيح أنفسنا على الفور. خلاف ذلك، حتى لو "قمنا بالعمل"، فإن النتائج لن تظهر أننا "قمنا بعمل جيد".

الفصل الثالث

العملية والمعايرة

تحسن العملية والمعايرة أداء شركة هواوي في تنفيذ أعمالها، وتمكنان الشركة من القيام بتنفيذ أكثر دقة وكفاءة في التعامل مع حجم ضخم من الأعمال، وبالتالي سجلت هواوي قفزة كبيرة إلى الأمام لكي تصبح شركة من الدرجة الأولى.

1. تبسيط العمل وتحسين العملية

أثناء تنفيذ عملنا، يجب علينا أن نعرف كيفية تبسيط العمل. فمن خلال تحسين العملية، يمكننا جعل كل حلقة سهلة وبسيطة. وبالتالي، سوف نقلل من الوقت الذي نستنفذه لإكمال المهمة، كما سنخفض معدل الخطأ إلى حد كبير.

قال مقال من منشورات هواوي الداخلية:

"لقد بذلنا المزيد من الجهود في إعادة بناء عملية الأعمال باستخدام ISO9001 لتنظيم كل أمر ووضع الأساس لإدارة الشبكة المفتوحة في المستقبل؛ من خلال تطبيق برمجيات إدارة MRP II، قمنا ببرمجة عملية أعمالنا، وتحقيق الإدارة الإلكترونية المباشرة مع تحليل البيانات، وبالتالي عززنا الإدارة الشاملة لشركتنا من حيث خطة العمل (الميزانية)، والتحليل الإحصائي، والمحاسبة التجارية (الاقتصادية).

من أجل ا تقصير عملية العمل وزيادة الدقة وتعزيز الكفاءة بشكل كبير، أنشأنا منصة إدارة مهنية مفتوحة متعددة الطبقات ومتعددة المستويات لضمان تطوير أعمال

الشركة بشكل سريع. وكان لكل منصة مركز للواجبات يحدد بوضوح توزيع العمل والمسؤولية. من خلال التنسيق بين مراكز الواجبات متعددة المستويات، تم تأسيس منصة الإدارة المفتوحة. بغض النظر عن وقت أو مكان أو مستوى للموظف، يمكنه الحصول على دعم فوري ومباشر وسريع."

من هذه الحالة، يمكننا أن نرى أن العملية لها تأثير كبير على كفاءة العمل. ولهذا السبب، تأخذ الشركات الناجحة مثل شركة هواوي دائمًا تبسيط العملية في عين الاعتبار وتبسط كل مهمة لتحقيق إدارة الوقت بكفاءة عالية.

وقد أشار أحد كبار المديرين في شركة هواوي ذات مرة قائلا: "واحدة من هواياتي المفضلة هي تحليل تخطيط الشبكة لعملية الأعمال، لأن التخلص من حلقة غير مهمة في السلسلة سيؤدي إلى تقليل إمكانية تأخير المهمة، وهو ما يعني توفير الكثير من الوقت. وفي السنتين الأخيرتين، تخلصت من أكثر من 70 حلقة زائدة عن الحاجة في العمل، وحسب التقدير التقريبي، وفرت أكثر من 3000 ساعة. ذلك يساوي أكثر من 120 يومًا!"

ينص "قانون تريسي" على أن الصعوبات في أي مهمة تزيد مع تربيع عدد الخطوات في المهمة. لذلك، فإن الإدارة عالية الكفاءة تحتاج بالتأكيد إلى عملية مبسطة. بينما في هواوي، يدرك المشاركون في العملية على كيفية استخدام "قاعدة تحليل ECRS" بفعالية لتبسيط أعمالهم وتحسين العملية.

إن "قاعدة تحليل ECRS" ترمز إلى الحذف (Eliminate)، والدمج (Combine)، وإعادة الترتيب (Rearrange)، والتبسيط (Simplify).

• **الحذف**

إذا كانت القيمة التي تم تحقيقها في نهاية العملية لا تلبي توقعات الناس، فإن تطبيق العملية قد فقد معناه والاستمرار في العمل واستهلاك المزيد من الموارد سيكون بلا جدوى. فقط عن طريق حذف جميع الخطوات المتكررة في عملية ما، يمكننا استغلال الموارد المحدودة في العملية الأخرى وبالتالي تقصير دورة العملية بشكل عام.

في عام 2009، أصدر رن تشنغ في أمراً لجميع موظفي شركة هواوي بأن يتم تمكين كل موظف في الجبهة الأمامية باتخاذ القرارات بشكل مباشر! في الماضي، كان قد مر بالكثير من الصعوبات لجعل مثل هذه المؤسسة الضخمة تحت سيطرته، لكن، يبدو أن الموظفين في الجبهة الأمامية قد فقدوا شغفهم وذكائهم اللذين ظهرا خلال المرحلة الأولية من تأسيس الشركة، كما وجد أن هناك الكثير من نقاط التفتيش طوال عملية الشركة. حيث أعاقت

نقاط التفتيش هذه التبادل السلس بين صانعي القرار والموظفين وكذلك خفضت كفاءة أعمال هؤلاء الموظفين.

يعتقد رن تشنغ في أن الخطوة الأولى في تبسيط عملية العمل وزيادة الكفاءة هي حذف الحلقات الزائدة عن الحاجة. وعند تطبيق هذه الطريقة، نحتاج إلى إيلاء الاعتبار الكامل للإدارة الداخلية للشركة.

- **الدمج**

لا يكمن دور الدمج في قدرته على توحيد جميع الأجزاء في كامل فقط، بل في إضافة الكثير من المزايا وإزالة العيوب. في هواوي، إذا لم يكن بالإمكان التخلص من أي من عمليات التشغيل الحالية، فسيقوم المدير بتغيير طريقة تفكيره ويحاول دمج بعض العمليات معًا بشكل مناسب وفحص ما إذا كان يعمل أم لا. فالدمج يعني جمع شيئين أو أكثر من الأشياء أو العمليات في واحد.

(1) دمج العمليات والأدوات

في العديد من الحالات، لا يتم توزيع الطاقة الإنتاجية بشكل صحيح بين مختلف العمليات، فبعضها يعاني من نقص في عدد الموظفين، في حين أن البعض الآخر يكون مكتظا بالموظفين، وبالتالي فإن إجراء تعديل مناسب والجمع بين هذه العمليات معا يمكن أن يقضي على العيوب مع الحفاظ على المزايا وتحقيق النتائج الفورية في كثير من الحالات.

(2) دمج الحلقات المتصلة

لتقسيم مهمة واحدة إلى عدة أجزاء وتعيينها لأشخاص مختلفين يمكن أن يزيد بشكل ملحوظ من سرعة العمليات اللوجستية والمعلوماتية الداخلية. لكن التسليم من شخص إلى آخر في الخطوة التالية سيزيد من فرصة ارتكاب الأخطاء. لذلك، من أجل تجنب الأخطاء التي يمكن أن تحدث أثناء التسليم، يمكن للشركة تفويض العديد من الخطوات طوال العملية إلى شخص واحد.

عادة ما تقوم شركة هواوي بتعيين موظف واحد للإشراف على العملية الكاملة لمنتج واحد أو خدمة واحدة – من بداية تلقي الطلب حتى ترتيب التسليم أو من بداية الخدمة حتى نهايتها. ويسمى هؤلاء الموظفون "موظفو الحالات" أو "مدراء الحالات" في المنظمات التي تعمل في مجال الخدمة، يعملون كنقطة الاتصال الوحيدة بين العملاء والشركة.

(3) دمج الحلقات المتشابهة

كما يقول المثل، الممارسة تجعل من الكمال. بالنسبة للحلقات التي تتكون من نفس المهام أو المهام المماثلة، يمكن دمجها معًا وتعيين شخص واحد لإكمالها لتقليل إهدار الأيدي العاملة والوقت.

في عام 2007، برئاسة قسم الموارد البشرية في الشركة، أعادت شركة هواوي تحليل مسؤولية الموظف لديها في وظيفته وعملية تشغيله. وبعد التحليل، جمعت هواوي العديد من الحلقات التشغيلية المتشابهة، وبالتالي حسنت كفاءة التشغيل لكل حلقة فردية.

- **إعادة الترتيب**

ما يسمى بـ"إعادة الترتيب" هو ترتيب جميع الإجراءات في تسلسل جديد وفقًا للمنطق، أو بعد تغيير ترتيب العناصر المعينة الأخرى، إعادة تجميع جميع الحلقات لجعل العملية تجري بشكل أكثر كفاءة وبطريقة منظمة من خلال تغيير ترتيب الحلقات المختلفة (مثل تبديل عملية العمل لخطوتين متصلتين، وتغيير حركة اليد إلى حركة القدم، وتعديل موقع المعدات في موقع الإنتاج وما إلى ذلك) تتكون عملية من بعض الحلقات أو المئات منها. إذا تم ترتيب الحلقات بطريقة غير مناسبة وغير منطقية، فقد يؤدي ذلك إلى حدوث فوضى وارتباك كبير مما قد يؤدي إلى إطالة أمد العملية.

ألقى رن تشنغ في خطابا في حفل احتفالي بإنجازات السوق والبحوث في هواوي، وطلب أن: "يشارك الموظفون في الإدارة، ويواصلون تحسين عملية العمل وجودته ... وإصلاح جميع العمليات غير المنطقية". منذ ذلك الحين، بدأ الموظفون بإدخال تغييرات على الإجراءات غير المجدية وإعادة ترتيب الحلقات غير المناسبة.

- **التبسيط**

يمكن تبسيط الحلقات المعقدة من خلال التقنيات الحديثة، مثل تكنولوجيا المعلومات. يمكن أن تكون تكنولوجيا المعلومات أداة قوية لتسريع العملية. إذا كان لعملية ما أساس متين، فيمكن لتكنولوجيا المعلومات أن تعزز قدرتها بشكل كبير.

لنأخذ جمع البيانات ونقل البيانات كمثال. استخدمت شركة هواوي آلات بدلاً من القوى البشرية للقيام بجزء من أعمال جمع البيانات وبالتالي خفض معدل الأخطاء البشرية؛ ذلك قلل نقل البيانات الآلي من ازدواجية إدخال البيانات في النظام وأنقذ الناس من المشاكل التي تسببها البيانات غير المتطابقة. وقد وفر هذان الجانبان لهواوي الكثير من الوقت.

في الواقـع، كلـما كانـت العمليـة أكـثر تعقيـدًا، كلـما كان هنـاك حاجـة أكـبر لتبسـيطها وتحسـينها. كـما أن اسـتخدام "قاعـدة تحليـل ECRS" في كل حلقـة مـن العمليـة يمكـن أن تجعـل العمليـة المعقـدة بسـيطة وتقلـل مـن الوقـت الـلازم لإنجـاز المهمـة بشـكل كبـير.

2. سر على درب الأمريكيين

في مجتمعنـا الحديـث، يتـم تطويـر المعرفـة والتكنولوجيـا باسـتمرار، وبمجـرد توقفـك لبرهـة، فإنـك سـتتخلف كثيراً عـن الآخريـن. يوجـد قانـون إهـلاك للمعرفـة معتمـد عـلى نطـاق واسـع بـين الـشركات المدرجـة في قائمـة الـشركات الــ500 الأكـثر ثـروة حيـث ينـص هـذا القانـون عـلى أنـه: "إذا ذهبـت سـنة واحـدة دون أن تتعلـم، سـتهلك كل المعرفـة التـي لديـك بنسـبة 80٪." الأشـياء التـي تتعلمهـا اليـوم قـد تكـون قديمـة في الغـد. قـد تكـون معظـم المفاهيـم المعروفـة عـن هـذا العـالم في الوقـت الحـاضر مسـجلة في التاريـخ في أقـل مـن عامـين.

ولذلـك، فـإن الموظفـين في هـذه الـشركات لديهـم توافـق، إلا وهـو مـن أجـل الحفـاظ عـلى المكانـة الرائـدة، يجـب عـلى النـاس مواكبـة العـصر وعـدم التوقـف أبـدًا عـن التحسـين الـذاتي.

ومـع ذلـك، كيـف يمكننـا مواكبـة العـصر؟ يعتقـد الكثـير مـن النـاس أننـا يجـب أن نحقـق غـرض التحسـين الـذاتي مـن خـلال التعلـم المسـتمر، مـما يعنـي أننـا بحاجـة إلى أخـذ زمـام المبـادرة في الدراسـة الجـادة لمواكبـة الآخريـن.

تسـتحق هـذه الـروح المتفانيـة في العمـل تشـجيعها ولكـن لا يمكنهـا أن تضمـن إتقـان أكـثر المعـارف والتكنولوجيـا الأكـثر تقدمـا، وأحيانـا حتـى مـن المحتمـل أن تقـودك إلى الطـرق الالتفافيـة.

لقـد أدرك رن تشـنغ في هـذا الأمـر وفكـر في نفسـه قائـلاً: "في المـاضي كان لدينـا سـوء فهـم حـول كيفيـة تحسـين القـدرة التنافسـية الجوهريـة للشركـة؛ كـما أكدنـا بشـكل كبـير عـلى أهميـة حقـوق الملكيـة الفكريـة وافترضنـا أنـه سـيكون مـن الأفضـل إذا فعلنـا كل شيء بأنفسـنا. كان هـذا المفهـوم كان خاطئـًا لأنـه لم يرفـع مسـتوى قدرتنـا التنافسـية الجوهريـة مـن جانـب الأعـمال. لذلـك، عـلى الرغـم مـن امتلاكنـا لحقـوق الملكيـة الفكريـة المسـتقلة، إلا أن المنتجـات التـي طورناهـا لم تكـن قـادرة عـلى اللحـاق بسرعـة التقـدم في السـوق، بالإضافـة إلى أن جودتهـا وقدرتهـا التنافسـية كانـت سـيئة للغايـة، فـما الفائـدة مـن وجـود مثـل حقـوق الملكيـة الفكريـة المسـتقلة هـذه؟

في ظل هـذه الظـروف، هـل كان هنـاك أي "طريـق مختصـر" يمكـن أن تتخذه هـواوي؟ كان لـدى رن تشـنغ في فكـرة وهـي: شـراء "زوج مـن الأحذيـة الأمريكيـة"، وتعلـم خـبرة الإدارة مـن الشـركات الغربيـة العملاقـة وحمايـة شـركة هـواوي مـن بعـض المنعطفـات الـتي قـد تواجههـا أثنـاء تطويرهـا.

أوضـح رن تشـنغ في في كتـاب "البقـاء عـلى قيـد الحيـاة هـو القاعـدة الذهبيـة للشركة" رأيـه في إدخـال المـوارد الأجنبيـة مبـاشرة. حيـث قـال رن تشـنغ في: "بـدأت هـواوي كشـركة صغـيرة. نشـأت في الصـين الـتي لم تكـن مواردهـا الخارجيـة كافيـة مثـل أمريكا. واسـتند تطورهـا إلى الأحكام الذاتيـة، لذلـك كان تطورهـا غـير منطقـي وغـير علمـي وغـير منتظـم. ونحتـاج إلى اسـتخدام تجربـة وأسـاليب أمريكـا كمرجـع، وهـو مـا يعـني أننا بحاجـة إلى اقـتراض حكمـة الأمريكيـين".

بحلـول نهايـة عـام 1997، تـرأس رن تشـنغ في وفـدا لزيـارة الولايـات المتحـدة. لم تكـن تلـك رحلـة لمشـاهدة معـالم المدينـة، بـل كانـت جولـة عمـل تتألـف مـن زيـارات للعديـد مـن الـشركات الأمريكيـة ذات الشـهرة العالميـة بمـا في ذلـك Cisco وIBM وHP وBell Labs، عـلى أمل في الاسـتفادة مـن أنظمـة الإدارة مـن هـذه الـشركات. خلال تلـك الرحلـة، درس رن بشـكل خـاص وضـع تطويـر المنتجـات ونمـوذج إدارة سلسـلة الإمـداد لـIBM. وأخـيرا قـررت شـركة هـواوي التعـاون مـع IBM ودفعـت عـددًا كبـيرًا مـن العمـولات إلى العـشرات مـن الخـبراء مـن IBM مـن أجـل مسـاعدة شـركة هـواوي في إجـراء إصـلاح شـامل وواسـع النطـاق لكافـة أشـكال الإدارة.

وضعـت هـذه الرحلـة إلى الولايـات المتحـدة الأسـاس لإدخـال هـواوي لاحقًـا نظـام الإدارة عـلى المسـتوى العالمـي. وكمـا أوضـح رن تشـنغ في: "فقـط مـن خـلال التعلـم بدقـة مـن مثـل هـذه الـشركات العملاقـة الدوليـة، يمكننـا أن نأخـذ عـددا أقـل مـن الطـرق الالتفافيـة ونوفـر الكثـير مـن المـال بعـدم ارتكـاب الأخطـاء. تم تلخيـص تجـارب IBM مـن أخطاءهـا في المـاضي والـتي كلفتهـا مليـارات الـدولارات. إن الصعوبـات الـتي واجهتهـا هـي كنـز للبشريـة."

في أغسـطس عـام 1998، أطلقـت هـواوي رسـميا برنامـج "إسـتراتيجية وخطـة تكنولوجيـا المعلومـات" مـع IBM مـن أجـل البـدء في التخطيـط لإصـلاح شـركة هـواوي في مجـال الأعمال ومشـاريع تكنولوجيـا المعلومـات في غضـون السـنوات الثـلاث أو الخمسـة القادمـة، بمـا في ذلـك IPD (تطويـر المنتجـات المتكاملـة)، وISC (سلسـلة الإمـداد المتكاملـة)، وإصـلاح نظـام تكنولوجيـا المعلومـات، والتوحيـد المـالي الربـاعي، وغيرهـا مـن البرامـج الـتي كان مجموعهـا ثمانيـة برامـج. بالإضافـة إلى ذلـك، قامـت هـواوي باسـتيراد "نظـام إدارة الرواتـب والوظائـف" مـن شـركة HAY

Group الشهيرة للموارد البشرية، فضلاً عـن نظام التأهيل المهني البريطاني (NVQ) في نظـام إدارة التأهيل المهني للشركة. ومنذ ذلك الحين، بـدأت حملـة شـاملـة وواسعـة مـن الإصـلاح في عملية إدارة الأعمال بأكملها في شركة هـواوي.

وقـدر رن تشنغ في جميـع الفوائد التي جلبتها مثل هـذه "الاستعارة" إلى شـركـة هـواوي. كما قال ذات مرة: "حتى الآن (حتى عـام 2005)، لم تخترع هـواوي أي منتج، كان عملها الأساسي هـو إجـراء بعـض التحسينات في وظائف أو خصائص المنتجـات التي طورتها الـشركـات الغربية أو لزيادة قدرتها عـلى التكامل. تتمتع منتجاتنا بمزايـا مـن حيث التحسينات التكنولوجيـة المتمثلـة في تصميمها الهندسي والتحقيق الهندسي؛ ومـع ذلك، بالمقارنة مـع المنافسـين الأجانب الذين لديهم العشرات أو حتى أكثر مـن مائـة عـام مـن الخبرة، لا يـزال لـدى هـواوي طريق طويل يجب أن تقطعه. بالنسبة إلى التكنولوجيـا الجوهريـة التي لا نملكها، فعـادةً مـا تتكسبها شركـة هـواوي مـن خـلال الـشـراء أو دفـع رسـوم ترخيص حقـوق الملكيـة الفكريـة الخاصة بهـا مباشرة، مـن أجل تحقيق إدخال المنتج إلى السـوق الدوليـة والتقدم التدريجي للبقـاء في السوق التنافسية. هذا أرخص بكثير مـن عـدم استخدام حقـوق الملكيـة الفكريـة هـذه ومحاولة تطويـر المنتج بطريقة أخـرى. ولأننا دفعنا ثمـن هـذه التكنولوجيا، فإننا نحقـق التعايـش السلمي مـع الـشركـات الغربيـة."

في الواقع، غالباً مـا تواجـه هـواوي عقبـات في تكنولوجيـا تحقيـق هندسـة المنتجـات، بمـا في ذلك الخوارزميـات، وتقنيات التبريـد، وتكنولوجيا المعالجة، والطاقة، والمصابيح الموفرة للطاقة، ومـا إلى ذلك، مـمـا يخلق عقبـات أمـام تطويـر الشركـة. ولحل هـذه المشـاكل، لا تستطيع هـواوي الاعتماد بشكل كامل عـلى البحـث والتطويـر المستقل؛ وإلا سـتفقد الشركـة فرصها في السـوق، لـذا تستطيع هـواوي تقصير الفجوة مـع الآخريـن مـن خـلال شراء التكنولوجيا مبـاشرة ومـن ثـم تطويـر مزاياها الخاصة بنـاءً عـلى ذلك.

وكما كتب جون ب. كوتر، الأستاذ بجامعة هارفارد في كتابه "قلب التغيير": "غالباً مـا تكون أكبر عقبـة أمـام التغيير هـي مجموعة الأفكار الموروثة مـن المنظمة". في ذلك الوقت، جمعـت هـواوي مـا يقـرب مـن 10000 مـن مواهب تكنولوجيا المعلومـات البارزة في الصين التي كانت أفكارهـا مليئة بجميع أنواع الأفكار ومعظم هـذه الأفكار هـي شكوك.

أدرك رن تشنغ في أنه فيمـا يتعلق بالمعرفة والتكنولوجيا الجديـدة، ينبغي أن يكون لـدى موظفي هـواوي القـدرة عـلى التعـرف عـلى عيوبها وأن يجـرؤوا عـلى تغييرهـا، وتحقيـق إنجـاز مـن خلال تبني التغييرات التي تـم إجراؤها عـلى أنفسـهم وعـلى النظام بشجاعة.

3. من الصواب إعادة تصميم العملية

في الواقع، عندما كانت شركة هواوي في طريقها إلى إصلاح العملية وتحسينها، واجهت الشركة الكثير من الصعوبات وعانت من الكثير من الألم.

في أغسطس عام 1998، بدأ مشروع "إستراتيجية وخطة تكنولوجيا المعلومات" الذي تعاونت بها هواوي مع IBM رسميا. حيث كان الهدف الرئيسي من المشروع هو تخطيط وتصميم عملية الأعمال ونظام دعم تكنولوجيا المعلومات اللذين سيكونان مطلوبين للشركة في غضون السنوات الثلاث أو الخمس القادمة. يتكون المشروع من 8 أجزاء، بما فيها تطوير المنتجات المتكاملة، سلسلة الإمداد المتكاملة، إصلاح نظام تكنولوجيا المعلومات، التوحيد المالي الرباعي (توحيد النظام المالي والحسابات، توحيد الترميز، توحيد العملية وتوحيد المراقبة).

في عام 1999، أشار فريق IBM الاستشاري في تقريره البحثي إلى أن مستوى إدارة سلسلة الإمداد في هواوي كان متخلفًا جدًا عن تلك الشركات الرائدة متعددة الجنسيات: فقد وصلت نسبة OTD (التسليم في الوقت المحدد) على طلبات الشركة إلى 50٪ فقط، في حين بلغت هذه النسبة في الشركات الدولية الرائدة 94٪. وكان معدل تداول المخزون في شركة هواوي 3.6 مرات في السنة فقط، في حين كان المعدل للشركات متعددة الجنسيات 9.4 مرات في السنة؛ كما كانت مدة دورة تنفيذ الطلبات لشركة هواوي تتراوح بين 20 و25 يومًا، في حين كانت المدة المتوسطة للشركات متعددة الجنسيات حوالي 10 أيام. وبالتالي، أشار استشاريو IBM إلى أن إدارة سلسلة الإمداد التابعة لشركة هواوي اشتغلت بـ20٪ فقط من كفاءتها، لذا كان هناك مجال كبير للتحسين.

بعد فترة طويلة من البحث، أكد فريق IBM الاستشاري أن كفاءة إدارة سلسلة الإمداد في هواوي كانت منخفضة للغاية، ولكن مجرد تعزيز السيطرة على سلسلة الصناعة لن يكون كافياً، يجب على الشركة أن ترفع مستواها "من البداية إلى النهاية بشكل كامل"، وهذا يعني من شراء المواد الخام إلى إدارة العملاء وجميع الحلقات الأخرى في سلسلة الصناعة، كما يجب على شركة هواوي إعادة دمج المواد الخام والتصنيع والقناة والعلامة التجارية والموارد الأخرى وإعادة تصميم عملية التشغيل الجديدة من خلال الاعتماد على مزاياها التنافسية الفريدة.

لذلك، عندما نجد أن العملية برمتها غير معقولة، يمكننا أن نتعلم من ممارسات شركة هواوي: فنقوم بإلغاء العملية الحالية ونقوم بتحسين العملية من خلال تطبيق طريقة أخرى.

من خلال إجراء فحص شامل في كل حلقة للعملية برمتها، فإذا كان هناك أي مشكلة، فسوف نبدأ في النظر في إعادة تصميم العملية. وعلى الرغم من أننا بحاجة إلى إعادة تصميم عملية جديدة تمامًا، إلا أن ذلك التغييرات يجب أن تستند إلى الفهم الكامل للمهمة. لذلك، يجب على موظفي هواوي الالتزام بالخطوات الثلاث التالية في تصميم العملية الجديدة:

الأولى هي الحصول على فهم عميق للعمليات القائمة. على الرغم من أن الفهم الدقيق لجميع التفاصيل سيكون غير ضروري، ولكن يجب إتقان جميع العمليات الأساسية. وبعد ذلك، سيقوم موظفو هواوي بتحديد العوامل التي تسببت في مشكلة أثناء القيام بحلقة معينة أو من 6 إلى 8 خطوات جوهرية في العملية من خلال تطبيق تحليل "الأسباب الخمسة" ("5 why")[1] وقبل نهاية هذه المرحلة، سيكتشفون أيضًا الخطوات الرئيسية لكل عملية ونتائجها على العمليات الحالية.

بعد ذلك، سيبدأ موظفو هواوي بتصميم عملية جديدة. وفي عملية تحويل الأفكار إلى التصميم، سوف يلجأ الموظفون إلى تقديم المشورة بشكل مكثف حول العملية والأفراد والتكنولوجيا. وفي الوقت نفسه، سيقومون بإجراء العديد من المراجعات المتعمقة. طوال العملية بأكملها، سيأخذون على عاتقهم القيام بالشيء الصحيح باستخدام أفضل الطرق وأسرعها وأسهلها وأكثرها اقتصادا" كمبدأ لتصميم العملية الجديدة.

بعد اكتمال تصميم العملية الجديدة، سيقوم الموظفون في شركة هواوي بإجراء اختبار تجريبي جزئي. وبالنظر إلى مدى خطورة تصميم العملية الجديدة، لن يتم إجراء الاختبار التجريبي الجزئي في العملية الجوهرية، ولكن سيتم ذلك في العملية الإضافية. لأن إجراء الاختبار في مثل هذه العملية التي توجد فيها قاعدة جيدة من الموظفين وفهم عميق لدى الإدارة يمكن أن يظهر التأثير بشكل أسرع دون أي تأثير ضار على العملية الجوهرية، كما سيترك أقل قدر من التأثير السلبي على العمل.

للحصول على مزيد من التحقق الشامل حول مدى كون الخطة علمية ومناسبة، يقوم الموظفون في شركة هواوي بإجراء الاختبار على عدة أجزاء تجريبية في وقت واحد، أو اختبارها لفترة طويلة، أو تكرار نفس الاختبار لجولات متعددة للحصول على معلومات أكثر مصداقية.

---

1. تم اقتراحه لأول مرة من قبل ساكيشي تويودا، والمعروف أيضًا باسم "تحليل الأسئلة الخمسة"، أي أن يسأل الفرد نفسه "لماذا" خمس مرات متتالية على طول تطوير سؤال واحد من أجل معرفة السبب الجذري. في الممارسة الحقيقية، لا يقتصر على خمس مرات ولكن حتى تجد السبب الجذري للمشكلة.

وفيـما يتعلـق بالتنسيق بـين مختلـف الحلقـات للعمليـة الجديـدة: خـلال فـترة التنفيـذ، يحتـاج الموظفـون إلى تبـادل المعلومـات مـع زملائهـم الآخريـن، والتحقـق مـن المشـكلة وحلهـا في حالـة حـدوث خطـأ مـا؛ بينـما خـلال تصميـم العمليـة الجديـدة، يجـب مراعـاة التناغـم بـين النـاس والتكنولوجيـا والإدارة والعوامـل الأخـرى بشـكل كامـل. كـما تعتـبر أعـمال التنسـيق بـين مختلـف الحلقـات مرحلـة مهمـة نسـبيا لتصميـم العمليـات الجديـدة.

لجعل العملية الجديدة أكثر تنسيقا، تتبع هواوي القواعد التالية على النحو التالي:

أولاً، تحتـاج شركـة هـواوي إلى ضـمان تبـادل سـلس للمعلومـات. لذلـك، تتبنـى شركـة هـواوي تكنولوجيـات المعلومـات مثـل تدفـق العمـل وبوابـة الويـب مـن أجـل تحقيـق تبـادل المعلومـات بشـكل سـلس وفعـال والتعـاون بـين جميـع حلقـات العمليـة.

ثانيـا، تحتـاج إلى زيـادة قـدرة الشـخص الـذي يديـر كل حلقـة ومحاولـة الحفـاظ عـلى طلـب دعـم منخفـض يـأتي مـن الحلقـات الأخـرى، وبالتـالي تبسـيط التنسـيق بـين مختلـف الحلقات.

لم تكـن المـوارد البشريـة التـي خصصتهـا هـواوي لشـمال إفريقيـا كافيـة إلى حـد بعيـد، لذلـك كان عـلى كل موظـف تـم توظيفـه هنـاك أن يكـون متعـدد الاسـتخدامات. كـما كان العمـلاء هنـاك يطلبـون حكـما فوريًـا وشـاملاً للمشـاكل، ويتوقعـون مـن شركـة هـواوي أن تقـدم حـلًا وخطـة تسـليم في أسرع وقـت ممكـن. ومـن أجـل التعامـل مـع مختلـف الطلبـات مـن العمـلاء، كان موظفـو هـواوي الذيـن عملـوا في الجبهـة الأماميـة لشـمال إفريقيـا بارعـين في أنـواع مختلفـة مـن العمليـات. يمكـن أن يتخـذ فريـق محـلي متكـون مـن مديـر للعمـلاء وخبـير للحلـول ومتخصـص في تقديـم الخدمـات قـرارًا في الموقـع بشـأن أي مشـكلة تتعلـق بعقـد المـشروع. حيـث يجعـل هـذا النـوع مـن وضـع التشـغيل ذو الكفـاءة العاليـة العمليـة بأكملهـا بسـيطة وسلسـة للغايـة، وحصـل عـلى تقديـر عـال مـن قبـل العمـلاء.

بالإضافة إلى ذلك، نحتاج أيضًا إلى تقليل التبادل المباشر بين مشغلي الحلقات المختلفة.

وقـد تـم تحسـين عمليـة الـشراء في شركـة هـواوي مـن خـلال قاعـدة البيانـات التشـاركية التـي تـم إنشـاؤها لتبسـيط التنسـيق بـين الأقسـام، وخفـض التبـادل المبـاشر بـين المشـغلين لمختلفـة الحلقـات وبالتـالي توفـير الوقـت وخفـض إمكانيـة سـوء الفهـم مـن خـلال تجنـب الاتصـال المتكـرر.

وأخـيراً، نحتـاج إلى تطبيـق "الهندسـة الموازيـة" مـن وجهـة نظـر كليـة. إن الشراكـة بـين أي طرفـين في عمليـة مـا هـي علاقـة بـين العمـلاء والخدمـة بشـكل نسـبي، وهـي عبـارة عـن علاقـة تغذيـة راجعـة ثنائيـة الاتجـاه بـدلاً مـن علاقـة خطيـة أحاديـة الاتجـاه. وهـذا يتطلـب التنسـيق والتعـاون بـين مختلـف الحلقـات لكـسر القيـود مـن حلقتهـا الخاصـة واعتـماد فلسـفة

"الهندسة الموازية"، والاستفادة الكاملة من اتصالات الشبكة وقاعدة البيانات التشاركية ونظام المؤتمرات عن بعد لتنسيق مختلف الأنشطة المستقلة والموازية، ومحاولة تجنب النزاعات بين موظفي التشغيل في حلقات مختلفة.

لا يعني الانتهاء من تصميم عملية جديدة نهاية التحسين الخاص بها. حيث يطلب رن تشنغ في من جميع المشغلين الاستمرار في تحسين كل خطوة تالية، لأنه فقط من خلال الحفاظ على سير منسق بين جميع الحلقات، يمكن للشركة تحقيق غرضها الأصلي في إعادة تصميم العملية.

4. إصلاح جميع العمليات غير المعقولة

سواء خلال فترة تحسين العملية، أو الاختبار أو مرحلة نضج عملية جديدة، كانت شركة هواوي مستمرة دائمًا في تحسين عملياتها ومحاولة ضمان الأداء الأمثل لعملية التشغيل.

دائما ما نسمع الكثير من الناس يشتكون من الصعوبات والكفاءة المنخفضة التي يواجهونها خلال تنفيذ المشروع. في الواقع، ذلك بسبب أننا لم ندرك على العملية غير المعقولة، مما أدى إلى وجود أعمال شاقة ومرهقة خلال التنفيذ. كما قال خبير الإدارة الشهير مايكل هامر: "ليكن عندك عملية أفضل من لا شيء، ووجود عملية تجارية جيدة أفضل من عملية سيئة، ولكن حتى تلك العملية الجيدة تحتاج إلى التحسين". لذلك، يجب أن يكون المشغل جيدا في تحسين عملية سيئة، والتخلص من التعقيدات، وجعل التنفيذ بسيطا وسهلا قدر الإمكان.

يوجد في خط منتجات التواصل الرقمي لشركة هواوي مثل هذه الحالة:

في عام 2008، بسبب الحجم الكبير لنسخة معينة من منتج، جرت أعمال الصيانة ببطء شديد. بالإضافة إلى ذلك، كان المنتج يحتاج إلى التحديث باستمرار، فتلقت الشركة الكثير من الشكاوى من العملاء. وبعد تحليل الحالة، اكتشفت هواوي أن سبب هذه المشكلة كان يكمن في عدم وجود توجه نحو النتائج وعدم وجود مسؤوليات محددة. لذا بمجرد ظهور مشكلة، فإن الجميع يتنصل من مسؤوليته ويلقي اللوم على الآخرين. كان الموظفون معتادين على الاعتماد على الآخرين وإلزام أنفسهم بالمجموعة. إذا كان هناك شيء جيدًا، لم يكن يعرف المدير أي شخص يجب مدحه، وإذا كان هناك عيب ما، كما لم يكن يعرف أي شخص يجب انتقاده. وبالتالي، لا يمكن حل مشاكل العملاء بسرعة. وذات مرة،

اشتكى أحد مدراء الاختبارات من وجود مشكلة انتقلت إلى 26 شخصًا قبل أن يتم الاعتناء بها من قبل شخص ما. وكانت الكفاءة منخفضة جدا.

قام القسم الذي أشرف على خط المنتج بإصلاح شامل من حيث العملية التنظيمية. تم تحديد "مجال المسؤولية" داخليا بشكل واضح، الأمر الذي مكن الموظفين في التطوير وتصميم النظام وتحديد الحلول والتسويق وغيرها من المجالات الأخرى من أداء واجباتهم الخاصة؛ كما قام القسم خارجيا بترتيب الموظفين الرئيسيين لاتباع خدمة العملاء والاستماع إلى متطلبات العملاء وآرائهم وشكاواهم وزيارة العملاء للاعتذار. وبعد سلسلة من عمليات التوحيد القياسي والهيكلة، شكل خط الإنتاج تخطيطًا واضحًا للمسؤولية الداخلية وتماسكًا جيدًا بين عملياته المختلفة. وقد تم تبسيط عملية التصنيع بمقدار النصف، وتم تحسين دورة إنتاج شرائح التواصل الرقمي بنسبة 50 في المائة. وبالتالي، فإن خط الإنتاج قد حقق طفرة رائعة.

في وقت لاحق، عندما استدعى قسم التواصل الرقمي هذه الفترة من التاريخ، قال الموظفون بعاطفة كبيرة: "لقد ساعدنا النقد الذاتي على إزالة الأجزاء المتكررة وغير الفعالة في عمليتنا التنظيمية، مكننا من التخلص من مشاكلنا وقادنا إلى حالة جديدة من العمل."

استناداً إلى تحليل منهجي لعملية الأعمال السابقة، تعمل شركة هواوي على إصلاح عمليتها بالتخلص من جميع الأجزاء غير المعقولة وفقًا لخصائص التطوير الخاصة بالشركة، وبالتالي تجعل عملية أعمالها أكثر فعالية وأقل تكلفة وقادرة على الاستجابة السريعة للتغييرات في الطلب.

وكما أكدت هواوي في "قانون هواوي الأساسي" أن: " تحسين مستوى التكامل المبرمج والأتمتة والمعلومات لإدارة العمليات لتكييف نفسها باستمرار وفقًا لتغيرات السوق ومتطلبات الأعمال الجديدة للشركة، وتبسيط وإتقان العمليات وأنظمة الأعمال الحالية هم مهمة الشركة طويلة المدى."

بالإضافة إلى ذلك، تحدد هواوي أساسيات ومعايير عملية الأعمال الخاصة بها. حيث شدد قانون هواوي الأساسي على أن "إنشاء وإكمال نظام مؤشر إحصائي وتقييم شامل موجه نحو العمليات هو المفتاح لتنفيذ المساءلة النهائية عن النتائج وتعزيز إدارة العمليات. كما أن درجة رضا العملاء هي جوهر نظام مؤشر التقييم. حيث يقوم المسؤول عن مختلف المواقف في عملية الأعمال بممارسة سلطته المعتمدة من العملية، وتحمل المسؤوليات التي تنظمها العملية، والامتثال للقواعد التي تحددها العملية، واعتبار الإجراء التالي كمستخدم له لضمان الجودة والتشغيل الفعال للعملية".

فيما يتعلق بإعادة هندسة العمليات، يمكننا تحديد الأجزاء غير المعقولة من العملية من خلال التحقق من تكرار استخدامها، ومن خلال التعديلات المناسبة يمكننا جعل العملية أكثر بساطة وعملية ومعقولية. حيث يحكم الموظفون في شركة هواوي على معقولية كل جزء من العملية بطرحهم ثلاثة أسئلة حول "من، أين، متى"، وإذا كان هناك جزء غير معقول في عملية معينة، فإنهم سيقومون على الفور بإيقاف العملية بأكملها ويقومون بها مرة أخرى للتأكد من الحفاظ على جميع حلقات العملية في التسلسل الأمثل.

لدى رن تشنغ في قلقه بشأن عملية الإصلاح. حيث يعتقد رن أن العملية الفعالة يجب أن تنفذ بشكل ثابت على المدى الطويل. ويأمل أن يحافظ الموظفون في شركة هواوي على استقرار العملية بدلا من بإجراء ابتكار مرتجل في العملية. وقد أشار رن تشنغ في في مقالته بعنوان "شتاء هواوي" إلى أنه: "على الرغم من أننا نحتاج إلى الابتكار في الإدارة والنظام، ولكن بالنسبة لشركة عادية، فإن الإصلاح المتكرر سيؤدي إلى الإخلال بالأوامر الداخلية والخارجية ويجعل من الصعب الحفاظ على بيئة مستقرة. عندما نذكر الإصلاح، يجب أن نعرف ما الذي نريد إصلاحه بالضبط؟ هذا سؤال جدي؛ ويجب على جميع الأقسام أن تكون حذرة جدا في هذا الموضوع. ينبغي أن تكون العملية الفعالة قادرة على العمل بثبات لفترة طويلة؛ يجب ألا نغيرها بسهولة بسبب بعض المشاكل الصغيرة لأن نتائج التغيير ستقابل بتكلفة التغيير". لذلك يمكننا أن نرى أن إعادة هندسة عمليات الشركة هي في الحقيقة قضية خطيرة يجب تنفيذها بعد الفحص والاختبار الصارمين لتجنب "الاحتفاظ بالقروش وتبذير الأموال الطائلة."

5. التحجر والتحسين والتوطيد

خلال عملية إجراء الإصلاح الداخلي، اقترح العديد من الناس أنه فيما يتعلق بتكنولوجيا الإدارة الدولية المتقدمة، يجب أن "نستند إلى الظروف الوطنية للصين والوضع الفعلي، ونغيرها أولاً بشكل ما ثم نطبقها بشكل انتقائي". وشكك بعض الناس فيما إذا كانت "الأحذية الأمريكية" مناسبة لشركة هواوي أم لا، حتى يعتقد بعض موظفي هواوي "المتعجرفين" أن عملية الإدارة القائمة في شركة هواوي أفضل من عملية إدارة شركة IBM، لذا لم يكن هناك شيء يمكن تغييره.

لقد أثار أولئك الموظفين المتعجرفين غضب رن تشنغ في، حيث وجه انتقادات شديدة

لهم خلال اجتماع داخلي للموظفين قائلا: "أكره الناس الأذكياء الذين يميلون إلى التفكير كثيراً بأنفسهم لمجرد أنهم قرأوا بعض الكتب أكثر من الآخرين، بعض الناس لا يفهمون ما هو عملية الأعمال وبدأوا بتقديم "وصفة عملية"، وبالتالي، فإن هذه العمليات لديها مشاكل طوال الوقت. سنقوم بتوظيف أشخاص بناءً على نتائج التدريب والامتحانات، حتى ولو اعتبر بعض الناس أنفسهم أفضل من شركة IBM، إذا لم يتمكنوا من اجتياز الامتحان، فسيتم إقالتهم."

كان رن تشنغ في أكثر من يمتلك إيمانا راسخا في تنفيذ الإصلاح الداخلي لشركة هواوي. حتى أشار إلى هذا الإصلاح أنه "حركة تغيير الحياة". لأنه قبل إدخال تطوير المنتجات المتكاملة (IPD) لشركة IBM إلى شركة هواوي، لم يكن لدى الشركة فعليًا خطة للبحث والتطوير، وكانت تعمل مع كل حالة تحت تعليمات القيادة. فكر الموظفون في شركة هواوي على أنه بالرغم من أنهم قاموا بتقديم IPD، لكن شركة هواوي لديها خطة البحث والتطوير الخاصة بها، إلا أن التقييم المقابل سيظل فنيا بدلاً من متوجها نحو العمل. سيعمل معظم الناس على ذلك إذا اعتبروه مجديًا دون الأخذ بعين الاعتبار عامل السوق. ومع ذلك، طلب رن تشنغ في من هواوي تنفيذ الإصلاحات بشكل فعال لأنه يعتقد أن نقص خطة والبحث والتطوير يمكن أن يؤدي بسهولة إلى تزامن الطلب على المنتج مع تطور التكنولوجيا، وفي النهاية لا يمكن إصدار المنتجات الصحيحة إلى السوق في الوقت المناسب، أو بسبب التقييم الذي جاء من حكم شخصي من صناع القرار دون النظر في متطلبات السوق، فليس لدى المنتج سوق على الإطلاق.

من أجل تطبيق IPD بشكل حازم، شرح رن تشنغ في للموظفين في هواوي قائلا: "يرتبط IPD ارتباطًا وثيقًا ببقاء الشركة وتطويرها في المستقبل. يجب أن تعترف المنظمات وإدارات هواوي على جميع المستويات بأهميتها. ومن خلال التجربة المؤلمة 'بقطع أرجلنا لملائمة الأحذية الأمريكية' في مقابل للاستمتاع بنظام التشغيل السلس."

إن التعبير الصيني الأصلي عن "قطع الأرجل لملائمة الأحذية" يأتي من أحد المقالات التي جمعت في كتاب أدبي صيني تقليدي يدعى "هواي نان تسي"، والذي استخدم فيه تعبير "قطع قدمك لتلائم الأحذية، أو قطع رأسك لتلائم حجم القبعة." ويتم استخدام التعبير لوصف أولئك الذين يطبقون تجربة الآخرين بشكل ميكانيكي دون النظر إلى وضعهم الفعلي. لتسريع وتيرة شركة هواوي من التدويل، يفضل رن تشنغ في إجراء قطع "قدم الشركة" لارتداء "أحذية" شركة IBM أو غيرها من الشركات مع تكنولوجيا الإدارة ذات المستوى العالمي، لذلك يمكننا أن نرى عزم رن تشنغ في في دفع هذا الإصلاح.

في نوفمبر عام 1999، اقترح رن تشنغ في للمرة الأولى الخطوات الثلاث لإصلاح عملية الأعمال في شركة هواوي: التحجر أولاً ثم التحسين ثم التوطيد في النهاية. حيث طلب رن تشنغ في من الموظفين في شركة هواوي التركيز على فهم واستيعاب الإصلاح في السنوات الثلاث الأولى، ثم إجراء التحسينات المناسبة. وهذا يعني أنه في المرحلة الأولى، يجب على موظفي هواوي قبول تكنولوجيا الإدارة التي تم إدخالها مؤخرًا "بشكل سلبي" و"تام ". وعندما يكون لديهم فهم شامل حول تشغيل النظام بأكمله، يمكنهم إجراء بعض التعديلات والتحسينات لتشكيل نظام إدارة يناسب شركة هواوي على أكمل وجه.

فيما يتعلق بهذه الخطوات الثلاث، حذر رن تشنغ في موظفي هواوي في اجتماع لقادة الشركة من أنه: "يجب ألا تقوموا بأي ابتكارات ساذجة في غضون السنوات الخمس القادمة، مهما كان ما يقوله المستشارون وأي طريقة يريدون استخدامها، حتى تعتقدون أنها غير معقولة، لا يسمح لكم بإجراء أي تصرف. وبعد خمس سنوات، عندما يتم إتقانهم النظام، يمكنني أن أسمح لكم بإجراء بعض التغييرات في أجزاء معينة، أما بالنسبة للتغييرات الهيكلية، فيجب الاهتمام بها بعد 10 سنوات."

يثبت تطوير هواوي أن الخطوات الثلاث المتمثلة في "التحجر أولا، ثم التحسين، والتوطيد في نهاية المطاف" التي اختارها رن تشنغ في لإصلاح عملية الأعمال هي المنهج الأكثر حكمة. كما أن هناك عدد كبير من كبار المفكرين الذين يعملون في شركة هواوي، ولكل شخص رؤيته الفريدة الخاصة به. وإذا تجاوزت الشركة الجزء الخاص في تطبيق طريقة الإدارة المُدخلة وقامت بتحسينها بشكل مباشر، سيقوم الموظفون بتطبيق مجموعة من القواعد الجديدة وفقًا إلى تجربتهم الشخصية، ونتيجة لذلك سيصبح الإصلاح غيبيا وعرضة للخلافات الداخلية. وكما قال رن تشنغ في، إن موظفو هواوي أذكياء ومن السهل لهم تشكيل أفكارهم وآرائهم. وعندما لم يكن هناك توافق في الآراء، كان من السهل تشتيت الانتباه. بالإضافة إلى ذلك، غالباً ما يضر إدخال طريقة الإدارة الجديدة بمصالح بعض الأشخاص الذين من المحتمل أن يقدموا أعذارًا خلال مرحلة "التحسين"، مما يصبح قوة مقاومة للإصلاح.

في مرحلة "التحجر"، كانت الشركة تواجه ضغطًا داخليًا. وقال أحد الموظفين الذين عملوا في وقت سابق في فريق دفع تطوير المنتجات المتكاملة إنهم تعرضوا للانتقادات من قبل قسم البحث والتطوير وقمس المبيعات اللذين اتهما بأن كل ما قام به أعضاء فريقهم هو إما إنفاق أموال الشركة أو لعب الغولف. لكن لم يستسلم رن تشنغ في.

بعد أن مر موظفو هواوي بالفترة الصعبة من "التحجر"، بدأ رن تشنغ في بمطالبة

موظفي هواوي بتطبيق طريقة الإدارة هذه بمرونة بالتوافق مع الظروف الوطنية للصين، مما أدى إلى دخول إصلاح الشركة مرحلة التحسين؛ وفي وقت لاحق، قامت الشركة بإضفاء طابع مؤسسي على النتائج المحسنة كما قامت ببرمجتها ومعايرتها، مما يجعلها جاهزة لمرحلة التوطيد، وهذا يدل على أن شركة هواوي حققت تقدمًا كبيرًا في نظام الإدارة.

سأل موظف رن تشنغ في ذات مرة قائلا: "لقد دعونا بعض الخبراء الألمان للعمل معنا، وخلال التعاون معهم، كنا نتصارع مع أنفسنا ولم نستطع التوقف عن التساؤل لماذا يجب أن نستمع إليهم في كل شيء؟ وماذا يجب أن نتعلم من هؤلاء الخبراء الألمان؟" أجاب رن تشنغ في بعزم قوي: "أعتقد أنه يجب على الأطفال أن يتعلموا كيفية المشي أولا، ثم كيفية الركض. ونحن ساذجون جدا الآن، لذلك نحن بحاجة لتعلم منهم. وعندما نتقن أساليبهم الإدارية وأنظمتهم بشكل جيد، يمكننا أن نضع أفكارنا في ذلك. نتعلم شكلها أولا، ثم مضمونها. هذا هو مبدأ هام لهواوي للتعلم من الشركات الأجنبية. عندما نتعلم IPD من IBM، قمنا بنقل بعض الموظفين من الأقسام المختلفة، في البداية كانوا ينتقدون أسلوب IBM، لذلك طردتهم من الفريق. نحن بحاجة إلى التعلم من IBM بكل إخلاص، إنها مدرستنا، ويمكننا اقتراح وجهات نظرنا وأفكارنا الخاصة بعد أن نكتسب فهمًا شاملا لمعرفتها ... في الحقيقة، كانت تجربة التعلم من الآخرين مؤلمة ولكن خرجت هواوي من الصعوبات في نهاية الأمر."

في عام 2003، غادر عشرات من خبراء IBM شركة هواوي، مما يشير على توقف مشروع إصلاح الأعمال في هواوي بشكل مؤقت. في ذلك الوقت، قامت هواوي بتشكيل نظام الإدارة مع دعم تكنولوجيا المعلومات والتحكم المركزي في توليفة من الإدارة الهرمية التي كانت قادرة على الاستجابة السريعة لطلب العملاء. مع توسيع حجم شركة هواوي بشكل متزايد، أظهر نظام IPD الذي واجه سابقاً معارضة داخلية أهميته. وأخيراً، أدرك الكثير من موظفي شركة هواوي الهدف النابع من التفكير والرؤية المستقبلية الذي خصصه رن تشنغ في في حملته "لقطع أرجل شركة هواوي لتلائم الأحذية الأمريكية".

6. تحقيق الإدارة الموحدة

إذا كانت المؤسسة تريد البقاء وسط المنافسة الشرسة في السوق، فإن المنتجات عالية الجودة والخدمة المتجاوبة للعملاء هي القوة الأساسية. إن القوة الدافعة الحقيقية وراء

تحسين المنتجات والخدمات المستمرة هي آلية تشغيل جيدة للشركات، فضلا عن المواهب المتميزة. لذلك، فإن بناء نظام موحد هو قضية يجب على كل قائد الشركة اعتبارها. وفيما يتعلق بمسألة حول ما إذا كانت هواوي تحتاج إلى نظام إدارة موحد، أجاب رن تشنغ في: "في المرحلة الأولية من تنمية هواوي، اعتمدت أكثر على قيادة الشركة، وبالتالي فإن الشركة يمكن أن تغتنم الفرصة وتمضي قدما بقوة كاملة. وبعد دخول الشركة مرحلة التنمية، يجب عليها الاعتماد على الإدارة الموحدة والأكفاء الذين يعرفون كيفية إدارتها."

في فترة التنمية المبكرة لشركة هواوي، لم تكن اللوائح والإجراءات مثالية بعد، لذا كان المدراء يتخذون القرارات استنادًا إلى خبرتهم وقدراتهم. في ذلك الوقت، اعتاد المرؤوسون على استشارة رؤسائهم في كل شيء، حتى بعض القيادات العليا اعتاد على التشاور بشكل ميكانيكي مع رؤسائهم. على الرغم من وجود مجموعة واضحة من القواعد يمكنهم الرجوع عليها واتخاذ قرارات مستقلة، إلا أنهم ما زالوا يفضلون انتظار رؤسائها لاتخاذ قرارات بشأن كل شيء، الأمر الذي قلل بشكل كبير من كفاءة العمل وكذلك شجع العادات البيروقراطية السيئة. كما قال رن تشنغ في، خضعت قوة الإدارة الرئيسية لسيطرة رجال الأعمال والأشخاص الذين أتقنوا التكنولوجيا الرئيسية. الكثير من الأشياء ليس لها معايير ولا أنظمة للإشارة إليها على الإطلاق.

مع تنمية شركة هواوي المستمرة وزيادة حجم أعمالها، لم يعد قرار رجال الأعمال يغطي بشكل فعال جميع الجوانب في إدارة أعمال الشركة. ومن وجهة نظر موضوعية، كانت الشركة بحاجة إلى تطوير وتطبيق نظام إدارة علمية وعملية أعمال حسب وضع أعمالها. فقط من خلال هذه الإدارة الموحدة، يمكن للشركة تلبية متطلبات صناعة الخدمات بكفاءة وفعالية.

وفي هذا الصدد، نشرت شركة هواوي مقالًا داخليًا بعنوان "المعيار ليس حبر على ورق"، وطرحت فيه انتقادات تجاه أولئك الذين فشلوا في الامتثال للعملية والمعايير. وأشار المقال إلى أنه: "كمستخدم فردي، قد لا تدرك مدى أهمية المعيار، ولكن كمركز لخط ساخن داخلي لتقنية المعلومات في شركة تصنيع كبيرة، نشعر بشكل عميق بحتمية وضع وتنفيذ المعايير. في الوقت الحاضر، تتطور تكنولوجيا المعلومات بسرعة ويتم تحديث المنتجات بشكل سريع. وإذا كانت الشركات الكبرى مثل شركتنا التي لديها أكثر من 10000 موظف لا تعمل على توحيد بيئة الحوسبة، فإن كل قسم أو فرد يختار تكوينات مختلفة لمنصة الأجهزة والبرمجيات وفقًا لاحتياجاته الخاصة، ثم ستغطي الأنظمة نطاقًا واسعًا من الاختيارات. لذلك عندما يصادف أحد الأشخاص خطأً، سيكون من الصعب العثور على فني

جيد قادر على إصلاح جميع أنواع الأنظمة، على الرغم من أن جميع الأفراد في مركز اتصال تكنولوجيا المعلومات يشاركون فيه، قد لا يكونون قادرين على التعامل مع كل تلك الأشياء الغريبة ومشاكل البرامج والأجهزة غير المنتظمة، نهيكا عن تراكم الخبرة."

الإدارة الموحدة هي تغيير النمط القديم لـ"حكم الأفراد" إلى الطريقة العلمية لـ"حكم القانون". على الرغم من أن جوهره يتحول في النهاية إلى إدارة منهجية، مما يعني تقييد الإدارة بالقواعد، إلا أن هناك لا يزال بعض الاختلافات بين الإدارة الموحدة والتنظيم المنهجي. لا تحتاج الإدارة الموحدة إلى أن تستند إلى النظام فحسب، بل تحتاج أيضًا إلى أن تكون مقترنة بسلسلة من التدابير مثل البرمجة والتوحيد القياسي والتكوين وأتمتة المعطيات، لتشكيل إدارة مع اتخاذ قرار علمي وعملية قياسية وتقييم منهجي.

ولتحقيق إدارة العمليات الموحدة في شركة هواوي، في عام 1995، وظفت شركة هواوي البروفيسور وو تشون بوه والعديد من الأساتذة الآخرين من جامعة الشعب في الصين لصياغة قانون هواوي الأساسي. خلال عملية وضع قانون هواوي الأساسي، أعطى شخص ما رن تشنغ في نسخة من دستور الولايات المتحدة في القرن التاسع عشر، قرأ رن تشنغ في الدستور وقال: "اليوم، لم يعد مضمونه بارعا بعد الآن، ولكنه قاد الولايات المتحد لمدة 200 عام من تنميتها، ووضع الأساس لرفاهيتها اليوم." لذلك، كان رن تشنغ في يأمل أيضًا أنه حتى لو لم يعد قانون هواوي الأساسي ذا قيمة بعد 20 عامًا، يجب أن يكون قادر على تنظيم أعمال موظفي هواوي وتقديم التوجيه لهم، وتحديد المبادئ الأساسية الموحدة والمنظمة وعناصر نجاح الشركة بشكل منهجي، وذلك من أجل تحويل حكمة رجال الأعمال إلى حكمة الشركة وتوارثها باستمرار.

وحول ميراث هواوي، قام رن تشنغ في بمقارنته مع شركة سيمنز وغيرها من الشركات العملاقة الدولية. يعتقد رن تشنغ في أن هواوي لديها مشغلون بارزون أكثر من شركة سيمنز. ومع ذلك، كانت مبيعات هواوي متخلفة عن شركة سيمنز، لذلك كان هناك سبب. قال رن تشنغ في ذات مرة: "منتجات سيمنز لديها ميراث جيد. إن العديد من المشغلين، وخاصة المشغلين في شبكات الاتصالات الثابتة، يتعرضون دائما لضغوط من سوق رأس المال، لذا يجب عليهم تخفيض النفقات الرأسمالية ... لا يمكن لشركة هواوي التركيز فقط على التحكم في أسعار منتجات الأجهزة وتخفيضها، بل تحتاج أيضًا إلى تقليل سعر الحل الشامل، بما في ذلك البرامج والخدمات والمصروفات الأخرى ذات الصلة. لذلك، إذا أرادت شركة هواوي إنشاء علامتنا التجارية الخاصة في العالم، يجب أن يكون لدينا منتج متوارث مفتوح، وهذا يعني أنه يجب تطوير جميع المنتجات بدقة وفقًا لمواصفات معينة، لا يحتاج المشغلون إلا

إلى ترقية المنتج بعد الشراء، لا يحتاجون لاستبدال مجموعة كاملة من المعدات."

في عام 1998، قامت شركة هواوي بإدخال شهادة التأهيل المهني البريطاني (NVQ) وأقامت أولاً نظام شهادة التأهيل في قسم السكرتارية، كما وضعت قواعد سلوك السكرتارية. كان هدف شركة هواوي لإدخال معايير التأهيل هو مساعدة الشركة على تحقيق التوحيد القياسي. وفي هذا الصدد، قال رن تشنغ في: "لدى المملكة المتحدة لوائح رقابة قانونية وقواعد إدارة أعمال موحدة تنتمي إلى أعلى المعايير في العالم. يمكنك النظر إلى المستعمرات البريطانية، كلها تتمتع بحكم القانون الجيد. وذلك يرجع إلى أن البلاد لديها بيئة قانونية شاملة وبناء قانوني دقيق."

حققت هواوي نجاحًا كبيرًا في مشروعها التجريبي حول إصلاح نظام التأهيل الذي لم يحل مشكلة قانون السكرتير المهني فحسب، بل عزز أيضًا حماس وكفاءة عمل السكرتيرين بشكل كبير. وهكذا، بدأ قسم الموارد البشرية في شركة هواوي في تطوير نظام التأهيل لقطاعات أخرى.

كان العديد من الموظفين في شركة هواوي رافضين لنظام الإدارة الموحدة الأجنبي الذي أدخله رن تشنغ في، لكن رن يعتقد أن هواوي بحاجة إلى الوقوف على أكتاف العمالقة لتحقيق تنمية أكبر. قال رن تشنغ في: "لقد ارتكب أشخاص آخرون شيئًا خاطئًا أمامنا واتخذوا العديد من الطرق الالتفافية للتعرف على الحقيقة اليوم، إذا لم نستفد من تجاربهم، وقمنا بتجربة كل شيء بأنفسنا، فإننا سنضيع وقتًا ثمينًا في شبابنا." لذلك تدفع شركة هواوي سعراً باهظاً للغاية لتوظيف خبراء من العديد من شركات التكنولوجيا الفائقة ذات المستوى العالمي لمساعدة شركة هواوي على تحقيق الإدارة الموحدة بشكل منهجي.

من خلال إدخال تكنولوجيا الإدارة الدولية المتقدمة ووضع قانون هواوي الأساسي، حققت شركة هواوي إصلاح عملية الشركة. حيث قامت بتحسين وتوحيد نظامها وعمليتها ومراقبتها وترميزها والجوانب الأخرى وفقًا لمتطلبات "الأحذية الأمريكية". وفي وقت لاحق، يمكن لكل مدير في شركة هواوي العمل على عملية موحدة معينة وبالتالي تحقيق "إدارة جامدة" تمامًا: كما يمكن للمدراء لعب الغولف كل يوم بينما لا تزال الشركة قادرة على الحصول على تنمية صحية ومستدامة. حتى الآن، قامت شركة هواوي بخطوة إلى الأمام لتصبح شركة دولية.

قال رن تشنغ في: "أعتقد أن هذه الإدارة الجامدة ستصبح أكثر ثراءً وسلاسة مع مرور جيل بعد جيل. وبعد مرور آلاف السنين، وليس عقودًا، ستصبح أنظمة الإدارة الجامدة هذه مثالية ومليئة بالحيوية. هذه هي حياة الشركة."

7. بناء ثقافة التنفيذ التي لا تعتمد على الناس

إذا كانت إحدى الشركات ترغب في استقرار طويل الأجل، فيجب أن يكون لديها نظام لإدارة العمليات تتجاوز البطولة الفردية، فإن تحقيق "الحكم عن طريق عدم التدخل" هو القوة الدافعة الأصلية وراء التنمية المستدامة للمؤسسات.

"الحكم عن طريق عدم التدخل" هو أعلى مستوى من الإدارة مما يعني أن المؤسسة يمكن أن تحقق الأهداف المحددة دون الاعتماد على التحكم البشري. في نموذج الإدارة هذا، لم تعد المؤسسة تعتمد بشكل كبير على المدراء، ولكنها تلهم حماس الموظفين عن طريق التحكم الداخلي لتحقيق الإدارة الذاتية والتحكم في النفس، وهو الخيار الوحيد لشركة هواوي للحفاظ على الاستقرار على المدى الطويل.

تلقى وارن بافيت الذي يتمتع بسمعة "إله الأسهم" في وقت ما، رسالة فاكس غريبة في مكتبه الموجود في مدينة أوماها بولاية نبراسكا. كان المرسل استشاريًا لإحدى الشركات المصنعة للمركبات الترفيهية. أوصى الاستشاري بافيت بإنفاق 800 مليون دولار أمريكي لشراء شركته. قام بافيت بقراءة الفاكس بعناية ووجد أن حصة الشركة في السوق كانت متفائلة نسبيا وليس لديها أي دين. لكن 800 مليون دولار كانت عبارة عن جزء كبير من رأس المال كان ضخمًا بما يكفي لأية شركة للنظر بعناية للغاية. في نهاية المطاف، قرر بافيت شراء الشركة، في حين أن الشخص الذي تم تعيينه ليكون المسؤول عن الشركة كان رجل يدعى بيتر ليغ. بعد مراسم التوقيع، قال بافيت لليغ: "لا تتوقع الحصول على مشورة وتوجيه منّي مرتين في السنة."

يصر وارن بافيت على مبدأ "الحكم عن طريق عدم التدخل" على مدى العقود القليلة الماضية، وإدارة شركة بيركشاير هاثاوي بقيمة سوقية تبلغ مليارات الدولارات على أساس الحدس. لم يجر بافيت كل الأمور بطريقة شاملة، حيث أنقذ الشركة من الكثير من الإدارة التقليدية، ولم يطلب من مدرائه الفرعيين أن يقدموا له تقارير كثيرة. كان يقضي معظم وقته في مكتبه، وهي غرفة لم تكن مجهزة بالكمبيوتر، ووجه تعليمات للصفقات التي تبلغ قيمتها عمومًا مئات الملايين من الدولارات. أدرك بافيت أنه فقط من خلال الحد من تدخل صناع السياسة وتحقيق "الحكم عن طريق عدم التدخل"، يمكن للشركة أن تكون أقل اعتمادًا على الناس قدر الإمكان.

في عام 1998، دخلت شركة هواوي في فترة ريادة الأعمال الثانية. في هذا العام، ارتفعت مبيعات هواوي بستة أضعاف عما كان عليه خلال عام 1995، حيث بلغ حجم أعمالها

الإجمالي 8.9 مليار يوان صيني، ما يثير الإعجاب هو أن هواوي قد حققت بشكل أساسي هدفها الإستراتيجي المتمثل في "تطويق أسواق المدن من خلال المناطق الريفية ومن ثم احتلال المدينة". حيث شوهدت منتجات هواوي الجوهرية في المدن الرئيسية بالبلاد. وفي سوق المبدلات، تجاوزت شركة هواوي شركتي Lucent وSiemens العملاقتين عالميا وأصبحت واحدة من أكبر شركتي توريد.

أمام هذه الإنجازات الكبيرة، لم يكن رن تشنغ في يرغب في أن يكون "طائرا" يحلق عاليا في السماء بينما كان يقود مجموعة من "الإوز" التي لا تفهم شيئًا على الإطلاق. كان رن تشنغ في يعتقد أن الإدارة العليا من هواوي كانت لتحقيق "الحكم عن طريق عدم التدخل". وتحقيق هذا الهدف يطلب من مدراء هواوي بتنفيذ ممارسة طويلة الأمد "للقيام بالأشياء وفقًا لرغبتهم دون خرق القواعد". إن خلق الأبطال داخل الشركة لن يؤدي إلى تقويض عملية الشركة فقط، ولكن في أسوأ السيناريوهات، سيؤدي إلى تقسيم الشركة.

وأعرب رن تشنغ في عن أمله في ألا تصبح هواوي شركة لشخص واحد. وقد انتهت الحقبة التي تم صنع فيها القرارات على أساس حدس العديد من الرؤساء التنفيذيين. كان من الخطأ أن يعتاد الموظفون الرئيسيون الذين يعملون طوال العملية على مطالبة رؤسائهم بصنع قرارات بشأن كل قضية. بالنسبة للشؤون التي كان لديها بالفعل لوائح أو ممارسات شائعة، لم تكن هناك حاجة لطلب قرار أو تصريح من الرئيس، بل يجب أن تتم معالجتها على الفور. في هذا الصدد، دعا رن تشنغ في الموظفين إلى أنه: "يجب علينا التخلص تدريجيا من الاعتماد على التكنولوجيا والأكفاء ورأس المال، وذلك من أجل قيادة شركتنا من عالم الضرورة إلى عالم الحرية وإنشاء آلية أكثر معقولية."

اعتبر رن تشنغ في التطور المبدئي لشركة هواوي كخطوة بداية، وخلال هذه الفترة كانت الشركة صغيرة الحجم نسبيا مع عدد قليل من الأفراد. كما اعتمدت هواوي على السلوك الفردي لرجال الأعمال الذين كانوا يقومون بالتسويق والإدارة على أساس الحدس والمشاعر. وعندما بدأت الشركة تدريجياً بتوسيع نطاقها، أصبح التحول من السلوك الفردي المتمثل في "اتخاذ قرار شخصي" إلى الإدارة المهنية أمراً لا مفر منه. احتاجت شركة هواوي إلى دخول المرحلة الثانية لريادة الأعمال بهدف استكمال تكامل جميع جوانب العمل مع المعايير الدولية أو الممارسات الدولية، وبالتالي لتشكيل عملية لا تعتمد على الناس.

قال رن تشنغ في: "التقليل التدريجي من تحكم رجال الأعمال المباشر في شركة ما يمكن أن يجعل تغيير القيادة منفصلاً عن التطوير المستقبلي للشركة. نهر اليانغتسي هو أفضل مثال للحكم دون تدخل. سواء كنت تعتني به أم لا، فإنه يتدفق على مر العصور."

يتمنـى رن تشـنغ في أن تكـون هـواوي مثـل نهـر اليانغتـسي، وتكـون قـادرة عـلى المضي قدمـا نحـو النجـاح بشـكل تلقـائي بـدون قيـادة أو قـوة دافعـة.

تعـد الاسـتقالة الجماعيـة في شركـة هـواوي حدثًـا مهـمًا خـلال الفـترة الانتقاليـة للشركـة مـن المرحلـة الأولى إلى المرحلـة الثانيـة في ريـادة الأعـمال. وعنـد التفكـير فيـما حـدث في المـاضي، فإنهـا مـا تـزال تمسـنا بعمـق.

خلقـت الاسـتقالة الهائلـة تقليـد إفسـاح المجـال لموهبـة أفضـل مؤهلـة ومهـدت إلى تعيـين وفتـح مقدمـة مـن تعيـين رؤسـاء فـرق بشـكل حـر. لم يقتـصر الـدوران الوظيفـي عـلى تدريـب كبـار الموظفـين فحسـب، بـل يجـب أيضًـا تطويـر القـوى الجديـدة، والأهـم مـن ذلـك، تركـت هـذه الـروح أثـراً عـلى جميـع القادمـين الجـدد التاليـين.

اليـوم في هـواوي، يمكـن ترقيـة قـادة الفـرق أو خفـض ترتيبهـم، فقـد كان مفهـوم دوران المنصـب الوظيفـي متأصـلاً في أذهـان النـاس. بالإضافـة إلى ذلـك، بـدأت شركـة هـواوي أيضًـا في تعميـم نظـام إدارة تأهيـل القـادة بشـكل تدريجـي، وعملـت عـلى تطبيـق مـؤشرات الأداء الرئيسـية لـكل عنـصر، وأصبـح تدريـب وتقييـم قـادة فـرق العمـل أكـثر مؤسسـية واحترافيـة. منـذ ذلـك الحـين، اتخـذت هـواوي خطـوة كبـيرة في الطريـق إلى الإدارة المحترفـة.

8. تطوير عادة عمل موحدة

يعتمـد العمـل الفعـال عـلى إقامـة النظـام والقواعـد، وهـذا ويمكـن للقواعـد أن تـشرف علينـا وتجبرنـا عـلى التـصرف بأنفسـنا، وبالتـالي يعطينـا إحساسًـا بالقيـود الداخليـة والانضبـاط الـذاتي، وهـو إشراف فعـال نحـو تنفيـذ تقـدم العمـل. وبهـذا المعنـى، يمكـن للنـاس أن ينجـزوا عملهـم بشـكل جيـد وبطريقـة منظمـة، وفي الوقـت نفسـه، يوفـرون الكثـير مـن الوقـت.

كان أحـد عـادات العمـل لـلي كا شـينج، رئيـس مجلـس إدارة شركـة هونـغ كونـغ تشـونغ كونـغ هولدنجـز المحـدودة، محـط إعجـاب النـاس بشـدة حيـث كان جدولـه منظـما. عندمـا يذهـب إلى الفـراش، كان يسـتيقظ كل صبـاح في السـاعة 5:59 صباحـاً، ثـم يسـتمع إلى الأخبـار ويلعـب الغولـف. ومـن ثـم يذهـب إلى الشركـة. في كل صبـاح، كان لي كا شـينج يتلقـى قائمـة إخباريـة عالميـة لليـوم تسـلم إلى مكتبـه، وبنـاءً عـلى الموضوعـات، يقـوم باختيـار المقـالات التـي يريـد أن يقرأهـا وفقًـا لرغبتـه الخاصـة، وبعـد ذلـك يتـم ترجمتهـا مـن قبـل المتخصصـين. عـادة، تعطيـه هـذه التقاريـر حـول القطـاع الاقتصـادي إلهامـا في قضايـا مختلفـة.

كان يحب أن يتعرف على جميع أنواع التغطية الأخبارية ثم يربطها ويقارنها بشركته الخاصة، ويكتشف مشاكل شركته، ويناقش كيفية تغييرها خلال الاجتماعات. ومع ذلك، لم يكن شخصًا يحب الحصول على المعلومات وحل المشاكل من خلال الاجتماعات التي لا نهاية لها. على سبيل المثال، خلال اجتماعات Hutchison Whampoa وشركة هونغ كونغ شيونغ كونغ المحدودة Hong Kong Cheung Kong Holdings Ltd، لا يقض أكثر من 15 دقيقة للاستماع إلى كل تقرير، بينما كان يفضل قضاء معظم أوقاته في القراءة والتحليل واتخاذ قرار بنفسه.

عادةً ما ينتهي لي كا شينج من العمل في الساعة السادسة مساءً كل يوم. بعد عودته إلى المنزل، باستثناء إجراء بعض المكالمات الدولية، كان لديه أيضًا عمل دوري آخر وهو القراءة المسائية.

من العدل أن نقول إنه من حيث الوقت، كان للي كا شينج ترتيبه الخاص الذي كان متمسكا به، لم يسمح لنفسه أبداً بأن يكون كسولاً أو يضيع الوقت.

الوقت عادل للجميع. فقط من خلال الاستفادة المعقولة من الوقت، يمكننا الاستفادة منه بشكل أكبر. وحالة لي كا شينج هي مثال رائع. بينما في شركة هواوي، فإن قاعدة الالتزام بالروتين خلال العمل هو ما يسعى الموظفون في هواوي إلى تحقيقه.

عادة ما يقوم موظفو هواوي بتحديد أوقات عملهم الأكثر كفاءة وازدحامًا وإبلاغ الآخرين عنها: من فضلك لا تزعجني خلال هذه الفترة! إذا كان لديهم سكرتير، فسيطلبون منهم إخبار الزائرين بما يلي: "في هذه الفترة، (باستثناء ××) لن ألتقي أي شخص."

على سبيل المثال، بنسبة إلى الباحثين: على الرغم من أن بيئة العمل الخاصة بهم هادئة جدا، إلا أن بعض الباحثين المنهمكين ما زالوا يعلقون علامة على باب مكتبهم يعلمون الآخرين أنهم في منتصف شيء ما، لذا يرجى عدم الإزعاج.

من خلال هذه الطريقة، يخبرون أنفسهم أيضًا: خلال هذه الفترة، يجب عليهم التركيز على القيام بمهمة معينة دون أي إزعاج.

وهكذا، أنشأ الموظفون في هواوي نظام عمل جيدا وفي الوقت نفسه زاد من كفاءة العمل.

يعتاد الكثير من الناس على عادة العمل الموحدة، لكنهم غالباً ما يضيفون بعض الأفكار الخاصة بهم أثناء عملية التنفيذ.

اعتادوا على تجاهل معيار العمل المحدد مسبقا بشكل تام والقيام به بطريقتهم الخاصة. ربما تكون فكرتهم صحيحة في بعض الأحيان، لكن في معظم الأوقات، يمكنها

ببساطة جعل الأعمال أكثر تعقيدًا.

متطلبات هواوي لموظفيهم هي: بمجرد بدء العملية، يجب على الموظفين القيام بذلك وفقا للعملية الموحدة ويتم مراقبة حالة التنفيذ لكل خطوة لضمان تقدم المهمة وفقا للخطة وزيادة كفاءتها على هذا الأساس.

قبل عام 2001، كان بإمكان معظم موظفي هواوي إنهاء مهامهم بشكل أو بآخر، في حين أنهم لم يفكروا في الحالات الناجحة والفاشلة وتحويل هذه التجارب إلى عملية ثابتة، مما يرفع الكفاءة بشكل كبير. وبعد عام 2001، بدأ رن تشنغ في بالتركيز على إنشاء العملية، وبناءً على ذلك، تمت إضافة المحتوى ذي الصلة إلى الدورات التدريبية للموظفين الجدد. وعادة ما تكون الدورة الثالثة من تدريب الموظفين الجدد تدريبًا لربط الأسلاك لمدة يومين.

قامت هواوي بإجراء صارم حول كيفية ربط الأسلاك. يجب على الموظف الجديد أن يقوم بعملية ربط الأسلاك وفقًا للعملية: أولاً، يحتاج إلى توصيل خطوط الكهرباء وخطوط التنبيه وخطوط نصف الموجة على التوالي، ثم ربطها بدقة في تسلسل معين، ويجب أن يكون الخط الملون في الخارج دون أي تقاطع. بعض الموظفين الجدد لم يتمكنوا من إكمالها ليوم كامل بينما كان بإمكان بعض الموظفين إكمال المهمة في غضون ساعة واحدة. لماذا كان هناك فرق كبير في الوقت؟ كان السبب في ذلك هو أن الأوائل لم يتقنوا العملية الصحيحة، بينما أتقن الآخرون الحلقات بشكل دقيق وكامل وفقاً للعملية لذلك أكملوا جيداً جميع الجوانب الرئيسية، مما مكنهم في إنجاز المهمة في أقصر وقت.

لذلك، إذا كانت هناك طرق عمل ومعايير وخطط عمل أقل استغرابًا وأكثر تفصيلاً، فسيتم تحسين مستوى التنفيذ وكفاءة العمل لدينا.

على الرغم من أننا نحتاج إلى التعامل مع نفس العمل كل يوم، إلا أنه لا يزال يتعين علينا توحيد معايير العمل لدينا وتحسينها باستمرار؛ وبالتالي، سوف يزداد بشكل كبير أداء عملنا وكفاءتنا.

الفصل الرابع

إدارة الأهداف

يتيح نظام الإدارة الجيدة للأهداف والنموذج الدقيق لإدارة المشاريع لشركة هواوي قدرًا كبيراً من الكفاءة في تطوير العديد من مشاريع عالية الجودة وبناء النظام، كما يساعدها في الحصول على المزيد من الحصص في السوق بسرعة.

1. القفز لالتقاط الخوخ

معظم أهداف العمل التي فشلت في تحقيقها كانت بسبب غموضها، ولم يتم وضع لها توجيهات وإرشادات واضحة، وبالتالي، كانت نتائج التنفيذ بعيدة كل البعد عن الهدف الأصلي.

عندما كان لي كاي فو يعمل كمدير تنفيذي لشركة مايكروسوفت، حدد لنفسه هدفا وهو: "التعرف على المزيد من الناس، وزيادة التأثير". لكنه سرعان ما أدرك أنه لم يكن هناك أي طريقة لتقييم تنفيذ هذا الهدف، لذلك كان بحاجة إلى إيجاد هدف عملي أكثر قابل للتنفيذ.

لذلك، قرر تناول الغداء أو العشاء مع شخص مؤثر كل أسبوع، وخلال الوجبة، قام ضيف هذه الوجبة بتقديم شخص مؤثر آخر له. في هذه المرحلة، كان هدفه هو تناول وجبة واحدة مع شخص واحد في الأسبوع، وبعد تناول الوجبة، يجب أن يتعرف على شخص آخر. وفي وقت لاحق، لم يرض لي كاي فو بهذا الهدف وكان مقتنعاً بأن الغرض من

توسيع الشبكات الاجتماعية الشخصية هو جعل العمل أكثر نجاحًا. وبالتالي، كان عليه أن يفكر أيضًا في مقدار المعلومات التي يريد الحصول عليها من الوجبات الأسبوعية، وتبين لاحقا أن عددًا كبيرًا من الموظفين في قسمه قد تم تقديمهم له بهذه الطريقة.

لذلك، لا يحتاج الهدف العملي إلى أن يكون مفصلاً فقط، بل يجب أن يكون قابلا للتحقيق أيضًا. بعبارة أخرى، يمكن أن يكون هدفنا "القفز لالتقاط الخوخ" ولكن ليس "القفز لالتقاط النجم".

في هذا الصدد، يمتلك الموظفون في شركة هواوي الحكمة. إنهم يولي أهمية كبيرة بالوضوح لأهداف عملهم. ويدرك الموظفون في شركة هواوي جيدًا أنه من خلال وضع هدف واضح في ذهنهم فقط، يمكنهم ضمان التنفيذ السلس للمهمة بالإضافة إلى التحكم الكامل في الجدول الزمني والعملية. حتى رن تشنغ في قال: "لم أفكر في أي فكرة عظيمة، كل ما أفكر فيه هو ما سأفعله في العامين المقبلين وكيف أفعله ..." وهدف للسنتين أو الثلاث سنوات القادمة لا يبدو أنه سيكون نبلاً جدا، ولكن بمجرد أن يفكر المرء في هذا الأمر وحدد "كيفية القيام بذلك"، أصبح الهدف أكثر وضوحا. من خلال هذا الهدف المحدد جيدا، يستطيع الموظفون في شركة هواوي اختيار أقصر وأسهل طريقة وفقا لذلك، وبالتالي تحقيق أقصى قدر من الكفاءة.

وبناء على ذلك، يجب أن يكون أي هدف قابلاً للقياس، وبالتالي يمكننا الحكم بوضوح على فعالية النتائج أثناء أو بعد التنفيذ. على سبيل المثال، "نحن نخطط لزيادة إنتاجيتنا بشكل كبير" و"نحن نخطط لتحقيق زيادة سنوية في إنتاجيتنا بنسبة 20%". بالنسبة للهدف الأول من الصعب معرفة مقدار الزيادة التي يمكن تحقيقها ويمكن وصفها بالكبيرة فقط، أما بالنسبة للهدف الثاني فان الزيادة تم تحديدها "بما نسبته 20%"، مما يجعل تحقيقها أسهل.

تولي شركة هواوي أهمية كبيرة لمبدأ القابلية للقياس أثناء إدارتها للهدف. عندما يقوم الموظفون بتنفيذ الهدف، سوف يأخذون بالتأكيد الوقت والكمية والجودة – وتعتبر هذه المؤشرات الكمية الأساسية الثلاثة - في الحسبان. كما تخدم هذه المؤشرات الثلاثة كشرط للعمل المعين ومؤشر لقياس نتائج العمل. فجميعها تلعب دورا لا غنى عنه في العملية بأكملها.

يقوم قسم التخطيط في شركة هواوي بتصميم خطوات أو وحدات عمل مستقلة نسبيًا، وفقًا للمواصفات التي تم تحديدها في العملية الأساسية، ثم تعيين الجدول الزمني والكمية ومؤشر الجودة. بالنسبة إلى الأهداف التي يمكن قياسها بشكل مباشر، يتم قياسها

بالأرقام، مثل كمية الإنتاج ووقت الفحص وما إلى ذلك. أما بالنسبة إلى تلك التي لا يمكن قياسها كمياً، سيتم تقييمها من خلال منظور الوقت والجودة، مثل درجة رضا الموظفين عن خدمة الإدارة الوظيفية، يمكن إظهارها من خلال معدل الشكاوى أو سرعة الخدمة؛ يمكن إظهار جودة مسودة وثيقة من خلال معدل الموافقة، أو مقدار الوقت الذي يستغرقه للحصول على الموافقة، وما إلى ذلك.

دعونا نأخذ فحص الحضور كمثال. وسيتم تحديد هدف العمل الخاص به على النحو التالي: "لإكمال فحص الحضور لعشرين ألف شخص في غضون أربع ساعات، إعداد ورقة حضور، وتقديم تقرير إلى السلطة التنفيذية الإدارية". ويشمل هدف العمل هذا ثلاثة مؤشرات كمية: الوقت – "خلال 4 ساعات"، الكمية -"فحص عشرين ألف شخص من الحضور"، والجودة – "تشكيل ورقة حضور وتقديم تقرير إلى السلطة التنفيذية الإدارية".

نتيجة لذلك، يمكن لموظفي هواوي أن يشكلوا بوضوح مفاهيم مؤشرات "الكمية" الثلاث ويضمنوا التنفيذ الدقيق. قد يؤدي النقص في أي مؤشر إلى نتيجة بعيدة عن الهدف. على الرغم من أنه قد يكون هناك موظف مختلف يقوم بنفس المهمة، إلا أنهم سيحققون متطلبات الأهداف، ويمكنهم إنهاء نفس العدد من المهام تحت نفس المستوى وفي الوقت المناسب.

أخيرا، عندما يقوم الموظفون في شركة هواوي بإدارة الهدف، فإنهم يولون الكثير من الاهتمام للإدارة الكمية. ومع ذلك، وفي كثير من الحالات، لا يمكن قياس جميع الأهداف كميا. وعلى سبيل المثال، سيكون من الصعب قياس أهداف مثل التجربة النفسية والقيم والاتجاه العام. ومع ذلك، عندما يضع موظفو هواوي معايير قابلة لقياس الهدف، فإنهم سيتبعون مبدأ "قياس كل ما يمكن قياسه، وتأهيل الذي لا يمكن قياسه" لتحديد العمل بشكل جيد ونتائجه المتوقعة، وبالتالي التأكيد على معيار تقييم موحد وواضح.

كان سن وي (اسم مستعار) مسؤولاً عن التوظيف في شركة هواوي. وبما أن عمله كان من الصعب تحديده كمياً، فقد تبنت الشركة هدفاً نوعياً: من ناحية لتلبية متطلبات القوى العاملة للشركة من أجل تطوير المنتجات الجديدة في قسم البحث والتطوير الخاص بها؛ ومن ناحية أخرى، لاستكمال المهام المتعلقة بإدارة الموارد البشرية.

يمكن إزالة الهدف الأول من منظور أهداف الشركة من أجل دعم إستراتيجية الشركة التي تتضمن أساسًا: معدل التوظيف المطابق، وما إذا كان الشخص في المكان المناسب وفي الوقت المناسب؟ وهل تلبي جودة الموظفين الجدد احتياجات العمل؟ وهل سيستقيل الموظفون الجدد في وقت قصير؟

الهدف الثاني يعتمد أساسا على مسؤوليات الوظيفة. لضمان عمل القسم بسلاسة، يمكن تقسيم الهدف إلى عدد من المؤشرات الكمية، بما فيها التقارير في الوقت المناسب عن معلومات الموارد البشرية للشركة، وخفض التكاليف على إدارة الموارد البشرية، وما إلى ذلك. وهكذا، تصبح حالة العمل واضحة مثل ضوء النهار، في حين أن هذا هو بالضبط ميزة الهدف النوعي. بعد الانتهاء من العمل، على الرغم من أنه لن يكون هناك تقييم لإكمال الهدف بدقة مثل الأهداف الكمية، فإنه لا يزال بإمكانه تقديم مخطط للتقييم.

عند تحديد الهدف، سواء كان كميًا أو نوعيًا، لن تستخدم هواوي أوصافًا صعبة مثل "الفهم الأساسي" أو "التحكم"، لأنه لا يمكن أن يتم تحديد ما إذا كان الهدف قد تم تحقيقه أم لا، وفي المقابل، يهدر وقت العمل الفعال لدى الموظفين ويقلل من كفاءة العمل.

2. التصويب قبل إطلاق النار

هناك مبدأ تم تسجيله في تحفة العلوم العسكرية الصينية الكلاسيكية "فن الحرب" تقول: "خطط قبل الممارسة، واكتسب بعد المعرفة،" بمعنى أنه يجب على المرء أن يكون حكيما وأن يفكر في المعركة قبل أن يحاربها لضمان فرصة أفضل بكثير للفوز. عملية اتخاذ القرار متشابهة للغاية، فقط من خلال "التصويب قبل إطلاق النار"، يمكن للمرء زيادة معدل النجاح في ضرب الهدف.

هناك قصة عن الحصان والحمار: في عهد أسرة تانغ، كان هناك حمار وحصان، وكانا صديقين حميمين. في عام 627، تم اختيار الحصان من قبل المعلم البوذي تشيونتسانغ كوسيلة نقله للذهاب إلى الهند لدراسة البوذية.

في وقت لاحق، عاد الحصان إلى تشانغآن محملا بالكتب المقدسة البوذية. ذهب على الفور إلى المطحنة لزيارة صديقه القديم الحمار، الذي لم يره منذ سنوات. قال الحصان للحمار أنه عبر الصحراء الواسعة، وتسلق فوق قمم شاهقة، ومر عبر البراكين الساخنة خلال السنوات الماضية... فاجأت تجربة الحصان الرائعة الحمار بشكل كبير. تنهد الحمار وقال: "لم أكن أتخيل حتى المشي إلى هذا الحد، كيف قمت بذلك؟" أجاب الحصان: "في الواقع، كنا أنا وأنت نمشي أكثر أو أقل من نفس المسافة لهذه السنوات. لكن الفارق الوحيد بيننا هو أنني كنت أسير باستمرار نحو نفس الاتجاه - الهند، بينما كانت عيناك مغطيتين وتدور حول الطاحونة. كنت أنا والمعلم البوذي تشيونتسانغ نمتلك هدفا كبيرا،

كنا نسير بإصرار نحو نفس الاتجاه، لذلك دخلت عالمًا جديدًا."

تخبرنا قصة الحصان والحمار أنه إذا لم يكن لدى الشركة هدف، فسيكون حالها مثل الحمار الذي يدور حول الطاحونة يومًا بعد يوم، وسيكون النجاح دائمًا على "الجانب الآخر". على عكس ذلك، إذا وضعنا هدفًا واضحًا وناضلنا من أجله، يمكننا أن نكون مثل ذلك الحصان الذي لم يحصل على الكتب المقدسة للبوذية فحسب، بل وسع آفاقه أيضا.

في الصين، يشكو بعض الرؤساء والمدراء في الشركات الصغيرة والمتوسطة الحجم من أنهم "مشغولون ومتعبون جدا!" أنهم يأكلون الوجبات السريعة أثناء إجراء المكالمات الهاتفية. يذهب تسنغ تشينغ هو، المدير العام لشركة "واهاها" الرائدة في صناعة المشروبات في الصين إلى العمل في السابعة صباحًا وينتهي من العمل بعد الساعة الحادية عشرة مساءً. ويكتب أكثر من 200 تقرير حول المبيعات كل عام ويحافظ على هذا التقليد لأكثر من عشرات أعوام.

مقارنة بذلك، يبدو أن مديري الشركات الدولية العملاقة لديهم أسلوب حياة أكثر راحة. يبدو أنهم ليسوا متعبين أو قلقين كل يوم، بل هم منتعشون، ويحافظون على توازن جيد بين العمل والحياة الشخصية. على سبيل المثال، يحتاج مدير عام واحد من جنوب الصين إلى قضاء عدة أيام في المكتب كل شهر على الرغم من أنه يمتلك أكثر من 10 شركات فرعية وأكثر من 2000 متجر. ومع كونه مشجع لكرة القدم، خلال نهائيات كأس العالم عام 2004، كان يمكنه البقاء في اليابان وكوريا الجنوبية لفترة طويلة جداً لمجرد أن يكون "مشجعا محترفا".

مع عمل إدارة الشركة، لماذا يمكن لبعض الناس أن يكونوا مرتاحين وناجحين في إدارة الشركة، في حين يجب على الآخرين بذل جهد مضن ويفشلوا فيما بعد؟ يقول السيد تشانغ ون مينغ من تايوان، وهو متدرب على يد بيتر دراكر المعروف بكونه أبو الإدارة: "إنهم مشغولون، لكن هل يقضون أوقاتهم وطاقتهم في الأمور الصحيحة؟ نحتاج أولاً إلى التأكد مما إذا كانوا مشغولين بالأشياء الصحيحة والقيام بها بالطريقة الصحيحة، لأن المدير الجيد يجب ألا يكون مشغولاً جدا". في الواقع، يجب علينا التعامل مع كل شيء بمبدأ "التصويب قبل إطلاق النار" للقيام بالأعمال بشكل صحيح وجيد.

كقادم جديد في مجال الاتصالات، شدد رن تشنغ في عدة مرات في شركة هواوي على أهمية "التصويب قبل إطلاق النار".

عندما تركز شركة هواوي على التواصل مع عملائها بصبر، فإنها لا تقوم بذلك عبثا، بل تنفذ كل خطوة وفقًا للخطة المعدة. يحدد الموظفون في شركة هواوي أهدافهم الأساسية

وأهدافهـم المنشـودة أولا اسـتنادًا إلى وضعهـم وقدراتهـم، ومـن ثـم يضعـون خطـة مـشروع وفقًـا للأهـداف المنشـودة. وبهـذه الطريقـة، فهـم لا يضمنـون فقـط فرصـة جيـدة للنجـاح، بـل يتجنبـون أيضـاً إضاعـة وقتهـم وطاقتهـم دون جـدوى.

قبـل أن تطـارد مجموعـة مـن الذئـاب فرائسـها، تقـوم بقضـاء عـدة أيـام في مراقبـة واتبـاع الفرائـس. خـلال هـذه العمليـة، لا تقـوم خلالهـا بـأي حركـة دون هـدف. لذلـك، نـادرا مـا تضيـع الذئـاب الفرائـس في حياتهـا. إن الطريقـة التـي يتبعهـا موظفـو هـواوي للقيـام بأعمالهـم تشـبه مجموعـة الذئـاب، فهـم لا يضيعـون أي هـدف يطمحـون إليـه. هـذا هـو السـبب في أن هـواوي تمكـن مـن تحقيـق معجـزة أخـرى مـن الـشركات الصينيـة في السـاحة الدوليـة.

3. بناء التفكير المنهجي

عندمـا يتعلـق الأمـر بالعمـل، نعتقـد غالبًـا أنـه إذا كان لدينـا هـدف واضـح، فـإن كل مـا نحتـاج إليـه هـو العمـل بجـد لتحقيقـه. ومـع ذلـك، أثنـاء التنفيـذ، يشـتكي الكثـير مـن النـاس مـن أنـه بغـض النظـر عـن مـدى صعوبـة عملهـم، فإنهـم لا يتمتعـون دائمًـا بمـا يكفـي مـن الوقـت وفعاليـة كافيـة.

ويرجـع ذلـك إلى أن الأشـخاص غالبًـا مـا يكونـون محاصريـن بسـبب عقليـة خاصـة بهـم. ويفعلـون الأعـمال وفقـا لحسـهم الباطنـي أو خبرتهـم، أو حتـى يتبعـون المنهجيـة التـي يتبعهـا الآخـرون بشـكل أعمـى. إنهـم لا يدركـون تمامًـا مشـاكلهم الخاصـة، في حـين أنهـم يفترضـون أنهـم يتبعـون الاتجـاه الصحيـح.

واجـه موظفـون مـن معهـد أبحـاث معـين في شركـة هـواوي المشـكلة التاليـة: لقـد اعتـادوا عـلى البـدء بالمهمـة الموكلـة إليهـم فـور تشـكيل إطـار أولي لهـا. ومـع ذلـك، بعـد أن بـاشروا العمـل حدثـت مشـكلات عديـدة باسـتمرار، مثـل دخـول المـشروع مرحلـة التطويـر ولكـن المعهـد لم يشـتر البرمجيـات اللازمـة. ومشـكلة أخـرى، عندمـا كانـوا عـلى وشـك اختبـار المعـدات، وجـدوا أنـه تنقصهـم العديـد مـن الأسـلاك. وعنـد الانتهـاء مـن تصميـم الترميـز لـكل وحـدة، لم يتمكنـوا مـن ربـط هـذه الوحـدات بسـبب التغـيرات في المقاييـس، لـذا أضطـروا إلى القيـام بذلـك مـرة أخـرى. لأنهـم لم يقومـوا بوضـع جـدول زمنـي محـدد بشـكل واضـح، لم يتمكنـوا مـن اتبـاع خطـة العمـل. وأخـيرا، كان عليهـم أن يسـتخدموا جميـع المـوارد التـي يمكنهـم العثـور عليهـا لتعديـل وإصـلاح المهمـة المعينـة باسـتمرار لإنجازهـا.

سارع موظفو هواوي "غير الصبورين" بالدفع بأنفسهم إلى المرحلة التكنولوجية دون الحصول على فكرة واضحة عن عملية التطوير بأكملها. نتيجة لذلك، أضاعوا الكثير من الوقت في بدء المشروع من جديد. وفي النهاية، قال مدير معهد أبحاث هواوي بأسف شديد إن على الجميع التفكير في كيفية القيام بالمهمة قبل البدء بها.

لذا، علينا أن نأخذها بعين الاعتبار أيضًا عندما نحاول تحقيق هدفنا. يجب علينا أولا التفكير في حل ومن ثم النظر في التكنولوجيا. الطريقة الصحيحة في التفكير هي شرط أساسي لحل مشكلة ما. إذا كانت الأفكار خاطئة، فلا يهم كم من الجهود قد تم بذلها، ستكون الجهود دون جدوى.

استنتج أبو الإدارة الحديثة بيتر دركر: "أن أكثر الأشخاص الموهوبين عادة ما يكونون الأقل فاعلية، لأنهم لا يدركون أن الموهبة بحد ذاتها ليست إنجازًا ولا نتيجة، فهم لا يعرفون أن موهبة الشخص يمكن أن تنتج التأثيرات فقط من خلال العمل المنظم والمنهجي." في الحقيقة ينطبق هذا على جميع الأعمال. عندما نحدد هدفًا، لا ينبغي لنا أن نندفع إلى البدء به، ولكن نفكر فيه من أجل إيجاد طريقة لفعل الأشياء، وبهذه الطريقة يمكننا تقليل إمكانية بذل جهد من دون جدوى منه.

تعلمت هواوي الدرس. ومنذ ذلك الحين، أصبح يفكر موظفوها في الحلول قبل البدء في أي مشروع. بعد أن يقوم موظفو شركة هواوي بتحديد أهدافهم، يحافظون على هدوئهم وصبرهم أثناء التفكير في خطة العمل. وعندما كانوا يطورون أسواقاً جديدة، رغم عدم إلمامهم بالمكان والسكان المحليين، فإنهم يحافظون على موقف إيجابي بدلاً من أن يكونوا متلهفين إلى الإنجازات ويهرعون إلى العمل. حيث كان هذا ذو أهمية حيوية لنجاح هواوي.

وعند النظر إلى الخلف، نجد أن ما قامت به هواوي، في جوهره، هو عملية نفسية لمواجهة الواقع والتكيف معه. إن مواجهة الواقع والتكيف مع التغييرات هي قول أسهل من كونها فعلا، لأنها ليست تغييرا نفسيا (مواجهة الواقع) فقط، بل هي ممارسة المفهوم (التكيف مع التغييرات).

بعبارة أخرى، يجب أن نجمع بين جميع الموارد الحالية (بما في ذلك الموارد التي قد نحصل عليها من خلال بذل الجهود) والأهداف قصيرة وطويلة الأجل المقبلة، ووضع خطة عمل معقولة بعد النظر بعناية والتفكير الحكيم لتحقيق أهدافنا.

في الواقع، نحن في عملية صنع القرار كل يوم. على سبيل المثال، عندما نأخذ مهمة، يجب علينا التفكير في كيفية إتمامها بشكل فعال واختيار أفضل خطة عمل وفقًا لذلك، هذه هي مشكلة القرارات التي يجب أن نواجهها باستمرار.

كيف يمكن أن نتخذ قرارا صحيحا؟ هذا هو المكان الذي يبدأ التفكير فيه. فقط من خلال الممارسة المستمرة لقدراتنا في التفكير الكلي، يمكننا أن ننجح في حل المشتطا وتحليل المخاطر والمشاكل المحتملة، ووضع خطة عمل ملموسة وفقًا لذلك. تلعب القدرة على التنبؤات المستقبلية وإدارة المخاطر دورًا مهمًا في تقليل هدر الوقت والطاقة.

4. تحسين خطة العمل

بعد تقويم الأفكار حول العمل، يبدو أن العديد من الناس يعرفون ما يحتاجون إلى فعله ولا يمكنهم الانتظار لتحقيق أهدافهم. ومع ذلك، أثناء التنفيذ، من السهل جدًا بالنسبة لنا الحصول على أفكار أخرى ثم تجاهل الأفكار الأصلية. سيشكك العديد من الموظفين في أفكارهم السابقة خلال عملية التنفيذ: "ما الذي كنت أفكر به في البداية؟ لماذا أشعر أن الأفكار السابقة كانت خاطئة؟" في أسوأ السيناريوهات، كان لديهم بالفعل الحلول الأكثر فعالية، ولكن بسبب" المرونة في التعامل مع حالات محددة"، خلقوا الكثير من الأعمال غير الضرورية، وبالتالي لم يتمكنوا من إكمال المهمة.

"كانت الأفكار الأولية صحيحة، لكن الأفكار الجيدة لم يتم تنفيذها"، هذه ظاهرة شائعة. لفترة طويلة، إما أننا تجاهلنا عملية المناقشة قبل صياغة خطة العمل، وبدأنا في العمل فور استلام المهمة؛ أو قضينا بعض الوقت في اكتشاف أفكار العمل ولكن بدون تعريف واضح لما يجب علينا القيام به. ونتيجة لذلك، لم يكن بالإمكان تحقيق الفكرة الصحيحة.

كان شي هوي (اسم مستعار) أحد الموظفين في أحد مكاتب شركة هواوي. ذات مرة، طلب منه رئيسه تخطيط وترتيب فعالية تجارية. ومع ذلك، لم يكن النتيجة النهائية للفعالية مثاليًا كما كان يتصور. قال شي هوي بأسف شديد: "في البداية، كان لدي تصميم عام للفعالية بأكملها. لقد توصلت أيضًا إلى العديد من الأفكار المثيرة للاهتمام والإبداعية. لكنني افترضت بما أن العملية برمتها كانت واضحة جدا في ذهني، فان الفعالية سينجح بشكل جيد. وبالتالي، لم أذكر كل التفاصيل الخاصة بالفعالية بأكملها. ومع ذلك، عندما بدأت الفعالية، اكتشفت أن هناك الكثير من الأشياء التي نسيت القيام بها، مثل عدم وجود ميكروفون ونظام صوت في الموقع، ولا توجد بطاقات طاولة مطبوعة لأسماء الضيوف وما إلى ذلك. اعتقدت أنه إذا كان لدي أفكار مثيرة وخطط مثالية، لم أكن بحاجة إلى

الاهتمام بأي تفاصيل. ما لم أكن أدركه من قبل هو أن العديد من التفاصيل كانت ضرورية بالفعل."

هذا مثال نموذجي على وجود الأفكار دون تحديد المهام. إذا وضعنا خطة جيدة لجميع المهام التي ينبغي القيام بها بعد أن نفكر فيها بشكل واضح، فإننا سنكون قادرين على تنفيذ الفكرة بشكل كامل وتحقيق الهدف بشكل منظم.

كتب رجل الأعمال الأمريكي ريتشارد سلوما في كتابه "إدارة بلا هراء": "فيما يتعلق بالخطة، تأخير الجدول الزمني لضمان التنفيذ الناجح في المستقبل أفضل من البدء بسرعة دون أن يكون هناك إطار للعمل في المكان، وإلا سيفشل الناس في تحقيق هدف الخطة في نهاية المطاف." لذلك، يجب على الجميع وضع خطة مناسبة حول الشيء قبل البدء في العمل عليه. وفيما يتعلق بإدارة خطة موظفي شركة هواوي، فقد لخصها شخص ما على أنها "ثلاثة عناصر ضرورية" - يجب أن يكون الهدف طموحًا، ويجب أن تكون الخطة مفصلة، ويجب أن تكون الإعدادات كافية.

تنقسم عملية تطوير المنتجات في هواوي إلى ست مراحل: المفهوم، التخطيط، التطوير، الاختبار، الإصدار، وإدارة دائرة الحياة. ووفقًا لتوجيهات الاستشاريين من شركة IBM، فقد قامت شركة هواوي بتوسيع فترة التخطيط لتطوير منتجاتها، مع إيلاء أهمية أكبر لوضع خطة للتكنولوجيا والتنفيذ خلال فترة التخطيط. كما تتطلب هذه الطريقة أن تدخل الشركة مرحلة التطوير والاختبار بعد أن تكون خطة تطوير المنتج ذات جدوى عالية، لذا فهي لا تحتاج إلى البدء من جديد بسبب الخطة غير الواقعية أثناء التنفيذ. بالتالي، يتم تقصير دائرة تطوير المشروع.

لذلك، بغض النظر عما نفعله، نحتاج إلى قضاء بعض الوقت في معالجة أفكارنا. وفقًا لهدف العمل والأفكار التي تم تصميمها سابقًا، يجب أن نخطط بعناية للمهام القادمة، وأن نجعلها مفصلة بقدر الإمكان لتجنب فقدان شيء ما. وخلال هذه الفترة، يمكننا تدوين الأفكار التي تدور في عقولنا، وذلك من أجل تقديم تذكير جيد فعندما نبدأ بإنشاء قائمة كاملة. وبعد أن نحدد القائمة بدقة ونقوم بالترتيبات المناسبة لها، يمكننا أن نجعل التنفيذ بطريقة منظمة.

ما نحتاج إلى التفكير فيه خلال عملية التخطيط هو تقييم مناسب لقدراتنا على التنفيذ. يجب علينا القيام بقدر ما تسمح به مواردنا وقوتنا. كما نحتاج إلى التأكد من أن خطة عملنا المستقبلية هي أمر يمكن تحقيقه. خلاف ذلك، بغض النظر عن مدى واقعية خطة العمل، إذا لم نتمكن من تنفيذها، فإن الخطة ستكون مجرد "أمنية".

ذات مرة، كان هناك مزارع اسمه باركر هولم، أراد أن يمتلك مساحة كبيرة من الأرض. وأخيراً، أتيحت له تلك الفرصة في يوما ما: وانطلق من موقع معين، واستمر في الركض من شروق الشمس إلى غروب الشمس، وبعد الغروب، ستكون جميع المناطق التي ركض خلالها ملكا له. بعد أن قام باختيار نقطة البداية، بدأ باركر هولم في الجري بحماس كبير. كان يندفع مثل سهم طائر. استمر في الجري بأقصى سرعة دون أخذ أي استراحة للطعام أو الشراب. ولكن للأسف، عندما اقتربت الشمس من الغروب، مات فجأة من الإنهاك.

أنا أشفق على البطل في هذه القصة الحزينة، ولكنني أود أن أشارك الجميع في العبرة التي يجب أخذها من هذه القصة، فعندما نخطط لمهامنا في العمل، نحتاج إلى إجراء تقييم مناسب لقدراتنا على التنفيذ والقيام بما يمكننا القيام به. إذا كانت موارد الشخص وقدراته غير كافية لإكمال المهام المخطط لها، فيجب عليك وضع خطة جديدة واتخاذ طريقة أخرى لتحقيق نفس النتيجة؛ إذا كان بإمكانك إنجاز خمس مهام فقط في يوم واحد، فلا يمكنك إجبار نفسك على الانتهاء من سبع مهام، وإلا فسوف تتدهور جودة تنفيذ المهمة، أو لأنك ببساطة لا تستطيع إكمال هذه المهام، وتصبح خطة عملك صدفة فارغة.

لذلك، نحتاج إلى معرفة كيفية تقييم قدراتنا على التنفيذ بشكل صحيح والقيام بالعديد من المهام التي تسمح بها مواردنا وقدراتنا. كما قال رن تشنغ في: "إذا شعرت أنه ليس لديك الوقت الكافي للقيام بالشؤون المهمة، فعليك أن تتعلم كيفية تقليل مسؤولياتك للتأكد من أنه سيكون لديك ما يكفي من الوقت والطاقة اللازمة لإنجاز الشؤون الهامة." وهذا يعني أن كلا من الموظفين والمدراء يحتاجون إلى موازنة وتحقيق توازن بين ما هم قادرون عليه وتعلم كيفية تحمل مسؤوليات أقل لضمان قدر كاف من الوقت والطاقة لمواصلة التركيز على الشؤون المهمة.

دعونا نأخذ هواوي كمثال. على الرغم من أن أكثر من 85٪ من موظفيها يحملون شهادات البكالوريوس أو أعلى، وجميعهم قد أتقنوا التقنية المتقدمة في مجالهم وعملوا في أبحاث الاتصال لأكثر من خمس سنوات، ما زالت شركة هواوي تقوم بتقييمهم في جوانب من التقدير الفردي، والمهارات العملية، والخبرة، والإمكانات، والخلفية، وقدرة الاستجابة الشخصية، والعلاقات مع الآخرين، وخبرة العمل، وما إلى ذلك، وتقوم بتقسيمهم إلى أ، ب، ج، د وغيرها من الأنواع المتخلفة.

يقوم المدراء في شركة هواوي بتخصيص مهام محددة للموظفين وفقًا لأنواعهم للتأكد من أن المهمة مناسبة لهم. وبالتالي، يصبح هدف هواوي "قابلا للتحقيق" في الممارسة الفعلية.

5. جعل الخطة مواكبة التغييرات

عادة ما تقع الحوادث في العمل. وبغض النظر عن مدى قدرتنا على اتخاذ الترتيبات الشاملة، ودقة تفكيرنا في وضع الخطط، فإن بعض الحوادث التي لا يمكننا التنبؤ بحدوثها. وقد احتار العديد من الناس في إيجاد حل لهذا الأمر.

طلب الرئيس من سكرتيره جيم أن يأتي إلى مكتبه قائلا: "يا جيم، بالرجاء قم بتمشيط كل هذه الوثائق لي وكتابة خطاب لاجتماع الغد." قال جيم: "حسناً"، لكنه شعر بامتعاض شديد حيال ذلك، لأنه أنهى للتو عدداً من المهام التافهة في الصباح، تم تخصيص المزيد من المهام له في فترة ما بعد الظهر، وجميعها مع الموعد النهائي بحلول الغد. يبدو أنه كان بحاجة إلى البقاء لوقت متأخر الليلة.

ربما تكون مثل جيم، الذي ينزعج من المدير، أو الزملاء، أو العملاء، حيث يجب عليك الانتهاء مما تعمل عليه للبدء بالعمل على شيء آخر. وفي نهاية الأمر، لن تتمكن خطتك أبداً من اللحاق بالتغيير وستنتهي في النهاية إلى الشكوى من الحمل الزائد.

قد يقترح شخص ما أن تقول للآخرين إن لديك عمل يجب عليك فعله وليس لديك وقت للمساعدة، وبالتالي يمكنك تمرير المسؤولية إلى شخص آخر.

قد تكون هذه طريقة، ولكن لا يمكن استخدامها كثيراً. إذا رفضنا مساعدة الآخرين، فكيف سيفكرون بنا؟ ما هو أكثر من ذلك، إن العديد من المهام يتم توزيعها لنا من قبل رؤسائنا الذين لا نستطيع أن نقول لهم "لا" بسهولة.

إذا كيف يمكننا حل مثل هذه المشاكل؟ لقد قام موظفو شركة هواوي بتطبيق حل جيد - من أجل تخصيص فترة زمنية إضافية لخطة العمل.

ماذا يعني تخصيص الوقت الإضافي؟ هو إضافة بعض الوقت في مرحلة التخطيط من خلال الأخذ بعين الاعتبار أن بعض المفاجآت قد تحدث أثناء تنفيذ المهام بحيث يجب تخصيص الوقت الإضافي للعمل المفرط، وإذا وقع "أي حادث" أثناء العمل، فهناك متسع من الوقت لتصحيحه وضمان التشغيل السلس والآمن.

اعتاد الموظفون في شركة هواوي على تخصيص فترة فاصلة ضمن خطة المشروع. إذا طلب أحد العملاء تسليم المشروع في غضون تسعة أشهر، فسيقوم موظفو هواوي بتحديد وقت التسليم على أنه ثمانية أشهر، مع تخصيص شهر واحد كفترة إضافية للتعامل مع حالات الطوارئ غير المتوقعة. إذا طلب منهم الرئيس تقديم خطة للمشروع بحلول نهاية الأسبوع، فإن الموظفين لن يسمحوا لأنفسهم بتسليم الخطة بحلول نهاية يوم الجمعة قبل

أن ينهوا العمل، لأنهم يجب أن يضعوا جانباً القليل من الوقت لأنفسهم في حال وجود أي تعديلات.

تجعل هذه الطريقة الذكية موظفي شركة هواوي يضمنون السيطرة على كل شيء. على الرغم من أنه قد يكون هناك بعض الحوادث الصغيرة أثناء التنفيذ، إلا أنه سيكون لديهم الوقت الكافي لإصلاحها، وبالتالي تجنب الوضع المحرج "لا يمكن للخطة مواكبة التغييرات".

إذن السؤال الآن هو، كيف يمكننا أن نضع جانباً فترة إضافية في الخطة؟ دعونا نلقي نظرة على المثال التالي. تلقت الشركة المصنعة للألعاب المحشوة في بكين مؤخرا طلبا:

وقام المدير بالإعلان عن ذلك للعاملين في المصنع قائلا: "لقد تلقينا مؤخرًا طلبا مهما حيث طلب منا تسليم 10000 قطعة من دمى الدببة المحشوة و8000 قطعة من دمى النمر المحشوة بحلول الـ25 من مارس 2010. والآن لا يزال لدينا 20 يومًا قبل موعد التسليم وتعمل آلاتنا الأن بشكل جيد، لذلك أعتقد أنه من خلال جهودنا المشتركة، سنتمكن بالتأكيد من إكمال المهمة في الوقت المناسب."

ومع ذلك، حدث أسوأ سيناريو، فبحلول الـ25 من مارس، كان لا يزال هناك 3003 قطعة من الألعاب المحشوة لم تنته بعد. وبعد التفاوض النهائي، دفعت الشركة المصنعة غرامة للعميل ووعدت بتسليمها خلال 3 أيام.

نظريًا، من الممكن إنتاج هذا العدد من الألعاب المحشوة خلال 20 يومًا. ولكن ما لم يتوقعه المدير كان هو تعطل الآلات واستغراق يومين لإصلاحها، وبالتالي فإن الشركة المصنعة لم تتمكن من تحقيق ذلك في الوقت المحدد.

إذاً كان المدير في هذه الحالة أن يخبر الموظفين أمرا مختلفا ويغير فترة التسليم من 20 يومًا إلى 18 يومًا، فسيتجنب ذلك إلى حد ما التأخير في تسليم المنتجات. وحتى إذا لم يكملوا الإنتاج في الوقت المناسب، فلا يزال بإمكانهم الحصول على يومين إضافيين لإكماله في الوقت المناسب.

باختصار، يجب أن نترك بعض الوقت الاحتياطي لمشاكل غير متوقعة. إذا لم يكن لدينا متسعا في خطتنا، في حالة وقعت فيها أي حادث، فسننتهي حتمًا إلى فوضى عارمة. وفي ظل هذه الظروف، لا توجد وسيلة لنا للحفاظ على كفاءة عمل جيدة.

6. تصور الخطة

يعتقد بعض الناس أنه بما أن لديهم فكرة واضحة حول الأهداف والمهام، لا يحتاجون إلى تسجيلها بشكل مفصل، بغض النظر عن إعداد خطة عمل على وجه التحديد. ونتيجة لذلك، غالباً ما يؤدي مثل هذا الكسل إلى إضاعة الكثير من الوقت في تذكر خطة عملهم الأولية أو حتى تفويت بعض الأجزاء المهمة جداً من العمل.

كانت وانغ هوي سكرتيرة في الشركة. كانت فتاة ذكية تتحدث بطريقة مهذبة. لذا، حصلت وانغ هوي على تقدير رئيسها وثقته بعد وقت قصير من انضمامها إلى الشركة. بعد عام واحد، اكتسبت وانغ هوي خبرة عمل كافية، لذلك عرفت مهامها بشكل جيد وأدارتها بكل سهولة.

ما زال رئيس وانغ هوي يقدم عملاً مهماً لها، لكنها شعرت أن العمل بسيط للغاية، لذا لم تكن حذرة كما كانت عند انضمامها إلى الشركة، وتركت عادتها في وضع خطة عمل. نتيجة لذلك، بدأت وانغ هوي تواجه بعض المشاكل في العمل. حيث أصبحت وانغ هوي تنسى مضامين العمل، فيطلب منها رئيسها القيام به مرة أخرى أو تفشل في إكمال المهمة بنجاح. وبعد أن وقعت حالات مماثلة عدة مرات، بدأ المدير يفقد الثقة في وانغ هوي، وكاد أن يقيلها في النهاية.

نحن غالبا ما نواجه حالات مماثلة. تبدو الأمور سهلة ولكننا إما أن نخطئ باستمرار أثناء التنفيذ أو نفشل في تلبية المتطلبات. في الواقع، قد تكون الأمور سهلة بالفعل، ولكن طريقتنا في العمل لديها مشكلة.

يكمن الفرق بين الأشخاص ذوي الكفاءة العالية والناس العاديين أن أولئك الأشخاص ذوي الكفاءة العالية تتمتع بقدرة أكبر في التخطيط والتنفيذ بشكل عام. في الواقع، ليس من الصعب تحقيق ذلك، إذا أنفقنا فترة قصيرة من الأوقات لإعداد قائمة المهام، فيمكننا تجنب المشاكل مثل التأخير أو التعطل أثناء التنفيذ بسبب المهام المحددة بشكل سيئ وبالتالي زيادة قدرتنا على التنفيذ.

هناك مثل صيني يقول إن "شحذ الفأس لن تعطل عمل قطع الحطب"، مما يعني أن المزيد من التحضير قد يزيد من سرعة إكمال العمل. عندما نعمل، علينا أن نكون حذرين، لا سيما بالنسبة للموظفين الذين يتعاملون مع الأعمال المعقدة اليومية، يجب عليهم إعداد خطة عمل بعناية. ووفقًا للإحصاءات، إذا كنا نمضي دقيقة واحدة في إعداد خطة عمل لليوم، يمكننا توفير 30 دقيقة على الأقل.

تطلب شركة هـواوي مـن موظفيها تقديم سجل مفصل عـن العمـل القـادم. عـلى سبيل المثـال، سيسـجل موظفـو هـواوي المهـام وفقًـا للمواقـع (إلى جانـب الكمبيوتـر، في المكتـب، بجانب الهاتـف والتخزيـن) في المـكان المحـدد لتنفيـذ المهـام. وبمجـرد وصـول الموظـف إلى هـذه المواقـع، سيعرف أو تعـرف بنظـرة سريعـة الخطـوات التـي يجـب اتخاذهـا. وهـذه الطريقـة تسـاعد شركـة هـواوي في الحفـاظ عـلى سرعـة عمـل سلسـة وتجنـب قضـاء الوقـت لمعرفـة مـا يجـب فعلـه في منتصـف التنفيـذ، مـما يسـمح للموظفـين في شركـة هـواوي بالاسـتمرار في العمـل بكفـاءة.

لذلـك، قبـل أن نبـدأ في إكـمال المهمـة، يجـب علينـا أولاً أن نضـع تخطيطًـا ذاتيـا جيـدًا، وذلـك يسـاعدنا في تحقيـق أفضـل أداء ممكـن. مـن الأفضـل كتابـة قائمـة المهام وترتيبهـا في مـكان واضـح مثـل الطاولـة أو سـطح مكتـب الكمبيوتـر.

عندمـا كان الموظفـون في شركـة هـواوي يقومـون بعمـل قائمـة للمهـام، كانـوا يصنفـون أولاً جميـع المهـام التـي يجـب القيـام بهـا ويسـجلوها عـلى أنـواع مختلفـة مـن أوراق الملاحظـات أو أجهـزة كمبيوتـر الجيـب. عـلاوة عـلى ذلـك، يكتبـون مهمـة العمـل بالتفصيـل قـدر الإمـكان حتـى لا يفوتهـم أي شيء.

كان هنـاك مثـال واحـد. كان لـدى العديـد مـن موظفـي شركـة هـواوي عـادة أنهـم يدونـون تاريـخ كل شيء يكتبونـه، مثـل الملاحظـة التـي أعطوهـا لأمناءهـم أو مرؤوسـيهم، أو الملاحظـات الهاتفيـة عـلى محادثتهـم مـع العمـلاء. بهـذه الطريقـة، يمكنهـم الحصـول عـلى معلومـات قيمـة للغايـة بسرعـة كبـيرة.

مـن أجـل تسـهيل تنفيـذ مهـام الأعـمال، نحتـاج إلى فـرز المهـام بطريقـة منظمـة، مـما يعنـي أننـا نحتـاج إلى ترتيبهـا وفقًـا لمبـادئ معينـة.

يمتلـك موظفـو هـواوي ثلاثـة مبـادئ لفـرز المهـام: البـدء مـن الأعـلى ومحاولـة إتمـام كل مهمـة في أقـرب وقـت ممكـن دون إهـمال أي مهمـة؛ التعامـل مـع شيء واحـد فقـط في كل مـرة، وإجبـار المواظفـين أنفسـهم عـلى إصـدار حكـم بتركيـز قـوي؛ فعندمـا يبـدأون في التعامـل مـع مهمـة واحـدة، يقومـون بتحديـد جوهرهـا والطريقـة التـي يجـب تطبيقهـا مـن خلالهـا لتجنـب إضاعـة الوقـت في البـدء بهـا مـن جديـد.

بعـد أن نضـع كل شيء في تسلسـل مناسـب، يمكننـا البـدء في إنشـاء قائمـة مهـام بسـيطة. قائمـة المهـام عبـارة عـن ترتيـب مكتـوب لليـوم أو الأسـبوع أو الشـهر التـالي وفقًـا لمتطلبـات العمـل الخاصـة بالفـرد، مثـل هـدف المبيعـات، والمؤتمـر الـدوري، والاجتـماع مـع العمـلاء، وتقريـر العمـل، وتقييـم الموظفـين، ومـا إلى ذلـك. بسـبب أن هـذه المهـام غالبـا مـا تكـون مجدولـة، فيمكننـا تصنيفهـا مسـبقا.

عندما نضبط الوقت لقائمة العمل الخاصة بنا، إذا كانت المهام هي أساسا للتعامل مع بعض القضايا التافهة، فيمكننا وضع قائمة أسبوعية أو شهرية اعتمادا على عدد الأعمال. لذا، عندما نقوم بالعمل، نحتاج فقط إلى النظر في تسلسل المهام اليومية، ثم يمكننا تنفيذها بطريقة منظمة.

نحتاج إلى وضع سجل جيد لتلك المهام المباشرة، مثل المتطلبات القادمة من رؤسائنا، أو التعامل مع شكاوى العملاء، أو حل النزاعات بين الموظفين. مثل هذه المهام غالبا ما تكون ذات تغييرات كبيرة. لذلك، سيكون السجل اليومي أكثر ملاءمة.

مع قائمة المهام، يمكننا العمل بشكل منتظم والقيام بذلك بشكل كامل. وفي الخطوة التالية، نحتاج إلى مراجعة القائمة وتحديثها على أساس منتظم، وصياغة أو تعديل خطط العمل المستقبلية الخاصة بنا.

الفصل الخامس

إدارة الوقت

إن فلسـفة شركـة هـواوي في إدارة الوقـت لا تعكـس ثقافتهـا العمليـة والتقدميـة فقـط، بـل إنهـا تدفـع الشركـة إلى تحقيـق النمـو السريـع وتجـاوز الـشركات الرائـدة في هـذه الصناعـة.

1. الكفاءة تأتي من التصميم

تـأتي الكفـاءة الجيـدة مـن العمـل الصـارم، ولكـن مصدرهـا يكمـن في التصميـم. وعـلى الرغـم مـن أن الكفـاءة مقيـدة بمـوارد محـدودة، إذا قمنـا بوضـع الخطـة والتصميـم بشـكل علمـي، وقمنـا بتحسـين اسـتخدام المـوارد إلى أقـصى حـد، فـلا يـزال بإمكانننـا اكتسـاب كفـاءة عاليـة.

أمـا بالنسـبة لأولئـك الذيـن ذهبـوا إلى هونـغ كونـغ وركبـوا المـترو، قـد يشـعرون بـأن عمليـات تنقـل مـترو الأنفـاق في هونـغ كونـغ مريحـة للغايـة. في كثـير مـن الحـالات، يمكـن للراكـب التنقـل في نفـس المنصـة. عـلى عكـس شنتشـن وبكـين وشـانغهاي، حيـث يجـب عليهـم السـير لمسـافة طويلـة للوصـول إلى خـط آخـر.

لمـاذا يمتلـك مـترو الأنفـاق في هونـغ كونـغ مثـل هـذا التنقـل المريـح؟ كيـف يمكـن لنظـام مـترو الأنفـاق التنبـؤ الدقيـق بأننـي بحاجـة إلى التنقـل إلى محطـة تسـوين وان في محطـة تـاي تـسي بـدلا مـن محطـة سـنترال؟

في الواقع، تحتوي العديد من خطوط مترو الأنفاق في هونغ كونغ على محطتين أو ثلاث محطات متداخلة مع خطوط أخرى في محطة التبادل. هذا التصميم الرائد يساعد الركاب في تنقلاتهم، ويحسن بشكل كبير من دقة التنبؤات وبالتالي يقلل بشكل كبير من وقت الانتظار غير الضروري للركاب.

في المقابل، يوفر مترو بكين محطة تبادل واحدة فقط لجميع التقاطعات بين خطين أو أكثر، مما يجعل النقل مزدحماً للغاية وخاصة في المناطق المزدحمة. بالإضافة إلى ذلك، إن الانتقال بين الخطوط يستغرق وقتًا طويلاً. لنأخذ محطة شيتشيمون كمثال، يستغرق التنقل من الخط رقم 1 إلى الخط رقم 2 20 دقيقة، مما يجعل النقل غير فعال.

يعيش في كل من مدينتي هونغ كونغ وبكين أكثر من 10 ملايين من السكان مع قدرات نقل متماثلة في كلتا المدينتين. إلا أن كفاءة نقل مترو الأنفاق في هونغ كونغ أعلى بكثير من بكين. وهذا يوضح لنا شيء واحد: أن الكفاءة تأتي من التصميم.

هناك مثل صيني يقول إن "شحذ الفأس لن تعطل عمل قطع الحطب". كثيراً ما يستخدم العديد من الناس هذا التعبير لسخر أولئك الذين يفكرون ويتصرفون مثل الحطاب: فهم لا يفكرون قبل القيام بأي عمل. ولا يهمهم ما إذا كانت الفأس حادة أو غير حادة، بل هم يقومون بأخذها إلى الجبل ويبدأون ببذل جهد كبير لتقطيع الخشب بها. وفي نهاية الأمر، فعاليتهم في العمل منخفضة جدا.

روى أحد مديري المنتجات في شركة هواوي قصة: طالما كانت هناك فرصة، كان بعض الأشخاص يتوقون لتجربتها وإطالة دورة التطوير على الفور بغض النظر عما إذا كان ذلك بسبب نشاط خاص بنموذج نضج القدرة الخاص بالبرمجيات (CMM). (في معظم الأوقات كانت بسبب عدم وجود تنبؤ دقيق في التخطيط المبكر، أو أن الخطة الأولية لم تكن معقولة بسبب ضغط معين)، بدا وكأنه أمامنا خياران فقط: إما اختيار CMM، أو إطالة فترة إنجاز العمل.

هل يحتاج تطبيق CMM إلى استهلاك الكثير من الوقت الإضافي؟ وفقًا للعملية المعيارية، خلال فترة الإعداد، يجب صياغة مستندات عالية الجودة بالإضافة إلى اختبار وحدة ومعاينة مزدوجة وتفويض الوثائق والمدونة، وما إلى ذلك وهذا يستغرق وقتا طويلا. ومع ذلك، إذا تمكنا من تغيير العادة القديمة للانخراط على الفور في مرحلة الترميز وبدلاً من ذلك قمنا بإجراء دراسة مفصلة وموجهة نحو التفاصيل، فسوف نكون قادرين على تجنب الوضع المحرج مثل عدم التأكد مما سيأتي بعد ذلك أثناء التنفيذ وتكرار العملية بسبب بعض الأخطاء التي تم إجراؤها. وهذا سيجعل عبء العمل لدينا

أقل ثقلاً من ذي قبل.

في الواقع، تخلت الشركات الأجنبية عن مثل هذا السلوك من الانخراط في عملية الترميز دون وضع أي خطط مسبقة قبل أكثر من 20 عاما، حيث أطلقت على مثل هذه الطريقة السيئة في العمل باسم "WISCY (لماذا لم يتم الترميز بعد؟ Why Isn't Somebody Coding Yet)" ومع ذلك، لا تزال طريقة العمل القديمة هذه سائدة في الشركات الصينية.

لذلك، يجب علينا ألا نتسرع في القيام بأي شيء، وبدلا من ذلك، نحن بحاجة إلى وضع خطة شاملة والإعداد بشكل كامل. فمن خلال هذه الطريقة، سنكون أكثر وضوحًا في عملية التطوير ونقوم بالأمور بشكل صحيح في المحاولة الأولى. ويمكن تشبيه ذلك بشحذ الفأس قبل تقطيع الخشب، انطلاقا من منظور شامل، أنه لن يضيع وقتك بل سيساعدك على التحطيب بشكل أسرع وأفضل.

وهذا يتطلب منا ألا نندفع إلى أي عمل، بل يجب علينا إعداد خطة عامة جيدة وإعداد جميع الموارد لتوفير المزيد من الوقت.

عادة عندما يستيقظ الناس من نومهم، فإن أول شيء يفعلونه هو غسل وجههم وتنظيف أسنانهم، ثم يضعون بعض الشاي في الكوب، ويغلون الماء ثم يسكبونه في الكوب ليتخمر الشاي. يبدو أن هذه العادة صحيحة، فإذا قمنا بإعادة ترتيب تسلسل عمل هذه الأشياء، فقد نحصل على مكاسب غير متوقعة.

إذا قمت بغلي الماء أولاً بعد قيامك من السرير مباشرة، ثم نظفت نفسك وأعددت كوب الشاي، ونتيجة لذلك، فإن عبء العمل هو نفسه، ولكن نقلل الوقت بشكل عام لإنهاء نفس العدد من الأشياء التي نقوم بها.

في العمل، إذا تمكنا من ممارسة نفس المبدأ المتمثل في وضع خطة شاملة بعناية، وإعداد الموارد الكافية واللازمة، فسوف يتم زيادة كفاءة العمل لدينا بسهولة.

فيما يتعلق بهذا المبدأ، فإن موظفي شركة هواوي الذين تم توظيفهم في الهند، قد اختبروا هذا المبدأ بعمق: فقد قام الموظفون الصينيون والموظفون المحليون لشركة هواوي في المكتب الهندي بإجراء فعالية. وأثناء الفعالية، أخبر مدير مشروع هندي موظفا صيني بحذر: "أنا معجب بمثابرة ونشاط الصينيين، لكنني أود أن أوصيكم أنه خلال عملك بجد، يجب عليك أن تنتبه أيضا للعمل بذكاء." وقال أيضا إنه قبل تنفيذ الخطة، ينبغي على الموظفين أن يبدأوا بالقيام بالأشياء الصحيحة وأن يفعلوها بطريقة صحيحة، لكي ينجزها بشكل أفضل.

وبالفعل، قام مدير المشروع الهندي بإعداد دقيق للغاية للمشروع، بما في ذلك تحديد المتطلبات، والتنبؤ بالمشروع، وتطوير المشروع، وبرنامج التدريب للمشروع، وبرنامج مراقبة جودة المشروع، والموارد اللازمة للمشروع (الموارد البشرية، والبرمجيات، والمعدات)، وخطة الإمداد وبرنامج إدارة المخاطر وتعريف العمليات في المشروع وما إلى ذلك. في هذا الصدد، كان الموظفون الصينيون يظنون أنهم سيكونون بطيئين وأغبياء بهذه الطريقة وأنهم يؤخرون التقدم في العمل بشكل كامل. ولكن بمجرد أن بدأ المشروع، اكتشف الصينيون أن جميع الموارد اللازمة كانت في متناول اليد. وعندما تم الانتهاء من المشروع قبل الموعد المحدد، بدأ الموظفون الصينيون يشعرون بالخجل قليلا.

من السهل ارتكاب أخطاء مشابهة في العمل عندما نسعى جاهدين للعمل بجد بينما لا نهتم بالعمل بذكاء.

على الرغم من أننا قد أنجزنا المهمة في النهاية، إلا أننا قد نبذل المزيد من الوقت والجهد مقارنة مع الآخرين، وذلك لا يستحق كل هذا الجهد.

"كل شيء يمكن تحقيقه مع توقع جيد، في حين يفشل دون ذلك." هذه هي احدى الاقتراحات التي طرحها رن تشنغ في لموظفي هواوي. يجب علينا أن نتعلم منها ونفكر في معناها أيضا، ونذكر أنفسنا بعدم التسرع في أي شيء، ولكن يجب علينا التفكير بعناية في كيفية التعامل معها أولا. فقط من خلال القيام بذلك، يمكننا أن نحصل على ضعف النتيجة بنصف الجهد.

2. استخدم وقتك بطريقة مركزة

يعتقد الكثير من الناس أنه "إذا قاموا باستغلال وتكريس كل دقيقة أو حتى كل ثانية للعمل، فسوف يكتسبون كفاءة عالية في العمل". هل هذا صحيح؟ هذا هو في الواقع سوء الفهم.

في الواقع، ما يهم هو طريقة العمل. إن مفتاح تحسين كفاءة العمل ليس بالعمل في كل دقيقة ولكن لترتيب وقتك بشكل أفضل، استخدام وقتك بطريقة أكثر تركيزا.

إذا كنت تشك في ذلك، فالرجاء النظر إلى مجموعة من البيانات التجريبية التالية:

إذا كنت بحاجة إلى كتابة تقرير، ووعدك رئيسك بإعطائك فترة زمنية كافية لذلك، لن تتعرض خلالها لأي عرقلة بقضايا أخرى، فقد تحتاج إلى 5 ساعات فقط لإنهاء تقرير جيد.

ولكن إذا غيّرها الرئيس إلى وضع آخر، ستحصل فيه على نفس الوقت من 5 ساعات، لكن هذه الساعات الخمس ستفصل إلى 5 أيام وكل يوم ستحصل على نصف ساعة في الصباح والنصف الآخر بعد الظهر، ربما لن تتمكن من إنهاء التقرير في غضون 5 أيام.

عندما تقوم بربطها بتجربتك الخاصة، فإنك ستفهمها فجأة. في معظم الحالات، إذا لم يتم إزعاجنا أثناء تنفيذ مهمة معينة، وقمنا بتخصيص وقت متكامل للتعامل معها، فإن كفاءتنا ستكون عالية جدًا؛ بينما إذا فعلنا نفس الشيء بين الحين والآخر، من الواضح أن كفاءتنا ستكون منخفضة جدًا، أو تنحدر إلى مستوى لن نتمكن فيه من إكمال مهمتنا.

وهذا يخبرنا بسر حول إدارة الوقت، وذلك من خلال إنشاء "فترة فاصلة" خاصة بنا والتعامل مع أعمالنا في فترة زمنية منفصلة تمامًا، لأننا بهذه الطريقة يمكننا زيادة كفاءة العمل لدينا.

إن شركة هواوي معروفة بقدرتها الممتازة في التطبيق. في الواقع، ترتبط هذه القدرة ارتباطًا وثيقًا بإدارة الوقت. وفيما يتعلق باستخدام الوقت، فإن موظفي هواوي جيدون للغاية في تقسيم الوقت إلى فترات زمنية مختلفة، وربطها مع الآخرين. وبهذه الطريقة، فإنهم لا يضمنون كفاءة الوقت فحسب، بل يضمنون التعاون مع الآخرين بدون عرقلة المشروع كله.

إذا كيف يحقق موظفو هواوي ذلك؟

يقوم موظفو هواوي أولاً بتحديد أولويات كل المهام، ووضع جدول زمني لتطوير المهام، ثم تقسيمها إلى مهام صغيرة مع وحدات زمنية أقصر، مثل يوم واحد أو ساعة واحدة. وأخيرًا، سيتم عرض الخطة في نموذج مكتوب، والتحقق من التقدم وفقًا لفترات زمنية للتأكد من إكمال العمل في فترة زمنية معينة. وبالتالي، يتم زيادة كفاءة العمل بشكل طبيعي.

لذا، عندما نكون مشغولين مثل النحلة، وما زال رئيسنا يشتكي من أن العمل لم يتم بطريقة مرضية، في كل مرة نحاول فيها تنفيذ مهمة، يجب أن نسأل أنفسنا، هل سنقوم بذلك بطريقة متماسكة وواضحة، وثم نقوم بشيء حيال ذلك.

أعتقد أنك ستجد إجابة مرضية.

في كثير من الأحيان، لا يمكننا إكمال مهمة معينة بأنفسنا؛ لأن الأمر قد يتطلب شخصين أو أكثر للعمل معًا. وفي هذه الحالة، يجب علينا إنشاء واجهة مناسبة مع الخارج مع عدم السماح للفترات الزمنية بالتداخل مع العوامل الخارجية.

يتمتع موظفو هواوي بخبرة جيدة في هذا الجانب. في الوقت الذي يقوم فيه موظفو

هـواوي بإنشـاء فـترات زمنيـة، يقومـون أيضـا بالتنسـيق والتواصـل مـع الأطـراف المعنيـة بشـأن تنفيـذ المهمـة مسبقًا. ومـن ثـم يحتفظـون بقنـوات اتصـال منفصلـة مـع كل شـخص مسـؤول عن مهمـة محـددة مـن خـلال مديـر المهـام أو أنفسـهم، مـن أجـل ضـمان التواصـل السـلس والاتصـال بالعـالم الخارجـي. ومـن هـذا المنطلـق، يحتفـظ موظفـو هـواوي بفـترة محـددة مـن الوقـت للتواصـل والتنسيق مـع الخـارج. وبهـذه الطريقـة، يتجنبـون الاضطـراب أثنـاء عملهـم ويضمنـون المزيـد مـن الفـترات الزمنيـة المتكاملـة.

3. اقبض على "اللص" الذي يسرق وقتنا

هنـاك أغنيـة صينيـة تسـمى "أيـن ذهـب الوقـت؟" تـم تقديمهـا في مهرجـان عيـد الربيـع 2014 وأثـارت تعاطفًـا كبـيراً. وكثـيراً مـا نكـون مماطلـين في القيـام بأعمالنـا ونشـعر بأننـا لا نملـك الوقـت الـكافي لإكمالهـا.

ويشـكو النـاس مـن قلـة الوقـت الآن، لكنهـم لا يفكـرون أبـداً في سـبب ضيـق الوقـت. في الحقيقـة أن معظـم النـاس يسـتخدمون الوقـت بطريقـة خاطئـة، لذلـك يقومـون بإضاعـة الكثـير مـن الوقـت دون أن يلحظـوا ذلـك.

ويلخـص المـدرب في دورة التدريـب الخاصـة بشركـة هـواوي سـتة ظواهـر مشـتركة لإضاعـة الوقـت:

1) الكفـاءة المنخفضـة: وجـود إمكانيـة تقليـل الوقـت مـع عـدم القـدرة عـلى القيـام بذلـك، أي "عـدم الكفـاءة". عـلى سـبيل المثـال، إذا تـم إجـراء مكالمـة هاتفيـة أو إذا كان هنـاك اجتـماع بـدون غـرض واضـح أو بعيـد عـن الهـدف، فـإن ذلـك سـيؤدي إلى إضاعـة وقـت المشـاركين. وعـلى العكـس مـن ذلـك، إذا كنـا دقيقـين ونركـز عـلى حـل المشـكلة، يمكننـا توفـير الكثـير مـن الوقـت.

2) عـدم الاهتـمام: عـلى سـبيل المثـال، خـلال وقـت الانتظـار (مثـل انتظـار الآخريـن، والسـيارات، والمكالمـات الهاتفيـة، ومـا إلى ذلـك). فـان الكثـير مـن النـاس لا يفعلـون شيئا خـلال هـذا الوقـت لأن الفـترة الزمنيـة قصيرة نسـبيا (أقـل مـن نصـف سـاعة). في الواقـع، قـد يكـون تراكـم هـذه الفـترات الزمنيـة الصغـيرة مؤثـراً جـداً.

3) المـزاج السـيئ: عندمـا لا تسـير الأمـور عـلى مـا يـرام أو تفشـل، نشـعر بالغضـب والأسـف والذنـب. لذلـك إذا لم نتحكـم في هـذه المشـاعر السـلبية ونحسّـن مزاجنـا في الوقـت المناسـب، فسـوف نهـدر الكثـير مـن الوقـت بسـبب عاطفتنـا وبالتـالي نحتـاج المزيـد مـن الوقـت لإنجـاز المهمـة.

4) عـدم التركيـز: إذا كنـا غـير قادريـن عـلى القيـام بالأشـياء بهـدوء ويتشـتت انتباهنـا بسـهولة مـن خـلال أمـور تافهـة، فـإن الوقـت يضيـع بسرعـة كبـيرة ولا نحقـق أي شيء. عـلى سـبيل المثـال، يحـب بعـض الأشـخاص الدردشـة أثنـاء العمـل، حيـث يعتـبر ذلـك علامـة عـلى التشـتت.

5) التعامـل مـع كل شيء: هـؤلاء المـدراء أو الموظفـين الذيـن يفكـرون في أنفسـهم كثـيرا وغالبـا مـا يوجهـون تعليـمات عـلى الآخريـن ويتدخلـون بأعمـل الآخريـن (حتـى عندمـا لم يطلـب الآخـرون منهـم المسـاعدة)، أو يتولـون مسـؤولية أعـمال الآخريـن. لـذا، فهـم دائمًـا مـا يجعلـون أنفسـهم متعبـين وفي نفـس الوقـت يحرمـون الآخريـن مـن فرصـة إجـراء تعديـلات.

6) العرقلـة مـن قبـل الآخريـن: عندمـا يُطلـب منـك المسـاعدة، فهنـاك العديـد مـن الأفـراد لا يكـون لديهـم رغبـة في تنفيـذ المهـمات للآخريـن، ولكنهـم يخشـون "الإسـاءة" إليهـم باجابتهـم بكلمـة "لا"، لذلـك يسـمحون للآخريـن بسـلب وقتهـم.

بالنسـبة للكثـير مـن النـاس، ربمـا تكـون الأشـياء المذكـورة أعـلاه لا تسـتهلك وقتـا كثـيرا. ولكـن في الواقـع، إذا لم نفعـل الأشـياء بشـكل مناسـب، فـإن أي مـن الأوضـاع المذكـورة أعـلاه يمكـن أن تسـتغرق جـزءا كبـيرا مـن الوقـت في سـاعات العمـل اليومـي. وإذا حدثـت عـدة حـالات معًـا، فلـن يبقـى لدينـا الكثـير مـن الوقـت للقيـام بعمـل حقيقـي.

هنـاك قـول مأثـور: "التقييـم الـذاتي الصريـح هـو الخطـوة الأولى نحـو التحسـين الـذاتي". إذا طبقنـا هـذا المبـدأ في إدارة الوقـت الفـردي، فيمكـن تفسـيره عـلى أن الجميـع يحتاجـون إلى الاسـتخدام الفعـال لـلأداة التـي تشـخص اسـتغلال الوقـت عـلى أسـاس المطالـب الشـخصية، حتـى نتمكـن مـن تحديـد أسـاس المشـكلة.

وجـد الموظفـون في شركـة هـواوي أن الأداة الأساسـية التـي كانـت مفيـدة جـدا في تشـخيص اسـتخدام الوقـت هـي: ورقـة سـجل الوقـت، أي تسـجيل كل مـا يمكـن القيـام بـه مـن الاسـتيقاظ في الصبـاح حتـى الخلـود إلى النـوم. إذا كان ذلـك ممكنًـا، فمـن الأفضـل تسـجيل الأشـياء المفصلـة في كل دقيقـة. وبالتـالي، يمكـن اسـتخدام الورقـة لتحليـل نفقـات الوقـت للجميـع.

كان العديد مـن موظفـي هـواوي بارعـين في اسـتخدام الاختصـارات ومجموعـة متنوعـة مـن الرمـوز، مثـل الأسـهم والإطـارات وعلامـات التحقـق والصلبـان، حتـى يتكمنـوا مـن تسـجيل نفقـات الوقـت الخاصـة بهـم بالطريقـة الأكـثر ملاءمـة.

بالإضافـة إلى ذلـك، فإن الموظفـين في شركـة هـواوي يمتلكـون "قائمـة اسـتهلاك الوقـت". وينبغـي أن تتضمـن محتويـات القائمـة الوقـت المقـدر، والوقـت المسـتهلك الحقيقـي، والتـوازن بـين الوقـت المقـدر والوقـت المسـتهلك والمبلـغ الإجمـالي للوقـت. وطالمـا يمكن للمـرء الاسـتمرار في التسـجيل، فإنـه سـيحصل عـلى قائمـة كاملـة تسـاعده في إجـراء تحليـل وتشـخيص الوقـت المسـتهلك.

إذن، كيـف يمكـن تحديـد مشـاكل إدارة الوقـت؟ لنلـق نظـرة عـلى حـل الموظفـين في شركـة هـواوي لهـذه المشـاكل.

يسـتطيع موظفـو هـواوي تشـخيص قدراتهـم عـلى إدارة الوقـت وفقًـا للمعلومـات المتوفـرة في قائمـة اسـتهلاك الوقـت بعـد الانتهـاء مـن وضعهـا. خـلال دورة التدريـب عـلى إدارة الوقـت لشركـة هـواوي، طلـب المدربـون مـن موظفـي هـواوي تشـخيص قدراتهـم الخاصـة بـإدارة الوقـت وفقًـا لجـدول تشـخيص القـدرة عـلى إدارة الوقـت. مـن خـلال طـرح سلسـلة مـن الأسـئلة في الجـدول، مثـل: هـل أعتقـد أنـه يمكننـي العمـل بشـكل أكـثر جديـة؟ هـل أتـرك الأشـياء التـي يجـب القيـام بهـا حتـى اللحظـة الأخـيرة في الغالـب؟ هـل مـن الصعـب عـليّ البـدء في العمـل عـلى مهمـة جديـدة ...؟ وتحـت توجيـه هـذه الأسـئلة، سـوف يفكـر الموظفـون في أنفسـهم مـن حيـث اسـتخدامهم للوقـت ويسـألون أنفسـهم باسـتمرار. مـن خـلال هـذه العمليـة، تمكنـوا مـن تحديـد مشـاكلهم في إدارة الوقـت.

في غالـب الأمـر فـإن كل مـن يسـجل اسـتخدامه للوقـت مـن خـلال أنـواع مختلفـة مـن التدابـير يمكنـه أن يكتشـف بشـكل غـير متوقـع بعـض المشـاكل في إدارة الوقـت. لذلـك، مـن حيـث إدارة الوقـت، مـن المفيـد جـدا أن تقـوم بتقييـم ومراقبـة اسـتخدامك الوقـت بشـكل واقعـي.

بعـد أن نـدرك مـا نحتـاج إلى تحسـينه في إدارة وقتنـا، يجـب أن نحـدد طريقـة لتجنـب سـوء الإدارة في الوقـت بشـكل مناسـب والتغلـب عـلى الصعوبـة التـي يطلـق عليهـا "ضيـق الوقـت". وبشـكل عـام، فـإن إدارة الوقـت السـيئة ترجـع بشـكل أسـاسي إلى خطـة العمـل السـيئة، والتنظيـم غـير السـليم، والافتقـار إلى التحكـم بالوقـت، والتصحيـح السـيئ، وعـدم وجـود طمـوح وتحفيـز قـوي. لذلـك، مـن أجـل تحسـين إدارة الوقـت، يجـب أن نبـدأ مـن الجوانـب الخمسـة المذكـورة آنفـا.

كما يولي موظفو هواوي أهمية كبيرة لفعالية خطة العمل. ويعتقدون أن الخطة الأكثر تفصيلاً وشمولية ستجعل التنفيذ أكثر سلاسة. لذلك، يولي موظفو هواوي اهتماما خاصا في وضع خطط العمل. كما يقومون بوضع خططهم السنوية والشهرية والأسبوعية واليومية على التوالي، ويحافظون على التحكم الفعال في تنفيذ الخطط ووضع قائمة المهام الرئيسية التي يجب التعامل معها.

كيف يتعامل موظفو هواوي مع المشاكل التنظيمية مثل الأعمال المتكررة والمتقطعة أو الاتصالات السيئة؟

أولاً، قبل قبولهم للطلب، سيقومون بـ"تحليل التكلفة والفائدة"، ثم يتخذون قرارًا معقولاً. ثانياً، إنهم يجيدون الاستفادة من جميع الموارد المتاحة، حتى يتمكنوا من حفظ الكثير من الوقت لأنفسهم. ثالثًا، يركزون على الأشياء الأكثر أهمية ولا يضيعون وقتهم وطاقتهم على الشؤون التافهة.

من حيث التحكم بالوقت، يبذل موظفو هواوي جهداً لتنمية حسهم بأهمية الشؤون، والحفاظ على وتيرة العمل السريعة، والتغلب على ترددهم في اتخاذ القرارات، إلخ. ولتصحيح أوجه القصور، أخذ موظفو هواوي "5S"[1] كأداة الإدارة الأكثر أهمية. سواء في المكاتب أو ورش العمل، يجب وضع جميع أنواع اللوازم بدقة وتمييزها بدقة، بحيث يكون كل شيء واضحًا في لمح البصر.

ومع ذلك، يجب علينا أن ندرك أن الهدف من إدارة الوقت ليس "الوقت" ذاته، بل "الإدارة الذاتية". وما يسمى بـ"الإدارة الذاتية" يعني أنه يجب علينا استخدام طرق جديدة للعمل والعيش، بما في ذلك تحديد الأهداف، والتخطيط الدقيق، والتخصيص العقلاني للوقت، وإيجاد التوازن والمقارنة بين أهمية الأشياء، وتفويض السلطة. بالإضافة إلى ذلك، يجب علينا الحفاظ على الانضباط الذاتي والمثابرة على هذه الجوانب، وبالتالي يمكننا تحقيق كفاءة أعلى. فقط عندما نحقق "الإدارة الذاتية" الفعالة، يمكننا تقليل استهلاك الوقت على الأشياء التي لا تسهم في تحقيق الهدف، كما يمكننا السيطرة على وقتنا بفعالية حقيقية.

---

1. ممارسات "5S" لخصت الممارسات الإدارية في شركة تويوتا والتي تتمثل في: "التصنيف، والترتيب، والتمشيط، والتنظيف، والانضباط الذاتي." وهذه الكلمات اليابانية الخمس مكتوبة بالأبجدية الرومانية كما Seiri، Seiton، Seison، Seiketsu، Sitsuke مع حرف S في كل بدايتها، ولهذا السبب تُعرف هذه الممارسات باسم "5S".

4. تأكد من إيقاع العمل الخاص بك

كتب شياو نينغ، موظف في شركة هواوي في ترويسة دفتر ملاحظاته باللون الأحمر أن "الإزعاج أثناء العمل هي السارق الرئيسي للوقت". ربما تعتقد أن هذا ليس صحيحا، ففي المرة الأولى التي رأيت فيها هذا القول، لم أكن مهتما به أنا أيضا. ومع ذلك، بعد قراءة مجموعة الإحصاءات التالية سيكون لديك رأي آخر.

وفقًا للإحصاءات اليابانية المحترفة، فإن الأشخاص عادة ما يتم التعرض للإزعاج مرة واحدة كل ثمان دقائق، أي حوالي سبع مرات في الساعة، أو ما بين 50 إلى 60 مرة في اليوم. ويستمر كل إزعاج لمدة خمس دقائق تقريبا، أي ما مجموعه أربع ساعات في اليوم، أي حوالي 50% من ساعات العمل. وحوالي 80% من بين هذه الإزعاجات (حوالي ثلاث ساعات) لا معنى لها أو ذات قيمة قليلة. وفي الوقت نفسه، يحتاج الأشخاص الذين تم تعرضهم للإزعاج يحتاجون إلى ثلاث دقائق للعودة إلى الفكرة الأصلية والتفاعل معها، وهذا يستغرق ما يقرب من 2.5 ساعة في اليوم. "وفقا للإحصائيات المذكورة أعلاه، يمكننا أن نجد أن الخسارة اليومية للوقت الناجمة عن الإزعاج الخارجي تبلغ حوالي 5.5 ساعة، وهو ما يمثل 68.7% من 8 ساعات عمل لدينا.

لذلك، يمكننا أن نرى أن الإزعاج هو أكبر سارق للوقت في الواقع، إذا كيف نتجنب من الإزعاج؟ لحل هذه المشكلة، اقترحت شركة هواوي قواعد إدارة الوقت الخاصة بها: مبدأ الإيقاع.

لكي لا يتم التعرض للإزعاج، فإن أول شيء يجب أن تفعله هو تحديد إيقاعك في العمل، والتحكم به بشكل جيد. إذا استخدمنا كلمة واحدة لوصف الإيقاع في شركة هواوي، فسيكون "سريعًا". حيث تكون الشركة بأكملها في حالة تقدم سريع، ويرجع ذلك إلى إتقان موظفي هواوي في إيقاع العمل. إذا كان شخص ما يعاني من الإزعاج أثناء عمله، فمن الطبيعي أن يفتقر عمله إلى الإيقاع، مما يؤثر على تقدم العمل.

أما بالنسبة لشركة هواوي، فكونها فريقًا من "الذئب"، فإن الوحدة والتعاون يمثلان قضية مهمة. من المستحيل ألا نعاني من الإزعاج. ومع ذلك، يمكننا السيطرة على عدد من الطرق للحفاظ على إيقاع أكثر انسجاما والحد من الإزعاج الخارجي. ولكن أول شيء يتعين علينا القيام به هو تحديد إيقاع أعمالنا.

الآن دعونا نلق نظرة على كيفية تحديد لي هوا شنغ (اسم مستعار)، وهو قائد في فريق البحث والتطوير في شركة هواوي، إيقاع العمل.

بناء على الجدول الزمني، أضاف لي هوا شـنغ ثلاثة أعمـدة مـن المحتـوى، وقام بوضـع
إشارة حـول مـا إذا كان العمـل غير المنجـز بسبب الإزعـاج خـلال العمـل أم لا. ومـن خـلال
تقييم تنفيـذ المهـام لخطـة العمـل اليوميـة، حـدد مـدة وسبب الإزعـاج، كما أوضح في الجدول
اليومي إذا كان يعانـي مـن الإزعـاج باستمرار وشرح سبب ومـدة الإزعاجـات.

حـدد لي هوا شـنغ الفترة الزمنيـة الأكـثر إزعاجـا، وتذكر الأسباب التـي دفعـت زملائـه إلى
إزعاجـه في ذلك الوقـت. واستنادا إلى الجدول، وجـد أنـه غالبًا مـا يتم إزعاجـه مـا بـين التاسـعة
والعـاشرة صباحًـا بسبب طلب المشورة مـن قبـل زملائـه؛ ويتم إزعاجـه أيضا مـا بـين السـاعة
الثانيـة والساعـة الثالثـة والنصف مساء بسبب طلبهم للحصول على المساعـدة. وعلى الرغم
مـن أن لي هـوا شـنغ كان يعمـل على قدم وسـاق طـوال اليـوم، إلا أنـه كان الوقـت الإجمالـي
لإكمـال المهمـة يمتـد لمـدة ساعة و20 دقيقة بسبب هـذه الإزعاجـات.

ثـم، استخدم لي هـوا شـنغ خطـة العمـل ليوم كامـل كمرجـع إلى وقـت الانتهـاء الفعلـي،
وقام بمقارنـة عـدد الإزعاجـات خـلال اليـوم ووقـت كل إزعـاج. حيث إذا تم إزعاجـه أكـثر مـن
سـت مـرات في اليـوم، أو كانـت مـدة إزعاج واحـد أكـثر مـن 20 دقيقة، فإن ذلك سـيؤدي إلى
تأخير تقدم العمـل لأكـثر مـن 10٪، ثـم عـرف أنـه تـم عرقلة إيقاع أعمالـه. ووفقا للإحصائيات
المذكـورة أعـلاه، حـدد لي هـوا شـنغ أن عملـه يفتقـر إلى الشعـور بالإيقاع.

أخـيرا، قام لي هـوا شـنغ بتحليـل الأسباب التـي أضرت إيقاع عملـه، ووجـد أسبابا كثـيرا،
على سبيـل المثـال، أنـه لا يريـد الإساءة للآخريـن، ويريـد أن يشـارك في كل شيء، كما أنـه يعتـاد
أن يقدم استشارات للآخريـن لأنهـا تعطيـه شعـوراً بالأهميـة، ولم يكـن جيـداً في إنهـاء الزيارات
مـن الآخريـن، ويحـب التحـدث مـع الآخريـن باستمرار ...

مـن خـلال التحليـل الموضوعـي، وجـد لي هـوا شـنغ أنـه اعتـاد بالفعـل على استشارة
الآخريـن والتمتـع بالشعـور بالأهميـة خـلال هـذه العمليـة. وقد أدت هـذه "العـادة" التـي
تستغرق وقتًـا إلى تأخـر جـزء مـن خطـط عملـه، حتى إلغائهـا. لذلك، فإن تحديـد إيقاع العمـل
الخـاص بـك أمـر مهـم للغايـة في إنشـاء وتـيرة عمـل متناغمـة.

5. إنشاء وتيرة عمل خاصة بك

إذا كان شخص يعانـي مـن الإزعـاج باستمرار أثنـاء سـير العمـل، فمن الطبيعـي أن يفتقـر
إلى وتـيرة متناغمـة في العمـل ومـن المؤكـد أن كفـاءة الوقـت لديـه ستتأثـر. لذلك، مـن أجـل حـل

هـذه المشـكلة، يحتـاج إلى إنشـاء وتـيرة عمـل فريـدة خاصـة بـه لضـمان الحـد الأدنى مـن الإزعـاج والتدخـل مـن العوامـل الخارجيـة.

عـلى الرغـم مـن أننـا حددنـا وتـيرة العمـل، إلا أن الإزعاجـات في المكتـب لا يمكـن تجنبهـا (الهواتـف، والزيـارات، والرسـائل الإلكترونيـة، إلـخ)، واشـتكى الكثـير مـن النـاس من ذلـك، واقترحوا العديـد مـن الإجـراءات المضـادة للتعامـل معهـا، مثـل محاولـة تحمـل كل شيء، والتعامـل مـع هـذه الإزعاجـات بشـكل سـلبي أو غـض الطـرف عنهـا. حيـث أن أولئـك الذيـن يحاولـون تحمـل كل شيء يتعبـون في نهايـة الأمـر، وأولئـك الذيـن يتعاملـون بشـكل سـلبي ويتجاهلونـه، فإنهـم سـيضيعون الفرصـة أو يفسـدون الأمـور ...

إذن، مـا هـي الطريقـة الأكـثر فعاليـة؟ إن الإسـتراتيجية الأكـثر فاعليـة هـي خلـق وتـيرة عمـل أكـثر انسـجامًا مـع اتخـاذ مجموعـة متنوعـة مـن الأسـاليب لتقليـل فـترة الإزعـاج وبالتـالي تقليـل تأثيرهـا السـلبي وفقًـا للوضـع الفعـلي والأهـداف المتوقعـة.

وقـد أشـار التدريـب عـلى إدارة الوقـت لشركـة هـواوي إلى أنـه: يجـب عـلى المـرء أن يعمـل باسـتمرار لتشـكيل وتـيرة متناغمـة في العمـل، وهـو مـا يمكـن مـن تنفيـذ المهـام اليوميـة بالالتـزام الكامـل بالجـدول الزمنـي المخطـط لـه. حيـث يطـرح المـدرب ثـلاث طـرق فعالـة لإنشـاء وتـيرة عمـل متناغمـة.

الطريقـة الأولى هـي ترتيـب وقـت ثابـت لإنجـاز نفـس النـوع مـن الأعـمال. إذا كانـت المهمـة A والمهمـة B تنتميـان إلى نفـس النـوع، فيمكـن القيـام بهـا في نفـس الفـترة الزمنيـة.

قـام موظفـو هـواوي بجمـع بيانـات حـول المهـام التـي تـم إنجازهـا في اليـوم السـابق. ويمكـن إحصـاء بيانـات المهمـة A والمهمـة B في نفـس الوقـت، حيـث أنـه عـادة مـا يتـم ترتيـب هـذا العمـل الإحصـائي قبـل نصـف سـاعة مـن انتهـاء العمـل.

أمـا في الطريقـة الثانيـة فيعتقـد المدربـون أنـه ينبغـي لنـا تنفيـذ أعـمال مماثلـة في وقـت محـدد، إذا كان الموظفـون قـد بـدأوا مهمـة، فمـن الـضروري أن يواصلـوا العمـل عليهـا دون أي توقـف قبـل أن يبـدؤوا بمهمـة أخـرى.

في شركـة هـواوي، بمجـرد قبـول الموظفـين للمهـام التـي تـم تعيينهـا مـن قبـل مديرهـم، فإنهـم سـيعملون عـلى إنهائهـا دفعـة واحـدة بـدلاً مـن العمـل عليهـا بشـكل متقطـع. والسـبب في أن العديـد مـن الموظفـين يعملـون سـاعات إضافيـة منبثقـة عـن فلسـفتهم في إدارة الوقـت التـي تحتـم عليهـم إكـمال عمـل مرحـلي معـين في دفعـة واحـدة.

بالإضافـة إلى ذلـك، يجـب تحديـد محتـوى المهمـة والنتيجـة المتوقعـة بوضـوح قبـل تنفيـذ المهمـة، لأنـه في عمليـة تنفيـذ المهـام، العمـل "المسـتقيم" نحـو الهـدف النهـائي يسـاعد عـلى

تقليل خطوات العمل غير الضرورية، ويسمح للناس باختيار العمليات التي ستساهم في تحقيق الهدف النهائي. بالإضافة إلى ذلك، يمكن تحديد مهام العمل الخاصة بك ضمان الاتجاه الصحيح للعمل، وهو يعد واحدا من أفضل التقنيات في تحسين كفاءة استخدام الوقت.

أخيراً، نحن بحاجة إلى وضع عمليات تساعدنا على التعاون مع الآخرين. أما بالنسبة لمجالات العمل الأكثر عرضة للإزعاج، فنحتاج إلى تخصيص وقت محدد مسبقًا لضمان عدم حدوث أي انقطاع أو تأخير خلال عملية تنفيذ المهمة. وإذا كنا بحاجة إلى التعاون مع فرد آخر لإكمال مهمة معينة، فيجب علينا تحديد الوقت المناسب معه مسبقا معه، حتى لا نزعج إيقاع الوقت للآخرين.

ومن أجل تحسين كفاءة استخدام وقت العمل، فنحتاج إلى تشكيل وتيرة العمل الخاصة بنا والحفاظ عليها، بحيث يمكن أن تتطور إلى حالة طويلة الأجل. ولكن السؤال هو كيف يمكننا الحفاظ على وتيرة العمل؟ كما نرى في شركة هواوي أنه بالإضافة إلى اتخاذ ترتيبات معقولة للمهام، يستخدم الموظفون والمدراء الطرق الثلاثة التالية للحفاظ على وتيرة عملهم.

أولاً، نحتاج إلى إعلام الآخرين بساعات العمل المشغولة وتشكيل جو ملائم للعمل.

حيث أن العديد من الموظفين يتحملون التواصل والتعاون غير الضروريين في العمل، مما يجعلهم يضعون أنفسهم في موقف يسيطر فيه الآخرون على وقتهم. ومن أجل تجنب مثل هذا الوضع، يجب أن نتعلم أن نقول "لا" في مثل هذه الظروف. إذا لم يكن باستطاعة الشخص تخطيط وقته بمهارة ورفض التدخل الذي يؤثر على كفاءة عمله، فمن غير المحتمل أن يصبح هذا الشخص مهنيًا جيدًا.

يجب أن نخبر أنفسنا والآخرين أنه خلال هذه الفترة يجب أن نركز على الأمور في خطة عملنا ولا يمكن أن نقبل أي انقطاع. وبهذه الطريقة، يمكننا إنشاء جو عمل جيد.

ثانيًا، تحديد فترة زمنية يمكن أن يزعجك الآخرون خلالها.

حيث أن الموظفين في شركة هواوي لا يركزون فقط على إكمال المهام الخاصة بهم في الأعمال اليومية، ويتجاهلون العمل الجماعي. بالنسبة إلى أعضاء الفريق الذين يواجهون مشاكل، فإنهم يقدمون مساعدات بشرط ألا يؤدي ذلك إلى إزعاج عملهم، لذلك يقوم المدراء أو الموظفون عادة بترتيب فترة يتم إعدادها للإزعاج. إذا كنت مديرًا، يمكنك عقد اجتماع لجميع الموظفين وإبلاغ زملائك عن ساعات العمل المفتوحة لك؛ إذا كنت موظفًا عاديًا، فيمكنك مناقشة مع الزملاء الآخرين حول تحديد وقت يمكنكم فيه إزعاج بعضكم البعض.

وأخيرا، القضاء على التدخل الخارجي بسرعة. حيث أنه كلما طالت مدة التدخل، كلما كان لها تأثير أكبر على العمل. لذلك، عندما يحدث تدخل غير متوقع، نحتاج إلى التخلص منه في أقرب وقت ممكن.

باختصار، يجب أن نحاول الحفاظ على وتيرة عمل متناغمة، وألا نسمح لأنفسنا بالتدخل من قبل العوامل الخارجية. وفقط بهذه الطريقة، يمكننا خلق المزيد من القيمة في فترة زمنية محدودة من الوقت الفعال.

6. استخدام الوقت في القيام بالأشياء المهمة

كما ذكرنا في الفصل السابق "التوجه نحو تحقيق النتائج"، أنه عندما نعمل، نحتاج إلى معرفة كيفية ترتيب أولويات الأعمال، والتعامل مع العمل الأكثر أهمية أولاً.

كل شخص لديه كمية محدودة من الوقت والطاقة في العمل. ونأمل بالتأكيد أن يتمكن كل من مرؤوسينا أو أنفسنا من إنهاء جميع المهام في الوقت المناسب، ولكن هذا يجعلنا مشغولين دائما بالعمل الأكثر إلحاحا بدلا من العمل الأكثر أهمية. على الرغم من أنه لن يكون ممكنا أبدا للشخص الذي يقوم بمهمة عاجلة لأخذ زمام المبادرة. لذا يجب أن نضمن أن نستخدم وقتنا في الأمر الأكثر أهمية. هذا هو أيضا أحد أسرار الإدارة الفعالة للوقت.

ما هي أهمية استخدام الوقت في الأمور المهمة القليلة؟ إن النظرية الكلاسيكية لفيلفريدو باريتو الاقتصادي الإيطالي هي أفضل إجابة على هذا السؤال.

تظهر دراسة باريتو أن 20٪ من الناس يمتلكون 80٪ من الثروة، في حين أن 80٪ المتبقية من الناس لديهم 20٪ فقط من الثروة. وتطبق هذه النظرية "القليلة الأهمية والكثيرة التفاهة" على نطاق واسع على جميع جوانب الحياة، بما في ذلك إدارة الوقت، وهو ما يسمى بمبدأ باريتو (القاعدة 20/80) كما هو موضح أدناه.

تنص القاعدة 20/80 لباريتو على أن 20٪ من العمل يستهلك 80٪ من وقتك ومواردك. والسبب في ذلك هو أن 80٪ من الوقت يتم إضاعته فعليًا على "الكثير من الأمور الثانوية". على العكس من ذلك، فإن 20٪ من شيء ما يكون مسؤولًا دائما عن 80٪ من النتائج إذا كان بوسع الناس التركيز فقط على التعامل مع "القليل من الأمور الهامة".

في دورة التدريب على إدارة الوقت لشركة هواوي، روى المدرب ذات مرة قصة عن وليام مور:

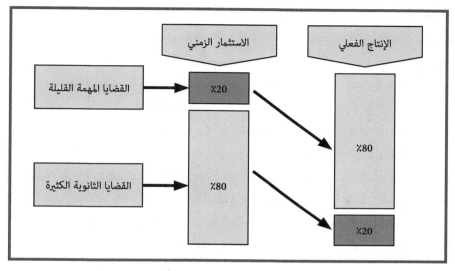

%20
%20

الصورة 1-5 قاعدة 20/80 – مبدأ باريتو

في عام 1939، وجد الخريج الجديد مور وظيفة في شركة طلاء. وكان راتبه الشهري 160 دولارًا في ذلك الوقت، لكن كان مور مليئًا بالطموح وحدد 1000 دولار كهدف شهري له. وبعد أن قام مور بعمله بسهولة كبيرة، أخذ معلومات العملاء ومخططات المبيعات لدراسة العملاء الذين منحوه معظم الأعمال. ووجد أن 80٪ من أعماله أتت من 20٪ من العملاء، وبغض النظر عن حجم الشراء، فقد أمضى نفس الوقت على كل عميل. لذا، أعاد مور 36 عميلاً بأصغر حجم شراء إلى الشركة والتزم بخدمة 20٪ من العملاء المتبقين بشكل تام.

ونتيجة لذلك، حقق هدفه في كسب 1000 دولار شهريًا في السنة الأولى من حياته المهنية. وفي وقت لاحق أصبح صانع الطلاء من الدرجة الأولى على الساحل الغربي لأمريكا، وأخيرا أصبح رئيس شركة طلاء كيلي مور.

من خلال هذه القصة، أوضح المدرب أهمية وضع هدف صحيح. وفي الوقت نفسه، أدخل قاعدة 20/80 إلى إدارة الوقت: 20٪ من الأشياء تكون مسؤولة عن 80٪ من النتائج. كما يجب أن يستند مبدأ ترتيب أولويات الأشياء وفقًا لأهميتها على نظرية "القليلة الأهمية والكثيرة التفاهة". على سبيل المثال، 80٪ من المبيعات تأتي من 20٪ من العملاء، و20٪ من المنتجات ستمثل 80٪ من الإنتاج الإجمالي ...

إذن، كيف وضع موظفو هواوي هذه القاعدة موضع التنفيذ؟

في عام 2006، أراد أحد عملاء هواوي في جمهورية الكونغو الديمقراطية تغيير خطة المشروع لأسباب موضوعية، وذلك سيقلل فترة البناء الأساسية لمعدات الشبكة الأساسية من 30 يومًا إلى 4 أيام. بالنسبة لموظفي فريق مشروع هواوي الذي كان مقره في الكونغو، كانت هذه مهمة شبه مستحيلة. ومع ذلك، أدركوا أنه إذا تخلوا عن هذا المشروع، فسوف تفقد هواوي فرصة دخول السوق الأفريقية.

وبعد تحليل دقيق للوضع، اعتقد فريق مشروع هواوي أن مشروع الكونغو كان أهم شيء في تلك اللحظة ويجب أن يبدأ العمل عليه على الفور. لذا، كان عليهم أن ينسقوا بسرعة ويرسلوا عشرات المهندسين إلى موقع البناء. وكان لدى هؤلاء المهندسين جدول زمني كامل قبل مجيئهم، ولكن لإنهاء هذا المشروع، قاموا بترك جميع المهام الأخرى، وبدأوا العمل في موقع المشروع مع النوم وتناول الطعام فيه. وبعد بضعة أيام من العمل الشاق، أكملوا بنجاح بناء معدات الشبكة الأساسية قبل ست ساعات من الموعد النهائي، وأخيراً شعر الفريق بالارتياح.

في هذه الحالة، قام موظفو فريق مشروع هواوي بتطبيق قاعدة 20/80 لإدارة وقتهم بشكل أكثر كفاءة. وخصصوا جميع الموارد المتاحة للمهام الأكثر أهمية، كما قاموا بإعطائها الأولوية. وهكذا، تم توفير الكثير من الوقت للتعامل مع الأعمال المهمة.

تخبرنا تجربة هواوي الناجحة في الكونغو بمبدأ إدارة بسيط: نحن بحاجة إلى معرفة النقطة الرئيسية في العمل، والتأكد من استخدام الوقت بشكل مناسب في هذه الأشياء القليلة ولكن مع أهمية كبيرة، وجعل العمل أكثر قيمة.

وكما قال ستيفن كوفي الذي يعد "العقل المدبر" و"معلم الإمكانات للبشرية" ذات مرة: "إن المفتاح ليس هو تحديد أولويات جدول أعمالك، بل جدولة أولوياتك." يذكرنا هذا التحذير بأنه عندما نواجه جدول عمل كامل، لا يمكننا متابعة الترتيب الزمني لقائمة المهام بشكل أعمى وإضاعة الوقت في أشياء لا قيمة لها، ولكن علينا استخدام الوقت على تلك الأشياء القليلة ذات الأهمية الحيوية.

7. الاستفادة من الدقائق العشر الأخيرة قبل الانتهاء من العمل

العديد من الموظفين يفقدون تركيزهم في العمل ويتشتت تفكيرهم عندما يكون لديهم عشر دقائق فقط قبل الانتهاء من العمل، بينما يجتمع بعضهم لتبادل أطراف

الحديث. في حين لا يغيب بعضهم عن التحديق في الساعة طوال الوقت؛ والبعض الآخر لا يتوقف عن إرسال الرسائل والاتصال بالهواتف المحمولة لوضع خطط للقاء مع أصدقائهم ...

أما بالنسبة لمدير وقت ذو كفاءة، على الرغم من أن العمل على وشك الانتهاء، فإنه لا يزال يركز عليه. كما أنه يستفيد من الدقائق العشر الأخيرة لتلخيص أعماله في ذلك اليوم.

كان سونغ شياو ون (اسم مستعار) موظفا إداريا عاديا. وكان لديه جدول عمل ثابت نسبيا من الساعة الثامنة صباحا إلى الساعة الخامسة مساء. ومع ذلك، في كل يوم عندما يكون على وشك الانتهاء من العمل، يصبح مشتتًا ويبدأ في إجراء مكالمات هاتفية مع أصدقائه لترتيب فعالياته بعد العمل. وينسي تماما أنه لا يزال في ساعات العمل. وعندما تشير الساعة إلى الخامسة، كان دائما أول من غادر المنصب، وترك مكتبه عادة في حالة من الفوضى. وفي صباح اليوم التالي عندما يعود للعمل، كان يستخدم بعض الوقت في إعادة ترتيب مكتبه، مما يؤدي إلى تقليل ساعات عمله وبالتالي تقليل كفاءة عمله.

في المقابل، فإن موظفي هواوي أكثر ذكاءً. إنهم لا يعتقدون أن هذه الدقائق العشر فترة زمنية قصيرة، بل يعتقدون أنه يمكن إضافة قيم إضافية خلال هذه الفترة.

عملت تشين يوي (اسم مستعار) كسكرتيرة لمدير في شركة هواوي. وكونها سكرتيرة، فإن الحذر أمر مهم للغاية، في حين كانت تشين يوي مثل هذا النوع من الفتيات التي يولي اهتمامًا كبيرًا بالتفاصيل. كانت صارمة ومسؤولة وتدير عملها بشكل جيد. وعندما يتعلق الأمر بكيفية الاستفادة الجيدة من الدقائق العشر الأخيرة قبل الانتهاء من العمل، تعتقد تشين يوي أن هذه الدقائق العشر هي أصعب وقت في اليوم لكل موظف، لأن الجميع كانوا متلهفين للعودة إلى منازلهم، ولم تكن استثناء بالطبع. فكرت في الأمر وأدركت أنه من المؤسف أن تجعل هذه الدقائق العشر تضيع سدى. لقد كانت سكرتيرة نفسها، بعد أن خاضت يومًا كاملاً من المهام التافهة، كان هناك كثيرًا من الأشياء التي تحتاج إلى التنظيم. بدلا من تأجيلها لليوم التالي، لماذا لا تستغل هذه الدقائق العشر وتستفيد منها؟ قد تبدو عشر دقائق قصيرة جدًا، ولكن يمكننا القيام بالكثير من الأشياء في غضون 10 دقائق، مثل تسجيل معلومات الاتصال الخاصة بالزائرين في ذلك اليوم، والتحقق من تقدم عملنا، وترتيب المستندات وتنظيف المكتب...

لذلك، فان "النجاح هو دائمًا محفوظة لأولئك الذين هم على استعداد". في نهاية اليوم، يجب أن نحتفظ بعشر دقائق للتحضير الجيد للغد حتى يمكن العمل بشكل فعال. ومن المهم جدًا مراجعة وتلخيص ما تم إنجازه خلال اليوم قبل الانتهاء من العمل. وذلك يساعدنا في عدم تأجيل الأشياء التي يجب أن نفعلها اليوم للغد.

دعونا نلق نظرة على كيفية قيام موظفي هواوي بذلك.

يسأل موظفو هـواوي أنفسهم ثلاثة أسئلة قبـل أن ينهوا العمل كل يوم: هل انتهيت مـن كل عملي اليوم؟ هـل أكملت كل عملي بشكل جيد، هـل كانت نتائجه أبعد عـما توقعته؟ ما الـذي أحتاج إلى تغييره ليكون أفضل؟

إذا اكتشفوا أن بعض الأعمال لا تـزال غير مكتملة، فسيضعون علامة على تلك المهام ويضعونها في جـدول عمل الغـد.

لذلك، يجب علينـا فرز كل تلك المهام غير المكتملة، ووضعها على خطة عمل الغـد، بحيـث لا يتم تأخيرها أو نسـيانها. ولا ننتظر حتى نكتشف أن هناك شيء مـا لم يتم إنجازه.

بعد الانتهاء مـن مراجعة عملنا اليومي، يجب علينا صياغة قائمة المهام بعناية لليوم التالي.

لقد تحدثنا عـن ترتيب العمل بالتفصيل في الفصل السابق، لذلك لن أكرره. ولكن ما نحتاج إلى الانتباه إليه هـو أنه بالنسبة إلى المهام التي لم يتم إكمالها لأسباب خاصة، نحتاج إلى إجراء ترتيب شامل جيد لتجنب أي تعارض في جدول العمل مـع اليوم التالي.

في هـذا الصـدد، أتقـن موظفـو هـواوي مهـارة واحـدة: وضـع جـدول عمل مفصل لأنفسهم، وتسجيل شرح حـول المهام غير المكتملـة التي يجب إكمالها في اليوم التالي حتى لا ينسوها. وبعد الانتهاء مـن خطة العمل، يقومون بمراجعتها مرة أخرى للتأكد مـن عـدم وجـود أي شيء مفقـود، ومـن ثـم وضع الخطة المحدثة عـلى المكتـب.

وفيـما يتعلـق بظاهـرة الموظفـين الذيـن يميلـون إلى إضاعة الدقائق العشر الأخيـرة في العمل، طرح أحد مـدراء إدارة الوقت في هـواوي بتقديم بعض الاقتراحات. على سبيل المثال، تنظيم الملاحظات: حيـث يتم تسجيل المحتويـات في دفتر الملاحظات ليوم عمل كامـل، فإن المحتويـات معقـدة ومكتوبـة بترتيب عشوائي، لذلك مـن الأفضل تصنيفهـا في نهايـة اليـوم؛ ترتيـب المكتب: تنظيـف المكتب، وترتيـب كل شيء في مكانه يمثل نهايـة حقيقيـة للعمل؛ وتهدئـة مزاجـك: امنح نفسك عـدة دقائـق لتكون هادئا وحـدد هدفـا؛ تحسـين مظهـرك: اعطِ نفسك مظهراً نظيفـاً ورائعـاً حتى بعد العمل.

باختصار، يجب علينـا تطويـر عـادات عمل جيـدة، والاسـتفادة الجيدة مـن الدقائـق العشر الأخيـرة قبل الانتهاء مـن العمل. لا تـترك عبئـا على نفسك بسـبب العمل المزدحـم في ذلك اليوم، أو حتى السـماح لـه بالتأثـير على خطة الغـد. إذا فعلنا ذلك، فسـيتم تحسـين وضعنا وظروفنـا المعيشية بشكل كبـير.

الفصل السادس

توجيه الموظف

لم يساعد نظام التدريب المحترف وآلية التوجيه المهني موظفي هواوي على اكتساب المهارة من الدرجة الأولى فحسب، بل يرفع جودة العمليات الداخلية للشركة أيضًا.

1. ممارسة التنفيذ الكامل للنظام

قال رن تشنغ في ذات مرة: "إذا أرادت الشركة إدارة أعمال ناجحة، فإن الإستراتيجيات والتنفيذ الجيد لا غنى عنهما. إذن، ما هو التنفيذ؟ هو قدرة المنظمة على وضع الإستراتيجيات موضع التنفيذ على جميع المستويات، كما أنه انعكاس لمدى تنفيذ البرامج والأهداف الإستراتيجية. إن العديد من الشركات لديها إستراتيجيات جيدة، ولكن بسبب سوء التنفيذ، فإنها تنتهي بالفشل في النهاية."

من الواضح أن رن تشنغ في يعتقد أن الإستراتيجية السيئة ليست السبب في عدم نجاح الشركة، لكن التنفيذ الضعيف هو ما يؤدي إلى فشلها. ولضمان التنفيذ الفعال، من المهم جدًا تصميم نظام جيد وتدريب الموظفين على فهم متطلبات تنفيذ الشركة، من أجل تعزيز قدرات تنفيذ الفريق.

كان في هواوي نظام صارم واحد لدورة تدريب الموظفين الجدد: كان على الجميع ارتداء الأحذية الجلدية والبدلات والقمصان وربطات العنق. وبعد التدريب، قامت هواوي

أيضًا بتطبيق هذا النظام بحزم لمساعدة موظفي هواوي على إكمال عملية التحويل من الطلاب إلى المحترفين.

وفيما يتعلق بفريق البحث والتطوير، شدد رن تشنغ في على النقطة التالية: على الموظفين الجدد والقدامى أن يعتبروا أنفسهم دائمًا محترفين. وبناءً على ذلك، يجب على موظفي هواوي التأكد دائمًا من أن قيم البحث والتطوير الخاصة بهم تتماشى مع قيم الشركة والسوق. وإذا تم العثور على أي موظف يقوم باستخدام منشأة أبحاث في الشركة لتطوير بعض المنتجات "التي لا قيمة لها"، سيقوم مدراءهم بالتحدث معهم على الفور؛ وإذا لم يقوموا بتصحيح أخطائهم، فسيتم إقالتهم بكل تأكيد. وقد ضمن ذلك فريق البحث والتطوير أن يتمتع بقدرة التنفيذ الفعال التي تتماشى مع اتجاه تنمية الشركة دائمًا.

يقوم قائد الفريق في شركة هواوي بتوجيه فريقه بشكل مباشر عند كل تطبيق معين. يعمل المدراء على تحسين إمكانات موظفيهم في التنفيذ في جوانب الإدارة المستهدفة، وإدارة الوقت، وإدارة الاتصالات، وحل المشاكل، وما إلى ذلك، للتأكد من تحقيق الأهداف الإستراتيجية للشركة.

وتحت قيادة رن تشنغ في، عمل فرق هواوي تدريجياً على تشكيل نظام تنفيذ يلبي المتطلبات الدولية ذات الخصائص الصينية.

في الواقع، إما بالنسبة للشركات المحلية أو الشركات الدولية الشهيرة، فإن المفتاح لتحقيق التنفيذ الفعال حقا هو نفس الشيء.

لقد قامت شركة يواندا المحدودة لأجهزة تكييف الهواء (Broad Air Conditioning Co., Ltd) بإنشاء صورتها التجارية الأولى في مجال تكييف الهواء في العالم عن طريق إدارة الأعمال الممتازة، حيث كانت الإدارة المؤسسية للشركة هي أهم جزء في إدارة الشركة. وتعتبر الشركة النظام أهم عنصر لبقاء الشركة وتنميتها. باعتباره أساسا للإدارة المؤسسية، يوجد في الشركة نظام مستندات يتكون من أكثر من خمسمائة ألف كلمة وأكثر من 430 نوعا من الجداول، ويغطي جميع جوانب عمل الشركة. كان النظام موجهًا نحو التفاصيل ودقيقًا وقابلا للتنفيذ.

وأشارت الوثيقة التوجيهية لشركة يواندا "إعلان يواندا" إلى ما يلي: "إننا نلتزم في العمل باتباع أصل كل الأشياء وتنفيذ مبدأ الإدارة المتمحور حول العملية وقواعد السلوك الموجهة نحو النظام." في شركة يواندا، يجب أن يركز العمل على التحرير والتنفيذ والتعديل حول النص لضمان التنسيق الموثوق بين الأقسام، والتواصل السلس بين الموظفين، والجودة الثابتة للمنتج. بهذه الطريقة، تم الحفاظ على خبرة وحكمة الموظفين القدامى والبارعين

وتمريرها، مما ساعد الموظفين الجدد على الإلمام بسرعة بأعمالهم والموظفين الأقل قدرة على تلبية متطلبات وظائفهم في أقرب وقت ممكن.

وعلق تشانغ روي مين مرة على ذلك قائلا: "إن السبب في عدم وجود أمور مثيرة في العمل الإداري يرجع إلى أن علميات الشركة تسير بشكل طبيعي، وذلك يعتمد على المراقبة الصارمة في كل لحظة من كل يوم."

أما بالنسبة لشركة هواوي فإنها لم تشهد التنفيذ الضعيف أو التوهان خلال نموها السريع، كما أن "روح الذئب" الجادّة في شركة هواوي قد تم تنفيذها وتعميمها بسبب نظام الشركة الصارم وتفاني موظفي الشركة.

2. "نظام التوجيه المهني" في شركة هواوي

هناك قصة منشورة في مجلة هواوي الداخلية المسماة "أهالي هواوي":

أثناء إنتاج دائرة QCC (قطعة غيار للسيارات)، اكتشف أحد العمال أن إنتاج هذا قطع الغيار يعاني من مشكلة اللدغ، لذا قام بشراء مبرد لإزالة اللدغات على قطع الغيار المعنية، بحيث أصبحت القطع مؤهلة بنسبة 100٪. ومع ذلك، بعد تقاعده، تم فحص العديد من القطع وتبين أنها غير مؤهلة. اتضح أنه لم يبلغ تجربته الخاصة للآخرين.

أثارت هذه القصة تداعيات واسعة في هواوي وجذبت انتباه مدراء هواوي. حيث أدرك موظفو هواوي ومدراءها من خلال هذه القصة أنه من الضروري بالنسبة إلى هؤلاء الموظفين الجدد الذين يفتقرون إلى الخبرة والمهارات العملية العثور على "أستاذ".

هناك كلمة شائعة في التعامل مع المعلمين في اللغة الصينية وهي تسميتهم بـ"الأستاذ". حيث يمكن للموظفين الجدد الاندماج في الشركة بشكل أسرع وأفضل من خلال توجيه المعلمين، الأمر الذي سيؤدي إلى زيادة قدرة الفريق في الوقت المناسب.

إذن، لماذا يحتاج الموظفون الجدد إلى إيجاد "أستاذ"؟ أعتقد أنه لا حاجة إلى تفسير السبب. لأن الشركة تشبه الغابة، حيث يطبق قانون الغابة؛ إذا كنت تريد العثور على طريقة سريعة للنجاة في الغابة، سيكون الدليل مفيدًا للغاية. يمكن للأفراد الذين يمتلكون الخبرة أن يخبروك بجميع المسارات المرئية والخفية، وأن يرشدوك إلى تجنب الخطر المحتمل في الرمال المتحركة.

ربما لا توافق على هذا الرأي، ولكن عندما تسمع قصة موظف يحمل درجة ماجستير

في إدارة الأعـمال في هـواوي، سـتفهم السـبب وراء ذلـك بسرعة.

الفقرة التالية هي قصة رواها أحد موظفي شركة هواوي عن تجربته الخاصة:

في الأسـبوع الأول مـن العمـل في شركـة هـواوي، عينـت الشركـة أسـتاذا لي، وكان شريـك عمـل جيـد يبلـغ مـن العمـر 40 عامًا. ذات مـرة، تناولنـا الغـداء معـا في المطعـم، وكنـا جالسـين لمناقشـة أعـمال الشركـة وكيـف يمكننـي التكيـف مـع وظيفتـي بشـكل أسرع. كان ذلـك الحديـث الـذي اسـتمر لمـدة 45 دقيقـة لطيفـا جـدا، حصلـت مـن خلالـه عـلى كميـة هائلـة مـن المعلومـات. ولكـن منـذ ذلـك الحـين، لم أتمكـن مـن لقائـه إلا مـرة واحـدة، وكان اللقـاء قصيراً جـدًا، لذلـك لم تكـن هنـاك فرصـة لي أن أطلـب منـه المزيـد مـن النصائـح. ونتيجـة لذلـك، كنـت في حـيرة كاملـة لعـدة أشـهر، وكانـت نتائـج عمـلي سـيئة للغايـة. فقـط عندمـا انتهـى هـذا الأسـتاذ مـن عملـه المهـم وتحـدث معـي، أصبـح واثقـاً ومطمئنـا، وأصبـح عمـلي أيضـاً أكـثر سلاسـة بعـد ذلـك.

لذلـك، يجـب أن نتعلـم كيفيـة الاسـتفادة مـن تجربـة الآخريـن عندمـا تتـاح لنـا الفرصـة. وحـاول العثـور عـلى شـخص ذو خـبرة يعمـل بالقـرب منـك ليكـون أسـتاذك. بهـذه الطريقـة، يمكنـك أن تتطـور بشـكل أسرع.

تـم إدخـال نظـام التوجيـه الخـاص بشركـة هـواوي لجميـع الموظفـين في جميـع جوانـب العمـل. ليـس لـدى الموظفـين الجـدد أسـاتذة فقـط، لـدى الموظفـين القدامـى أسـاتذتهم أيضـا. لم يتـم تطبيـق "نظـام التوجيـه المهنـي" عـلى خطـوط الإنتـاج فقـط، بـل في مجـال البحـث والتطويـر والتسـويق وخدمـة العمـلاء والإدارة واللوجسـتيات.

يعتقـد رن تشـنغ في أن جميـع الموظفـين بحاجـة إلى الحصـول عـلى توجيـه "فـرد إلى فـرد" مـن أسـاتذتهم ليطـوروا أنفسـهم بشـكل أسرع. تتبنـى شركـة هـواوي العديـد مـن الإجـراءات للتأكـد مـن إمكانيـة تنفيـذ "نظـام التوجيـه المهنـي" بالكامـل.

قبـل أن يتـولى الموظفـون الجـدد مناصبهـم، تقـوم الشركـة بتعيـين أسـتاذ لهـم بشـكل مسـبق. لـذا، عندمـا يأتـون للعمـل في اليـوم الأول، يمكنهـم الحصـول عـلى جميـع التوجيهـات مـن أسـاتذتهم. خـلال تدريـب الموظفـين الجـدد في شركـة هـواوي، تـم تعيـين مـدرب إيديولوجـي في المعسـكر التدريبـي الأول؛ وفي معسـكر التدريـب الداخـلي الثـاني، تـم تعيـين مـدرب فنـي لضـمان توجيـه شـامل خـلال العمليـة بأكملهـا.

خـلال هـذه الفـترة، مـن دون مناسـبات اسـتثنائية، لـن تغـير شركـة هـواوي بسـهولة نظـام "التوجيـه المهنـي". حتـى أن الموظفـين ذوي الخـبرة يجـب أن يلتزمـوا بالنظـام وكان ذلـك أحـد شروط تقييـم ترقيـة موظفـي هـواوي. وبهـذه الطريقـة، حطمـت شركـة هـواوي حواجـز "السـلطة"، مـما ضمـن تنفيـذ نظـام التوجيـه في جميـع أنحـاء الشركـة بأكملهـا.

لا تقتصر مسؤوليات الأستاذ في شركة هواوي على "التدريس والمساعدة والتوضيح" في الشؤون التجارية والفنية فحسب، بل تشمل أيضًا التوجيهات في طريقة التفكير والمعيشة، وذلك من أجل حل المشاكل الأيديولوجية والعاطفية للموظفين لتمكينهم من تحقيق توازن جيد بين العمل والحياة.

من خلال مجموعة متنوعة من التدابير الفعالة، حيث يتمتع موظفو هواوي الجدد بفرص أكبر لإتقان مهاراتهم المعرفية والمهنية، مما يسمح لهم بالتطور سريعا ليصبحوا خبراء.

إن نظام التوجيه لجميع الموظفين هو نظام ناجح في شركة هواوي، لكن إذا كنت ترغب أن يكون "نظام التوجيه" الخاص بشركتك فعالاً مثل نظام شركة هواوي، فيجب على المدراء والموظفين أن يهتموا بمشكلتين رئيسيتين في إدارة النظام.

المشكلة الخطيرة الأولى هي: أن الموظفين القدامى غير مستعدين لتعليم الموظفين الجدد. لأن الموظفين القدامى يميلون إلى الاعتقاد بأن المعرفة والخبرة هما من أدوات البقاء في الشركة، فبمجرد أن يتقن الموظفون الجدد كل شيء، سيحتلون مكاناتهم ويفقدونهم وظائفهم. لذلك عندما يقوم الموظفون الجدد بسؤالهم عن شيء، فإنهم يتخذون موقفا يقظا ولا يرغبون في تعليمهم.

لذا، فإن المدراء بحاجة إلى إقناع وتوجيه كبار الموظفين بشكل جيد وجعلهم يدركون أن الهدف الحقيقي للشركة هو عدم السماح للقادمين الجدد باستبدال الموظفين ذوي الخبرة ولكن لتمرير أسلوبهم وخبرتهم للموظفين الجدد. كما يجب على المدراء تطبيق نظام معين من المكافآت والعقوبات ووضع أمثلة جيدة لتشجيعهم على أخذ زمام المبادرة في تدريب الموظفين الجدد.

وفي الوقت نفسه، يجب على الموظفين الجدد إظهار إخلاصهم وامتنانهم في المقابل. لا تدع كبار الموظفين يشعرون بأنهم يهدرون جهودهم ونواياهم الحسنة من أجل لا شيء. طالما تم إيصال موقفك إلى كبار الموظفين، فسيكون من الطبيعي أن يأخذوا زمام المبادرة في تعليمك وإرشادك للعمل.

المشكلة الثانية هي عكس الأولى تماماً - فالموظفون الجديد غير مستعدين للتعلم من الموظفين القدامى. لماذا؟ يرجع ذلك إلى أن بعض الموظفين الجدد متمردون، وهم غير راغبين في تلقي الأوامر من الموظفين القدامى، لذلك يحاولون في كثير من الأحيان معرفة الأشياء بأنفسهم.

ويرجع ذلك أيضا إلى أن بعض الموظفين الجدد يشعرون بأن الاستفادة من خبرة

الموظفين القدامى يشبه السير على نفس الطريق بشكل متكرر دون أي ابتكار. علاوة على ذلك، فإن تلقيهم التوجيه من قبل الموظفين القدامى طوال اليوم يجعلهم يشعرون بأنهم معتمدين، وغير حاسمين، وغير راسخين، مثل الآلات تماما.

نحن نحاول تجنب طريقة التفكير هذه ومساعدة الموظفين الجدد التعرف على فوائد التعلم من الموظفين القدامى، وذلك يوفر لهم اختصارات لحل المشاكل وطرق أكثر سهولة لتحقيق التحسين الذاتي.

3. تطوير الذات من خلال الممارسة

هناك طريقتان لتطور الفرد: الأولى من خلال القراءة المكثفة التي من خلالها يمكن تراكم المعرفة والخبرة؛ والأخرى هي التحسين الذاتي باستمرار من خلال الممارسة الخاصة والخبرة، كما يقول المثل "تأتي المعرفة الحقيقية من الممارسة".

وقد مر معظم الموظفين في شركة هواوي بسنوات طويلة من الدراسة عندما كانوا طلاب أتقنوا قدرا كبيرا من المعرفة النظرية، لأنهم جميعا مواهب من الدرجة الأولى. ولكن من وجهة نظر رن تشنغ في أن الموهبة الحقيقية يجب اختبارها في الممارسة الحقيقية، والتي من خلالها سوف يدركون أوجه القصور الخاصة بهم وإجراء المزيد من التحسينات.

قال رن تشنغ في ذات مرة: "إن الممارسة هي أساس التحسين الذاتي. فهي تكشف عن أوجه القصور وتساعدك على معرفة ما يجب تحسينه. الممارسة والممارسة مرة أخرى، وهذا أمر مهم بشكل خاص للطلاب الشباب. كن بارعا في إجراء التحليلات النظرية والملخصات حول الممارسة، وعندها فقط يمكنك تحقيق التحسينات المميزة. وهناك قول مشهور بأن شركة بدون سجل ستفشل في نهاية المطاف. يا لها من نصيحة قيمة! لن يكون لدى أي شركة سيئة أو أي فرد سيئ في التعلم من الخبرة أي مستقبل واعد. ومن أجل الاستجابة لدعوة رن تشنغ في لـ"التحسينات المستمرة من خلال الممارسة"، تطلب شركة هواوي من موظفيها الجدد تلقي التدريب والدروس من القاعدة الشعبية. حيث يوضح البند الـ72 من القانون الأساسي لشركة هواوي بوضوح ما يلي: "يحتاج مدراؤنا الرئيسون لتغيير مواقعهم. فأولئك الذين لا يمتلكون خبرة في الوحدات المعنية، لا يمكن تعيينهم كمدير قسم. وأولئك الذين لم يعملوا في القاعدة الشعبية، لا يستطيعون تولي منصب فوق رئيس إدارة." من الواضح أن شركة هواوي تولي أهمية استثنائية بالخبرة العملية.

في سبتمبر2009، تخرج تسنغ هاو (اسم مستعار) من إحدى الجامعات وأصبح رسميًا عضوًا في شركة هواوي. ومع ذلك، لم يتم تعيينه في منصب هام كما كان متوقعًا، حيث تم تعيينه في قسم دعم التقنية اللاسلكية، الذي كان بمثابة وحدة الخط الأمامي التي توفر الدعم الفني لمنتج GMSC35 الجديد. كان عمله بسيطًا جدًا: اختبار عمليات الفحص، ودعم القطع الفوري، وإصلاح المشكلة عن بُعد. مما جعله يشعر بالإحباط في بداية الأمر، ولكنه ما زال يعمل بجد. وجمع الكثير من الخبرة العملية المباشرة دون إدراك منه.

بعد عام واحد، حصل تسنغ هاو أخيراً على فرصة لإظهار قدراته. حيث بدأت هواوي بترقية شبكة GSM الخاصة بالهاتف المحمول لشركة تشاينا موبايل وأصبح تسنغ هاو المدير العام المسؤول عن تنفيذ مشروع الشبكة بالكامل ودعمه عن بعد. وعلى الرغم من عبء العمل الثقيل والمهام المليئة بالتحديات، كان تسنغ هاو واثقاً جداً من قدراته بسبب الخبرة التي اكتسبها خلال العام الماضي. خلال عام وحد، قدم الدعم لأكثر من 40 مشروعاً كبيراً، ولعبت المعرفة التي تعلمها في الجامعة دورها في نهاية المطاف.

وبسبب أدائه المتميز، أصبح تسنغ هاو مهندس دعم فني للمنتجات اللاسلكية ومدير منتج GSMNSS المحلي بعد ثلاث سنوات فقط من انضمامه إلى شركة هواوي. وفي السنة الرابعة، تم نقل تسنغ هاو إلى فرع الشركة في بكين لتولي منصب رئيس قسم التكنولوجيا في مشروع الشبكة المزدوجة للمسافات البعيدة المتنقلة.

لو لا الخبرة العملية المباشرة، لما استطاع تسنغ هاو من تطوير نفسه من فني عادي إلى خبير فني في شركة هواوي في غضون أربع سنوات، ليصبح فيما بعد المدير العام المسؤول عن ترقية شبكة GSM الخاصة بالهاتف المحمول لشركة تشاينا موبايل.

من أجل تشجيع الموظفين الجدد الذين ما زالوا "يعانون" من الممارسات اليومية، قال رن تشنغ في إن "الممارسة تُغير الأفراد كما أنها تخلق جيلاً من موظفي شركة هواوي. هل تريد أن تصبح خبيراً؟ عليك أن تبدأ كعامل. حيث أصبح ذلك ممارسة شائعة معروفة في الشركة. وبعد العمل لمدة أسبوع واحد في الشركة، سيدرك جميع الأشخاص الحاصلين على درجة الدكتوراه أو الماجستير أو درجة البكالوريوس أن أمجادهم السابقة أو إنجازاتهم التي حققوها في الصين لم يعد لها أي معنى، وتم تعيين الجميع وفقًا لمواهبهم وقدراتهم الفعلية. هذا وقد قبلت هذه الممارسة من قبل غالبية موظفي هواوي. آمل أن تقبل كل التحديات القادمة، وأن تستمر في التقدم بشجاعة لا تلين. بعد كل شيء، كيف يمكن للمرء أن يصبح موهبة دون أن يعاني من الصعوبات؟"

أشار رن تشنغ في ذات مرة إلى أن "الخبير الحقيقي يأتي من القاعدة الشعبية". على الرغم من أن الفرد أتقن المعرفة النظرية، ولكن إذا لم يقم بأعمال أساسية، فلن يساهم ذلك في تطوره بسرعة وبالتالي قد ينتهي به الأمر كـ"خبير زائف".

لذلك، قام رن تشنغ في بتشجيع بعض المدراء الكبار وذوي المستوى الرفيع على النزول إلى القاعدات الشعبية للشعور بمعاناة الموظفين الجدد والحصول على المزيد من الخبرة الإدارية وأن يصبحوا خبراء من خلال الممارسة.

في وقت لاحق، كتب رن تشنغ في في مقالته بعنوان "السعي وراء الاحتراف، كن خبيراً جيدًا":

"في الماضي، كان لدينا بعض التحيز وسوء الفهم في تربية الخبراء. كنا نعتقد أن المقر كان مهد الخبراء. كان السبب مقبولا وبسيطا حيث أن: المقر كان مليئاً بالمصادر الوافرة ويتمتع بآفاق واسعة ويقترب من مركز البحث والتطوير. لذلك، فإن العمل في الوحدات الأساسية لوقت طويل أصبح عذراً طبيعياً للكثير من الناس لشرح تدهورهم التكنولوجي ونقصهم من كفاية المعرفة. بالطبع، هناك حقيقة معينة في مثل هذا الاعتقاد، ولكن ليس بالضرورة أن تكون متأصلة ويمكن أن تضللنا بسهولة لتجاهل أهمية تلك الممارسة المطلوبة في تدريب الخبراء. وكما علّق أحد العملاء مرة على موظفينا الفنيين: "يمكن لبعض الخبراء أن يشرحوا بوضوح أنواع الألياف البصرية ولكن كانوا مرتبكين بشأن عملية اللحام الخاصة بها. كانوا يعرفون قيمة استهلاك الطاقة للمعدات ولكن ليس لديهم فكرة حول البطارية التي يجب أن يوصوا بها. لقد تحدثوا عن العمليات التجارية بشكل واضح، لكنهم لم يذهبوا إلى مكتب أعمال المشغلين على الإطلاق."

"من المهم جدا أن يتمتع الخبير الحقيقي بالخبرة في الوحدات الأساسية. في الحقيقة أن أفضل المعارف والخبرات تأتي من عملائنا. يجب أن يأتي الخبير من الوحدات الأساسية ويعود إليها، فهو بحاجة إلى فحص وتعديل المعايير المهنية باستمرار من خلال الاتصالات والتواصل مع العملاء من أجل تجنب أن يصبح خبيراً زائفًا."

اقتنع رن تشنغ في بأن المعرفة الحقيقية تأتي من الممارسة، وأنه لدى موظفي هواوي ما يكفي من المعرفة النظرية. ولكن فقط إذا تمكنوا من وضعه موضع التنفيذ، فإنهم قادرون على تحقيق اختراق وتصبح موهبة بمعنى حقيقي. أثبتت الحقيقة أن وجهة نظر رن تشنغ في صحيحة. في هواوي، فقط أولئك الذين يتوقون إلى ممارسة جيدة واستخلاص الدروس من التجارب السابقة، يمكن أن يدركوا ما هي المشكلة الحقيقية ويكتشفون سببها. وبعد تصحيح أنفسهم في الوقت المناسب، سرعان ما ينمو إلى أصول قيمة للشركة.

قبل مايو 2007، عمل جيانغ يي مين (اسم مستعار) في معهد أبحاث معين لشركة هواوي. على الرغم من أنه كان مسؤولاً عن تطوير المنتجات، لم يكن لديه أي فكرة عن كيفية وضع المنتج في تطبيقه النهائي. لذا، كان جيانغ يي مين مشغولًا بدراسة جميع الاختبارات خلال النهار، وفي اليل انغمس في الكتب لدراسة الحالات ذات الصلة، ثم أعاد كتابتها وفقًا لأفكاره الخاصة.

في وقت لاحق، ذهب جيانغ يي مين إلى مكان معين للمشاركة في إطلاق أول شبكة تجارية لمشروع V. وخلال اختبار القبول، فشل الجميع في الجمع بين حركة الصوت ونقل البيانات. بينما كان الجميع في حيرة، كان جيانغ يي مين يتذكر حالة واحدة كتب عنها قبل ذلك، ثم فجأة استنبطها وحل المشكلة بسرعة. هذا الشيء جعله يتذوق حلاوة استخلاص الدروس من الحالات السابقة لأول مرة.

في عام 2009، جاء جيانغ يي مين إلى مكتب في الخارج كان يُعرف بأكثر منطقة برودة في العالم. حيث وصلت درجة الحرارة في الهواء الطلق في النهار إلى 30 درجة مئوية تحت الصفر. وفي هذه البيئة المتجمدة، كان جيانغ يي مين لا يزال يصر على تسجيل كل عملية بالتفصيل كلما ذهب لحل مشكلة. وبعد عودته إلى المحطة الأساسية، قام بتلخيص القضايا المهمة في هذه الحالة ونشرها على موقع الشركة الإلكتروني. وسرعان ما تحول من "المبتدئ" الذي لم يكن يعرف شيئًا عن تقنية الجبهة الأمامية إلى "الخبير" وكان يقدّره قادته للغاية.

تدل قصة جيانغ يي مين بشكل كامل كلمات رن تشنغ قال فيها "إن استخلاص الدروس من التجارب السابقة سيساعد المرء على إجراء تحسينات مهمة".

كما أثبتت تجربة بعض الأشخاص الناجحين جداً أن أولئك الذين عانوا ونجوا من ممارسات حقيقية يميلون إلى أن يكونوا أكثر هدوءاً وقادرين على اتخاذ تدابير فعالة في مواجهة الصعوبات، وعندما يكونون في المنافسة مع أخصامهم، يكون هؤلاء مفعمين وروح الكفاح والقتال وهو شرط ضروري ليصبح الفائز النهائي.

4. يرجى الانتباه! فأنت أيضا المدير

في الوقت الحاضر، يسيء الكثير من الموظفين فهم موقعهم، فهم يعتقدون أنهم مجرد عمال، لذا فهم لا يهتمون بالموارد اللازمة للعمل. ونتيجة لذلك، فهم في الغالب ذوو كفاءة منخفضة بغض النظر عن مقدار الجهد الذي يبذلونه، ولا يستطيعون تحقيق أداء جيد نسبيا.

العديد من الموظفين الجدد يمتلكون الحماسة ولكنهم يفتقرون إلى الخبرة في العمل. وطالما أن هناك مهمة تم تعيينها لهم من قبل رؤسائهم، فإنهم سيشمرون عن أكمامهم ويبدأون في العمل على الفور دون أن يهتموا بما كان توجد خطة أم لا. وخلال تنفيذ المهمة، تبدأ المشاكل بالظهور. فهم يجدون أنهم فقدوا شيء ما أو أن شيئا ما قد تم تحضيره بلا كفاءة. ونتيجة لذلك يصبح بعض الموظفين قلقين وبعضهم يهرع إلى الشركة من أجل اقتراض الأشياء، وبهذه الطريقة، قد أضاعوا وقتهم وطاقتهم مما يجعل كفاءتهم في العمل غير مرضية.

عندما يواجه الناس مثل هذه الحالات، فإنهم يميلون إلى الشكوى من أنهم لا يتمتعون بدعم مناسب في العمل، أو أن موهبتهم لم تلعب دورها بشكل كامل. ومع ذلك، بهذا السبب، يجب عليهم التوقف عن النظر بعناية إلى أنفسهم، ومعرفة ما إذا كانوا قد استفادوا من جميع الموارد المتاحة. فعندما يقوم الناس بتخصيص الموارد واستخدامها بطريقة حكيمة، يمكن أن يصبحوا محترفين في عملهم.

فيما يتعلق بالعمل، تطلب شركة هواوي من جميع موظفيها أن لا يعتبروا أنفسهم منفذين للعمل فقط، بل المدراء الذين يمتلكون حس الإدارة في أذهانهم. فقط عندما يتعلم الشخص كيفية إجراء الترتيب بشكل شامل ومعقول، يمكن أن يصبح ذلك الشخص منفذًا فعالاً.

وقد قام أحد مديري المشاريع في شركة هواوي بتلخيص مختلف الصعوبات التي واجهها في تنفيذ المشاريع، حيث وجد أن تخصيص الموارد وتنسيق الموظفين لهما أهمية خاصة.

بصفة عامة، عادة ما يستغرق المشروع سنة ونصف سنة من طلب المشروع حتى الانتهاء منه. خلال هذه الفترة، يحتاج المرء إلى تنسيق أعضاء فريق المشروع الذين عادة ما يأتون من مختلف الأقسام لإتمام المشروع.

إن إحدى الصعوبات الكبيرة التي تواجهها شركة هواوي في مجال البحث والتطوير هي كيفية تحقيق الإدارة الفعالة للأعضاء الذين تم تجميعهم من المقر الرئيسي ومؤسسات الأبحاث المختلفة أثناء عملية تطوير المنتج. يجد ممثلو مختلف المجالات أنهم بالكاد لا يستطيعون التواصل والتعاون مع بعضهم البعض، وحتى أن انعقاد مؤتمرًا عبر الهاتف يبدو صعبًا. وفي الوقت نفسه، لا يكون الممثلون على دراية بالمنتج، ويجب أن يهتموا بالكثير من المشاريع وعادة ما يكونوا مشغولين جدا، لذا فهم يتركون المشروع بالكامل إلى مدير المشروع.

وغالباً ما يواجهون صعوبات في توظيف موارد المشروع. على سبيل المثال، يأمل قسم البحث والتطوير في تسريع العملية، ويريد قسم المشتريات التحكم في التكاليف، ولا يهتم قسم الصيانة إلا بالتثبيت السهل. إذا فشلنا في تحقيق التوازن بين مختلف مجالات العمل، فإننا نجد أنفسنا في حالة من الانقسام وبالتالي نترك أنفسنا تحت ضغط كبير من الجدول الزمني.

هذا هو الوضع الشائع للبحث والتطوير في مجال الاتصالات، ولكن بالنسبة للشركات التي تسعى لتحقيق كفاءة عالية، فإن مثل هذا السلوك غير مقبول. فكيف يمكننا حل هذه المشكلة؟ عند تطبيقها على شركة هواوي، يجب على الموظفين في شركة هواوي تكوين قدرة قوية وأخذ زمام المبادرة في توظيف الموارد للحفاظ على التطوير المستمر للمشروع.

وهكذا، يمكننا أن نرى أننا لسنا مجرد عامل في الشركة ولكننا أشبه بمدير. نحن بحاجة إلى الاهتمام بالموارد وإدارتها والحصول على الدعم الكافي لعملنا، لإكماله بشكل مرضٍ.

دعونا نأخذ سلسلة متاجر Whole Foods في أمريكا كمثال. حيث تمتلك هذه الشركة 194 متجرًا ويبلغ حجم مبيعاتها السنوية ما يقرب من 6 مليارات دولار أمريكي. إذا حسبنا الربح لكل متر مربع، فإن سلسلة متاجر Whole Foods هي المتاجر الأكثر ربحًا في مجال المواد الغذائية في الولايات المتحدة.

كيف تحقق هذه الشركة ذلك؟ تطلب الشركة من كل عضو في الفريق أن يكون مديرًا وأن يمتلك السلطة في اتخاذ القرار في تعيين أو إقالة أعضاء فريقه وتقديم أصناف مختلفة من المنتجات، وما إلى ذلك. بهذه الطريقة، يشعر الموظفون بأنهم يديرون أعمالهم الخاصة على نطاق صغير، لذلك فهم يقومون بدراسة شاملة وترتيبات شاملة مناسبة لجميع الموارد.وبطبيعة الحال، فإن كفاءة العمل لديها أعلى بكثير من غيرها.

وفي واقع الأمر، يولي موظفو هواوي اليوم اهتمامًا متزايدًا لإدارة الموارد. فمن خلال استعراض مسار تطوير هواوي، يمكننا أن نجد أن هناك تغييرًا كبيرًا في الشركة: الآن، حيث يمتلك معظم موظفي هواوي إحساسًا بالوعي بالموارد والقدرة على تخصيصها.

تزود شركة هواوي موظفيها بأفضل دعم تقني والشركاء المتعاونين والأساتذة ومعدات التطوير المتقدمة. فمن خلال منصة التطوير المليئة بالموارد المفيدة، يمكن للموظفين تحويل أحلامهم إلى حقيقة. وهذا أحد الأسباب التي تجعل الكثير من الناس يرغبون في العمل في شركة هواوي.

كـما يوجـد مجموعـة كبـيرة مـن الباحثـين الذيـن يعملـون في مجـال التنميـة في مركـز البحـث والتطويـر بشركـة هـواوي. فالشركـة عـلى استعداد لدفـع مبالـغ كبـيرة مـن أجـل تطويـر المنتجـات. حتـى في المراحـل المبكـرة للشركـة عندمـا كانـت تقـوم بتطويـر منتـج C&C08، لم يكـن تدفـق رأس المـال في هـواوي كافيًـا، إلا أن رن تشـنغ في كان يفضـل تخصيـص المـوارد للتحديـات المهمـة بشـكل خـاص واسـتثمار قـدر كبـير مـن رأس المـال في تطويـر المنتـج. وقـد تـم تجهيـز مركـز الأبحـاث التابـع لهـا بمحلـل منطقـي ومذبذبـات رقميـة وأجهـزة النـداء التناظريـة والأدوات الأخـرى التـي كانـت قيمتهـا أكـثر مـن مليـون يـوان صينـي. بفضـل الجهـود المكثفـة والمستمرة عـلى تخصيـص المـوارد المفيـدة في تطويـر منتـج معـين، ومكنتنـا مـن النجـاح في C&C08، مـما وضـع الأسـاس لتقـدم هـواوي الواعـد مسـتقبلاً.

كعامـل، لا يمكننـا الانتظـار بشـكل سـلبي ليقـوم رؤسـائنا بتخصيـص المـوارد ودفعنـا للمـضي قدمـا. ذلـك سـيجعلنا نفقـد السـيطرة عـلى عملنـا. فينبغـي علينـا أن نأخـذ زمـام المبـادرة وأن نطـور خطـة تخصيـص المـوارد الخاصـة بنـا، وأن نؤكـد مـع الآخريـن مـا إذا كان بإمكاننـا الاعتـماد عـلى مسـاعدتهم أم لا في الأشـياء التـي تحتـاج إلى التعـاون معهـم.

إذن، مـا هـي المـوارد التـي يجـب إدارتهـا؟ إن المـوارد التـي سـنقوم بمناقشـتها لا تقتـصر عـلى ظـروف العمـل الماديـة، بـل تشـمل جميـع المـوارد البشريـة والماديـة. حيـث تشـمل الموظفين والقـادة والزمـلاء والمرؤوسـين وخدمـة العمـلاء والمورديـن ومعـدات العمـل والمـواد عـلى وجـه الخصـوص.

لذلـك، بعـد تلقينـا مهامنـا، نحتـاج إلى تطويـر عـادة تخطيـط المـوارد. عـلى سـبيل المثال: لمـن سـنقدم تقريـراً ونطلـب الاستشـارة في العمـل؟ كيـف نحصـل عـلى موافقـة؟ مـع مـن سـنتصل بـه ونقـوم بالتنسـيق معـه مـن أجـل العمـل؟ مـا هـي المـوارد الفنيـة المتعلقـة بالعمـل؟ مـا هـي القنـوات المتاحـة؟ أيـن يمكـن الحصـول عـلى المـواد الأساسـية وكيـف يحصـل الأفـراد عـلى هـذه المـواد في أماكـن عملهـم؟ مـا هـي حالـة المعـدات المختبريـة ومـا هـي البيئـة؟

كل مهمـة لهـا متطلبـات مختلفـة مـن المـوارد، لذلـك نحـن بحاجـة إلى تخصيـص المـوارد بشـكل صحيـح وفقـا لمتطلبـات العمـل. وفي الوقـت نفسـه، يجـب أن نتبـع وضـع التزويـد بالمـوارد وفقـا لتقـدم العمـل خـلال تنفيـذ العمـل، وأن نتعلـم كيفيـة متابعـة العمـل إذا لـزم الأمـر. فقـط عـن طريـق أخـذ المبـادرة في تأمـين وتطبيـق المـوارد المطلوبـة في العمـل، ومعالجـة المشـاكل الرئيسـية في الحصـول عـلى موافقـة مـن الأطـراف المعنيـة، يمكننـا الحصـول عـلى الأولويـة في تخصيـص المـوارد.

ذات مـرة، أشـار أحـد الموظفـين القدامـى في شركـة هـواوي إلى أن العديـد مـن موظفـي

البحث والتطوير كانوا مشغولين بتسليم المنتجات الخاصة بهم، وكانوا يقومون بتأجيل طلبات الزملاء الآخرين التعاونية بشكل متكرر. من ناحية النظرية، فيما يتعلق بالتعاون، يجب على المرء أن يتعاون مع الآخرين، ولكن في حقيقة لن تترك كل تلك الجهود المبذولة في مساعدة الآخرين أثرا على أداء الفرد الذي قدم اللمساعدات، لذلك يقوم العديد من الأفراد باستخدام الحيلة لإبعاد أنفسهم عن المشاكل دون أن يشتكيهم الزملاء. أولا، يقومون بالادعاء أن الخطة غير مجدية من الناحية الفنية. لم يهتموا بما إذا كان بإمكان الآخرين القيام بذلك أم لا، طالما أنهم لن يطلبوا منه القيام بذلك. ثانياً، إذا لم يتمكنوا من التملص من ذلك، فإنهم يكذبون بشأن أعباء العمل الثقيلة، ويخبرون الآخرين بأن لديهم عدداً هائلاً من المهام في متناول اليد. إذا لم يكن هناك أي طريقة للتخلص من الطلب، فسيقومون بتأجيله فقط، ويخبرون الآخرين أن لديهم مشروعًا آخر جاريا، لذا يضطر زملائهم للانتظار. إذا لم يتمكنوا من الانتظار كل هذا الوقت، سيكون عليهم التفكير في طرق أخرى للمضي في مهمتهم.

إذن، علينا أن ندرك أننا سنكون على اتصال بالعديد من الأشخاص من مختلف الإدارات، ولأنه لا يوجد علاقات إدارية مباشرة، في كثير من الأحيان، بعض أعمال التنسيق ممطولة أو تم إجراؤها بطريقة غير سليمة. وهذا أمر شائع جداً في العديد من المجالات الأخرى. إذا كنا لا نعرف كيفية التخلص منه من مختلف الجوانب ومعالجة صعوبات المشاكل الرئيسية، وغالباً ما يكون من الصعب القيام بالمهمة بشكل جيد. لذلك، نحن بحاجة لمعرفة كيفية إدارة الموارد وتنسيق العلاقات بين الأشخاص. كما أنه يجب علينا أن نضع أنفسنا مكان الآخرين عندما نتعاون معهم، ونتعامل معهم بالطريقة التي نود أن نتعامل بها. نحن بحاجة للتخلص من مفهوم الإدارة وأن نولي أهمية أكبر للوضع العام، وندعم بعضنا البعض لخلق وضع مربح للجانبين.

5. اختيار المهام السهلة أولاً

إن البدء بالأشياء الأكثر سهولة وبساطة يبني ثقتنا في تحقيق أهدافنا، وهو أمر مفيد للغاية في العمل.

نحن جميعا على دراية برفع الأثقال. كما أننا نعجب برفع الأثقال بقوة غير عادية. ولكن كيف يمكن لأولئك أن يتمكنوا من رفع هذه الأوزان الثقيلة؟

في المرحلة الأولى من تمرين رفع الأثقال، يبدأ اللاعبون عادةً بالوزن الذي يمكنهم تحمله، ثم بعد فترة معينة من التدريب، يزيدون الوزن تدريجيًا. هذه العملية التدريبية تنطبق أيضا على الملاكمة. حيث يقوم مدير الملاكمة المؤهل دائماً بترتيب خصوم يسهل ضربهم من قبل ملاكمه في المرحلة الأولى من تدريباته، ثم يعثر له على بعض المنافسين الأقوياء تدريجيا.

لقد أثبتت الحقائق أن "اختيار المهام السهلة أولاً" هي في الواقع طريقة عمل فعالة. وهي ليست طريقة للمراوغة أو الانتهازية، لأنه بعد أن يكتسب الشخص عددًا معينًا من الإنجازات، سيعمل بشكل طبيعي على بناء الثقة بالنفس: "أنا قادر على تحقيق الهدف". ثم سيكون هذا الشخص أكثر مقاومة للتغلب على الصعوبات في المستقبل. كما تعتبر هذه العملية عملية التحسين التدريجي، حيث نبدأ بأشياء سهلة ونمهد الطريق نحو الأصعب، كما أننا أصبحنا من خلال هذه العملية أكثر دراية بعملنا. لذلك حتى عندما نواجه ظروفًا صعبة بشكل متزايد، لا يزال بوسعنا التعامل معها بطريقة هادئة ومكتسبة ذاتيًا.

وعلى العكس من ذلك، إذا بدأت من الأمور الصعبة، فمن السهل جدا أن تفشل. على سبيل المثال، إذا كنت تفوض مهمة صعبة لبعض الموظفين الجدد الذين انضموا للتو إلى الشركة الاستشارية، فإنه لن يتمكن من حل المشكلة في الحال. ولن يتمكن من فعل ذلك إلا بعد أن يجمع خبرة كافية، تمكنه من إكمال المهمة بنجاح.

هذا هو السبب في أن تراكم الخبرة لكل موظف جديد في مجال معين من مجالات العمل يبدأ دائماً من الأمور التي هم أكثر ثقة بها. كما خلال قيامهم بالأعمال التالية، يميلون أيضًا إلى اختيار أسهل المهام للبدء بها.

ومع ذلك، لا يعتقد الجميع أن البدء من أبسط وأيسر الأمور للتعامل معها هو الخيار الأمثل، لا سيما لأولئك الموظفين الجدد الذين تخرجوا للتو من الجامعات. فهم غالباً ما يكونون أكثر ثقة في أنفسهم، ومتسرّعين وطائشين جدا. وبسبب حرصهم على أن يصبحوا متميزين بين أقرانهم، فإنهم يريدون دائماً تحقيق "مهمة ذات قيمة" بدلاً من العمل في مهام عادية.

ظل رن تشنغ في يطلب من موظفي هواوي التركيز على واجباتهم ومسؤولياتهم الخاصة من خلال مواقف واقعية. حيث قال ذات مرة: "يجب على المرء التركيز على كيفية القيام بعمله بشكل جيد. إن التمسك بتلك المثل العليا النبيلة أمر خاطئ. إن التركيز الجيد على عملك هي أهم شيء بالنسبة للموظف. وهذا أحد جوانب ثقافة شركة هواوي."

في ذلك الوقت، كان موقف رن تشنغ في تجاه خبير صيانة منتجات شركة هواوي هو: "إنه لأمر عظيم أن تكون خبير الصيانة الذي يكون هدفه مساعدة شركة هواوي على الاحتفاظ بمكانتها لمدة لا تقل عن 20 عامًا."

يدرك رن تشنغ في تمامًا أن النجاح لا يتحقق بين عشية وضحاها. إن السبب وراء نجاح العديد من العلماء والكتاب والفنانين هو أنهم بدأوا من الأعمال الأكثر بساطة وتراكموا الخبرات تدريجيا. وبالنظر إلى تاريخ الولايات المتحدة، منذ الثورة الصناعية في عام 1750، مرت البلاد بعشرات الأجيال من الناس الذين بذلوا جهدا لتحقيق هذه الصناعة المتطورة الآن. لقد عانوا من مائتي سنة من الشعور بالوحدة من أجل تحقيق ذلك.

لذلك، نحن بحاجة إلى العمل بموقف واقعي، بحيث لا نتجاهل دائمًا القضايا الصغيرة تحت شعار المثل العليا العظيمة. كان هناك تعليق كلاسيكي قدمه تشانغ روي مين، رئيس مجموعة هاير (Haier)، وتم اقتباسه مراراً حيث قال تشانغ: "ماذا تعني الاستثنائية؟ إنها تعني أخذ الأمور العادية اليومية على محمل الجد والتعامل معها باهتمام إضافي، ثم تصبح غير عاديا واستثنائيا."

كما أن "البدء من الأعمال البسيطة" يحتوي أيضًا على فلسفة عمل أخرى - فتبسيط الأعمال المعقدة يمكن أن توفير وقت الأفراد، مما يجعلهم يعملون على نحو أكثر فعالية وبشكل متتالي ويحققون أهدافهم بسلاسة.

لم يعد مدراء هواوي قلقين بما إذا كان بإمكان موظفيهم إكمال هدف المشروع أم لا الآن، لأنه عندما يواجه موظفو هواوي مهمة بمستوى عالي من الصعوبة، فسوف يقومون بتبسيط المهمة وفقًا لقدراتهم، حتى يتمكنوا من تحقيق الهدف بشكل تدريجي. إن هذه الطريقة الثابتة والمنتظمة للعمل لا تحافظ على استمرارية العمل فحسب، بل تضمن أيضًا استخدام الوقت بطريقة معقولة، مما يحسن كفاءة تنفيذ العمل بطبيعة الحال.

إذن، كيف يقوم موظفو هواوي بتبسيط عملهم؟ هناك طريقتان: الأولى هي جدولة العمل المعقد إلى مراحل مختلفة؛ والأخرى هي تصنيف العمل إلى وحدات مختلفة.

إن جدولة العمل المعقد إلى مراحل مختلفة هو طريقة فعالة لتبسيط العمل من خلال الوحدات النمطية. على وجه التحديد، هو تقسيم العمل المعقد إلى عدة مراحل من التنفيذ. كل مرحلة هي وحدة مستقلة تتعامل مع عملية مختلفة في العمل.

الطريقة الأخرى هي تقسيم العمل الشاق، ألا وهو تقسيم مهمة شاقة إلى عدة أجزاء والتأكد من أن كل جزء هو وحدة عمل بسيطة. وبالتالي، يكون من الأسهل على الموظفين التعامل معه، حتى يتمكنوا من بناء الثقة بشكل تدريجي خلال عملية التنفيذ،

وفي النهاية إكمال المهمة دفعة واحدة.

وبالتالي، فليس من السهل جعل الناس معرفة أهمية البدء من العمل الأكثر بساطة وعادة. عندما تراكمنا قدراً معيناً من الخبرة، سنكون قادرين على تحدي المهام الأكثر تعقيداً وصعوبة من أجل تشجيع إمكاناتنا.

6. تعزيز التواصل لتحقيق ترابط وثيق

علق تـوم بيترز ذات مـرة في كتابـه "شغف التميـز" على الكفـاءة الإداريـة المنخفضـة في الشركات الأمريكيـة قائـلا: "إن المشـكلة الأكبر في عـدم كفـاءة الإدارة الأمريكيـة هـي في الواقع مشكلة بسيطة جـدا، وتكمـن في فقـدان المدراء الاتصال مـع موظفيهم وعملائهم. ما أقصده بالحفـاظ على الاتصال هـو إجـراء محادثـة وتبـادلات وديـة بـدلاً مـن تلك التواصل مـن خلال أجهزة الكمبيوتـر أو الوثائـق المطبوعـة أو اجتماعـات لا نهايـة لهـا." يعـد تعزيـز الاتصال لتحقيـق صلة وثيقة جزءًا لا يتجزأ مـن الإدارة الفعالة.

ذات مـرة، وصـف أحـد الموظفـين في شركـة هـواوي الوضع الـذي واجهـه أثنـاء تنفيـذ المشروع قائـلاً: "في ذلك الوقت كنت مسؤولاً عـن MAP (برنامج تجميع الماكرو)، لذلك كنت واجهـة للعديـد مـن الوحدات الأخرى مثل قاعدة البيانات ومركز الاتصال وإدارة المحمول، وغيرهـا. كـما يعتبر MAP في الأسـاس وحـدة واجهـة. في بدايـة الأمـر، قمنا بتعيـين بعض الواجهات، ولكـن في وقت لاحـق، بـدأت كل وحـدة في إجـراء تغييراتهـا الخاصة التي تختلـف عـن تصميمهـا الأصلي. ومع ذلك، نسي الجميع التواصل مـع بعضهم البعض وإبـلاغ الجميـع بالتغييرات التي قامـوا بهـا. نظـرًا لأن بعـض هـذه البرامـج كانت مكتوبة بواسطة مرؤوسي، لـم يكـن لديهم إحسـاس بتوصيل التحديثـات، بينـما لم أكـن مهتمًا بالتحقـق مـن أي منهـما. ونتيجـة لذلك، عندمـا كنـا نحـاول تجميع كل البرامـج، وجدنـا الكثير مـن المشـاكل، وبالتالي اضطررنـا إلى تعديـل أو إعـادة كتابـة جـزء مـن البرامـج لتجميـع جميـع البرامـج بنجـاح. وقد أضاع هـذا التعديـل شهـرًا آخـر مـن إنهـاء المشروع. الآن لن أرتكب نفس الخطـأ مجـددا. وعلى الجميـع اتباع التصميـم الأصلي بدقة دون إجـراء أي تغيـير. إذا كان لا بـد مـن تغيير شيء مـا، فعليهـم إجـراء تقييـم لبعضهـم البعـض وشرح سبـب ذلك."

إذا قـام جميـع أعضـاء الفريـق بالتواصل مـع بعضهـم البعـض قبـل إجـراء أي تغيـيرات، فإن الحالة التي يكـون فيهـا كل فـرد لـه واجهـة خاصة بـه لا يمكـن أن تحـدث، ولـن يحتـاج

أي شخص إلى قضاء المزيد من الوقت في إجراء التعديلات. إن أحد الأسباب الرئيسية لتأخر العديد من المشاريع أو إعادتها مرة أخرى من جديد في شركة هواوي هو فقدان التواصل الفعال.

يصف المستقبلي الأمريكي الشهير جون نايزبيت التواصل بشكل علني بأنها محور المنافسة المستقبلية للشركات. ويعتقد أن المنافسة المستقبلية هي سباق الإدارة، ويكمن تركيزها في التواصل الفعال للأعضاء داخل كل منظمة اجتماعية ومع منظمات خارجية.

في الإدارة الفعلية، يستطيع العديد من المدراء إدراك ضرورة التواصل ومحاولة السماح لأعضاء الفريق بتبادل المعلومات بحرية، بينما يتمتع الموظفون برغبة قوية في التواصل. ولكن لسوء الحظ هناك دائمًا العديد من العوائق في التواصل: بعض الأشخاص لا يريدون إزعاج زملائهم أو رؤسائهم عندما يكونون يعملون، لذلك يعتقدون أنه يجب أن ينتظروا للتحدث معهم عند انتهائهم من العمل. تؤدي هذه الفكرة الخاطئة إلى تأخر التواصل، مما يؤدي إلى تأثير سلبي ومنع المعلومات وفقدان الفرص. وهذا هو أيضا أحد الأسباب الرئيسية التي تسبب اضطراب وتيرة العمل.

ذكّر مدير مشروع في شركة هواوي خبرة مبكرة عندما انضم إلى الشركة للتو: "لم يمض وقت طويل بعد أن انضممت إلى الشركة، حيث تم تكليفي بمشروع مهم. وكما علمنا جميعًا أن مشروع هواوي غالباً ما يتضمن جدولًا زمنيًا صارمًا، لذلك كان جميع أعضاء فريقنا، من بينهم مدير المشروع، بذلوا قدراً هائلاً من الجهد، وعملوا ساعات إضافية على أساس يومي. لم أكن استثناء، وعملت بجد على المشروع. فكرت في نفسي وقلت إنه يجب علي القيام بعمل جيد دون أن أزعج الآخرين. لذلك، كلما واجهت مشكلة، حاولت لإيجاد حل بنفسي وفكر فيها مرارا وتكرارا.

بعد شهر واحد من العمل الشاق، وصل المشروع إلى مرحلة التكامل الأولى. واختلف تصميم نظام مدير المشروع بشكل كبير عن الآخرين. لذا، كان عليه أن يطلب من الآخرين مساعدته في التعديل الذي كلفهم أكثر من أسبوع. بعد هذه الحادثة، تعلم هذا "الموظف الجديد" درسًا قيمًا: كان يجب عليه تسجيل المشاكل التي واجهها، ثم استخدام بضع دقائق لإخبار مدير المشروع عنها أو الإبلاغ عنها مباشرةً إلى رؤسائه.

يميل العديد من الموظفين إلى إبقاء جميع المشاكل لأنفسهم ويشجعون أنفسهم سرا على عدم التخلي عن الفرصة لإظهار قدراتهم عن طريق حل المشاكل بأنفسهم، خاصة أولئك الموظفين الجدد الذين يتوقون إلى إظهار أنفسهم. ويعتادون على حل المشاكل عن طريق الاختبار دون أي خبرة، وبعد بعض التقلبات والانعطافات، يمكنهم إكمال المهمة

بشكل مرض. ومع ذلك، عندما يحتاجون إلى دمج عملهم مع الأعضاء الآخرين في تصميم أكبر، يكتشفون الكثير من التناقضات. في هذا الوقت، من الصعب جدًا إصلاح المشكلة. علاوة على ذلك، فإن طبيعة التعديل في هذا الوقت تمثل إعادة العمل من جديد، وذلك لا يضيع الوقت فقط، بل يؤثر على مسار عمل الآخرين وتقدمهم. لذلك يمكن القول إنه لا يمكن تحقيق ترابط وثيق إلا تعزيز الاتصال خلال تنفيذ المشروع.

في شركة كوداك (Kodak)، كان هناك نهج للاتصال يسمى "الباب المفتوح": يمكن للموظفين من المستوى الأساسي التواصل مع مشرفيهم أو المدراء من المستويات العليا كلما حدثت مشاكل. وداخل شركة كوداك، يمكن للموظفين مناداة المدراء بأسمائهم دون القلق بشأن الاختلافات في المستوى. لم يوفر مثل هذا النهج المفتوح للاتصال موظفي كوداك بمنصة تواصل جيدة فحسب، بل ساعد أيضًا على إزالة العقبات التي تواجه الموظفين من المستوى الأدنى لاتخاذ المبادرة في التواصل مع المدراء. وبطبيعة الحال، لم تكن هناك مشكلة في تأخير الاتصالات.

اقترح الرئيس التنفيذي السابق لشركة جنرال إلكتريك (General Electric) جاك ولش "مفهوم بلا حدود" من أجل حماية حرية الاتصال. وطلب من الشركة إزالة جميع الحواجز بين مختلف الإدارات الوظيفية لضمان التداول الحر والشفاف للمعلومات بين أقسام الهندسة والإنتاج والتسويق والأقسام الأخرى. وفر هذا المفهوم لموظفي جنرال إلكتريك منصة للتواصل في أي وقت.

في هواوي، من أجل تحقيق الاتصال الوثيق بين الأقسام، تسود "ثقافة تناول طعام" خاصة داخل الشركة. عندما يرسل المقر شخصًا ما إلى المكاتب المحلية، فإن أول شيء يفعله هو العثور على مكان لتناول الطعام. يمكن أن يكون مقهى أو مطعمًا صغيرًا نظيفًا حيث يمكن للناس تناول الوجبات مع بعضهم البعض والدردشة مع بعضهم البعض في بيئة مريحة. إن جوهر "ثقافة تناول الطعام" في هواوي هو تزويد الناس بقناة سلسة للتواصل. فخلال المحادثات، يمكنهم التحدث عن الأعمال والإستراتيجية التي تضع الأساس لفهم تكتيكي من أجل تعاونهم المستقبلي.

تحظى "ثقافة تناول الطعام" بشعبية كبيرة بين العديد من الأقسام الداخلية، حتى أصبحت استمرارية وتكميلية للعمل. كما يأخذ الموظفون زمام المبادرة في تنظيم مثل هذه التجمعات، حيث أنهم يدفعون فتورة الطعام بشكل متساو أو يتناوبون في دفعها. هذه التجمعات تعمل كمنصة تواصل منتظمة وتخلق أجواء عمل جيدة جدا للفريق بأكمله. بهذه الطريقة، يتجنب الموظفون التمركز على مكاتبهم كل يوم لدفع مشاريعهم أو حتى

القضاء على الحالات التي يعمل بها الجميع دون النظر إلى النتائج العامة.

كما تدعو إدارة شركة هواوي إلى "ثقافة تناول الطعام". طالما يتم ترقية شخص ما، يجب أن يشكر هذا الشخص مرؤوسيه، وأن يدعوهم لتناول وجبة طعام. توفر هذه الوجبة فرصة جيدة للشخص الذي تم ترقيته للتحدث عن تجاربه تلخيصه من الماضي، مما ترك تأثيرا إيجابيا على مرؤوسيه ويشجعهم على العمل بجدية أكبر.

وقد أعرب رن تشنغ في بصراحة عن دعمه لـ"ثقافة تناول الطعام" في مناسبات عديدة. حيث قال ذات مرة: "إذا شعرت أنك تقدمت، فقم بمكافأة نفسك بوجبة جيدة؛ وإذا كنت تريد أن تكون قائدًا جيدًا؟ قم بدعوة مرؤوسيك لوجبة معكرونة مقلية، لأنه في جو مريح، يصبح التواصل والتنسيق أسهل، وهو ما يزيد التعاون داخل القسم بشكل طبيعي؛ إذا كنت تريد أن تصبح كبار السكرتيرين، فأنت بحاجة أيضًا إلى استضافة المزيد من الوجبات، لأن بهذه الطريقة، سيكون لديك مصادر أكثر انفتاحًا لعملك عندما يعرفك الجميع جيدًا ويحاول مساعدتك؛ أما بالنسبة للمدراء، فيحتاجون إلى التجمع أكثر من الآخرين."

الآن، أصبحت المنظمات عالمية بشكل متزايد وطواقمها متنوعة بشكل متزايد. حيث أصبح تطبيق التواصل المفتوح من أهم المهارات الإدارية للمنظمات. لذلك، بالنسبة إلى شركات الاتصالات القائمة على المعلوماتية مثل شركة هواوي، لا يمكن تحقيق الترابط الوثيق وتقليل العمل غير المجدي إلا من خلال تعزيز التواصل.

7. الحفاظ على مسافة مناسبة مع المرؤوسين

إن تقوية التواصل والحفاظ على الترابط الوثيق وتكوين تعاون تكتيكي مع الزملاء أو المرؤوسين من خلال "ثقافة تناول الطعام" لا يعني أن المرء سيفقد الإحساس بالمسافة فيما يتعلق بعلاقته مع الآخرين، خاصة بالنسبة للمدراء، فإن الحفاظ على مسافة مناسبة مع المرؤوسين لا يسمح لهم بتنفيذ أوامر فعالة وصارمة فقط، بل أيضا الحفاظ على الاحترام المهني اللازم تجاه بعضهم البعض.

لقد كان لدى العديد من المدراء مثل هذه التجربة: إذا اقتربوا أكثر مما ينبغي من مرؤوسيهم، فعندئذٍ سيكون من الصعب في مرحلة ما رسم خط واضح بين المسائل الخاصة والتجارية، وهذا يمكن أن يحث الآخرين على إثارة ضجة. وإذا تم عزلهم عن مرؤوسيهم، فمن المرجح أن ينظر إليهم على أنهم متعالون. وبالتالي، سيشعر الموظفون أن مدرائهم لا

يهتمون بهم وسرعان ما ينوون الخروج من الفريق ويفقدون شغفهم بالعمل. في الواقع، يرجع سبب كله إلى أن المدراء لم يحافظوا على مسافة مناسبة مع المرؤوسين، مما يؤدي إلى إحساس غير ملائم بالمسافة النفسية.

في الشتاء البارد، شعر اثنان من القنافذ أنه كان باردا جدا للنوم، لذلك أرادا أن يشعرا بالدفء من خلال احتضان بعضهما البعض، بحيث يمسك ببعضهما البعض بقوة. ولأن كلاهما يمتلكان أشواك طويلة، فعندما يمسكون بقوة، تبدأ أشواكهما بوخز بعضهما البعض، مما تسبب في نزفهم. بعد عدة محاولات، بقي القنفذان الصغيران بعيدين بعض الشيء عن بعضهما البعض، وبهذه الطريقة يمكن أن يشعرا بالدفء دون أن يصابا بالوخز.

هذه القصة تحكي "قاعدة القنفذ" التي كانت تستخدم على نطاق واسع في إدارة المؤسسات. هذه القاعدة تجلب الوحي إلى المدراء على أن يحتفظ المدراء بمسافة مناسبة مع المرؤوسين بطريقة يمكن للمدراء من خلالها إثبات سلطتهم وتجنب التأثر بسبب علاقة خاصة أثناء عملية صنع القرار.

كان الرئيس الفرنسي شارل ديغول، الذي كان يتمتع بخبرة في الخدمة العسكرية، رجلاً قام بتطبيق قاعدة القنفذ بشكل جيد. كان لديه شعار: "احتفظ بمسافة معينة". كان لهذه الجملة تأثير عميق عليه وعلى الاستشاريين والموظفين معه. وضع شارل ديغول قاعدة واحدة لمرؤوسيه: كان بإمكانهم البقاء في منصب واحد لمدة عامين فقط. ونتيجة لذلك، خلال فترة رئاسته التي امتدت لأكثر من عقد، لم يعمل أي شخص في منصب واحد لأكثر من عامين، مهما كان هو موظفا في الأمانة العامة أو المكتب العام أو مستشارا من إدارة الأركان الخاصة أو مراكز البحوث.

تم وضع هذه القاعدة من تشارلز ديغول تحت تأثير الجيش، والذي كان دائما في حالة استبدال مستمر. كان يريد أن يتخذ قرارات مبنية على تفكيره بدلاً من أن يعتمد على مرؤوسيه. ومن خلال إعادة تخصيص مرؤوسيه، تمكن من رسم خط واضح معهم لمنع مرؤوسيه من ارتكاب الأخطاء تحت اسمه. بالإضافة إلى ذلك، كان لدى الأعضاء الجدد طريقة جديدة للتفكير، مما جلب إحساسًا بالانتعاش إلى الفريق.

توفر نظرية شارل ديغول إلهاما كبيرا للمدراء. إذا كان المدير محاطًا بمجموعة تآخية، فلن يكون هناك أي إحساس بالمسافة بين المدير والمرؤوسين. ونتيجة لذلك، فإن المدير سيعتمد بشكل مفرط على مرؤوسيه، والعمل معهم دون مبادئ أو حتى السماح لهم بالبت في الأمور نيابة عنه. كما سيستخدم العديد من المرؤوسين هذه الفرصة للبحث عن مكاسب ومصالح شخصية، وأخيراً، يمكن أن يتسببوا في حدوث مشاكل للمدير، فضلاً عن

التسبب في ضرر كبير للشركة.

وقد أدرك رن تشنغ في هذه المشكلة. لذلك، من أجل القضاء على المجموعات داخل الشركة وتجنب الموظفين من الأقسام الرئيسية لتشكيل "ثقافة التملق"، بدأ رن تشنغ في متابعة ممارسة شارل ديغول وقام بتناوب وظائف ومواقع موظفي شركة هواوي على أساس منتظم بغرض الحفاظ على مسافة مناسبة بين المدراء والموظفين.

ومع ذلك، يجب على المدراء عدم إظهار التعالي والغرور من أجل المحافظة على المسافة مع الموظفين. على الرغم من أنه لن تكون هناك مجموعة متملقة تلاحقه من أجل تقديره، لكن المدراء "المستبدين" سوف يضعون مرؤوسيهم في خوف دائم ويصبحون مراوغين في التعامل مع الأشياء. بعد مرور بعض الوقت، يفقد هؤلاء المدراء دعم مرؤوسيهم. وبمجرد أن يتوقف المدراء والموظفون عن التواصل مع بعضهم البعض، لن يكونوا قادرين على تشكيل فريق يكافح من أجل الأهداف المشتركة، ومثل هذه الفرق ليست تنافسية على الإطلاق.

لقد حدث مثل هذا الأمر في هواوي سابقا:

كان دو مو (اسم مستعار) مدير مشروع في قسم بشركة هواوي، وترأس فريق تطوير صغيرا. كان دو مو فنيًا لا يجيد التواصل مع أعضاء الفريق الآخرين. وعندما تم تعيين مهمة للفريق، فإنه يقوم بعقد اجتماعات بسيطة. وبمجرد تقسيم المهمة بين أعضاء فريقه، فإنهم بدأوا العمل على ترتيباتهم الخاصة. بعد فترة قصيرة، اكتشف المدير أن الجو داخل الفريق كان غريباً لأن الموظفين انهمكوا في العمل كل يوم ويبدون غير سعداء. لذا سأل المدير دو مو عن سير الأمور في فريقه. فأجاب دو مو: "فريقنا جيد جدًا، لا مشكلة." ثم تحدث المدير في وقت لاحق مع بعض أعضاء الفريق واكتشف المشكلة أخيرا.

العديد من مدراء هواوي بدأوا كفنيين. كانوا يشاركون في التطوير التقني وبالتالي كانوا غير حسن الإطلاع على المهارات الإدارية. وبمجرد أن يصبحوا مشرفين أو مدراء، فإنهم يميلون إلى إهمال الحفاظ على علاقة جيدة مع مرؤوسيهم أو محاولة فهم عمل الموظف ومطالبه. وعندما يتعلق الأمر بتقييم الموظف، فإنه ببساطة لا يستطيع تحديد الموظفين الذين يعملون بجد والذين يميلون إلى الكسل. لأنهم ليسوا على اتصال وثيق مع الموظفين. في هذا الوقت، يحاول المدير أن يكون "عادلاً ونزيها" ويقدم حوافز إيجابية لجميع الموظفين. سيشعر بعض الموظفين المجتهدين في عملهم بأن هذا غير عادل، وأن هؤلاء الكسالى عادة ما يصبحون انتهازيين. إذا استمرت الأمور على هذا النحو، فستنخفض الفعالية الإجمالية للفريق.

لذلك، في مبدأ "الاقترابات الثلاثة والابتعادات الثلاثة" الـذي اقترحتـه هـواوي لمدراءهـا، ينص بنـد واحـد بوضـوح عـلى أنـه: يجـب عـلى المدير البقـاء عـلى مقربـة مـن موظفيـه. وبهـذه الطريقـة، سـيتمكن الموظفـون مـن الشـعور بـأن المديـر يقـع إلى جانبهـم. ممـا سـيؤدي إلى تحسـين حماس الموظفين.

باختصار، الإدارة فـن. حيـث أنـه مـع التحسـين العـام للجـودة الفرديـة للموظفـين، أصبحت متطلباتهـم تجـاه المـدراء أعـلى وأعـلى أيضـا. مـن أجـل قيـادة فريـق جيـد، يجـب عـلى المـدراء الحفـاظ عـلى مسـافة مناسبة مع موظفيهـم،

ولا يضعـون أنفسـهم فوقهـم ولا يصبحـوا أحدهـم. مثـل ألفريـد بي سـلون، الرئيـس التنفيـذي السـابق لشركـة جنـرال إلكتريـك، الـذي غالبـاً مـا يبـادر عـلى التواصـل مـع موظفيـه في مكـان العمـل، كـما يعطـي الكثـير مـن الاهتـمام إلى مرؤوسـيه. ولكـن بعـد العمـل، يحتفـظ سـلون بمسـافة مناسـبة مـع الموظفـين، إذا دعـاه الموظفـون لتنـاول العشـاء في منازلهـم، فإنـه سـيرفض الدعـوة بطريقـة مهذبـة. نتيجـة لذلـك، بقـي سـلون في منصبـه كرئيـس لشركـة جنـرال الكتريـك لمـدة 23 عامًـا، وخـلال تلـك الفـترة لم ينقـذ الشركـة مـن أزمـة كبـيرة فحسـب، بـل كانـت تشـهد نمـوا كبـيرا أيضًـا.

الفصل السابع

التواصل والتنسيق

توفـر الإدارة التنظيميـة النشطة ونظام التواصل والتنسـيق الجيـد جـو
تبـادلات دون عوائـق داخـل هـواوي. وفي المقابل، تعمل هـذه تواصـلات المتزامنـة
بمثابة حلقـة وصـل لـلإدارة التنفيذيـة الفعالـة في شركـة هـواوي.

1. التواصل يعني الإنتاجية

في الكثير مـن الحـالات، يرجـع السـبب في تأخـير أو إعـادة العمـل عـلى المشروع إلى التواصل
غـير الدقيـق وغـير الكـافي مـع المتعاونـين لدينـا في المهمة.

دعونا نلقي نظرة على كيفية تعزيز الشركات ذات الشهرة العالمية للتواصل الداخلي.

تبنت شركـة إنتـل (Intel) نمـط تواصـل مفتوحـا، ممـا يعنـي أنهـا تسـتخدم التواصـل مـن
أعـلى إلى أسـفل ومـن أسـفل إلى أعـلى. حيـث يقدم فريـق الإدارة أحـدث التطـورات في أعـمال
الشركـة لموظفيهـا في أنحـاء العـالم مـن خـلال الإنترنـت، كـما أنـه يجـري التواصـل مـع الموظفـين
ويجيـب عـلى أسـئلتهم عبر الإنترنـت.

كل ثلاثـة أشـهر، تقـوم الشركـة بنـشر ملخصـات الموظفـين عـلى أسـاس منتظـم، بحيـث
يمكـن للموظفـين مواكبـة أحـدث أوضـاع الشركـة. بالإضافـة إلى ذلك، تنفـذ الشركـة نظام "مقابلـة
فرديـة وجهـاً لوجـه"، بحيـث يمكـن للموظفـين التواصـل مـع الشركـة للتعبـير عـن توقعاتهـم

ومتطلباتهم. كما تجري المقابلات عادة في شكل اجتماعات الموظفين، وتم تحديد مواضيع الاجتماعات وجدول أعمالها من قبل الموظفين.

من خلال هذه الطرق وأشكال التواصل، تمكنت إنتل من تعزيز وعي موظفيها بالتواصل. عندما تحدث أحد الموظفين بشركة إنتل عن كيفية الحصول على تطوير شخصي أفضل في شركة إنتل، قال: "إن المفتاح هو أن تكون جيدًا في التواصل، يجب ألا تنتظر حتى يأتي رئيسك للحديث عن العمل، بل حافظ على التواصل السلس مع زملائك ورؤسائك بشكل دائم." كما أنه يوجد مبدأ آخر مهم في إدارة الموظفين في إنتل: تقييم أداء الموظفين الموجه نحو النتائج. بغض النظر عن مدى الجهود التي بذلته في العمل فإن الرئيس سيقوم بتقييم إنجازاتك بناء على النتائج.

نتيجة لهذه العوامل، عندما ينضم موظف جديد إلى الشركة، ستكون النصيحة الأكثر تكررا هي:

لا تفعل أشياء تفوق قدرتك، يجب أن تكون جيدًا في التواصل وأن تدمج نفسك مع الفريق. وهذا يمنع بعض الموظفين الجدد من التصرف بطريقة اعتباطية عندما يعتقدون أنهم قادرون بشكل كاف بينما يتجاهلون التواصل والتعاون مع أعضاء الفريق الآخرين.

وبالتالي، لا يمكن الاستغناء عن التواصل في أي عمل إداري. وكما قال سام والتون، مؤسس شركة وول مارت (Wal-Mart) ذات مرة: "إذا كان عليك تلخيص نظام إدارة وول مارت في فكرة واحدة، فمن المحتمل أن يكون التواصل أحد المفاتيح الحقيقية لنجاحنا."

في هواوي، مهارة التواصل الجيد ليست طريقة مهمة لإدارة المشاريع فحسب، بل مهارة مهنية أساسية أيضا. لتجنب العقبات أثناء عملية التنسيق، حيث تطلب هواوي من موظفيها إجراء تواصل جيد قبل بدء المشروع. "مبادئ التواصل الثلاثة" في هواوي تعني إرسال المعلومات الصحيحة إلى أصحاب المصلحة المناسبين في اللحظة المناسبة من خلال القنوات الحالية.

التواصل في الوقت المناسب هو المبدأ الأول الذي يتعين على موظفي شركة هواوي الالتزام به. حيث يقوم موظفو هواوي بتوصيل المعلومات اللازمة إلى أصحاب المصلحة في أقرب وقت ممكن، لضمان التواصل السلس العمودي والموازي.

المعلومات الدقيقة هي المبدأ الثاني في تواصل موظفي هواوي. سواء كان ذلك التواصل مكتوباً أو لفظياً، يجب على موظفي هواوي نقل المعلومات بدقة.

يقوم موظفو هواوي بتطبيق طريقة التفكير الهرمي من أجل ضمان التبادل الدقيق في التواصل. حيث يعتبر الملخص الطبقة العليا للهرم، فهو يشمل وجهات النظر والأسئلة

والآراء والاستنتاجات التي يرغب المرء في التعبير عنها. بعد ذلك، يقوم موظفو هواوي بتوسيع أعمالهم وفقًا للتعليمات الموضحة من الطبقات العليا حتى تكون المعلومات دقيقة بشكل كاف.

وأخيرًا، يتحكم موظفو هواوي بصرامة في كمية المعلومات المرسلة للتأكد من احتوائها على حجم مناسب. هذا هو المبدأ الأساسي الثالث الذي يجب على المرء الالتزام به للتواصل الفعال. لأنه إذا كان هناك الكثير من المعلومات، فلن يكون المستمع قادرًا على التذكر، ولكن إذا كانت المعلومات قليلة جدًا، فسيتم تقليل كفاءة التواصل. يتبع حجم نقل المعلومات العام مبدأ 2±7، نظرًا لأن سعة الذاكرة لدى الشباب تبلغ حوالي 7 وحدات (الأرقام العربية، أو الحروف، أو الكلمات، أو الوحدات الأخرى)، فيجب ألا يكون كثيرا أو قليلا.

ومن أجل ضمان التواصل السلس، تطلب شركة هواوي من جميع الموظفين وضع خطة تواصل مسبقة تحدد بوضوح المشاركين، وشكل التواصل، ووقت إصدار المعلومات، وطرق الإصدار، وما إلى ذلك، فضلا عن وضع جدول تفصيلي لإصدار المعلومات.

لكن قبل ذلك، يتأكد موظفو هواوي أولاً من أنهم سيجرون طبقتين من التواصل: الأولى، التواصل الداخلي داخل فريق المشروع؛ والأخرى، التواصل الخارجي مع الرؤساء والزبائن. بعد ذلك، سيحددون النقاط الأربعة التالية:

- من الذي أتواصل معه؟
- لماذا أتواصل معه؟
- ما هي المعلومات التي يحتاجونها؟ وما هو التكرر لطلب المعلومات؟
- ما هو الهدف من التواصل؟ وكيف سنكمل التواصل؟

أولا، قم بتحليل أصحاب المصلحة، وتحديد مطالبهم وتوقعاتهم، ثم قم بوضع خطة تواصل وفقًا لذلك.

سوف تصف خطة التواصل الشكل والمحتوى ودرجة تفصيلية للمعلومات الموزعة، فضلا عن تعريف الرموز المعتمدة. وسوف تحدد جدول توصيل المعلومات.

يدرك جميع موظفي هواوي أهمية التواصل. حيث أنه ليس مهارة عملية فحسب، بل هو عامل أساسي يؤثر على أداء الفريق. لذلك يجب على الجميع إيلاء اهتمام بالغ له.

2. اتخاذ موقف متواضع سيجعل الموظفين يخبرونك بالحقيقة

هناك بعض المدراء الذين يشعرون بأنهم أفضل بكثير من موظفيهم. ويعتقدون أنه يجب عليهم أن يتخذوا موقفا متغطرسا لإظهار سلطتهم نظرًا للاختلافات في المناصب. فهم يميلون إلى استخدام المعاملة الباردة مع موظفيهم، أو العثور على خطأ في عملهم، حتى ازدراء الانتباه إلى تحسيناتهم. عند التعامل مع مثل هذا المدير، يمكن للموظفين أن يكونوا مستسلمين فقط وألا يجرؤوا على قول "لا". هذه السياسة الشديدة تبعد الرؤساء كل البعد عن موظفيهم. ومع مرور الوقت، قد يمتلك الموظفون النية بترك وظائفهم. ومن ناحية أخرى، فإن المدراء المتواضعين يحيط بهم دائمًا موظفون يساهمون بأفكار ويبذلون جهودًا إضافية من أجلهم.

ظلت مجموعة لينوفو (LENOVO) تتمسك بممارسة فلسفة الإدارة التي تقول: "الجميع متساوون". ويتخذ رئيس المجموعة ليو تشوان تشي موقفا متواضعا ويتعامل مع موظفيه بشكل جيد ووثيق.

ذات مرة اصطدم موظف جديد بليو تشوان تشي وسكب القهوة عليه عن طريق الخطأ. شعر هذا الموظف أنه فعل شيئًا فظيعًا ومن المؤكد أنه سيتم توبيخه من قبل ليو تشوان تشي. ولكن بدلا من إلقاء اللوم عليه، قال ليو له بصوت لطيف: "من السهل على غسل ملابسي مرة أخرى، ولكن أخشى أن يدك قد تكون متعبة لبعض الوقت. يجب أن تكون حذراً في المستقبل ألا تؤذي نفسك."

إن ليو تشوان تشي ليس الشخص الوحيد الذي يتبادل مع موظفيه مع موقف متواضع. كما أن روبن لي، المؤسس والرئيس التنفيذي لمحرك البحث الصيني بايدو (Baidu) هو أيضا زعيم ورجل نبيل.

كان روبن لي يعرب دائما عن رأيه الشخصي بدلا من تمثيل الشركة بأكملها في كل مرة تعقد فيها بايدو اجتماعا لمناقشة قرار معين، حيث اعترف أحد موظفي بايدو مرة قائلا: "عندما أعرب روبن لي عن رأيه، يمكن لأي شخص أن يقاطعه ويعبر عن شكوكه. وفي مرات عديدة، رفضنا اقتراحات روبن لي. ومع ذلك، فإن ذلك لم يؤثر على سلطته الشخصية على الإطلاق، بل على العكس، كان هذا السلوك يتماشى مع المفهوم الذي يثني عليه بشدة "بايدو ليست شركة روبن لي الخاصة، بل هي ملك لكل موظف في بايدو."

إن موقف روبن لي المتواضع في الاستماع إلى آراء الموظفين لا يقتصر على المناقشات في الاجتماعات، حتى أثناء الأعمال اليومية، فهو يشجع الموظفين على التواصل وتبادل الآراء

معه من خلال الإنترنت أو بعض الطرق الأخرى. نظرا لذلك، حققت فرق بايدو اختراقات في تعاونها الجماعي.

أسلوب روبن لي اللطيف يجعل موظفيه يشعرون بالاحترام. هذه العلاقة المتساوية العليا بين الرئيس والمرؤوس تجعل الموظفين أكثر استعدادًا للتواصل مع رئيسهم.

في حقيقة، فكما هو الحال مع روبن لي وليو تشوان تشي، فإن رن تشنغ في يؤمن بأنه يجب على المدراء اتخاذ موقف ودي ومتواضع خلال التبادل مع الموظفين. حيث قال رن تشنغ في "فقط عندما يقوم قادة المؤسسات بكسر الحواجز بين الرؤساء والمرؤوسين، ويأخذوا زمام المبادرة في التبادل مع الموظفين بطريقة مرنة، فسوف يمكنهم سماع الحقيقة من موظفيهم."

إذن، كيف يمكن تحقيق التبادل بدون حواجز؟ في هذا الصدد، طرح رن تشنغ في اقتراحه من عدة النقاط.

أولاً، يعتقد رن تشنغ في أنه قبل إجراء التواصل الخالي من الحواجز، يجب على قادة المؤسسات اختيار الوقت والمكان المناسبين وتحديد محتوى محدد للتواصل. على سبيل المثال، عادة ما يكون تأثير التواصل في أماكن الترفيه أفضل بكثير من المكتب.

ثانيًا، يطلب رن تشنغ في من المدراء التحدث إلى الموظفين كأصدقاء خلال التبادل معهم، فضلا عن مراقبة ردود فعل الموظفين أثناء إبلاغهم عن لوائح أو قواعد الشركة ومطالبتهم بآرائهم.

في النهاية، بعد التبادل مع الموظفين، يحتاج المدراء إلى تقديم سجل مفصل لتوفير الإلهام للقرارات المستقبلية وتعديل السياسات.

3. يجب على التواصل التركيز على الاحترام المتبادل

لا يمكن إنكار أن هناك اختلاف بين المدراء والموظفين من حيث المنصب، ولكن هذا لا يخدم أي إشارة لكرامة البشر. إذا لم يحترم المدير موظفيه، فسيكون الموظفون مستاءين بطبيعة الحال من المدير ويتخذون موقف الاستبعاد تجاهه.

قال رن تشنغ في ذات مرة بصراحة: "إن أهم شيء للتبادل بين الناس هو الاحترام المتبادل، خاصة بالنسبة لقادة المؤسسات. لا يمكنك أن تكسب احترام موظفيك الصادق إلا من خلال احترامهم أولاً. وإلا فسوف تدفعهم بعيداً عنك." وهكذا، فيما يتعلق باحترام

الموظفين، قامت شركة هواوي بعمل جيد للغاية.

يرتبط نجاح شركة هواوي ارتباطًا وثيقًا بفلسفة الشركة المتمثلة في "التركيز على الناس". وتظهر هذه الفلسفة بشكل أساسي في جانب الاهتمام بالموظفين واحترامهم.

غالبًا ما يذهب مديرو شركة هواوي إلى التحدث مع الموظفين المحليين في الميدان، أو حتى العمل معهم لفترة من الوقت، حيث يمكن للمدراء إجراء محادثة وجهاً لوجه مع الموظفين وتبادل الأفكار معهم. ووفقًا للمعلومات التي قدمها أحد موظفي شركة هواوي على المستوى الشعبي، فإن العديد من القرارات الإدارية المهمة للشركة كانت من أفكارهم.

وبالطبع، فإن المسؤولين التنفيذيين في شركة هواوي سوف يستخدمون جولاتهم التفقدية لفهم الظروف المعيشية للموظفين وتعديل هيكل الرواتب استنادًا إلى التغذية الراجعة من هذه الجولات. لا شك أن ممارسة هواوي هذه قدمت حوافز وتشجيعًا كبيرًا لموظفيها على المستوى القاعدي.

وهذا يدل على أنه بعد أن يشعر الموظفون أن رئيسهم يحترمهم ويعتني بهم بصدق، فإنهم مستعدون لبذل المزيد من الجهود في العمل. علاوة على ذلك، عندما يكون لدى الموظفين والمدراء آراء مختلفة، سيكون الموظفون على استعداد لوضع أنفسهم في منصب المدير والتفكير أكثر من أجل مديرهم.

مثل رن تشنغ في، فإن رئيس لينوفو ليو تشوان تشي يعتقد أنه عندما يتبادل القادة مع موظفيهم، يمكن إظهار احترامهم للموظفين من خلال الاستماع إلى اقتراحات الموظفين بصبر كبير. علاوة على ذلك، يحتاجون أيضا للتفكير في وجهات نظر الموظفين. خاصة عندما يكون هناك تناقض بين الرئيس والمرؤوس، إذا كان بإمكان المدير إعادة النظر في القضية من منظور الموظف، سيكون من الأسهل عليهما حل النزاع.

كان وو بنغ مديرا رفيع المستوى في مجموعة لينوفو. ولكن بسبب صغر سنه، كان الموظفون الجدد يميلون إلى عدم الانصياع لأوامره. وكان الخبراء الأجانب والمحترفون المحليون لا يتفقون معه عندما التقوا به للمرة الأولى. فيما يتعلق بهذه الحالة، اعتاد وو بنغ أن يقول لهم: "أنا أصغر منكم، لذا لن أطلب منكم أن تلتزموا بأوامري بشكل تام، ولكن آمل في أن نتمكن من توحيد جهودنا. حيث أن هدفنا النهائي هو تحقيق النجاح المشترك."

اكتسب وو بنغ احترام هؤلاء الموظفين المحترفين من خلال فهم أهمية التفكير من منظور الآخرين، الأمر الذي أكسبه إعجاب واحترام مرؤوسيه. على العكس من ذلك، إذا كان وو بنغ دائما يتعامل مع الأمور من وجهة نظره الخاصة، فإنه لن يكون قادرا على اكتساب اعتراف هؤلاء الموظفين.

لذلك، في إدارة المؤسسات، يحتاج القادة إلى التفكير من منظور موظفيهم، ومحاولة فهم الصعوبات التي يواجهونها ومراعاتهم. في المقابل، سوف يكون المدراء محبوبين لدى الموظفين لأنهم يستطيعون التفكير في مصالحهم.

ذات يوم، اشتكت موظفتان جديدتان في شركة هواوي في المصعد من مشكلة صغيرة في النظام المالي للشركة. وكان يقف بجانبهما شخص بملابس عادية ومنظر صادق. ولكنهما لم تهتما به في ذلك الوقت لأنه لم يكن هناك شيء مميز يثير انتباههما في هذا الغريب. في اليوم التالي، أخبرت الإدارة المالية هاتين الفتاتين بأن المشكلة التي اشتكيتا منها قد تم حلها. دهشت الفتاتان من ذلك وتساءلتا عن كيفية حدوث ذلك، أخبرهما المتصل أن الرئيس التنفيذي رن تشنغ في اتصل بالإدارة المالية هاتفيا وحثها على حل هذه المشكلة. صدمت الفتاتان لسماع ذلك لأنهما لم تتخيلا أن الشخص الذي وقف إلى جانبهما واستمع لشكواهما في ذلك اليوم كان رن تشنغ في.

لا يمكن إنكار أن هناك العديد من القادة الذين يتبادلون مع موظفيهم بطريقة محترمة ومدروسة. ومع ذلك، فهم معتادون على الحفاظ على تعبير وجه جاد مما يعبد موظفيهم.

عندما يشعر الموظفون بالاحترام من قبل مدراءهم، فهم على استعداد للتحدث بصراحة وإخلاص. وبناءً على ذلك، يمكن للقيادة أن تتخذ قرارات إدارية أكثر دقة.

4. بقلب واحد وعقل واحد لتحقيق التقدم المشترك

في الوقت الحاضر، يلعب التواصل دورا متزايد الأهمية في إدارة الأعمال. ولكن لسوء الحظ، فإن العديد من القادة يركزون على توصيل المهام والمشاريع والخطط ووجهات النظر مع الموظفين فقط، بينما يهملون أخذ مشاعر الموظفين الشخصية بعين الاعتبار.

يعتقد رن تشنغ في أن أسلوب الإدارة هذا غير صحيح، وقال: "إن الخطوة الأولى للتبادل مع الموظفين هي الشعور بما يشعرون به. إذا لم يكن هناك أي تفاعل مع الموظفين حول مشاعرهم الشخصية أثناء التواصل، فإننا لن نلمس قلوبهم، وبالتالي لن يشتركوا في أي إيمان وشغف مشتركين مع الشركة."

يحذر رن تشنغ في القيادة العليا في شركة هواوي قائلا: "عند التبادل مع موظفينا، يجب أن نسعى للحصول على عاطفة مشتركة معهم. أولا، نحن بحاجة إلى التحدث معهم بموقف

مخلص، هذا يعني أنه يجب علينا أن نحترم كل موظف بصدق، وأن نكون متسامحين، وأن نكون ودودين. يجب أن يكون تعبير وجهنا لطيفا قدر الإمكان، ويجب أن نهتم بلهجتنا في التحدث معهم. ويجب أن يكون موقفنا لطيفًا. ثانيا، نحن بحاجة إلى إيجاد نقطة مشتركة مع موظفينا. يجب على القادة محاولة فهم ما يفضله الموظفون والتحدث عن الموضوعات التي يعرفها الموظفون، لجعلهم يشعرون بأنهم أقرب إلينا نفسياً. في النهاية، يجب علينا مساعدة الموظفين في وقت الحاجة. يجب علينا تقديم المساعدة عندما يواجه موظفونا صعوبات في حياتهم أو في العمل. بهذه الطريقة، يمكننا أن نلمس قلوبهم."

تحظى طريقة رن تشنغ في في التبادل العاطفي بإعجاب السيدة تاو هوا بي، مؤسسة شركة لاو قان ما فلافورد فود المحدودة. السيدة تاو هي امرأة ريفية مع عدم تلقي أي تعليم. قامت بتطوير شركتها إلى شركة كبيرة معروفة تبلغ أصولها الإجمالية 1.3 مليار يوان صيني في غضون 6 سنوات. هذا الإنجاز يرجع إلى إدارتها الفريدة - وأسلوب الإدارة في التعامل مع الموظفين كأسرة.

في المرحلة الأولى من ريادة الأعمال، أدركت تاو هوا بي أن الشركة كانت في منطقة نائية حيث كان النقل غير مريح، لذا قررت الشركة الاعتناء بغذاء الموظفين وسكنهم. واليوم، تطورت الشركة لتصبح شركة تضم أكثر من ألف موظف، ولم يتم إلغاء هذه الممارسة بعد.

كانت رعاية تاو هوا بي تجاه موظفيها دائمًا تتجاوز توقعاتهم. كلما كان هناك بعض الموظفين الذين يحتاجون للسفر في رحلة عمل، قامت شخصياً بطهي عدد قليل من البيضات ليأكلوها في طريقهم، ورافقتهم إلى بوابة المصنع، ووصّلتهم إلى الحافلة للتأكد من أن رحلتهم بدأت بأمان مثل الأم المعتنية التي تودع ابنتها.

جعلت إدارة تاو هوا بي ع ذات الطابع العائلي تماسك شركة لاو قان ما قويا بشكل متزايد. كان تاو هوا بي كأم حنونة في نظر موظفيها. لا أحد يخاطبها "الرئيسة" في الشركة، بل ينادونها "الأم الحاضنة".

تعاملت تاو هوا بي مع كل موظف بطريقة بسيطة وصادقة. وفي المقابل، كان يتخذ موظفوها موقفا "أعطوني بوصة واحدة وسأعيدها لكم ميلاً"، حيث أنهم قاموا بتوحيد جهودهم وعملوا بجد من أجل التطوير السريع للشركة. واليوم، وصل إجمالي قيمة الإنتاج للشركة إلى 1.3 مليار يوان صيني مع دفع ضرائب سنوية تبلغ 180 مليون يوان صيني، وتصنف بين أكبر 50 شركة صينية خاصة. ابتكرت تاو هوا بي قصة أسطورية من خلال قيادة شركة خاصة للوصول إلى هذا المستوى من التنمية. نجاحها هو التقاط للأنفاس. وطريقتها في "الاستثمار العاطفي" تستحق أن نتعلم منها.

وكما قال لي كا شينج، الذي يعد أغنى رجل في هونغ كونغ، "أنا لست شخصًا ذكيًا، لكن لديّ طرق للتواصل مع الموظفين. أنا أفكر دائمًا من وجهة نظرهم وأضع نفسي في مكانهم. وبطبيعة الحال، بدأوا يشعرون بالتعاطف معي وبالتالي فإنهم مستعدون للعمل معي من أجل خلق مستقبل مشرق."

لذلك، من الإنصاف القول إنه يجب على القادة أن يفهم الموظفين تمامًا ويفعل كل ما في وسعه لحل مشاكل موظفيه. بهذه الطريقة، يمكنهم حقاً كسب تقديرهم وقبولهم. مثلما قال ليو تشوان تشي ذات مرة: "بالنسبة للقادة، فقط من خلال اتخاذ المبادرة لفهم ومساعدة الموظفين، سيحصلون على ثقتهم ومساعدتهم. ستكون العلاقة بين القادة والموظفين وثيقة مع التشجيع والمساعدة المتبادلين."

5. لا تضع وقت الآخرين

جدير بالذكر أن التواصل يستغرق وقتًا، لذا يجب أن نتجنب تعطيل وتيرة عمل الآخرين عن غير قصد، وبالتالي تقليل كفاءتهم، فضلاً عن إضاعة وقتنا الخاص.

هنا يجب أن نشير إلى "قانون الإيقاع" الذي ورد ذكره في تدريب إدارة الوقت في شركة هواوي - حيث أننا نحتاج إلى الحفاظ على نفس إيقاع العمل مثل الآخرين، وفهم عادات تصرفات الآخرين، ولا نقوم بزيارة الآخرين بشكل مفاجئ.

وفي حديثه عن مشكلة إضاعة الوقت، قال مو لي تشانغ، مدير السوق العالمية للاتصالات الموحدة في هواوي: "إذا أراد أحد الموظفين تقديم تقرير عمل أو تعيين موعد للعميل، فلا تدعهم ينتظرون، ولا تتأخر عن الاجتماعات أو المفاوضات، حتى لا نضيع وقت الآخرين."

لذلك، يجب علينا أن نفكر في سلوكنا لمعرفة ما إذا كنا قد قمنا بشيء أدى إلى إضاعة وقت الآخرين. كما يجب أن نسعى جاهدين لتجنب حدوث مثل هذه الأشياء. وإذا لم نستطع العثور على أي نتيجة، فسوف نسأل رؤسائنا وزملائنا والمرؤوسين في العمل: "هل فعلت أي شيء أضاع وقتك؟ كيف يمكنني تغيير طريقة استخدامي للوقت حتى تتحسن كفاءة وقتك أيضًا؟"

لكي لا نزعج الآخرين، يجب أن نعرف أولاً متى يكون الوقت المناسب للتواصل لتجنب التحدث مع الآخرين في الوقت غير المناسب. وإذا كان بإمكاننا اختيار الوقت المناسب

للتواصل، فيجب علينا أن نستخدم أقصر فترة زمنية لتحقيق عملية التواصل الأكثر سلاسة وفعالية. وقد سجل وو تشون بوه، كبار المستشارين الإداريين لشركة هواوي، جزءًا من تواصله مع رن تشنغ في:

"في العشرين من مايو عام 2009، كنت أشارك في الدفاع عن الأطروحة لدرجة الماجستير، وفجأة بدأ هاتفي المحمول بالاهتزاز، ألقيت نظرة على الشاشة واكتشفت أنه من السيد رن. سألني: "هل أنت مشغول الآن؟" فأخبرته بالحقيقة وقال: "آسف لإزعاجك!" ثم أنهى المكالمة.

اتصل رن تشنغ في في الوقت الخطأ، ولكن بعد أن وجد أن الوقت غير مناسب، أنهى المحادثة على الفور. قام رن تشنغ في بفعل ما كان يدعو إليه منذ فترة طويلة: لا تزعج عمل الآخرين، لأنك إذا فعلت ذلك، فلن تؤثر فقط على إيقاع عمل الآخرين، بل تضيع وقتك أيضًا.

كيف نفعل؟ في شركة هواوي، من الإدارة إلى الموظفين على المستوى القاعدي، يعرف الجميع مبدأ التحدث مع الآخرين في الوقت المناسب، وبالتأكيد لا يمكن أن يزعج الآخرين بطريقة مفاجئة. لذا، كيف قام الموظفين في شركة هواوي باختيار الوقت المناسب للتواصل؟

فيما يلي ترتيب أسبوعي قياسي للتواصل لموظف معين في شركة هواوي.

يوم الاثنين: سأعقد اجتماعًا وأعين المهام الأسبوعية للموظفين في اليوم الأول من الأسبوع. على الرغم من ذلك، إذا كنت أرغب في اللتواصل مع زملائي أو زبائني، فسأحاول تجنب هذا اليوم. إذا كان التواصل مطلوبًا بشكل عاجل، فسوف أظل أحاول تجنب ترتيبه في الصباح.

من يوم الثلاثاء إلى يوم الخميس: هذه الأيام الثلاثة هي ساعات العمل العادية، وينهمك الموظفون بشكل كامل في عملهم. يتم التواصل مع الزملاء أو العملاء في هذا الوقت.

يوم الجمعة: يعتاد الناس على تلخيص أعمال الأسبوع في يوم الجمعة وتقديم تقرير إلى مدراءهم أو فهم التقدم في عملهم. إذا أردت تقديم تقرير إلى المدير أو معرفة سير العمل، فسأختار القيام بذلك يوم الجمعة. وإذا كنت أرغب في التواصل مع العملاء حول بعض المشاكل، فلن أختار هذا اليوم.

يوما السبت والأحد: وقت للراحة. ولكن بما أن موظفي هواوي الحاليين لا يزالون يواكبون تقاليد العمل الجاد من السنوات الأولى، فإن العديد من الموظفين يختارون العمل الإضافي في هذين اليومين. وغالبا ما يرتب الموظفون المهام الخاصة في هذين اليومين. ومع

ذلـك، فإنهـم لا يزعجـون العمـلاء مـن خـلال التواصـل معهـم بطريقـة مفاجئـة ولا يزعجـون زملائهـم أو رؤسائهـم كذلـك.

بالإضافة إلى ذلك، يقوم العديد من الموظفين بعمل ترتيبات تواصل يومي أكثر تفصيلاً.

علـى سبيـل المثـال، معظـم الموظفيـن مشغولـون بأعمالهـم مـن السـاعة 9:00 إلى السـاعة 12:00. وإذا كان لديهـم مكالمـات هاتفيـة خـلال هـذه الفتـرة، فليـس لديهـم الوقـت لإجابتهـا. وبالتالـي، فـي شركـة هـواوي، لا يقـوم الموظفـون بإزعـاج الآخريـن خـلال هـذه الفتـرة. وإذا كانـوا بحاجـة إلى التبـادل فـي مشاكـل العمـل، سيختـارون التحـدث مـع الآخريـن مـن السـاعة 11:00 إلى السـاعة 12:00. لأنـه فـي هـذا الوقـت، انتهـى معظـم الموظفيـن مـن التعامـل مـع الأمـور الأكثـر إلحاحًـا، لـذا فهـم ليسـوا مشغوليـن كمـا فـي السـابق.

مـن السـاعة 12:30 حتـى السـاعة 14:00، هـذه الفتـرة هـي وقـت تنـاول الغـداء والاستراحة. إذا لـم يكـن هنـاك حالـة طـوارئ، لذلـك لا تزعـج الآخريـن. لأنـه بعـد صبـاح مزدحـم مـن العمـل، يشعـر النـاس بالتعـب ويحتاجـون إلى تخزيـن طاقتهـم لفتـرة مـا بعـد الظهـر.

مـن السـاعة 14:00 إلى السـاعة 15:00، حـاول تجنـب التواصـل خـلال هـذه الفتـرة، لأن النـاس سيشعـرون بالنعـاس والإرهـاق قليـلاً ولا تكـون عقولهـم فـي حالـة استيعـاب للأمـور، لذلـك مـن الصعـب عليهـم التركيـز واتخـاذ القـرارات الدقيقـة.

مـن السـاعة 15:00 إلى السـاعة 18:30، هـذا هـو الوقـت الأكثـر ملاءمـة للأشخـاص للتبـادل حـول شـؤون العمـل.

مـن السـاعة 18:30 حتـى السـاعة 21:00، بعـد الانتهـاء مـن العمـل، عـادة مـا يكـون النـاس فـي حالـة ذهنيـة أكثـر راحـة. هـذه الفتـرة ليسـت مناسبـة للحديـث عـن العمـل لأنـه بعـد يـوم كامـل مـن العمـل، قـد يشعـر النـاس بالتعـب الشـديد وليسـوا بمـزاج جيـد للتعامـل مـع شـؤون العمـل.

مـن السـاعة 21:00 إلى السـاعة 09:00 مـن اليـوم التالـي، حـاول عـدم التواصـل مـع الآخريـن فـي هـذه الفتـرة، لأنهـا وقـت خـاص وبالتالـي لا يريـد النـاس أن يتـم إزعاجهـم بشكـل عـام.

إن الأعمـال المختلفـة لهـا معاييـر زمنيـة مختلفـة، ولا توجـد طريقـة واضحـة لتحديـد الوقـت المناسـب للتواصـل. ولكننـا نحتـاج فقـط إلى تذكـر مبـدأ واحـد: يجـب علينـا اختيـار الوقـت المناسـب للتواصـل مـع الآخريـن لتجنـب إزعاجهـم.

يجـب أن نحـاول عـدم زيـارة الآخريـن بطريقـة مفاجئـة. إذا كان مـن الضـروري التواصـل مـع زملائنـا، يجـب علينـا أولاً أن نعـرف بوضـوح عـن وتيـرة أعمالهـم، حتـى لا نزعجهـم فـي سـاعات عملهـم المزدحمـة.

أراد أحد موظفي المبيعات في شركة هواوي تقديم بعض التعريف بالمنتجات إلى زبونه. ولتجنب إزعاج الزبون وعدم الاجتماع مع الزبون، اتصلت بسكرتير الزبون مسبقًا. وعلم أن هذا الزبون لديه اجتماع في ذلك اليوم، ولم يعرف السكرتير متى سينتهي الاجتماع. لذلك لا يستطيع تحديد موعد دقيق للاجتماع. لذلك، قام بالاتصال بالسكرتير عدة مرات لمعرفة ما إذا كان هناك أي وقت مناسب للاتصال بالزبون. وانتهى اجتماع العميل عند الظهر، لذلك أبلغه السكرتير عن هذا الاجتماع. وأخيراً، حظي موظف المبيعات بالفرصة للاتصال بزبونه. وحظي أسلوبه بتقدير عال من قبل الزبون.

من هذه الحالة، يمكننا أن نتعلم ثلاث مهارات للتواصل.

أولاً، معرفة عادات العمل للمستهدف من التواصل. لدى كل شخص عادة العمل الخاصة به. إذا كنا على علم بعادات العمل لمدرائنا وزملائنا وعملائنا، ونعرف متى يبدأون وينهون عملهم، فسيكون من الأسهل لنا اختيار الوقت الملائم للتواصل معهم.

بصفة عامة، خلال ساعات العمل الأكثر ازدحاما وكفاءة للمستهدفين من التواصل، أو عندما يطلبون عدم إزعاجهم، يجب أن نحاول عدم مقاطعتهم.

ثانيًا، التعرف على التقدم في العمل عند المستهدفين من التواصل. نحتاج إلى معرفة ما يعمل عليه المستهدفون من التواصل، وتقييم تقدم عملهم، واختيار التواصل معهم عندما تتباطأ وتيرة عملهم نسبيًا. ويمكن الحصول على هذه المعلومات من سكرتيريهم أو شركائهم.

ثالثًا، التأكد بطريقة مؤدبة مما إذا كان الطرف الآخر مستعدًا للتواصل أم لا. إذا كان المستهدف من التواصل غير راغب في التحدث، فلن يكون هناك وقت مناسب للزيارة. لذلك، قبل البدء في إجراء محادثة، يجب عليك التأكد مما إذا كان المستهدف من التواصل مستعدا لتحدث أم لا. يمكنك أن تسأل بأدب: "هل من المريح بالنسبة لك أن تتحدث الآن؟ أم يجب أن نتحدث في وقت لاحق؟" يجب أن نشجع الآخرين على التأكد من موعدنا بنفس الطريقة المهذبة. إذا كان لدى المستهدف من التواصل سكرتير، فيمكننا تعيين موعد للاجتماع من خلال السكرتير.

باختصار، للتأكد من أننا لن نزعج الآخرين، نحتاج إلى تطوير عادات عمل ومهارات تواصل جيدة. هذه عملية طويلة تتطلب منا أن نفكر باستمرار في التجارب السابقة وأن نحرز تقدما في الأعمال المحددة.

6. لا تقل"أنا فهمت" بسهولة

كثير من الموظفين لا يفهمون لماذا قضوا الكثير من الوقت في شيء ما بينما كانت النتائج غير مرضية. في الواقع، هذه المشكلة نابعة أساسا من مشاكل التواصل بين هؤلاء الموظفين ورؤسائهم، لأنهم لديهم سوء فهم تجاه المهام الموكلة إليهم. إذا كان فهم الموظف للمهمة مختلفًا تمامًا عن توقعات رئيسهم، وفي المقابل، فإن مثل هذه الاختلافات في الفهم تترك أثراً على تنفيذ العمل، وستتبعه التناقضات والمشاكل.

يمكن أن تكون التعليمات الغامضة أحد الأسباب التي تجعل بعض الموظفين يواجهون مشكلة، ألا وهي على الرغم من أنهم بذلوا كثيرا من الوقت للعمل، إلا أن النتائج غير مرضية بالنسبة إلى رؤسائهم. لكن السبب الرئيسي يكمن في الموظفين أنفسهم، لأنهم يفشلون في الحصول على فهم واضح للمتطلبات والتوقعات من رؤسائهم عندما يتم تعيينهم في مهمة معينة. وبالتالي، يجب إجراء المزيد من التواصل لإزالة سوء الفهم السابق، مما أدى إلى انقطاع وتيرة عمل الطرفين وإهدار الوقت.

عمل تشانغ جيا في شركة لتطوير البرمجيات منذ ما يقرب من ثلاث سنوات. ويمكن اعتباره أحد كبار الموظفين. بعد انضمامه إلى الشركة، اعتاد تشانغ جيا أخذ كل اجتماع على محمل الجد ودائما يقوم بأخذ ملاحظات خلال الاجتماعات، في وقت لاحق، أصبح أقل صبرا من ذي قبل.

وعندما يكون هناك مهمة جديدة، قبل أن ينهي مدير المشروع تعليماته، تشانغ جيا يفكر في نفسه: "لا يوجد شيء مميز حول هذا المشروع، حتى الأحمق يمكن أن يعرف ماذا يفعل!" ثم بدأ يفقد التركيز ولم يسمع كلمة واحدة من تعليمات المدير.

بعد أن عمل تشانغ جيا على هذه المهمة لفترة طويلة، أدرك أن هناك خطأ ما في ذلك. ثم أضطر إلى إعادة التواصل مع مديره وتأكيد المهمة مرارا وتكرارا، ثم بدء العمل من جديد. لم يضع تشانغ جيا الوقت في إكمال المهمة فحسب، بل ترك انطباعًا سيئًا عند مديره أيضا.

كيف يمكن أن يكون ما يسمعه الموظفون ويفهمونه مختلفًا عن توقعات الرئيس؟ كيف يمكن تجنب مثل سوء الفهم هذا؟

تعطينا النظرية النفسية للذاكرة الانتقائية إجابة على هذا السؤال. ما يسمى بالذاكرة الانتقائية يعني أنه أثناء عملية تلقي المعلومات، يميل الناس إلى استيعاب المدخلات بناء على احتياجاتهم الشخصية وإرادتهم. ثم يقوم الناس بالتركيز وتفسير المعنى وفقًا لفهمهم

الخاص، مما قد يؤدي إلى سوء التفسير أو الحصول على فكرة "خاطئة". لذا، فإن ما يفهمه الموظفون من أوامر الرؤساء قد يكون مختلفًا عن التوقعات الحقيقية للرئيس.

لتجنب مثل هذه الحوادث "الإساءة في السماع"، تطلب شركة هواوي من موظفيها إتقان مهارة أساسية واحدة وهي: تعلم الإصغاء. بشكل عام، يستمع موظفو هواوي إلى المهام من مدرائهم استنادًا إلى خطوات ثلاث: الاستعداد لتدوين الملاحظات، والاستماع بعناية، والتأكيد النهائي.

عندما يقوم المدراء بإصدار المهام، يمكنك تذكرها بوضوح في ذلك الوقت، ولكن عندما تبدأها رسميا، من السهل نسيان بعض التفاصيل. إذا ذهبت للتأكد منها مع المدير في هذا الوقت، قد تترك انطباعا غير مبالي عند المدير. وفي الوقت نفسه، ستزعج عملهم. لذلك، يقوم موظفو هواوي بتجهيز أقلام وأوراق لتدوين التعليمات الهامة من مدرائهم.

من دفتر ملاحظات موظفي هواوي، يمكننا أن نرى أنهم يستخدمون كلماتهم الرئيسية ورموزهم الخاصة لتسجيل المهام مع نقاط بارزة للمهام (كما هو مبين في الجدول 1-7).

قد تبدو ورقة سجل المهام بسيطة إلى حد ما، لذلك بدون الاستماع بعناية وإدراك الهدف الحقيقي والنقطة الرئيسية للمدير، سيصبح ملء مثل هذا الجدول إجراء شكليا فقط. لذلك، يبذل موظفو هواوي جهدا كبيرا في عملية الاستماع، حيث يضعون علامة على الكلمات الرئيسية في الجدول، وأحيانًا يضعون كلمات أخرى للإشارة إلى عاطفة المدراء عند تكليفهم بالمهمة.

الجدول 1-7 ورقة سجل المهام

نوع المهمة:	التاريخ: 2 نوفمبر 2009 15:00
المهمة الرئيسية:	إصلاح المشكلة (إصلاح معدة معطلة)
مدة العملية:	يومين
الخطة المقترحة:	المساعد وانغ كه يقدم قسم البحث والتطوير الدعم (يقدم الزميل وانغ كه في حل المشكلة ويطلب من قسم البحث والتطوير للمساعدة إذا لزم الأمر)
النتائج المتوقعة:	لا مشكلة (اتخاذ خالية من الأخطاء كالهدف)

وقام موظفو هواوي بتلخيص بعد المهارات عملية الاستماع.

يلتقط موظفو شركة هواوي "الكلمات الرئيسية" أولاً، أي الاستماع بعناية إلى الكلمات التي تحدد طبيعة المهمة أو كميتها، مثل الوقت، ومعايير الجودة، والعدد المحدد، والمواقع ذات الصلة، والإدارات المسؤولة. هذه الكلمات تكشف عن معلومات أساسية حول المهمة، كما تظهر عاطفة واهتمامات المدير.

كما يحافظ موظفو هواوي على موقف متعاطف خلال عملية الاستماع لوضع أنفسهم في موقع المدراء والتفكير من وجهة نظرهم.

يلاحظ موظفو هواوي بعناية ما إذا كان هناك تناسق بين نغمة المتحدث وتعبيره وموقفه ومحتوى ترتيب المهام لفهم نواياه بشكل كامل، وكذلك معرفة الارتباط الموجود بين المعلومات والوقت المحدد.

ولتجنب سوء الفهم لنوايا الآخرين الحقيقة، يسعى موظفو هواوي للحصول على تأكيد من المتحدث. واستنادا إلى الإجابة المعطاة، يحصلون على فهم أكثر تعمقا ودقة لمحتوى ومتطلبات المهمة.

من خلال الخطوات الأساسية الثلاث وهي التحضير والاستماع والتأكيد، يمكن لموظفي هواوي فهم المعلومات التي يقدمها المدير والزملاء والعملاء بدقة، الأمر الذي يضمن قيامهم بالعمل بالاتجاه الصحيح. وهذا يجنب الوضع غير المرغوب به عندما يجبر أحدهم على إنهاء المهمة أو إزعاج الآخرين لتوضيح سوء الفهم.

من خلال المحتوى المذكور، أتقننا الخطوات الأساسية للاستماع إلى تعليمات المهام. ومع ذلك، الاستماع هو أكثر من مجرد مهارة، بل هو أيضا فن. نحتاج إلى إتقان بعض التفاصيل لفهم النوايا الحقيقية للآخرين.

أثناء عملية الاستماع، قد نتعرض للتداخل من مجموعة متنوعة من العوامل الخارجية والداخلية. على سبيل المثال، عندما يركز الشخص الآخر على توصيل المعلومات، ثم يرن هاتفك فجأة ويجب عليه أن يتوقف.

مثل هذه الحالات لا تقاطع طلاقة التواصل فحسب، بل تجعلنا نفوت بعض المعلومات الهامة عن غير قصد. وفي الوقت نسفه، قد يشعر الشخص الآخر بالإهانة ويهرع لإنهاء التفسير ببعض الكلمات المتعجلة. إذا كان الأمر كذلك، فليس لدينا أي فرصة لفهم النية الحقيقية للشخص الآخر بدقة.

قبل أن نبدأ في الاستماع، يجب أن نقوم بإزالة أي عوامل تدخل قد تؤثر على تلقينا للتعليمات (مثل الهاتف، المزاج السيئ، الصورة السيئة، إلخ). حتى نتمكن من إظهار

احترامنا للشخص الآخر أثناء خلق بيئة تواصل جيدة، حيث يمكن للجميع التعبير بشكل كامل وبحرية بطريقة منظمة.

لا يجوز لنا أن نقاطع المتكلم بشكل اعتباطي، لأن هذا السلوك غير مهذب على الإطلاق. وبالتالي، يساء فهم المتكلم، لأن المتكلم قد ينسى ما كان يريد أن يقوله في الأصل. ويعتبر هذا السلوك المنطقة المحظورة للمستمعين، حيث لا يجوز لهم دخولها.

وأخيرا، على الرغم من أننا قد نفهم بالفعل نية الشخص الآخر، فلن نتجاهل أهمية السعي إلى توافق الآراء. لذلك، قد تسأل: "إذن، ما تقصده هو ذلك..."، وبعد تأكيد الآخرون، سيتوصل الطرفان إلى توافق. بعد ذلك، يمكننا ببساطة التأكد من أننا سننفذ المهمة وفقًا لما فهمناه.

7. التغذية الراجعة في الوقت المناسب تضمن التواصل أكثر سلاسة

لا يقتصر التواصل الكامل على الاستماع إلى آراء وأفكار الآخرين فحسب، بل يتعلق أيضًا بالتفاعل معهم من خلال تقديم ردود فعل وتغذية راجعة في الوقت المناسب. إذا لم يقدم المدير التغذية الراجعة في الوقت المناسب للموظفين، فقد يسيئون فهم نوايا المدير أو حتى يفقدون الرغبة في تبادل الأفكار معه، وبالتالي سيتم تقليل التآزر والحماس للفريق. وبمجرد أن يبدأ جميع أعضاء الفريق بالعمل لأنفسهم ولا يعتنون إلا بمسائلهم الخاصة، فإن القدرة التنافسية الشاملة للفريق ستتشل بقوة.

على الرغم من أن إعطاء التغذية الراجعة للمرؤوسين يلعب دوراً متزايد الأهمية في إدارة الفريق، ويولي مدراء العديد من الشركات أهمية كبيرة على هذه المسألة، إلا أنه لا يزال الجانب الذي غالباً ما يتم تجاهله بسهولة من قبل المدراء. وتظهر نتيجة استطلاع اجتماعي خاص أن 47٪ من الموظفين الذين يحصلون على تغذية راجعة من رئيسهم مرة واحدة في الأسبوع أو حتى بتكرار أقل.

كانت ديزي مرؤوسة تابعة لآندي. ولم تكن أعمال شركتهما تتطور بشكل جيد مؤخرا، على الرغم من أن ديزي حافظت على حماسها عند لقاءها بالعملاء، إلا أنها تشعر بالإحباط بعد رفض عرضها مرارا وتكرارا من قبل العملاء المختلفين. كانت ديزي تأمل في أن تتاح لها الفرصة للحصول على توجيه من خبراء المبيعات لتحسين مهارات المبيعات الخاصة بها. وفي النهاية فكرت ديزي بمديرها وهو آندي.

عندما قام أندي بزيارة ديزي، سألها عن آخر التطورات في أعمالها، قالت ديزي له: "هذه الفترة من العمل صعبة للغاية، حتى أنني أعتقد أنني لست جيدة في مجال المبيعات، وربما يجب أن يتم نقلي إلى قسم آخر." نظر آندي إلى ديزي المحبطة ولم يقل أي شيء، وعاد مباشرة إلى مكتبه.

بعد أن جلس في مكتبه، فكر آندي وقال: "لم تكن ديزي مهتمة بالترويج التجاري على الإطلاق، أليس كذلك؟ لكنني أود أن أعلمها كيفية تطوير الأعمال بشكل أكثر كفاءة وفعالية، ولكن ربما يكون من الأفضل أن أحترم خيارها الخاص." وبعد أسبوع، تلقت ديزي إشعارًا بنقلها إلى قسم آخر "كما كانت تشاء".

في الواقع، لم تكن ديزي ترغب في الانتقال إلى أقسام أخرى، ولكنها تود أن تتلقى بعض التوجيه من أشخاص مع الخبرة الوافرة. على الرغم من أن أندي كان يمتلك النية في تعليمها، إلا أنه لم يقدم تغذية راجعة فعالة في الوقت المناسب، لكنه لم يفهم تلميحها. لذلك، لم يكن أحد سعيدا في هذه الحالة أخيرا.

وقد علمتنا حالة ديزي أنه يجب على المدير أن يقدم تغذية راجعة لموظفيه من خلال منحهم الرد في الوقت المناسب والسماح لهم معرفة ما فعلوه بشكل خاطئ، لمنع الوضع غير السار عندما لا يحقق عملهم الشاق ثماره. لا يجوز للشركة معاقبة الموظفين، ولا يقوم الموظفون بالشكوى من مدرائهم. بهذه الطريقة فقط، يمكن للفريق تحقيق الانسجام.

دعا كونوسوكي ماتسوشيتا، رئيس شركة ماتسوشيتا للصناعات الكهربائية، بعض الضيوف لتناول العشاء. كانوا يتناولون الطعام في مطعم للأطعمة الغربية. وقد طلب جميعهم وجبة شرائح لحم. وعندما انتهى الجميع من تناول شرائح اللحم، كان ماتسوشيتا لا يزال يحتفظ بنصف شريحة اللحم في طبقه. كان ماتسوشيتا يخشى أنه عندما يرى الطاهي أن أحدهم أعاد نصف شريحة اللحم إلى المطبخ، فسوف يفهم بشكل خاطئ أن أحدهم لم يحب شريحة اللحم التي طهاها. لذا، طلب ماتسوشيتا من مساعده دعوة رئيس الطهاة إلى الطاولة وقال له بشعور بالذنب: "شريحة لحمك جيدة بالفعل، ولكن عمري 80 عامًا وشهيتي لم تعد جيدة كما كانت من قبل، لذلك لم أستطع تناول شريحة اللحم بشكل كامل. وهذا ليس لأن طبخك ليس جيدًا، أتمنى ألا تمانع. أخشى أن تكون حزينًا لرؤية أن نصف شريحة اللحم قد تم إعادتها إلى المطبخ، لذلك أريد أن أخبركم بذلك شخصيًا. لقد قمت بعمل جيد حقا في طهي شريحة اللحم، شكرا جزيلا لك!"

لقد تحركت مشاعر الطاهي عندما علم أن الرئيس لشركة ماتسوشيتا للصناعات

الكهربائية المشهورة يمكن أن يراعي مشاعره ويعامله بهذه الطريقة الودية، كما جذب السيد ماتسوشيتا جميع الضيوف الآخرين بأسلوبه.

فقط الجنرال الذي يعرف جنوده يستطيع أن يقود القوات إلى النصر، وبالمثل، فإن المدراء الذين يعرفون الذين يعرفون موظفيهم، يستطيعون قيادة الفريق بأكمله. إذا لم يقدم ماتسوشيتا التغذية الراجعة في الوقت المناسب، فقد يمكن للطاهي أن يسيء فهمه ويشعر بالحزن لأن طبخه لم يكن موضع تقدير، الأمر الذي قد يقوض حماسه وثقته بالعمل. لكن لحسن الحظ يعرف ماتسوشيتا "جنوده" بشكل جيد. لذلك، قاد فريقه لتحقيق نجاح رائع وحصل على لقب "ماجستير في الإدارة".

في هواوي، يحتاج المدراء من كل قسم، بما في ذلك قسم التسويق وقسم البحث والتطوير وإدارة الخدمات والعديد من الأقسام الأخرى، إلى إدارة عدد كبير من الموظفين. وكمدراء، إذا لم يتمكنوا من إعطاء تغذية راجعة إلى الموظفين في الوقت المناسب، فلن يتمكن الموظفون من الحصول على فكرتهم بدقة وسيعمل كل شخص بمفرده. وأخيرا، سوف ينحرف القسم بأكمله بعيدًا عن هدفه. إن التغذية الراجعة الإيجابية تحرر الموظفين من صعوباتهم وتجعلهم يشعرون بأنهم ذوو قيمة بالنسبة لمدراءهم وللفريق. وبهذه الطريقة، فإنها لا توفر قوة دافعة جيدًا لأعضاء الفريق فقط، بل تخلق أيضًا جوًا إيجابيًا.

كان هوانغ جيه (اسم مستعار) مشرفا عامًا للمشروع في هواوي. بعد فترة وجيزة من توليه هذا المنصب، شعر بأن هناك بعض التغييرات تحدث بين أعضاء الفريق. اثنان من الموظفين الذين كانوا متحمسين جدا في العمل أصبحا هادئين فجأة. لذا، قام هوانغ جيه بسؤال مدير المشروع عما حدث وقيل له إن مشروعًا جديدًا كان من المفترض أن يبدأ في الفصل التالي تم إيقافه، ونتيجة لذلك شعر الجميع بخيبة أمل وإحباط شديد.

عندما علم أن الجميع قد فقدوا رغبتهم في العمل بسبب أن المشروع كان في الفترة الاحتياطية، أدرك هوانغ جيه على مسؤوليته في تشجيع الجميع. عقد على الفور اجتماعا مع الجميع وأوضح أن: "السبب وراء إيقاف المشروع المخطط له هو أنه لدى قيادة الشركة مخاوف خاصة بسبب تعديلات السوق. والآن، أولوية الشركة هي تعزيز الدعم الخلفي وحل مشكلة تسليم الإنتاج." لذلك، قام هوانغ جيه بترتيب أعضاء فريقه لتلقي التدريب الداخلي في قسم الدعم الخلفي. في بيئة غريبة وتعلم معارف جديدة، وجد أعضاء فريق المشروع أنفسهم مشغولين مرة أخرى، فسرعان ما استأنفوا حماسهم السابق للعمل.

يرجع نجاح شركة هواوي إلى مفهومها العلمي في إدارة الفريق، عندما يكون المشروع في الفترة الاحتياطية من تطويره، يستطيع المدراء العثور بدقة على نقاط لتمكين الفريق

من التركيز عليها وقيادة الفريق التغلب عل الصعوبات التي تواجههم خلال إجراء التواصل المناسب وتقديم التغذية الراجعة في الوقت المناسب إلى الموظفين. فمن الإنصاف القول إن التغذية الراجعة تلعب دورا هاما في إدارة الفريق. لذلك، في النقاط الرئيسية للإدارة عام 1998، شدد رن تشنغ في على أنه يجب على الإدارة العليا أن تطبق إدارة التجول.

يعتقد رن تشنغ في أنه يجب على المدراء ألا يجلسوا في مكاتبهم اللامعة الكبيرة كل يوم وقراءة التقارير. إنهم بحاجة إلى التجول وأخذ زمام المبادرة التواصل مع الموظفين. وهم بحاجة إلى فهم أفكار الموظفين واقتراحتهم وإعطائهم استجابة مناسبة حتى يتمكنوا من إصدار أحكام صحيحة على الهدف، بدلاً من الابتعاد عن "المشهد الحي"، وإجراء التحليل والحفاظ على السيطرة من مسافة قد تؤدي بسهولة إلى الظلم.

8. لا تنس أن تعد تقريرا جيدا حول عملك

توصل بعض الموظفين ذوي الخبرة إلى استنتاج - أن أهم شيء في العمل ليس ما قمت به، ولكن ما يعرفه مديرك من العمل الذي قمت به. يجب على الموظف أن يدرك أنه إذا قرر تولي مهمة ما، سواء كانت بسيطة أو معقدة، فيجب عليه القيام بها حتى النهاية وإعلام مديره بالنتائج. إذا كانت المهمة أكثر تعقيدا، فقد تكون القيادة مستعدة للسيطرة على العملية برمتها.

يفضل الكثير من الموظفين حل مشاكل العمل بأنفسهم من دون إبلاغ رؤسائهم، ولكن في بعض الأحيان يكونون أكثر انشغالا، والوضع أكثر فوضوية، أو حتى يخرج عن السيطرة. إذن، كيف يمكن تجنب حدوث مثل هذه الأشياء؟ وفقًا لتجربة موظفي هواوي: من المهم جدًا القيام بإعداد التقارير بشكل جيد، حيث يمكن من خلاله تقديم تغذية راجعة إلى القيادة حول أفكارهم وحالة عملهم. من خلال تقرير العمل، يمكن للقيادة مواكبة التقدم في عملك مما يمنحهم شعوراً أقوى بالأمان. وفي الوقت نفسه، يمكن للقيادة أيضا معرفة نقاط القوة والعيوب، وذلك من أجل مساعدتك على تحقيق تقدم مستمر.

غالباً ما يكتب موظفو هواوي عن تجاربهم والدروس المستفادة في تقارير عملهم، ثم يقومون بتسليمها إلى رؤسائهم. حيث يحصل موظفو هواوي على الكثير من الفوائد جراء ممارستهم لهذه العادة. كتب بعض موظفو هواوي ما يلي في تقاريرهم:

"يجب على الموظفين الجدد أخذ زمام المبادرة في إخبار ما تعلموه إلى المدرسين أو كبار الموظفين أو الرؤساء أو غيرهم من الموظفين الجددا الآخرين! لأنه خلال هذه العملية، يمكنك استرجاع بعض النقاط التي فقدتها، وبالتالي سيكون من الأسهل على معلمك ومشرفك مساعدتك على تحسين مستقبلك. وأهم شيء هو أن مشرفك غالباً ما يقدر أنه بإمكانك أخذ زمام المبادرة في عمل ملخصات، لأنه من خلال ذلك يعلم بشكل أوضح عن حالة عملك."

"في بداية انضمامي إلى الشركة، كنت أتحدث إلى الآخرين، مثل كبار الموظفين، حول آرائي وطريقتي في التفكير. ومن خلال هذه التبادلات، وجدت نفسي أتقدم بسرعة كبيرة."

"في وقت لاحق، كان لدي ثلاثة متدربين. غالبًا ما شجعتهم على التحدث معي بشكل منتظم، مرتين في الأسبوع على الأقل. وفي الوقت نفسه، طلبت منهم تقديم ملخصات أسبوعية حتى أتمكن من مساعدتهم في تصحيح أخطائهم. وبهذه الطريقة، يمكننا إجراء تحسينات متبادلة لبعضنا البعض."

من الواضح أن تقرير العمل لا يُعلم القادة بما يجري فقط، ولكن أيضًا يسمح للآخرين بالإشارة إلى أوجه النقص لدينا ومساعدتنا على إجراء تحسينات مستمرة. لذلك، لكي تكون موظفاً ذكياً، يجب أن تكون جيدًا في إعداد التقارير أولا.

يعتبر إعداد التقارير مهمة بالغة المهارة. حيث يوفر لك التقرير الجيد فرصة للتوضيح للقائد ما يمكنك تحقيقه ويساعدك في الحصول على مدحهم في المقابل. على العكس من ذلك، فإن التقرير المتأخر أو غير الكافي ليس مجرد مضيعة للوقت، بل يجعل المسؤولين الشك في إنجازاتك.

إذن، كيف يمكننا تقديم تقرير جيد؟

أولا، تحتاج إلى معرفة كيفية التفكير من وجهة نظر رئيسك في العمل. لا تكن متعدا بنفسك ولا تكتب التقرير وفقًا لرغباتك الخاصة. لأن المرؤوس الذكي يستطيع التفكير من وجهة نظر رئيسه، كما سيختار الوقت الأنسب لتقديم التقرير، حتى لا يزعج عمل رئيسه.

يقوم العديد من الموظفين في شركة هواوي بتعليق لافت على أبواب مكاتبهم، تشير إلى أنهم يعملون لتجنب التدخل الخارجي. لذلك، عندما يقوم الموظفون بكتابة التقارير عن عملهم، فإن أول شيء سيفكرونه هو عدم إزعاج عمل رئيسهم. إذا كان الوقت غير مناسب، فسيجدون وقتًا أكثر ملاءمةً لتقديم التقرير.

يجب على الموظفين أيضا أن يفكروا في الغرض النهائي من تقديم التقرير، وهو القضية الأساسية التي تحدد الاتجاه والفكرة الرئيسية للتقرير. حيث يرجع السبب في قيام بعض

المرؤوسين بإعداد تقارير غير ناجحة إلى عدم وجود غرض محدد بشكل جيد. نتيجة لذلك، فإن التقرير مع تنظيم سيئ ومنطق غير متناسق قد يربك قارئه.

وفيما يتعلق بالغرض من تقديم التقارير، يجب عليك تحليل غرض المسؤول من الاستماع إلى التقرير. على سبيل المثال: لماذا يختار الرئيس الاستماع إلى هذا التقرير في هذا الوقت؟ كيف يرتبط محتوى التقرير بحالة العمل الحالية؟ ... وما إلى ذلك. وبناءً على كل حالة، تحتاج إلى تكوين فكرة عن نوع التقرير الذي ستقدره القيادة ويترك لها انطباعًا جيدًا مقدمًا. بمجرد أن يتم تحقيق هذا الهدف، يكون تقريرك نصف النجاح بالفعل.

وفيما يتعلق بمحتوى التقرير، يجب عليك أن تدرك ما يقلق القيادة ويركّز على ذلك في التقرير بشكل واضح. كوننا على مستوى الإدارة، عادة ما يكون لدى رؤسائنا جدول زمني ضيق للتعامل مع العديد من القضايا. لكن التقرير ضروري بشكل خاص، فكيف نحل هذه المشكلة؟ هذا يتطلب من موظفي التقارير تقديم التقرير الأكثر فعالية في وقت محدود.

لذلك، ينبغي أن يركز التقرير على القضايا الرئيسية وأن يأخذ في الاعتبار الجوانب الثلاثة التالية: أولا، التركيز على الأشياء ذات الاهتمام الرئيسي؛ ثانيًا، التركيز على الأداء الذي يعرض إنجازاتك بطريقة مركزة؛ الثالث، التركيز على أشياء تميزك. هذه الجوانب الثلاثة هي "العمود الفقري" لتقريرنا.

وعندما نعد التقرير، يجب أن نتخذ موقفاً جاداً ومسؤولاً من أجل البحث عن الحقيقة من الوقائع، والتأكد من أن تقريرنا واضح وواقعي. يجب ألا ننسب الفضل إلى إنجازات شخص آخر أو نتنصل من المسؤولية ونلقي اللوم على الآخرين. يجب على التقرير إبلاغ القادة حول الوضع الحالي الحقيقي.

وبشكل عام، فإن الطرق المستخدمة بشكل شائع لتقديم التقارير في مكان العمل هي التقارير الشفهية، والتقارير المكتوبة، والاتصالات الهاتفية وغيرها من الطرق الأخرى. كل طريقة لها مزاياها وعيوبها. إذا استطعنا أن نستخدم كل منها بمرونة وأن نستفيد من مزاياها، فإن كل هذه الطرق يمكن أن تكون مفيدة لنا في تسهيل اتصالنا مع القيادة.

التقرير الشفهي هو الطريقة الأكثر استخداما في تقديم التقارير بشكل عام. ومع ذلك، فإن هذا النوع من الاتصال وجهًا لوجه يسهل حدوث المشاكل. لذلك، نحن بحاجة إلى توخي الحذر عند استخدامنا للكلمات والتعليق على قضايانا الخاصة لتجنب الصراع الشديد.

إذا كان هناك الكثير من المحتويات للإبلاغ عنها ولا يمكننا ذكر محتويات التقرير بوضوح، فمن الأفضل استخدام طريقة التقرير المكتوب. تسمح هذه الطريقة بتوثيق كل

شيء "باللونـين الأسـود والأبيـض"، دون تقيـيد الوقـت والمـكان، مـما يوفـر الكثـير مـن الراحـة لعملنـا.

على الرغـم مـن أن التواصـل وجهاً لوجـه فعـال ومباشر، إلا أنـه يسـتهلك قـدراً كبـيراً مـن الوقـت والطاقـة أو حتـى المـال. تحتـاج العمليـات التجاريـة السريعـة إلى طـرق مريحـة للتواصـل. لذلك، أصبح التواصل بالفيديو حاليًا أسلوبًا شائعًا في تقديم التقاريـر.

بوجـه عـام، يعتـبر تقديـر التقاريـر جزءا مـن عمـل الموظـف. بغـض النظـر عـن نـوع المنصب الـذي تتـولاه والمـدة التـي عملـت بهـا، لا يـزال مـن الـضروري تقديـم تقاريـر العمـل. بالإضافـة إلى ذلـك، يجـب تلخيـص وتحسـين مهـارات إعـداد التقاريـر باسـتمرار خـلال العمـل، وذلك مـن أجل الحصـول عـلى طـرق أكـثر كفـاءة لتقديـم التقاريـر وتقليـل اسـتهلاك الوقـت.

الفصل الثامن

التنفيذ الدقيق

التأكـد مـن أن كل جهـد مبـذول لـه قيمـة وأن كل تفصيـل يحـدث بشـكل بدقيـق، هـذا هـو الاعتبـار الكامـل والجهـد الـدؤوب وراء "ثقافـة الذئـب" لـدى موظفـي هـواوي والتـي أكسـبت الشركـة مكانـة رائـدة في العـالم.

1. قم بتنظيم بيئة العمل الخاصة بك

يحـزن الكثـير مـن النـاس عـلى كفاءتهـم المنخفضـة ومعـدل الخطـأ المرتفـع في بيئـة عملهـم غـير المنظمـة، لكنهـم لا يدركـون أن بيئـة العمـل الفوضويـة هـي في الواقـع "اللـص" الـذي سرق كفاءتهـم. أمـا بالنسـبة لأولئـك الذيـن لديهـم صـورة واضحـة عـن أي عنـصر يتـم وضعـه حيـث لا يضطـرون إلى بـذل الكثـير مـن الجهـد في الحفـظ والبحـث عـن الأشـياء، حتـى تكـون كفـاءة أعمالهـم بكثـير بطبيعـة الحـال.

بيئـة العمـل البسـيطة والمنظمـة ليسـت العـدو الـذي يسـلب الوقـت منـا، بـل هـي مسـاعد جيـد يوفـر وقتنـا في البحـث عـن الأشـياء ويجلـب لنـا الإلهـام والكفـاءة العاليـة. إذا كنـت قـد رأيـت صنـدوق الطـوارئ الخـاص بالطبيـب، فسـتفهم هـذه النقطـة.

يكـون صنـدوق الطـوارئ للمـرضى الخارجيـين الخـاص بالطبيـب منظـم بشـكل دائـم. لأنـه عندمـا يقـوم الطبيـب بإنقـاذ مريـض تكـون حياتـه عـلى المحـك، فـإن الوقـت الـذي سـيقضيه في

البحث عـن أشياء مختلفـة مـن شـأنه أن يزيد مـن مخاطـر ارتـكاب الأخطاء. عـلى العكـس مـن ذلـك، إذا قـام الطبيـب بترتيـب صنـدوق أدواتـه بعنايـة شـديدة، فإنـه يمكـن أن يكـون مشغـولاً دون فوضى وينقـذ المريض في حالة حرجة.

لذلـك، فـإن كفـاءة العمـل المنخفضـة ليسـت فقـط ناتجـة عـن عـدم كفايـة القـدرة، ولكـن أيضًا عـدم وجـود بيئـة عمـل نظيفـة ومرتبـة.

المكتـب هـو نقطـة البدايـة لخلـق بيئـة عمـل جيـدة. ومـع ذلـك، عندمـا يتعلـق الأمـر بترتيـب المكتـب، قـد يحتقـر الكثيـر مـن النـاس الاهتـمام بهـذه المسـألة التافهـة أو يعتقـدون أن "الطاولـة المرتبـة هـي قاتلـة الإلهـام". في الواقـع، إن الإلهـام والمكتـب الأنيـق ليسـا عدويـن متناقضيـن. عـلى العكـس، مـن خـلال الحفـاظ عـلى بيئـة نظيفـة في المكتـب، بالتـالي إنشـاء نظـام عمـل مرتـب، يمكنـك أن تجلـب لنفسـك الإلهـام والكفـاءة العاليـة.

يشتهـر موظفـو هـواوي بإنتاجيتهـم العاليـة في مجـال تكنولوجيـا المعلومـات. وقـد اكتشـف أولئـك الذيـن عملـوا مـع موظفـي شركـة هـواوي أن الموظفيـن ذوي الكفـاءة في هـواوي لديهـم ميـزة واحـدة مشـتركة، وهـي حتـى في أكـثر الأوقـات ازدحـامًا، تكـون مكاتبهـم مرتبـة بطريقـة منظمـة مـع وجـود جميـع العنـاصر الضروريـة في متنـاول اليـد. حيـث أن المكاتـب الأنيقـة والمنظمـة تجعـل عملهـم أكثـر كفـاءة.

إذن، كيف يقومون بترتيب مكاتبهم؟

في البدايـة سيحـاول موظفـو هـواوي معرفـة المسـاحة المكتبيـة الخاصـة بهـم ومـا هـي المعـدات والمرافـق المتاحـة لهـم. ومـن ثـم تقسـيم المكتـب إلى ثـلاث مناطـق بنـاء عـلى وظائـف تلـك المناطـق: منطقـة الكمبيوتـر، منطقـة التخزيـن، ومنطقـة معالجـة الوثائـق.

تتكـون منطقـة الكمبيوتـر بشـكل رئيسـي مـن شاشـة الكمبيوتـر، المـاوس ولوحـة المفاتيـح. إذا اختـار الموظـف استخـدام شاشـة LCD أو الكمبيوتـر المحمـول، فسيتـم توفـير مسـاحة أكـبر مـن هـذه المنطقـة.

يتـم استخـدام منطقـة التخزيـن لوضـع الكتـب والوثائـق والمستنـدات والعنـاصر المشـابهة. عـادة مـا يتـم تصنيـف هـذه المسـاحة باستخـدام خزانـات الملفـات وأرفـف الكتـب وغيرهـا مـن الأدوات. إذا كانـت المسـاحة صغـيرة نسـبيًا، فستعمـل عـلى توسـيع مسـاحة التخزيـن عموديًـا، بحيـث يمكـن تكـديس جميـع العنـاصر بشـكل آمـن.

كـما يقـوم موظفـو هـواوي بإنشـاء منطقـة خاصـة لمعالجـة الوثائـق، بحيـث يكـون لـدى الموظفيـن خيـار الابتعـاد عـن تدخـل الكمبيوتـر ومعالجـة المستنـدات أو دراسـة المـواد البحثيـة أو إجـراء نـدوات في بيئـة هادئـة وسلـمية.

بالإضافة إلى ذلك، تحدثنا عن تحديد أولويات المهام أثناء عملنا في الفصل السابق، كما تنعكس هذه الأولوية ودرجة الأهمية في تصميم كل ترتيب مكتب فردي.

كما يقوم موظفو هواوي بوضع خطة العمل اليومية قبل البدء في عملهم وتقدير بشكل واضح الوقت المستهلك أو استخدام المقاييس المعنية لتقدير الوقت لكل مهمة، ثم يرجعون إلى الجدول الزمني للتأكد من وجود المواد والأجهزة المناسبة والضرورية.

بعد ذلك، يقوم موظفو هواوي بترتيب الأشياء وفقًا لأولوياتهم. حيث يتم وضع المواد والأدوات المستخدمة بشكل متكرر في أقرب مكان؛ والمواد والأدوات المستخدمة بشكل عادي في منطقة أخرى أبعد قليلا؛ في حين تم وضع المواد والأدوات التي تم استخدامها في زاوية مؤقتا في انتظار أن يتم أرشفتها عند الانتهاء من العمل.

من خلال التعامل مع هذه التفاصيل بشكل جيد، يمكن لموظفي شركة هواوي إنشاء إجراءات عمل مرتبة ومنظمة، مما يرفع كفاءة العمل.

في عام 1999، بدأت هواوي في تطبيق برنامج إدارة البيانات (PDM) داخل الشركة من أجل تسهيل تبادل المعلومات حول التطوير. حيث يمكن أن يساعد هذا البرنامج المطورين على استخدام المستندات الإلكترونية التي يتم إنشاؤها في عملية تصميم البحث والتطوير بشكل فعال.

كما يولي موظفو هواوي اهتماما كبيرا لإدارة الوثائق، لأنها لا تتعلق فقط بأمن المعلومات، ولكن باستخدام المعلومات بشكل فعال أيضا، بما فيه البحث عن المعلومات وتشارك المعلومات وما إلى ذلك. ويأمل موظفو هواوي أن يتمكنوا من تحديد الملفات الضرورية في مكان العمل بسرعة دون إضاعة الوقت في البحث عنها في المستندات الفوضوية من خلال إدارة الوثائق المنظمة.

وترتبط إدارة الوثائق الجديدة والقديمة ارتباطًا وثيقًا بكفاءة العمل. لذا، كيف يقوم الموظفين في هواوي بإدارة المستندات القديمة والجديدة بشكل جيد؟ يوجد لدى موظفي هواوي خطوتان فقط في هذا الصدد، إحداهما حفظ المستندات والأخرى هي تنظيفها.

من أجل حفظ المستندات، يقوم موظفو هواوي بوضع جدول لاستعادة المستندات وسرد جميع أسماء الملفات ومحتوياتها وغيرها من المعلومات، بحيث يكون كل شيء واضحًا في لمحة ويمكن الوصول إليه بسهولة.

كما يقوم موظفو هواوي بتنظيف وثائقهم الخاصة بشكل منتظم. حيث يقومون بتقسيم وثائقهم إلى ثلاث فئات: التي يتم التخلص منها فوريا، والتي يتم التخلص منها بشكل منتظم، والمحفوظة بشكل دائم، حيث يتم التعامل مع كل منها بشكل منفصل.

على سبيل المثال، الملاحظات خلال الاجتماعات والوثائق المرجعية العامة تعتبر مستندات يجب التخلص منها فورًا بعد الاستخدام. إذا لم يكن الموظفون في هواوي متأكدين مما إذا كان سيتم استخدام وثيقة معينة في المستقبل أم لا، فسيقومون بوضعها في أحد الأدراج أو المجلدات الثابتة والتحقق منها مرة أخرى بعد شهر واحد. إذا تم التأكد من أن الوثيقة لم تعد هامة، يتم التخلص منها. أما المستندات الخاصة بمعايير العمل والمبادئ التوجيهية والمعلومات التقنية، عادة ما يتم الاحتفاظ بها لفترة معينة من الزمن. أما بالنسبة إلى المستندات المهمة مثل سجلات الجودة والمعلومات المالية الخاصة، فلا يتم التخلص منها، بل يحتفظ بها موظفو هواوي لفترة طويلة أو بشكل دائم.

وبالنسبة لتلك الوثائق القديمة التي تحتوي على معلومات مهمة، لا يمكننا أن نلقيها في سلة المهملات، بل نقوم بتقطيعها لتجنب أي تسريب للمعلومات السرية. وبالنسبة إلى تلك الملفات الإلكترونية التي يجب حذفها نهائيًا، نحتاج إلى استخدام برنامج خاص لتدميرها وحذفها بالكامل بدلاً من سحبه ببساطة إلى سلة المحذوفات.

2. المضي قدما خطوة بخطوة

قال رن تشنغ في ذات مرة إن كل فرد ومهمة لهما أساسيات، لذا يجب أن يكون الموظفون عمليين وأن يجروا كل مهمة بشكل كامل وإلا فقد يفقدوا فرصة عظيمة. لذلك، في أي وقت، من خلال القيام بالعمل وفقا للإجراءات بطريقة واقعية، يمكننا الوصول إلى الهدف المتوقع. اللجوء عمداً إلى الخداع قد يبعدنا عن هدفنا النهائي.

يعلّم رن تشنغ في موظفيه في هواوي أن: "العلم هو معرفة واقعية. إنها تطلب منا أن نعمل بجد وثبات ودقة تجاه أهداف عملنا وأن يكون لدينا إستراتيجية وتكتيكات مرنة تتبع تطور المجتمع ومتطلبات السوق. وأن نكون عمليين لا يعني التصرف دون أهداف أو متابعة أو نقص في الابتكار. كما أننا لن ننجز أي شيء إذا لم نهتم بالجزء العملي."

يعتقد رن تشنغ في أنه على الجميع أن يمتلكوا الرغبة في أن يكونوا براغماتيين، فهم بحاجة إلى القيام بعملهم بطريقة جيدة. لا سيما أولئك الموظفين الجدد الذين لا يمتلكون الخبرة، يجب عليهم أن يركزوا على القيام بعملهم بشكل جيد بدلاً من الحلم بتحقيق إنجازات كبيرة.

العمل غير المبالي قد يؤدي إلى عواقب وخيمة. يمكن أن تؤدي الكابلات أو الوصلات

الصغيرة أو البيانات التي يتم تجاهلها إلى تحويل منتجات هواوي إلى نفايات، كما ستؤثر على الصورة الجيدة للشركة. لذلك، يرغب رن تشنغ في ألا يطمح موظفو هواوي إلى تحقيق أهداف عالية خلال قيامهم بالعمل البسيط، بل أن يكونوا عمليين وواقعيين في إنجاز المهام المحددة.

بعد وقت قصير من اجتياز الموظفة الجديدة وانغ يوي فترة الاختبار في شركة هواوي، تم تعيينها في مشروع رئيسي في خط منتجات الشبكة، وكانت مسؤولة عن متابعة وكتابة دليل مشروع معين. وبما أن المشروع كان يخضع لجدول ضيق للغاية، افترضت وانغ يوي ببساطة أن هذه الإجراءات ستعمل وقامت بوضعها في الدليل دون التحقق من عملية التثبيت والاختبار. وبعد عدة أشهر من العمل الشاق، ظهرت تحفة وانغ يوي أخيراً. وعندما كانت تشعر بالفخر حيال ذلك، أرسل لها قسم خدمة العملاء بريدا إلكترونيا، قائلاً إنه بعد إجراء التثبيت وفقًا لدليلها، حدثت العديد من الثغرات.

بعد أن تلقت وانغ يوي هذه الصفعة المحرجة، هدأت وفكرت في المكان الذي كانت المشكلة فيه: من أجل اللحاق بالجدول الزمني الضيق، كتبت الدليل دون إجراء كل اختبار عملي، وبالتالي ظهرت العديد من المشاكل في خط الإنتاج. لذلك، قررت إعادة كتابة الملف. فقامت ببناء البيئة وتركيب كل شيء بنفسها، وبعد إجراء عدة اختبارات للتحقق، كتبت الدليل. في النهاية، أمضت شهرًا تقريبًا في تأليف الملف الجديد، والذي تم قبوله أخيراً من قِبل قسم خدمة العملاء. حيث ساعدها ذلك على استعادة سمعتها الجيدة مرة أخرى.

إذا كانت وانغ يوي قد قامت بذلك بشكل جيد في المرة الأولى، فلم تكن تحتاج إلى قضاء شهر آخر في تكرار العمل السابق. كما قال رن تشنغ في إن العمل مثل تسمير المسمار على نائمة السكك الحديدة. وتساعد الروح البراغماتية الفرد على النمو وتطور الشركة. كما هو الحال في شركة ميكروسوفت (Microsoft)، فإن تقسيم العمل لديها أكثر تفصيلاً من شركة هواوي. يقوم موظفوها بعمل أكثر تفصيلا في نطاق أضيق، وبعضها بسيط مثل تراكم الرقمين 0 و1، على الرغم من أن مثل هذا العمل سيكون مملًا للغاية، إلا أنه يجعل القوى العاملة أكثر تخصصًا واحترافية.

الواقعية مهمة جدا من أجل النجاح، تماماً مثل اليابانيين، فالبراغماتية هي ميزة لهم، كما هي أحد الأسباب المهمة التي تجعل هذا البلد يملك العديد من أكبر 500 شركة في العالم. مقارنة مع الموظفين اليابانيين، فإن الموظفين الصينيين يتمتعون بالذكاء، حتى جسم أقوى. ولكن ليس لدينا تويوتا أو سوني أو باناسونيك. ما نفتقر إليه هو العقلية البراغماتية والواقعية التي تساعد اليابانيين على تحقيق أهدافهم بشكل منهجي.

في الـشركات اليابانيـة، يقـوم الموظفـون بوضـع كل شيء سـواء كان مهـمًا أو تافهًـا، في رسومات قياسية، وفي بعض الأحيان نفس الشيء يحتوي على بعض الرسوم البيانية المختلفة. خلال العمل يتبعون بدقة الإجراءات المنظمة في الرسم التخطيطي. بالإضافة إلى ذلك، يقوم موظفو الشركات اليابانية بوضع مجموعة من خطط العمل من وقت لآخر، والتي تسجل ترتيبات العمل بالتفصيل. ويقوم بالإشارة إلى كل مهمة من المهام واحدة تلو الآخري حتى يكملوا قائمة المهام بالكامل.

هذا النهج يحير الكثير من الناس، ويعتقدون أن الموظفين اليابانيين يهدرون الوقت والقوة البشرية بالكامل من خلال القيام بذلك. ولكن بالنسبة لرن تشنغ في والموظفين في هواوي الذين زاروا اليابان، فان لديهم آراء مختلفة، فقد قدروا وأبدوا إعجابهم الشديد بأسلوب العمل الثابت والجدي.

حيث أخبر رن تشنغ في موظفي شركة هواوي أنه: "إذا كنت تريد أن تتعلم كل شيء وتفعل كل شيء، فلن تكون بارعاً في أي شيء. أي عمل يمكن أن يكون فرصة بالنسبة لك لتعلم أشياء جديدة وتحسين نفسك، كما أن جهودك لن تضيع عبثا. وإذا كنت تعمل بجد، فمن الطبيعي أن تصبح مهتمًا بما تفعله. نحن بحاجة لخلق قيادة كادحة تتطلع إلى المضي قدما، وتكون محترفة في كل من العمل والتفكير وجيدة في إجراء عمليات حقيقية ولديها مهارات إدارية قوية. إن الفرص تفضل العاملين الواقعيين."

كيف تقوم بعمل جيد؟ قدم موظف هواوي السابق الذي عمل في هذه الشركة لأكثر من 10 سنوات ملخصًا ممتازًا.

"تم ترتيب جميع الموظفين الجدد للقيام بأعمال روتينية مملة نسبيا، ولكن تكرار العمل الروتيني لم يكن كافيا. يجب أن نتعود على العمل الروتيني، ونحسّن الكفاءة، ثم نوفر بعض الوقت لحل المشاكل الإضافية التي يمكن أن تحسن قدراتنا. وهذا عادة ما يكون أكثر إثارة للاهتمام. ويجب عليك أخذ زمام المبادرة لبذل كل ما تملك من الطاقة خلال العمل. وفي الوقت نفسه لا تقتصر على عملك الخاص. وعند التعامل مع كل أمر، تذكر أن تفعله بشكل جيد في المحاولة الأولى، وقم بعملك بطريقة أفضل مما توقعه رئيسك، حتى لو كان ذلك يعني أن عليك العمل لوقت إضافي؛ وإذا طلب منك رئيسك تعديله عدة مرات، فقد ينتهي بك الأمر إلى إنفاق نفس الوقت والجهد مع ترك انطباع أسوأ سيؤدي إلى انخفاض تقييم الأداء. إذا كنت بذلت جهودا كبيرة ولكنك لا تزال لا تستطيع القيام بعمل جيد، فهذا يعني أنك بحاجة إلى بذل المزيد من الجهد في الدراسة وتحسين نفسك. لا تتعلم تلك الأشياء التي لن تفيد العمل، لم تعد في المدرسة بعد الآن. يجب أن تستفيد

من الوقت المحدود لتعلم الأشياء التي يمكن أن تساعد في تحسين عملك وحياتك، وأخيراً عليك تطبيق ما تعلمته عمليا."

في الوقت الحاضر، قام موظفو شركة هواوي بتشفير مفهوم العمل بطريقة فعلية في جيناتهم، وقد ظهر في كل جانب من جوانب عملهم. على سبيل المثال، بالنسبة لموظفي مبيعات شركة هواوي، إذا ذكر العميل شيئًا ما، فسرعان ما يسجلون ذلك. إذا كان العميل يسأل عن المشاكل الفنية التي لا يستطيع مندوب المبيعات شرحها، فإنهم يهاتفون فني هواوي لتوضيح ذلك. إذا كان الأمر لا يمكن شرحه بوضوح عبر الهاتف، فسيذهب بعض الخبراء إلى الموقع بمواد إعلامية تفصيلية. وبذلك، فاز منتج هواوي تدريجيا بتقدير العملاء وأصبحت الشركة نفسها مؤسسة جديرة بالثقة.

3. النجاح يكمن في التفاصيل

هناك مقولة واسعة الانتشار في المجتمع الغربي تقول: "بسبب فقدان مسمار ضاعت الحدوة؛ وبسبب فقدان الحدوة تجرح الفارس؛ وبسبب تجرح الفارس انهزم في المعركة؛ وبسبب انهزام في المعركة انهارت المملكة."

هذا المثل يحكي قصة ريتشارد الثالث في معركة رئيسية في عام 1485. حيث أن أحد حدواته خسر مسمارًا حتى تعثر الحصان بخطوته الخاصة به، وفي النهاية هزم ريتشارد الثالث أسيراً. أوضحت هذه القصة أن الأمر الصغير قد يؤدي إلى الفشل أو النجاح.

ذات مرة سأل شخص ما المهندس المعماري العظيم ميس فان دير روه (Mies van der Rohe) عن سر نجاحه، أكد المهندس مرارًا وتكرارًا في إجابته على أن: "التفاصيل الدقيقة والنابضة بالحياة يمكن أن تحقق تحفة فنية، وإهمال التفاصيل يمكن أن يدمر خطة عظيمة." من وجه نظر ميس فان دير روه، فإن كل مبنى كبير يأتي من تراكم الطوب والبلاط، وبالمثل فإن رحلة آلاف الأميال تبدأ من تراكم كل خطوة من الخطوات.

"النجاح يكمن في التفاصيل" هي "النصيحة الصادقة" التي يتبعها جميع الموظفين في شركة هواوي.

في عام 2009، في مدينة ميلانو، مسقط رأس تكنولوجيا الميكروويف، واجهت منتجات الميكروويف لشركة هواوي لحظة حرجة: حيث نجحت منتجات الميكروويف في اجتياز اختبار المشغل B بنجاح ودخلت مرحلة اختبار المشغل A بشكل رسمي. فمن خلال اجتياز

هذا الاختبار فقط، يمكن أن يكون منتج هـواوي مؤهلاً للدخـول إلى اختبار القبـول. ولأن العقـد قـد تـم توقيعـه بين شركـة هـواوي والمشغل A، والـذي كان يسـاوي عـشرات الملايين مـن الـدولارات الأمـريكيـة، لـن يدخـل حيز التنفيذ إلا بعد اجتياز المنتج مرحلة اختبار القبـول. لـذا بالنسـبة لفريق مـشروع هـواوي، فـإن اختبار التقييم هـذا لا يمكن أن يفشـل تحـت أي ظرف مـن الظروف.

كان مـن بين جميع المختبرين، كان هناك خبير قديم مسؤول عن اختبار وظيفي معين لديه أكثر مـن 20 عامـا مـن الخـبرة في مجـال الميكروويف. كان معروفًـا بمتطلباتـه الصارمـة للغايـة في اختبار المعـدات، ويقـوم بفحص جميع إشعارات الإدارة عـبر الإنترنت بعنايـة. بعد أن بـدأ عمل التحقق رسميا، لم يسمح هذا الخبير لأي شخص آخر للمس المعـدات. ولكن يمكـن لأي شخص آخر الوقوف ومراقبة اختباره فقـط، لذلك كل حركة منـه كانت تجعل الموظفين في هـواوي أكـثر توتـرا.

ومـع ذلك، لا يـزال "الحـادث" وقع، وتوقفـت الخدمـة لفـترة وجيـزة. ورغـم أن العديـد مـن الأفـراد لم يلاحظوا ذلك، إلا أنـه لم يفلـت مـن عيـون الخبير القديـم. في الواقـع، استغـرق هـذا التوقف بضـع عشرات مـن الملـلي ثانية. ومـع ذلك، بعد اكتشـاف هـذه المشـكلة الصغيرة، أوقـف الخبير القديـم الاختبار بشكـل حاسـم وطلب تفسيراً مـن الموظفين المعنيين. لذلـك، قـام فريق المـشروع بتقديـم شرح فـوري للخبير القديـم، بينما كان يقدم تقريـرا إلى الأطراف المعنيـة في تشنغدو. حيـث أظهـرت نتائـج التحليل النهائي أن التوقـف كان سببـه الرقاقـة، ولكن لحسـن الحـظ كان بإمكان مـزود الرقاقـة تثبيـت رقعـة لحـل هـذه المشـكلة، لذلك لم تكن مشكلة كبـيرة. وبعد سمـاع هذا الخبر، تنهـد الموظفون في هـواوي تنهدا عميقا. وأعاد الخبير القديـم الاختبار. وبحلـول فـترة مـا بعد الظهـر، تـم الانتهـاء مـن الاختبار في نهايـة المطـاف وانتهت تنهيدات فريـق هـواوي في ذلك اليـوم.

هنـاك خـط رفيـع بـين النجـاح والفشل. يكمـن اختلافهـما في إدارة التفاصيل. لمجرد أن الخبير القديـم يمكن أن يلاحـظ حتى توقف عـشرات مـن الألـف مـن الثانيـة، فيمكـن أن يكون معروفًـا ومحترمًـا في هـذا المجـال.

هنـاك قول شائع لقيادة مجموعة هايـر (Haier) إن"عقـرب الدقائـق الدقيق هـو شرط أساسي لعقـرب ساعـات دقيـق". بالنسبة لموظفي هايـر، لم تكن هناك أشيـاء مثيرة أبـدًا، بـل مسائل صغـيرة واحدة تلو الأخـرى فقط. يعاملون كل شيء بعنايـة أكـثر وجديـة أكـثر، وبطريقة أكـثر ذكاء بهـدف القيـام بأشيـاء صغيرة بشكـل أفضل.

كـما هـو الحـال مـع مجموعـة هايـر، هنـاك العديـد مـن أكـبر 500 شركة في العالـم تبـدأ

من التفاصيل. ذات مرة قام بعض موظفي شركة هواوي بزيارة القاعدة الأساسية لمنصة التلسيم لشركة نوكيا، ولاحظوا هذه التفاصيل:

تم توصيل أقسام مختلفة داخل القاعدة الأساسية بأبواب كبيرة. وكانت الأبواب مغلقة بشكل عام. لكن من الغريب أن هناك حبل معلق من السقف على بعد مترين من كل باب. ويجب على الموظفين سحب الحبل قبل أن يتم فتح الباب تلقائيا. في بداية الأمر، احتار موظفو هواوي بعض الشيء في هذا الأمر، لأن وفقا للفطرة السليمة، يجب وضع هذا الحبل على الجدار بجانب الباب. حيث أن المسافة التي امتدت لمترين لم تكن جميلة من الناحية الجمالية ولا يبدو أن لها أي قيمة عملية.

وعندما كان موظفو هواوي متعجبين من هذا الأمر، مرّ موظف من نوكيا بعربة، وسحب الحبل بيده دون أي جهد. فجأة أدرك موظفو شركة هواوي الخدعة في هذا الحبل: إذا تم وضعه على الجدار بجانب الباب، فيجب على الموظفين أن يسيروا بضع خطوات لسحب الحبل وبعد ذلك بضع خطوات إضافية للرجوع إلى العربة. هذا المشي ذهابا وإيابا يضيع وقتهم.

في كتاب "التفاصيل مفتاح النجاح"، توجد هذه الجملة: "هذا هو العصر الذي يحدد فيها التفاصيل النجاح. في المنافسة الشرسة في السوق، إذا رغبت الشركات بالفعل في البقاء والنمو، يجب عليها الانتباه إلى كل التفاصيل." تم تفضيل العلامة التجارية العالمية الشهيرة "بولو" الخاصة بالحقائب الجلدية من قبل المستهلكين في جميع أنحاء العالم لأكثر من 20 عامًا بفضل مواصفاتها الدقيقة، مثل "أن طول بوصة واحدة يجب أن يكون فيه ثماني غرز بالضبط". قبل بضع سنوات، أحدث الهاتف النقال من طراز 2118 لشركة سيمنز الألمانية ضربة في السوق بسبب إرفاقه غطاء ملون F4 صغير.

اليوم، تم تصنيف هواوي بنجاح كأحد أكبر 500 شركة في العالم. وبالمقارنة مع موظفي نوكيا، لا يتخلف موظفو هواوي عن موظفي نوكيا في التعامل مع التفاصيل. ذات مرة كان هناك حدث صغير حدث في شركة هواوي:

كان لدى شركة هواوي العديد من الأحكام الدقيقة بخصوص توصيل الأسلاك في جهاز المبدل. على سبيل المثال، يجب أن تكون الخطوط من نفس اللون مرتبطة في الخارج بدون تشابكها مع بعضها البعض. حيرت هذه القاعدة العديد من العلمانيين حيث فكروا أنه: "بغض النظر عن مدى جودة ربط الأسلاك، فبمجرد وضع الغطاء، لا يمكن رؤية أي شيء!" ومع ذلك، كان لدى الموظفين في شركة هواوي وجهة نظر خاصة حول هذا التفصيل. كانوا يعتقدون أن كلا من الخزانة المليئة بالأسلاك الفوضوية والأخرى ذات الأسلاك المرتبة بعناية

ستتركان انطباعًا مختلفًا لدى الناس. إذا استطعنا القيام بالتفاصيل بشكل جيد، فسنترك للعملاء انطباعا جيدا عن الشركة، وفي المقابل سأعرب العميل عن تقديره العالي على جودة المنتج والخدمة لشركتنا.

توضح هذه القصة القصيرة الروح البراغماتية للعاملين في هواوي. فقد أدركوا بالفعل أهمية التفاصيل.

فيما يتعلق بموقف موظفي شركة هواوي في العمل، فإنهم يعتقدون أن "جميع الأحداث الكبرى تبدأ من التفاصيل". وقد قام تشنغ دونغ شنغ، مؤلف كتاب "حقيقة هواوي" (Truth of Huawei) لديه خبرة حقيقية ووصفها في مقالته بالتفصيل:

"في مارس عام 2000، أنشأت شركة هواوي قسم تطوير الوثائق لتنظيم وتجميع الوثائق التقنية المختلفة. من أجل تحسين جودة الأدلة الفنية، حيث نظم مكتب التحرير العام التابع لقسم تطوير الوثائق فحصًا مفاجئًا للوثائق المؤرشفة. ووفقًا لإحصاءات غير مكتملة، تم رصد 163 حرفا ورقما غير قياسي في دليل فني مؤلف من 125 صفحة، حتى مع وجود أخطاء واضحة، على سبيل المثال: في إحدى الصفحات، تقول التعليمات إن "غرفة الخوادم تحتاج إلى أن تكون محكمة الإغلاق، في حين كان قطر الجسيم من تركيز الغبار أكبر من 104 × 3 ≤ 5 ملغ / م^3" ويري بوضوح باللونين الأبيض والأسود. في الواقع، الجسيمات التي يزيد قطرها عن 5 مم هي بالفعل كبيرة مثل جزيئات الرمل بدلا من الغبار، ولم يكن من الممكن وضع المبدل وغيره من المعدات الجيدة في الغرفة في ظل هذه الظروف. في الواقع، يجب أن يكون "5μm" (ميكرون) بدلاً من "5 مم" (ملليمتر)، يؤدي اختلاف بسيط في الرمز إلى تعبير غير منطقي. وقد أدرك الموظفون في هواوي أهمية التفاصيل وبدأوا في إجراء التغييرات بطريقة دقيقة. وأخيرا تم تقليل معدل الخطأ في الوثائق إلى حد معقول.

من أجل ترسيخ فلسفة "جميع الأحداث الكبرى تبدأ من التفاصيل" في أذهان الناس، نظمت شركة هواوي العديد من المحاضرات حتى يتمكن بعض الخبراء القدامى أو الكوادر العليا من تقديم التعلم الأيديولوجي للموظفين. في إحدى المناسبات، دعت شركة هواوي خبيرًا قديمًا شارك في أعمال أبحاث الصواريخ. روى هذا الخبير القديم الموظفين في شركة هواوي قصة:

خلال فترة الحرب الباردة، كان بلد ما يعمل على قدم وساق لتجميع الصواريخ، والذي حدثت خلاله بعض المشاكل من وقت لآخر. عادة، يمكن لفريق الخبراء التعامل مع الفشل بسرعة كبيرة. ومع ذلك، عمل الخبراء على مشكلة صغيرة لفترة طويلة. وكان هناك طالب جامعي متخرج حديثا يحب تقديم بعض الشكاوى الصغيرة بين الحين والآخر.

وعندما سمع أن فريق الخبراء كان مشغولاً بتحديد وحل مشكلة الصاروخ، كان يتفاخر أمام أصدقائه ويقول "أتعرفون؟ أنا قمت بذلك الخطأ بتعمد." في الواقع، كان الخطأ ليس له علاقة به، لكنه قال ذلك لمجرد التباهي.

وفي اليوم التالي، عقدت القاعدة اجتماعا طارئا، وانتظر الجميع عصبية القائد الذي يبدو جديًا ليقدم لهم محاضرة جنائية. وأثناء وقوفه على المسرح، نظر القائد حوله أولاً ثم فجأة صرخ: "أحضروه." وبعد ثوانٍ قليلة، أخذ عدة جنود مدججين بالسلاح شخصًا إلى المسرح، لقد كان الطالب الجامعي!

"كان هو الذي أراد تدمير القضية العظيمة لبلادنا، لا يمكن لشعبنا أن يغفر له على الإطلاق ..."

في هذه القصة الحقيقية، دفع الطالب الجامعي ثمنا باهظا بسبب مشكلة في التفصيل، كما تتجسد هذه القصة أيضًا بالمثل الإنجليزي القائل إن: "الشيطان يكمن في التفاصيل".

يجب أن نضع دائمًا دروس أسلافنا في الاعتبار، مع الاعتراف بأن الفرق بين الرابحين والخاسرين يكمن في الاهتمام بالتفاصيل. أولئك الذين لا يهتمون بالأمور الصغيرة، غالبا ما يشعلوا الفتيل للفشل المستقبلي. حيث يصبح موقفهم اللامبالي بالتفاصيل حاجزًا ضخمًا يمنعهم من التحويل من كونه رجلًا متواضعًا إلى موهبة بارزة.

4. افعل شيئا واحدا في كل مرة وافعله جيداً

لتحسين كفاءة العمل، يهرع العديد من الناس إلى القيام بأعمال أخرى قبل أن ينهوا العمل الذي يقومون به، وفي بعض الأحيان يقومون بعدة أشياء في نفس الوقت. ولكن النتيجة تكون غير مرضية.

هنا هذه القصة كمثال على ذلك: استيقظ مزارع في الصباح الباكر وأخبر زوجته أنه سوف يذهب لزراعة الأرض. وعندما وصل إلى الحقل، اكتشف أن الآلة قد أنفدت من الوقود، فقرر تزويدها بالوقود على الفور، ولكن تذكر فجأة أنه كان هناك ثلاثة أو أربعة خنازير في المنزل لم يقم بإطعامها، فاستدار وقرر العودة إلى المنزل. وعندما كان يمر بالمستودع، رأى العديد من حبات البطاطا ملقاة بجواره، وتذكر أنه موسم الإنبات للبطاطا، فقرر الذهاب إلى حقل البطاطا بدلا من المنزل. وفي طريقه إلى حقل البطاطا، رأى كومة من الخشب، وفكر في أن منزله يحتاج أيضًا إلى بعض الحطب. وعندما كان على وشك

بأخذ بعض الحطب، رأى دجاجة مريضة ملقاة على الأرض. لذلك، بعد الجري ذهابًا وإيابًا لبضعة مرات من الصباح حتى غروب الشمس، لم يتمكن المزارع من إنجاز أي شيء، ولم يُزود الآلة بالوقود ولم يطعم الخنازير أو يزرع الأرض.

قام المزارع بعمل الكثير من الأشياء ولكنه لم ينجز أيا منها خلال تنقله من واحد لآخر وفي النهاية، لم يكمل أي عمل، هذه القصة تخبرنا أن الاهتمام بشيء واحد في كل مرة هو أكثر الطرق فعالية.

ذهب رن تشنغ في إلى تويوتا عدة مرات. وبعد عودته من الرحلات التفقدية، شدد على نقطة واحدة خلال الخطاب الداخلي الذي ألقاه في شركة هواوي: "دع القوة الأرضية[1] يتم إنجازها في شركة هواوي!" والمعنى الكامل للقوة الأرضية هو: القيام بشيء واحد بشكل جيد، والمثابرة على فعل هذا الشيء بشكل جيد.

يؤكد رن تشنغ في على ما يلي: "افعل شيء واحد بشكل جيد"، وذلك يشير إلى طريقة العمل على أمر واحد.

قد يكون مكتب الاستعلامات في المحطة المركزية الكبيرة في نيويورك أكثر الأماكن ازدحاما في العالم، فكل المسافرين يتدافعون إلى النافذة لطرح أسئلتهم.

انحنت امرأة سمينة وقصيرة إلى الأمام لتقترب من النافذة، والقلق يبدو على وجهها. سمع موظفو الخدمة صوتها وركزوا على المرأة التي كانت تسأل: "إلى أين أنتي ذاهبة؟" في هذا الوقت، كان هناك سيدة ثرية وأنيقة تحاول مقاطعتهم، لكن الفتاة في الخدمة استمرت في الحوار مع المرأة القصيرة كما لو لم يكن هناك شخص آخر حولها.

أجابت المرأة: "سبرينغفيلد". سألت فتاة الخدمة: "هل سبرينغفيلد في أوهايو؟" أجابت المرأة: "لا، إنها سبرينغفيلد في ماساتشوستس". أجاب فتاة الخدمة على الفور: "يغادر هذا القطار في غضون 15 دقيقة في المنصة رقم 15، لكن لا داعي للقلق، لا يزال لديك ما يكفي من الوقت". أعادت المرأة التحقق من جميع المعلومات مرة أخرى قبل أن تغادر.

وبعد ذلك، حولت فتاة الخدمة انتباهها مباشرة إلى الراكب التالي. وبعد بضع كلمات، غادر راكب آخر بقناعة.

في وقت لاحق، سألها شخص ما كيف يمكنها أن تبقى هادئة، وأجابت "أنا لا أتعامل مع عدد كبير من الركاب، أنا أقدم الخدمة لكل راكب في كل مرة، لذلك لا يوجد شيء لأقلق عليه."

---

1. تشير إلى القدرة على التفكير من الصفر دون الاعتماد على المعرفة القائمة.

يعتقد خبير الإدارة أفيري أنه إذا كان هناك شيء لا يمكن إتمامه من خلال نظرية "شيء واحد في كل مرة"، فإن الطرق الأخرى لن تعمل على الأرجح. وفي وقت لاحق، تطور اقتراحه تدريجيا إلى طريقة عمل عالية الكفاءة: طريقة العمل على شيء واحد.

وبناءً على هذا المبدأ، ينصح خبراء الإدارة الناس بتجنب تحولات العمل غير الضرورية أثناء يوم العمل، أي التركيز على إنجاز شيء واحد قدر الإمكان، ثم التفكير في الأمر التالي.

ومن وجهة نظر نفسية، عندما ينهي شخص ما شيئًا واحدًا، يشعر في كثير من الأحيان بشعور من الراحة والرضا، أو حتى الشعور بالإنجاز. هذه حالة ذهنية جيدة وشرط ضروري لبدء الشيء التالي بشكل جيد.

لذلك، عندما قام موظفو هواوي بمتابعة الأداء وكانوا غير راغبين في بذل جهود متواصلة "طويلة الأمد" على نفس الشيء، أدلى رن تشنغ في بالتصريحات التالية: "أتمنى أن يتخلص الجميع من خيال تحقيق الشيء بسرعة، وأن يتعلموا القيام بأشياء بطريقة واقعية مثل اليابانيين، وأن يتخذوا موقف العمل الدقيق مثل الألمان. إذا كنت تستطيع أن تكون بارعا في تقنية قد اكتسبتها للتو، فهذا أمر نادر وقيم في الحياة. وإذا كنت ترغب في تحسين الكفاءة والحصول على مكافأة أفضل، فيجب عليك التركيز على جانب محدد من العمل، وإلا سيكون من الصعب إكمال شيء مثالي من خلال الممارسة. وإذا كنت تريد أن تكون قادرًا وجيدًا في القيام بكل شيء، فهذا يعني أنك لن تجيد أي شيء، وستكون مجرد مبتدئًا في كل شيء."

بتشجيع من رن تشنغ في وتوجيه المدربين، طور معظم موظفي هواوي عادات عمل جيدة كما حسنوا مهاراتهم في العمل بشكل تدريجي.

تتمثل المهارة الأولى لموظف هواوي في التعامل مع "حزمة" من المهام المتماثلة معا، مما يوفر المزيد من الوقت للتعامل مع المهام واحدة تلو الأخرى.

إذا اضطر الموظف في هواوي إلى إجراء 10 أو 20 مكالمة هاتفية أو توزيع العديد من التقارير، فإن شخص ما سيقوم بكل هذه المهام معًا. وهذا الشخص يتحسن بشكل أفضل في التعامل مع المهام بشكل متكرر. وسيكون بمقدوره توفير 20% من وقته في إنهاء المهمة.

أما المهارة الثانية لموظف هواوي، فتتمثل في "الهدف الكبير"، لأنهم يعتقدون أنه إذا تم صيد 1000 سمكة صغيرة، فسيكون كل ما حصل عليه هذا الشخص هو دلو مليء بالأسماك، ولكن إذا اصطدنا حوتًا، ستكون القيمة التي تم تحقيقها في نفس الفترة الزمنية مختلفة تمامًا.

يدرك الموظفون في هواوي معنى هذه المهارة بشكل جيد. لذلك، عندما يتعاملون

مع العمل، فإنهم سيحددون أولاً حجم الأسماك، ويحاولون معرفة أي واحدة منها يمكن أن تكون الحوت، ثم وضع خطة شاملة لصيد الحوت. والمظاهر الواضحة لمثل هذا النوع من صيد الحوت هو تنفيذ العمل وفقا لـ"قائمة الأولويات"، التي سيتم توضيحها في الفصل التالي.

أما المهارة الثالثة للعاملين في شركة هواوي فهي تخصيص وقت كافٍ لإنهاء كل مهمة. حيث أشار المدربون في هواوي إلى ذلك قائلين إنه: "إذا قمت بتخصيص 30٪ من الوقت الإضافي لاستكمال عملك، فستكون مستعدًا بشكل جيد لمواجهة صعوبات أو تأخير أو عقبات غير متوقعة". من خلال مراقبة هؤلاء العمال الأكثر إنتاجية، نجد أنهم يعملون على تخصيص ما يكفي من الوقت لأنفسهم لضمان القيام بكل مهمة بشكل تام.

نعلم جميعًا أن الشخص أكثر كفاءة عندما يظل قادرًا على التركيز على مهمة واحدة. لكن من السهل جدا أن نفقد تركيزنا ونشتت انتباهنا على أشياء كثيرة جدا. إذن، ما هي الطريقة التي يمكن أن تساعدنا في الحفاظ على تركيزنا على شيء واحد؟ فيما يلي بعض الاقتراحات للرجوع إليها.

أولا، سنحاول الحد من الإزعاج. لأن بعض الناس يميلون إلى فقدان التركيز في العمل بسبب العوامل الخارجية، مثل تلقي مكالمة هاتفية والدردشة خلالها لمدة 10 دقائق. وهذا لا يضيع وقت العمل فحسب، بل يشتت انتباه الشخص عن العمل. لذلك، يجب معالجة هذا الإزعاج بسرعة قبل السماح له بالتأثير على العمل.

ثانياً، يجب أن نطور قدرتنا على التركيز. فالتركيز هو القدرة على تحويل الانتباه والتركيز على شيء معين، ويلعب دورا رئيسيا في القيام بنشاطنا. إن تطوير قدرتنا على التركيز سيساعدنا على كبح الإزعاج والتحكم في أنفسنا من انحراف تركيزنا أثناء العمل.

ثالثًا، علينا أن نضع هدفًا لأنفسنا، حتى نحفز أنفسنا على العمل بكفاءة أكبر. كما يجب علينا توضيح وتصور الهدف لزيادة الاهتمام.

رابعاً، يجب أن نكوّن عادة إكمال المهمة في الوقت المحدد. إذا كان هناك مهلة زمنية محددة للقيام بشيء ما، فسوف يكون لدينا شعور بالإلحاح ويمكننا التركيز على إكمال الأمر بشكل كامل. إذا كنت تتأخر في القيام بالأمور، فمن الأرجح أن تنجز نصف المهام، أو أن تفكر في أمور أخرى أثناء القيام بهذا الشيء بالتحديد، مما يؤثر على جودة عملك.

لذلك، يجب أن نهدئ ونبقى مركزين لإنهاء العمل الحالي بكل إخلاص. إذا كنا نميل إلى التفكير في تحقيق هدف كبير، وفقدنا صبرنا وكنا غير ملتزمين في الوصول إلى أهدافنا ونريد أن نتولى كل مهمة، فلن نتمكن من تحقيق أي شيء في النهاية.

يجب أن نتغلب على العادات السيئة القديمة، حتى لو كانت هذه العملية صعبة للغاية. طالما تخلصنا من هذه العملية، فيمكننا أن نصبح "منفذين" فعالين جدا. وبالتالي، سيكون من السهل علينا الحصول على التقدير من القيادة.

5. كن حذرًا وجادًا، وقم بحل المشكلة بشكل كامل

يمكن أن يساعدنا إنهاء عملنا دفعة واحدة على تجنب التكرار غير الضروري للعمل. هذا النوع من طريقة العمل الفعالة الموجهة نحو النتائج هو الإستراتيجية الأكثر فعالية لتجنب إضاعة الوقت والموارد.

ذات مرة نشر مقال في المجلة "موظفي هواوي"، وكانت الفكرة الرئيسية لهذا المقال هي أن موظفي هواوي كانوا يميلون إلى ارتكاب الأخطاء أثناء صياغة المناقصة؛ على سبيل المثال، في بعض الأحيان يكونون كسالى جدًا لترجمة اللغة الصينية إلى الإنجليزية، أو لتغيير العناوين أو التحقق من هجاء الكلمات. وفي النهاية كان عليهم القيام بالترجمة من جديد. في البداية، كان بعض الموظفين يجادلون بأنهم كانوا يخضعون لجدول زمني ضيق. ولكن كيف كان لديهم الوقت لإعادة العمل ولكن لم يكن لديهم وقت لإنهائه بشكل جيد من المرة الأولى؟

هذا هو انعكاس شركة هواوي على مؤشرات تقييم أداء الموظفين وتقييمها. السرعة لا تساوي الكفاءة، لا تكن متسرعا في التعامل مع تلك الأشياء الأقل أهمية. لأن أي إعادة عمل أو عدم كفاءة قد تكلفك المزيد من الوقت. أما بالنسبة لأولويات العمل، بما أنك بدأت بالفعل، فلماذا لا تقم بتنفيذه بشكل جيد مرة واحدة؟

لذا، فيدعو رن تشنغ في بشدة إلى روح "تسوية الأمر دفعة واحدة". وغالبا ما يزور رن تشنغ في ألمانيا واليابان والدول الصناعية المتقدمة الأخرى، لأن الموظفين في هذه الدول لديهم أسلوب عمل حذر ويتابعون تسوية كل مسألة في دفعة واحدة.

إذن، كيف يمكن تسوية المسألة في دفعة واحدة؟ يحدد موظفو هواوي الهدف النهائي أولا، ويطورون خطة عمل، ثم يقومون بالتنفيذ بشكل صارم وفقًا للخطة، لضمان أن تكون المهمة متوافقة تمامًا مع المتطلبات المتوقعة.

في البداية يحدد موظف هواوي خطة عمله للتأكد من أنه يعمل على المسار الصحيح. ومع ذلك، فإن تحديد الهدف النهائي يعني وضع خطة شاملة للعمل بأكمله

بدلاً من الطريقة التشغيلية التفصيلية لكل خطوة. كما يقوم الموظفون في شركة هواوي بتوضيح ما هو الهدف وما هو محتوى المهمة، كما يوضحون مسؤولياتهم ونهجهم في التعامل مع المهمة، للتأكد من أنهم لن يحيدوا عن الهدف النهائي في أي حال. هذا هو أيضا واحد من أكثر الطرق الموفرة للوقت.

ثانياً، يقوم موظفو هواوي بوضع جدول زمني شامل وفقًا للمتطلبات المستهدفة في تنفيذ المهام. وسوف يتأكدون من المهام ذات الأهمية الحيوية والعمليات التي يمكن تقصيرها من حيث الوقت.

في النهاية، سوف يتبع موظفو هواوي خطة المهام بدقة متناهية، والتحقق منها، وحل المشاكل التي تحدث أثناء عملية التنفيذ على أساس منتظم وفي الوقت المناسب، وفقًا لتحليل وإحصائيات الأنواع المختلفة للتغذية الراجعة الخاصة بالمعلومات.

ومع ذلك، يجب أن يمر أي عمل خلال عملية معينة، وأحيانًا تكون هذه العملية صعبة جدا. حيث يتوقف العديد من الموظفين في منتصف الطريق بسبب عدم صبرهم ومثابرتهم. إذن ماذا نفعل حيال ذلك؟ يجب أن نزرع روح المثابرة، ونطور عادة الاهتمام بكل أمر حتى النهاية.

دعونا نأخذ مثالاً من حياتنا اليومية. على الرغم من أن العديد من الموظفين المسؤولين عن عمليات التنظيف في الشركات الصينية - لا يدخرون جهدا في القيام بعملهم - إلا أنه إذا ما قمت بتفحص عملهم بعد الانتهاء من تنظيفهم، ستجد العديد من بقايا خردة الحديد تحت الماكينة وبقع على ظهرها، وبقايا السناج في غرفة التدخين، ورائحة كريهة في المرحاض ... هذه هي النتائج المباشرة لعدم القيام بالأمور بدقة.

دعونا نلقي نظرة على كيفية قيام الموظفين اليابانيين بتنظيف المرحاض.

يتم تقسيم الموظفين إلى مجموعات للقيام بأعمال التنظيف تحت قيادة مشرفهم. حيث قاموا بإعداد أنواع مختلفة من أدوات التنظيف المهنية، ثم بدأوا تنظيف الأرضيات والمراحيض، بما في ذلك المصارف، والجدران، والأسقف، وتجهيزات الإضاءة، وحتى النوافذ ومقابض الأبواب، وما إلى ذلك، لن يتركوا أي تفصيل دون تنظيفه. وبعد ساعتين من أعمال التنظيف، تختفي الرائحة الكريهة الأصلية للمرحاض. وكان كل موظف شارك في التنظيف مبللاً تماماً من التعرق، لكنهم حصلوا على التجربة الشخصية حول كيفية تطوير عادة لإكمال مهمة بشكل كامل من خلال أعمال التنظيف العملي.

تثبت هذه الحالة أن ترسيخ عادة الموظفين للقيام بكل شيء بشكل جيد هي طريقة جيدة لضمان تمكنهم من القيام بعملهم في دفعة واحدة. ومع ذلك، فإن هذه العادة لا

تتشكل بين عشية وضحاها وتتطلب التزامًا من المدراء والموظفين لفترة طويلة. خاصة أن المدراء بحاجة إلى لعب دور قيادي وتقديم نموذج جيد للموظفين. حيث أنه إذا تصرف المدراء بلا مبالاة، فلا يمكنهم أن يتوقعوا من موظفيهم أن يكونوا حذرين في عملهم.

6. التعامل مع الأمور التافهة بشكل كلي

نواجه في كثير من الأحيان مثل هذه المشاكل في عملنا اليومي: إضاعة الكثير من الوقت أو حتى الفشل في إكمال العمل المهم في الوقت المناسب لأنه كان علينا حل العديد من الأمور التافهة.

إذن، كيف يتعامل الموظفون الأذكياء مع الأمور التافهة؟

على سبيل المثال، طلب من ساعي البريد تسليم البريد من جميع أنحاء البلاد إلى نفس المكتب. في هذه الحالة لن يقوم ساعي البريد الذكي بتسليمها واحدة تلو الأخرى، بل يقوم بجمع البريد أولاً ثم توصيلها دفعة واحدة.

بهذه الطريقة، يتم تحسين الكفاءة ويستخدم الوقت بطريقة أكثر منطقية.

وبالمثل، عند التعامل مع الأمور التافهة في العمل، نحتاج أيضًا إلى تعلم كيفية التعامل معها بشكل سويا.

قامت إحدى الشركات الاستشارية بإجراء مقارنة بين كفاءة عمل الناس على متن رحلة جوية من الدرجة الأولى وفي المكتب. وقد أظهرت النتائج أن ساعة واحدة من العمل غير المتقطع خلال الرحلة تساوي 3 ساعات من العمل في بيئة العمل العادية.

كيف يمكن أن يكون ذلك؟ يمكننا شرح هذه الظاهرة عن طريق قانون منحنى التعلم. يشير هذا القانون إلى المنحنى الذي يوضح أنه في غضون فترة معقولة من الوقت، قد يؤدي تكرار العمل المستمر نفسه إلى زيادة متناسبة نسبيًا لكفاءة العمل، مما يجعل الوقت المستهلك في تنفيذ هذه المهمة يكون خطا منحنى هابطا.

يخبرنا قانون منحنى التعلم أننا سوف نحاول حل نفس النوع من المسائل معا، مثل إنهاء المكالمات الهاتفية أو شراء اللوازم المكتبية الضرورية دفعة واحدة. هذا الأسلوب لا يساعد على زيادة كفاءة العمل فقط، ولكن أيضًا في توفير الوقت في إعداد العمل.

كما يثبت تدريب إدارة هواوي أيضًا أن قانون منحنى التعلم صحيح بالفعل من خلال مقارنة طريقتين مختلفتين لمعالجة الأمور التافهة: المعالجة المتفرقة والمعالجة بالدفعات.

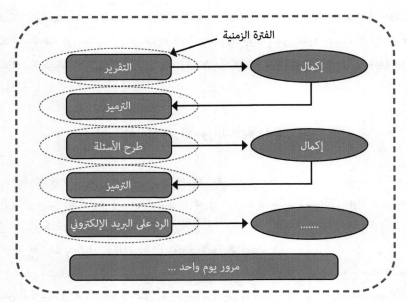

تم تقسيم الشؤون التافهة إلى عدة مراحل، مما أثر بشدة على استمرارية المهمة الهامة

المعالجة المتفرقة

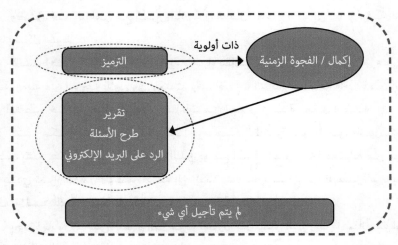

يتم التعامل مع الشؤون التافهة في دفعة، ذلك لا يضمن أولوية المهمة الهامة فقط، بل يرتفع كفاءة التعامل مع الشؤون التافهة.

المعالجة بالدفعات

الصورة 1-8   العرض التوضيحي على المعالجة المتفرقة والمعالجة بالدفعات

وفيما يتعلق بهذه القضية، وقاموا بتحليل نتائج عمل موظفي البحث والتطوير في هواوي للمعالجة المتفرقة والمعالجة بالدفعات للشؤون التافهة (تظهر النتائج في الصورة 1-8).

لذلك، نحن بحاجة إلى الجمع بين الشؤون التافهة والتعامل معها بشكل كامل. هذا يمكن أن يوفر لنا الكثير من الوقت ويحقق كفاءة عالية في العمل.

كما تدعو شركة هواوي بشكل دائم إلى تعزيز المعالجة بالدفعات للمسائل التافهة. عادة ما يتبع موظفو هواوي القاعدة 20/80، مع التركيز على الأعمال الأساسية وتصنيف الأمور الأخرى على أنها تفاهات، حيث يتم التعامل معها في فترة زمنية معينة بشكل كلي، مما يقلل الوقت الإجمالي الذي يقضى في التعامل مع الأمور التافهة.

كان لي تشيانغ (اسم مستعار) مساعداً للمدير العام لإدارة الموارد البشرية في أحد مكاتب شركة هواوي. كان يحتاج إلى معالجة كمية هائلة من البريد والمكالمات الهاتفية ورسائل البريد الإلكتروني ورسائل الفاكس، وتقديم الرسائل والمعلومات بشكل دقيق داخليًا وخارجيًا، ولترتيب جدول العمل (بما في ذلك ترتيبات السفر والإقامة للمدير العام)، والمساعدة في التحضير والترجمة، وجمع المعلومات من مختلف الاجتماعات والتقارير؛ ومساعدة المدير العام في إجراء التوظيف والمقابلات، وحتى معالجة بعض الأمور الخاصة للمدير العام. وهكذا، كان لدى لي تشيانغ عبء عمل ثقيل جدا بالشؤون التافهة الهائلة. لكن لي تشيانغ نظم هذه الترتيبات بشكل جيد.

أعطى لي تشيانغ الأولوية لكل الأعمال وتعامل مع الشؤون الأكثر أهمية وإلحاحًا أولاً، ثم جمع كل تلك المهام غير المهمة وغير الملحة ولكن "يجب القيام بها" وقام بالتعامل معها جميعًا في وقت واحد. وأثناء معالجة الملفات، كان لي تشيانغ يؤجل معالجة عملية التداول العام، وينتظر حتى تأتي المستندات الهامة ويقوم بتسليمها معا إلى المدير العام. وذلك لا يوفر الوقت فقط، بل يتجنب إزعاج مديره مرارا وتكرارا بالأمور التافهة.

إن أداء لي تشيانغ الممتاز أثار إعجاب مشرفه بشكل كبير. لذلك، عندما قامت الشركة بإنشاء مكتب في جنوب الصين، تمت ترقية لي تشيانغ كمدير شؤون الموظفين في المكتب.

لا يقتصر هذا الوضع في التعامل مع الأعمال التافهة الهائلة على السكرتيرين مثل لي تشيانغ فقط، بل يواجهها معظم الناس في العمل. والسبب في أن بعض الناس لا يستطيعون التعامل معها مثلما فعل لي تشيانغ يكمن في الطرق المختلفة لمعالجة الشؤون التافهة.

تبدو معالجة الأمور التافهة دفعة واحدة هي النهج الصحيح تماماً، بينما في الواقع، قد يفشل الكثير من الناس في فعل ذلك على الرغم من أنهم حاولوا.

ينهـض شـخص عطـش لتنـاول كـوب مـن المـاء، ثـم يغسـل وجهـه وهـو في طريقـة عنـد ذهابـه لـشرب المـاء. ويقـوم بتدخـين سـيجارة في منطقـة الراحـة للاسترخـاء، ثـم يعـود إلى مقعـده. لكـن سرعـان مـا يقـف هـذا الشـخص مـرة أخـرى: إذ كان عليـه أن يذهـب إلى المرحـاض. بعـد نفـاد الائتمـان مـن الهاتـف المحمـول، قـرر القيـام بـشراء بطاقـة مسـبقة الدفـع والتواصـل مـع الإدارات الأخـرى معـا، لكنـه عـاد ليكتشـف أن هنـاك ثـلاث مكالمـات لم يـرد عليهـا مـن المـشرف، واضطـر إلى مقاطعـة العمـل مـرة أخـرى لتقديـم تقريـر إلى المـشرف.

هـذه ممارسـات شـائعة جـدًا خـلال معالجـة بالدفعـات. لتجنـب هـذا النـوع مـن الحـالات المماثلـة، نحتـاج إلى التفكـير في كيفيـة جعـل هـذه الطريقـة تخدمنـا بشـكل أفضـل.

أولاً، يجـب علينـا أن نقبـل وجـود الشـؤون التافهـة مـن الناحيـة النفسـية. لأنهـا تعكـس الحالـة الطبيعيـة للعمـل، كـما هـي القاعـدة الأساسـية لإنشـاء مختلـف المنهجيـات لزيـادة الكفـاءة.

ثانيـاً، يجـب أن نكـون قادريـن عـلى التمييـز بوضـوح بـين الأمـور التافهـة. حيـث أننا قمنـا بمناقشـة كيفيـة تحديـد أولويـات الأشـياء في الفصـول السـابقة، مثـل اسـتخدام القاعـدة الرباعيـة. أولاً، نحتـاج إلى وضـع قائمـة بـكل المهـام التـي نحتـاج القيـام بهـا، ونصنفهـا إلى شـؤون غـير مهمـة، ومهمـة، وغـير عاجلـة، وعاجلـة. ثـم نختـار الأمـور التافهـة ونقـوم بإنهائهـا واحـدة تلـو الأخـرى، فمـن خـلال هـذه الطريقـة، يمكننـا ضـمان العمـل الفعـال.

بالإضافـة إلى ذلـك، نحـن بحاجـة إلى تحسـين قدرتنـا في التعامـل مـع الأمـور التافهـة. مـن خـلال زيـادة قدرتنـا عـلى العمـل، يمكننـا تقصـير وقـت حـل "الأمـور التافهـة". عـلى سـبيل المثـال، قبـل إرسـال فاكـس، يمكنـك إدخـال الأرقـام مسـبقا إلى الجهـاز، ثـم يمكنـك طلبهـا مـرة أخـرى مبـاشرة دون إعـادة إدخـال الأرقـام.

وأخـيراً، نحتـاج إلى إنشـاء صنـدوق أدوات شخصيـة. هـذه الطريقـة تحظـى بشعبيـة كبـيرة الآن. عـلى سـبيل المثـال، هنـاك نمـاذج لصياغـة العقـود. وهـذه ليسـت سـوى جانـب واحـد فقـط، مـن ناحيـة أخـرى، نحـن بحاجـة إلى الشـعور بتكريـر ومعالجـة معرفتنـا وخبرتنـا، وتحويلهـا إلى "أداة" جاهـزة لتقصـير الوقـت وتحسـين الكفـاءة.

ومـع ذلـك، عندمـا نتعامـل مـع الأمـور التافهـة، قـد يقـوم شـخص آخـر فجـأة بتعيـين أمـر تافـه آخـر عليـك. عـلى الرغـم مـن ذلـك، فإننـا لـن نقـع في الفـوضى بسـبب أمـور تافهـة غـير متوقعـة. في هـذه الحالـة، قـد لا يكـون المـرء قـادرا عـلى إنهـاء العمـل في متنـاول اليـد في الوقـت المحـدد، كـما يصبـح متوتـرا بسـبب زيـادة عـبء العمـل فجـأة.

ضع في اعتبارك أنه إذا كان هناك شيء غير مستعجل، فلا توقف العمل الجاري الـذي تقوم به؛ وإلا قد تمنع التنفيذ الفعال للمهمة.

7. تقديم الدعم اللوجستي المهني

العمل الجيد يعني أيضا تقسيم جيد للعمل. بالنسبة لهواوي، هناك فـرق متخصصة تقدم خدمات منتظمة للأمور التافهة، لا سيما القضايا اللوجستية الإدارية.

تقوم هـواوي بأعمالها في جميع أنحاء العالم، كما يقول المثل: "يجب إعداد العلـف قبل نشر الجنود والخيول".

في شركة هـواوي، فيما يتعلق بالموظفين الذين يلتزمون أو يقومون بتنفيذ المشاريع، يكون هناك فريق إداري خاص يسافر أولاً لتسوية جدول أعمالهم وترتيبات المعيشـة اليومية لهـم. كما سيوفر هـذا الفريق الدعم اللوجستي خلال عمل الموظفين لضمان أن الموظفين يمكنهم التركيز على إدارة أعمالهم الأساسية بكل إخلاص.

إن قسم الخدمات اللوجستية الإدارية لشركة هـواوي مسؤول بشكل أساسي عـن الشؤون الإدارية اليومية لشركة هـواوي، مثل استقبال الضيوف وعقد المؤتمرات والمعارض والوثائق وترتيب المركبات والتنسيق وإدارة الأصول. كما يوفر مـوارد موثوقة وآمنة وضرورية لحياة الموظفين في الخارج وعملهم.

مـن أجـل تحقيق الأهـداف، يحتاج موظفو هـواوي في الخطوط الأماميـة إلى تلبيـة متطلبين: "التكنولوجيا" و"الأنشطة اليومية". وهـذا في الواقع ما يجب على جميع الشركات مواجهته.

توفر اللوجيستيات الإدارية لشركة هـواوي دعمًا كاملاً للمتطلب الثاني، بحيث يمكن للموظفين في الخطوط الأمامية التركيز على العنصر الأول. وقدم هـذا النهج ضمانا للموظفين في الخطوط الأمامية بشكل كبير من التشتت أو التدخل من العوامل الخارجية.

سواء كان المدراء أو الموظفون، فإن كل فرد لديه كمية محدودة مـن الطاقة. إذا كانوا مشغولين في التعامل مع الشؤون التافهة، فإن جودة أعمالهم ستقل إلى حد كبير، وبالتالي سيتم خلق قيمة أقل. ومن أجل ضمان تركيز الموظفين في الخطوط الأمامية على التعامل مـع أعمالهم الرئيسية، قامت شركة هـواوي خصوصًا بإعداد منصب سكرتير. "بشكل عام،

أن تكون سكرتيرا جيدا يعني أن تفكر في العقل ولا تدخر جهداً في تقاسم أعباء المدير. إن تقاسم العبء لا يعني اتخاذ قرارات للمدير، ولكن للحد من العمل الإداري المتكرر، والتأكد من أن المدير يستطيع أن يضع كل جهوده في أعماله الرئيسية."

لا تزال هواوي متخلفة في المنافسة مع الشركات العملاقة العالمية. وإذا كانت لا تريد أن تكون خارج المنافسة، فيجب عليها الإسراع في تطوير التقنيات ليلًا ونهارًا للحاق بالشركات الأخرى. وهذا يتطلب أن يكون موظفو هواوي في الخطوط الأمامية مركزين للغاية ومتفانيين بشكل كبير للأعمال الأساسية. إن الهدف من تعيين السكرتيرين هو السماح للمدراء والمطورين وموظفي التسويق بالتركيز على عملهم الخاص، والقيام بالأشياء التي لا يستطيع الآخرون القيام بها، بينما بالنسبة للأشياء التي يستطيع الآخرون القيام بها، مثل تنظيف الأرضية أو تمشيط الوثائق الملزمة، فيجب إعطاؤها للسكرتيرين.

لذلك، أنشأت هواوي نظاما ضخما للسكرتيرين. وأشار رن تشنغ في إلى أنه: "بالنسبة للعدد الكبير من السكرتيرين في شركتنا، فإن الشركات في البلدان المتقدمة لن تكون قادرة على تحمل تكاليفه، لأنه أمر مكلف. كما توفر الشركات الأمريكية بشكل عام أدوات جيدة للعاملين، حتى يتمكنوا من إعداد وثائقهم الخاصة التي يجب عليهم إكمالها قبل إنهائهم العمل. يهدف هذا النوع من نظام الإدارة إلى خفض التكاليف. بينما تقع شركة هواوي في بلد يتميز بخصائصه الخاصة حيث يمكن توفير مثل هذا العدد الكبير من السكرتيرين".

يمكننا إلقاء نظرة فاحصة على إدارة هواوي الفريدة. حيث أنه في هواوي، لا تقتصر وظيفة السكرتير على الأشياء البسيطة مثل صب كوب من الشاي أو الكتابة أو عمل النسخ. بل يلعب السكرتيرون أدوارا مختلفة للقيام بمهام مختلفة.

(1) إتقان المهارات الأساسية

يجب أن يكون السكرتير الجيد بارعاً في المهارات الأساسية، مثل الكتابة والنسخ وتشغيل جهاز الكمبيوتر، وما إلى ذلك. أدخلت شركة هواوي على وجه التحديد NVQ من المملكة المتحدة لتوحيد وتعزيز عمل السكرتير. كما تضع الشركة مخصصات بشأن مؤهلات السكرتير للتمييز بين المناصب والمستويات واستخدام هذه الأحكام كأهداف ومراجع للتقييم.

(2) مساعد للمدير

يجب على الشخص الذي يشغل منصب سكرتير أن يفهم ويساعد مسؤوليه، وأن يأخذ

بعـين الاعتبـار أسـاليب العمـل والأفـكار التـي يتبناهـا مسـؤولوه وأن يفهمهـا بشـكل واضـح حتـى يتمكـن مـن تقليـل عـبء عملهـم. يقضـي السـكرتيرون في شركـة هـواوي حـوالي 90% مـن وقتهـم في التعامـل مـع الأمـور التافهـة. وأظهـرت التحليـلات أن الشـؤون التافهـة يمكـن أن تكلـف 60% أو أكـثر مـن وقـت الفـرد، لـذا مـن المهـم أن تسـتخدم هـواوي السـكرتيرين، الذيـن يقضـون حـوالي 10% مـن وقتهـم لمسـاعدة رؤسـائهم.

تمتلـك هـواوي نظامـا شـاملا لإدارة السـكرتيرين، ويشـتمل عـلى التدريـب والتقييـم وتحديـد المناصـب والترقيـات ومـا إلى ذلـك. وهـذا يسـمح للسـكرتيرين الحفـاظ عـلى التضامـن وتقديـم الدعـم القـوي لموظفـي هـواوي في الخطـوط الأماميـة.

الفصل التاسع

مراقبة العملية

لا تـرى الأطراف الخارجيـة إلا إنجـازات هـواوي، ولكـن لا تـرى قـدرة موظفـي هـواوي عـلى التحكـم في كل مـشروع بترتيـب جيـد وتركيـز مسـتمر ودقـة.

1. التركيز من البداية حتى النهاية

لـدى موظفـي هـواوي العديـد مـن المهـام بجـداول زمنيـة ضيقـة. ومـع ذلـك، لـن يفـوت موظفـو هـواوي أي مواعيـد نهائيـة؛ بـدلا مـن ذلـك، فإنهـم يسـتطيعون إنهـاء المهـام قبـل الموعـد المحـدد في غالـب الأوقـات.

كانـت شركـة الاتصـالات أوبتيمـوس (Optimus) شركـة مشـتركة بـين أكـبر الـشركات الخاصـة في البرتغـال سـوناي وفرانـس تيليكـوم. وبعـد دراسـة متأنيـة، اختـارت أوبتيمـوس شركـة هـواوي لتنفيـذ مـشروع UMTS الخـاص بهـا. في عـام 2006، ووفقـاً لخطـة المـشروع، ينبغـي أن تقـوم شركـة هـواوي ببنـاء أكـثر مـن 500 محطـة أساسـية في غضـون عـشرة أشـهر، وعليهـا إكـمال 30% مـن جميـع المحطـات الأساسـية خـلال شـهر ونصـف كالمرحلـة الأولى مـن المـشروع التـي تشـمل نقـل أكـثر مـن 80 محطـة أساسـية قائمـة واسـتكمال بنـاء محطـات أساسـية جديـدة في نفـس الوقـت.

عـلى الرغـم مـن أن هـذا المـشروع كان يخضـع لجـدول زمنـي ضيـق للغايـة، فقـد بـذل فريـق مـشروع هـواوي أقصى جهـوده لاسـتكمال جميـع المهـام للمرحلـة الأولى التـي تشـمل نقـل

المحطات الأساسية القديمة وإنشاء المحطات الأساسية الجديدة. خلال فترة ذروة البناء، تم بناء أكثر من 40 محطة أساسية في أسبوع واحد. كما كانت مؤشرات الشبكة تلبي توقعات العملاء.

في مواجهة الشركة تواجه مشروع مع جدول زمني ضيق، قامت شركة هواوي بمراقبة عملية التنفيذ بدقة، والتحكم في عملية التسليم بصرامة. ولكن، كيف قام الموظفون بشركة هواوي بهذه المراقبة على العمليات بشكل جيد؟ لخص مهندس طريقة مراقبة العملية في المشروع:

في البداية، تحديد تواريخ البدء والانتهاء للمشروع. وفقًا لمخطط شبكة المشروع، وتاريخ التسليم المتوقع، ومتطلبات الموارد وتشارك الموارد، وترتيبات التشغيل، وشروط الحصر الرئيسية، فضلا عن التعليمات في حالة كان العمل متقدما أو متخلفا عن الجدول، قمنا بوضع خطط للمشروع وتحديد جدول زمني باستخدام طرق التحليل المنهجي، والمحاكاة، ومستوى الموارد، ومخطط جانت (Gantt)، وبرمجيات إدارة المشاريع، وغيرها من الطرق الأخرى.

عندما دخل المشروع مرحلة التنفيذ، نحن في حاجة إلى إجراء تحليل مهني حول مدة وحجم المهمة الخاصة بالمشروع بأكمله، وتقسيمه إلى مشروعات فرعية، ووضع مخطط لتقدمها لكل شهر أو لمدة 10 أيام، وذلك من أجل مراقبة تقدم المشروعات الفرعية في الفترات المعينة.

قد يؤدي أي خطأ في الموارد البشرية والمواد والإدارة الفنية خلال عملية تنفيذ المشروع إلى وجود عقبات كبيرة. لذلك، أثناء عملية تنفيذ المشروع، سيبقى موظفو هواوي على الإطلاع على التقدم في إنجاز الجدول الزمني. إذا لاحظوا أن التقدم في حالة انحراف عن الجدول الزمني، سيقومون بإجراء تحليل في الوقت المناسب حول تأثيرات على الأعمال التالية والجدول العام. بعد التحليل، حدد موظفو هواوي تلك المهام التي تأخرت عن الجدول الزمني وأجروا تعديلات وفقًا لذلك لتشكيل جدول زمني جديد يتماشى مع متطلبات وأهداف الخطة الجديدة.

واستنادًا إلى تحليل عملية التنفيذ، كما يتحدى موظفو هواوي في تقدم الجدول الزمني الأصلي.

يستخدم موظفو هواوي طريقتين لتعديل الجدول. الطريقة الأولي هي تغيير العلاقة المنطقية بين المهام المعينة، أي عندما أثر انحراف تقدم المشروع الفعلي على الجدول الزمني الإجمالي، في حالة تكون العلاقة المنطقية بين المهام المعينة قابلة للتغيير، فإنهم

سيقومون بتعديل العلاقات المنطقية بين المهام المعنية في الخطوط الرئيسية والخطوط غير الرئيسية التي تجاوزت المدة المخطط لها، لتقليص فترة البناء. وكانت الطريقة الأخرى هي تقصير مدة مهام العمل المعنية. أي عدم تغيير العلاقة المنطقية بين المهام، بل تقليص مدتها، ثم تسريع التقدم العام في تنفيذ المشروع، من أجل إتمامه في الوقت المحدد كما هو مخطط له.

من خلال إيلاء اهتمام تام للعملية المستهدفة، يضمن موظفو هواوي أن تكون كل عمل تحت سيطرتهم. حتى لو كان هناك عبء عمل هائل، يمكنهم إتمام مهامهم في الوقت المحدد.

هناك أداة فعالة يطبقها الموظفون في شركة هواوي وغيرها من الشركات للتحكم بشكل أفضل في تنفيذ كل مهمة وهي: مخطط جانت (Gantt Chart).

تم اختراع مخطط جانت من قبل السيد هنري ل. جانت خلال الحرب العالمية الأولى. حيث يوضح هذا المخطط بشكل بياني وواضح مدة وترتيب النشاط لمشروع معين عن طريق قوائم الأنشطة والمقياس الزمني.

على سبيل المثال، لدينا ثلاث مهام يجب القيام بها، وهي ترتيب رف الكتب وطباعة الملفات وجمع المعلومات. يتم تحديد أوقات البداية والنهاية للمهام الثلاثة بوضوح. إذا لم نتقن أدوات الإدارة العلمية، فسوف نمزج هذه المهام بسهولة. لذلك يمكن أن يلعب مخطط جانت دوره الفريد في مثل هذا الوضع.

يمكننا رسم مخطط جانت على أساس خطة العمل (كما هو مبين أدناه).

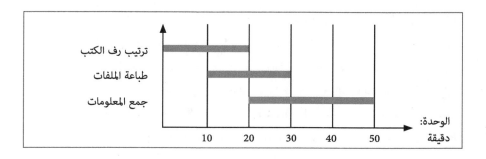

يمثل المحور الأفقي لمخطط جانت الوقت، ويمثل المحور العمودي المهام التي سنعمل عليها. ويتم إظهار الوقت المخطط له (الفعلي)، والعملية المخطط لها (الفعلية)، ووقت البدء والانتهاء المخطط له (الفعلي) من خلال الخطوط والأرقام والحروف.

من خلال مخطط جانت، نحن قادرون على الحفاظ على المسار الصحيح لما إذا كان العمل الحالي متقدمًا على الجدول الزمني، أو متأخرًا عن الجدول الزمني، أو في الوقت المناسب. كما نكون على علم جيد بما يجب فعله ونقرر ما إذا كان العمل الحالي يحتاج إلى تعديل كفاءته لضمان اكتمال المشروع بأكمله في الوقت المناسب.

ومع ذلك، عند استخدام مخطط جانت، يجب ألا يتجاوز عدد المهام 30 عنصرًا، لأنه سيكون معقدا وصعب الفهم.

اليوم، يتم استخدام مخطط جانت من قبل العديد من الموظفين لمراقبة تقدم العمل. هذا مفيد بشكل خاص للموظفين ذوي عبء العمل الثقيل نسبيًا. كأداة فعالة لمراقبة جدول العمل، يمكننا من القيام بعملنا بطريقة فعالة ومنظمة.

2. تحديد أهداف مرحلية يمكن السيطرة عليها

فيما يتعلق بإدارة المهام، يعتبر مخطط جانت نموذج التحكم المرحلي المرئي. وفي حقيقة الأمر هناك العديد من الحالات التي يتم فيها تطبيق عملية التفكير الإداري.

في صباح يوم باكر في الرابع من يوليو 1952 في كاتالينا، وهي جزيرة تقع على بعد 21 ميلاً إلى الغرب من ساحل كاليفورنيا، قفزت فلورنس تشادويك البالغة من العمر 34 عامًا إلى المحيط الهادئ للسباحة في محاولة للعبور عبر المضيق. وإذا نجحت، فإنها ستكون أول امرأة تسبح عبر المضيق.

كان الضباب في الصباح كثيفًا وكانت مياه البحر تتجمد. وبعد 15 ساعة من السباحة، كانت تشادويك منهكة، لذلك كانت تفكر أنه ربما عليها أن تستسلم، وفي النهاية طلبت سحبها إلى القارب. كانت والدتها ومدربها في إحدى القوارب التي كانت تحيط بها، وأخبراها أنها كانت قريبة جداً من الشاطئ وشجعاها على الاستمرار في السباحة لفترة أطول قليلاً.

نظرت في الأفق لكنها لم تتمكن من رؤية الشاطئ الساحلي بسبب الضباب. وشعرت أن والدتها والمدرب كانا يحاولان تشجيعها على الاستمرار في السباحة، في حين أن الشاطئ الساحلي كان بعيدا جدا في الحقيقة. وأخيرا، استسلمت. في الواقع، كانت على بعد نصف ميل فقط من مقصدها. بعد ذلك، قالت تشادويك بأسف عميق: "أنا لا أحاول تقديم أعذار لنفسي، لكن إذا كان بإمكاني رؤية الشاطئ الساحلي في ذلك الوقت، ربما كنت سأستمر في السباحة حتى أصل إليه."

استسلمت تشادويك عندما كان النصر قاب قوسين أو أدنى لأنها لم تستطع رؤية الجانب المشرق. في هذا الضباب الكثيف، لم يظهر الساحل أبداً أثناء السباحة التي لا نهاية لها على ما يبدو، ففقدت شيئاً فشيئاً مثابرتها وعزمها وزخمها.

في عملنا اليومي، كثير من الناس يقعون في نفس وضع تشادويك. وكان يعملون على مشروع لفترة طويلة، ويشعرون بالإرهاق، لكن يبدو أنهم ما زالوا بعيدين عن الوصول إلى المتطلبات المستهدفة. إذا كيف نخرج من هذا الوضع الصعب؟

الآن دعونا نعود إلى حالة تشادويك. بعد شهرين، قامت بالمحاولة مرة أخرى. لكن هذه المرة، طبقت إستراتيجية واحدة:

تم تقسيم العملية برمتها إلى ثماني مراحل صغيرة وتم وضع علامة لكل مرحلة بشكل منفصل. فعند الوصول لكل علامة، سيكون لديها فكرة واضحة عن مقدار ما تم إنجازه وكم بقي. من خلال القيام بذلك، وانخفض يأسها بسبب عدم قدرتها على رؤية الهدف بشكل طبيعي، في حين ازدادت ثقتها بنفسها مع الوصول إلى نهاية كل مرحلة. وأخيراً، أكملت الحدث الكبير للسباحة عبر المضيق بنجاح. ليست أول امرأة نجحت في السباحة عبر المضيق فقط، بل كسرت الرقم القياسي للرجل بساعتين أيضا.

لقد كان نفس التحدي، ولكن النتائج مختلفة تماما. ما يمكن أن نراه من قصة تشادويك هو: على الرغم من أنها كانت لديها هدف في المرة الأولى، ولكن لأنه لم يكن لديها أدنى فكرة عن مدى الهدف، ومقدار ما كانت أنجزته بالفعل، أو أدائها الفعلي. في النهاية فقدت دافعها. لكنها في المرة الثانية، قسمت العملية برمتها إلى ثماني مراحل صغيرة، وأصبحت كل مرحلة هدفًا سهلًا نسبيًا لتحقيقه، وأعطتها فكرة عن مقدار ما أنجزته بالفعل.

لذلك علينا أن نستفيد من الطريقة التي اعتمدتها تشادويك في محاولتها الثانية لعبور المضيق، أي لتصميم عدة أهداف مرحلية لمساعدة أنفسنا على تخفيف الضغط. وبهذه الطريقة، سيكون الهدف أيضًا أسهل في تحقيقه.

في معظم الحالات، يمكن لموظفي هواوي إكمال المهمة بسهولة، حتى المهام التي تعتبر مستحيلة التحقيق. فكيف يقوم موظفو هواوي بذلك؟

اعتاد موظفو هواوي على تحديد طريقة تحقيق الهدف أولاً بالإضافة إلى ما يجب القيام به لكل مشروع محدد، خاصة تلك المشاريع التي لديها أهداف أكثر صعوبة. وبهذه الطريقة، يتم تقسيم الهدف النهائي إلى عدة وحدات قابلة للتنفيذ. ثم يتم تقسيمها إلى عدة مراحل، ويصبح الانتهاء من كل مرحلة علامة بارزة. من خلال التحقق

مـن الانتهـاء مـن المراحـل المختلفـة، يمكنهـم أن يحققـوا السـيطرة عـلى تنفيـذ المهمة العامـة بشـكل أفضـل.

دعونـا نأخـذ هـدف المبيعـات التـي يبلـغ حجمهـا مليـون يـوان في نصـف عـام كمثـال. يمكننـا تقسـيمه إلى ثـلاث مراحـل: في المرحلـة الأولى (شـهر واحـد)، نحتـاج إلى تحقيـق مبيعـات قدرهـا مائتـي ألـف يـوان؛ وفي المرحلـة الثانيـة (شـهرين)، نحتـاج إلى تحقيـق مبيعـات قدرهـا أربعمائـة ألـف يـوان؛ وفي المرحلـة الثالثـة (ثلاثـة أشـهر) نحتـاج إلى تحقيـق المبيعـة المتبقيـة التـي يبلـغ حجمهـا أربعمائـة ألـف يـوان.

كلـما قمنـا بتقسـيم الهـدف بشـكل أكـثر تفصيـلاً، كلـما كان أقـل صعوبـة خـلال فـترة التنفيـذ. الأهـم مـن ذلـك، عنـد الانتهـاء مـن كل مرحلـة، سـيكون لدينـا شـعور بالإنجـاز وتقليـل ضغـط العمـل. علاوة عـلى ذلـك، مـن خـلال تقسـيم مهـام العمـل، يسـتطيع موظفـو هـواوي التحكـم بسـهولة أكـبر في تقـدم المـشروع الجـاري، وتحديـد مـا إذا كانـوا بحاجـة إلى تعديـل كفـاءة العمـل لديهـم أم لا.

عمـل وانـغ نينـغ (اسـم مسـتعار) في قسـم الأبحـاث في هـواوي لمـدة ثـلاث سـنوات، ولديـه خـبرة وافـرة في تقسـيم المهـام. وقـال: "قبـل تحسـين التكنولوجيـا، عـادة مـا أقـوم بتحليـل الهـدف بدقـة وتفصيـل، وتقسـيم الهـدف النهـائي إلى أهـداف مرحليـة مختلفـة، مثـل: كـم مـن الوقـت علينـا أن نتلقـى التدريـب والمحـاضرات كل يـوم؟ متـى سـيكون لدينـا فكـرة عامـة عـن التكنولوجيـا الجديـدة ومتـى سـنكون محـترفين فيهـا؟ ومتـى يمكننـا معرفـة العيـوب في التكنولوجيـا؟ متـى سـنتمكن مـن اسـتخراج تقنيـة أكـثر تقدمًـا وأكـثر سـهولة في الاسـتخدام؟ وفي النهايـة، أحـدد الموعـد النهـائي لتحقيـق الهـدف النهـائي. وعـادة مـا أخصـص 10٪ مـن الوقـت الإضـافي لتجنـب حـوادث غـير متوقعـة أو مهـام إضافيـة قـد تـؤدي إلى تأجيـل الموعـد النهـائي.

مـن خـلال تحقيـق مجموعـة مـن الأهـداف الصغـيرة تدريجيـا، يقـوم وانـغ نينـغ بتحقيـق الهـدف النهـائي أخـيرا.

لذلـك، بالنسـبة لمهمـة تبـدو أكـثر صعوبـة، نحتـاج إلى معرفـة المزيـد حـول تقسـيمها إلى عـدد مـن المراحـل، ومـن ثـم رصـد ومراقبـة تنفيـذ كل مرحلـة. بهـذه الطريقـة، يمكننـا تحقيـق الهـدف بشـكل منهجـي لضـمان إكـمال المهمـة في الوقـت المحـدد.

3. تحقيق الاستخدام الأمثل للموارد

فيما يتعلق بمراقبة العملية، فبالإضافة إلى الأهداف المرحلية، نحن بحاجة إلى التركيز على تخصيص الموارد واستخدامها. حيث أن القدرة التنافسية بين الشركات لا تكمن في التمتع بالموارد الكافية فحسب، بل تكمن أيضاً في قدرتها على خلق قيمة من خلال استخدامها لتلك الموارد.

أولى خبير الإدارة بيتر دراكر أهمية كبيرة لاستخدام الموارد في إدارة المشاريع، ونصح المدراء أن يتعلموا إدارة جميع أنواع الموارد. حيث قال دراكر: "إن الذكاء والخيال والمعرفة هي موارد أساسية، لكن فقط العمل الفعال يحول الموارد إلى النتائج". ومن وجهة نظر داركر، فإذا تمكن عالم المعرفة من الاستفادة من قيمة الموارد من خلال استخدام منصبه ومعرفته، فيمكنه أن يعزز القدرة التشغيلية للمنظمة بشكل كبير ويحقق أفضل النتائج. لذلك، يحتاج المدراء إلى استغلال جميع الموارد المتاحة لضمان الاستخدام الأمثل للموارد.

من أجل تحقيق هذا الهدف، يجب على الشركة توفير شروط موضوعية مواتية أولا.

كان أعضاء فريق مشروع هواوي يتعاملون مع عملاء مختلفين كل يوم. فلا بد منهم أن ينظروا إلى كيفية التواصل الفعال مع العملاء الرئيسين، فضلا عن كيفية إظهار قيمة المنتجات المطورة للعملاء. من أجل حل مثل هذه المشاكل، فمن الضروري تخصيص الموارد وخطط العمليات المنسقة في كثير من الأحيان.

في شركة هواوي، يجب أن يكون مدير المشروع الجيد محترفا في تخصيص الموارد، ويمكنه بناء نمط المشاريع الموجه نحو العميل، والذي يجمع بين العملية والموظفين والتكنولوجيا من خلال التكامل السريع لموارد العملاء الخارجية والموارد التقنية الداخلية وفريق المواهب. وأثناء عملية تكامل الموارد، يصبح التشارك المعلوماتي وسيلة مهمة لموظفي هواوي للعمل بكفاءة والحصول على الدعم المتزامن من الآخرين. بالنسبة إلى شركة هواوي، لا يعمل فريق المشروع فقط في مكاتب الشركة أو العملاء فقط، بل يسمح نمط التعاون الجديد الذي يشكل من التكامل بين العملية والموظفين والتكنولوجيا تجميع جميع الموارد المتاحة وتطبيقها على الأماكن المطلوبة بسرعة، وبالتالي تحقيق العمل المتزامن في جميع الأحوال. وفي ظل بيئة العمل هذه، عندما يكون الشخص في طريقه إلى العمل، يمكنه الحصول على جدول العمل لهذا اليوم من تقويم **Outlook**، والذي تمت مزامنته مع هاتفه المحمول؛ وبعد وصوله إلى الشركة، يمكنه الاجتماع مع الموظفين والعملاء من مناطق مختلفة في قاعة المؤتمرات من خلال نظام مؤتمرات الفيديو عالي الدقة؛ وفي

غيابه عن المكتب، كما يمكنه الاستمرار في التعامل مع رسائل البريد الإلكتروني من خلال الهاتف اللوحي PAD أو الهاتف المحمول، وإنشاء قائمة جديدة للطلب، وإرسال ملاحظات الاجتماع في الوقت المناسب، ومراجعة طلبات السداد، وما إلى ذلك؛ وفي المساء، عندما يكون الموظفون في المنزل، لا يزال بإمكانهم استخدام الوصول الآمن للدخول إلى شبكة الشركة للرد على رسائل البريد الإلكتروني والعمل عن بعد. بالاعتماد على شبكة IP الكاملة من أجل تحقيق التواصل المرن والتعاون في مختلف السيناريوهات وتحقيق الاستفادة القصوى من موارد الشركة، كل ذلك يمثل قيمة الخدمة التي خلقتها شركة هواوي من خلال التواصل والتعاون الموحدين في المؤسسات الكبيرة.

عندما يكون العتاد الصلب في مكانه، يمكن للتعاون الجيد أن يعزز بشكل كبير استخدام الموارد.

في أعمال البحث والتطوير، نظرًا لأن موظفي أعمال البحث والتطوير يكونون قادمين من إدارات مختلفة دون علاقة إدارية مباشرة، يبدو أن بعض الأعمال في تخصيص الموارد غير فعال وصعب. و في هذا الوقت، إذا لم إذا لم تعرف كيف تضغط على الأطراف المختلفة وتخطّ الطريق السهل، فغالباً ما يكون من الصعب جداً القيام بعملك بشكل جيد.

هذا هو السبب في أنه يجب علينا أن نتعلم عن إدارة الموارد، من خلال تعديل العلاقات بين الناس لتوجيه الموظفين لطلب المساعدة من الآخرين في الوقت المناسب واغتنام الفرصة للتعلم من الآخرين لتحقيق إدارة الموارد الفعالة بصورة حقيقية.

كان والد حكيم يقوم بتشذيب الحديقة مع ابنه البالغ من العمر سبع سنوات. كانا بحاجة إلى إزالة الحجارة الكبيرة المدفونة بعمق في التربة. واعتقد الأب أنها كانت فرصة جيدة لتعليم ابنه، فسمح لابنه بتحريك الحجارة بنفسه.

بعد عدة محاولات لإزالة حجر بيديه، أدرك الطفل أنه لن ينجح في ذلك. لكن جاءه إلهام فجأة ووجد حلا جيدا: حفر حفرة بجوار الحجر، وجلب قطعة من الخشب وأدخلها في الحفرة، مع لوحة حجرية صغيرة أخرى في القاع، استخدم كل جهوده للضغط لرفع الحجر الكبير. ومع ذلك، فإنه لا يزال لا يتحرك الحجر الكبير على الإطلاق. من الواضح أنه لم يكن لديه القوة الكافية لتحريك الحجر الكبير بنفسه.

أخبر الطفل والده أنه لم يستطع تحريك الحجر، على الرغم من أن والده شاهد كل ما فعله بكل وضوح، فأجابه ببرود: "عليك أن تجرب أفضل ما لديك". هذه المرة، استنفد الطفل كل قوته، تحول وجهه إلى اللون الأحمر وضغط تقريبا بكل وزن جسمه على الخشب، لكن الحجر بقي في مكانه.

كان الطفل يلهث بكثافة وانزلق للجلوس. ذهب الأب إليه وسأله: "هل أنت متأكد من أنك فعلت كل ما يمكنك القيام به؟"

أجاب الطفل بضعف: "بالطبع". قام الأب بلمس يد الطفل الصغير برفق وقال: "لا يا ولدي، لم تجرب كل شيء يمكن أن تفعله! كنت بجانبك، لكنك لم تطلب مني المساعدة ..."

غالبا ما نمر بمثل هذه الحالة في عملنا، ربما قد عملنا بجد بما فيه الكفاية، ولكننا لم نتمكن من الحصول على أداء وظيفي أفضل. في هذا الوقت، ينبغي لنا أن نتوقف لفترة من الوقت وننظر حولنا بعناية، هل استخدمنا جميع الموارد المتاحة بشكل جيد؟

هنا، يمكننا الاستفادة من القصة المستشهد بها في كتاب تدريب هواوي الذي وصف هجرة الأوز البري:

في كل عام، يطير الأوز البري لمسافات طويلة من أجل البقاء في جنوب الصين في فصل الشتاء. وخلال هذه الرحلة الشاقة، لا يطير الأوز بمفرده وبحرية، ولكن بتنسيق منتظم. هذه الظاهرة حيرت العديد من الخبراء في البداية. في وقت لاحق، علموا أنه في كل مرة ترفرف الأوزة الرائدة فيها جناحيها، فإنها تخلق تدفق الهواء لرفع مستوى الأوزة التالية. هذا السبب الفيزيائي يجعل تنسيق الطيران الموحّد أكثر توفيراً للجهد من الطيران المنفرد، والذي يمكنه في المقابل أن يطيل أكثر من نصف مسافة الطيران الأصلية. ما هو أكثر إثارة للإعجاب، أنه عندما تشعر الأوزة القائدة بالتعب، سيكون هناك أوزة أخرى لتتقدم وتلعب الدور القيادي، حيث ستبدأ الأوز التي تطير في الخلف باصدار صوت تغريد لتشجيع الأوزة الرائدة للحفاظ على سرعة جيدة.

السبب الذي يجعل الأوز يطير في تشكيلة معينة هو أنه يمكن أن يحقق أفضل تآزر للخروج من هذه الممارسة والاستفادة الكاملة من كفاءة الموارد. لحسن الحظ، تقوم هواوي أيضًا بتنفيذ نظام المساعدة الداخلية المماثل: نظام إدارة المصفوفة. حيث يصبح الجميع نظامًا فرعيًا مفتوحًا في هذا النظام الكبير. ويمكن للموظفين تخصيص الموارد واستخدامها بالكامل من خلال طلب المساعدة بكفاءة وفعالية.

علق رن تشينغ في على نظام المساعدة في شركة هواوي قائلا: "البحث عن المساعدة هو أفضل دليل على جهود المجموعة. أما بالنسبة لصناعة الاتصالات، فأنا مبتدئ وعلماني وقادم في وقت متأخر، لكني أود أن أعتمد على مساعي ومثابرتي، وشبكة المساعدة في الشركة وأخذ زمام المبادرة في طلب المساعدة والتعلم الجيد، مما سيساعدني بالتأكيد على اللحاق بالأسلاف حتى تجاوزهم."

في عصر المعلومات، يمكننا الاستفادة الكاملة من الموارد المحدودة من خلال التشارك

فقط. إن نظام "المساعدة" في شركة هواوي لا يساعد موظفيها على إكمال مهامهم بنجاح فحسب، بل يمكن مختلف الإدارات من لعب دورها بشكل كامل. كما لا يساعد هذا النظام على تجنب تكرار الأعمال التي قامت بها مختلف الإدارات فحسب، بل يقلل من التكلفة ويسمح باستخدام موارد المنظمة بشكل كامل.

اليوم، المزيد من الأفراد يرغبون في العمل في شركة هواوي، ليس لأنها تعطي رواتب سخية فقط، ولكن الأهم من ذلك، لأنها يمكن أن توفر أفضل الدعم الفني والشركاء والمعلمين ومعدات التطوير المتقدمة. وفي مثل منصة التطوير هذه ذات الموارد الفائقة، يمكن للجميع لعب دوره الكامل على تحقيق أهدافهم وأحلامهم.

4. خطة معالم المشروع

لدى كل فرد قدر محدود من الوقت والطاقة، لذلك حتى لو أن الفرد لديه إدراك كامل لضرورة القيام بالإشراف على العملية ورسم مخطط جانت بتصميم جيد، فإنه لا يمكنه ضمان الإشراف الدقيق طوال التنفيذ الكامل للعمل.

تمتلك شركة هواوي حلاً ذكيًا لإدارة مشاريعها: وهو خطة معالم المشروع. إنها خطة للأهداف، وهي سلسلة من الأنشطة بغرض تحقيق معالم محددة. تتحكم خطة المعالم في التقدم المحرز في المشروع ويضمن تحقيق الهدف العام من خلال إنشاء المعالم والتحقق من إنجاز تلك المعالم.

مثل هذه المهارة في التحكم في الحلقات الرئيسية للمشروع بطريقة دقيقة تجعل من غير الضروري لنا قضاء معظم وقتنا وجهدنا في مراقبة تنفيذ المشروع، كما تقلل مخاطر المشروع بشكل كبير.

وتستند خطة المعالم إلى تنفيذ المشروع. فمن خلال فهم الصورة الكاملة للمشروع، يمكننا العثور على المهارات اللازمة لتطبيق خطة المعالم. لذلك، لنأخذ حالة استقبال العملاء التي قام بها قسم معين من مشروع هواوي كمثال.

كان البلد X سوقا هامة لشركة هواوي. وفي الخامس عشر من سبتمبر عام 2010، فازت شركة هواوي بمناقصة مشروع شبكة ثابتة ذات خمسمائة ألف خط (يشار إليه فيما بعد باسم المشروع X)، وبدأ المشروع في أكتوبر 2010. وخلال عملية تنفيذ المشروع، كشفت التغذية الراجعة من العملاء عن ظهور مشاكل تأخير التسليم وخطأ في الاختبار.

ومـن أجـل تحسـين العلاقـة مـع العمـلاء واسـتعادة ثقتهـم، قـرر قسـم المشـاريع في شركـة هـواوي دعـوة المديـر العـام لشركـة العمـلاء لزيـارة مقـر شركـة هـواوي في الثـاني مـن نوفمـبر عـام 2010.

إذن، مـا الـذي سـيحدث بعـد ذلـك؟ مـن المؤكـد أن الموظفـين ذوي الخـبرة يفكـرون في تحديـد خطـوات تنفيـذ المـشروع، وهـي أيضًـا الخطـوة الأولى لتطبيـق خطـة المعـالم. مـما سـيجنبهم القيـام بأعـمال بـدون حسـبان وتغيـيرات متكـررة أثنـاء التنفيـذ، كـما يضمـن جـدوى خطـة المعـالم.

عنـد تحديـد الخطـوات، سـيجد موظفـو هـواوي جميـع الإجـراءات اللازمـة لإكـمال المشروع. إذا لم يكـن بإمـكان الشـخص وضـع كل شيء في الاعتبـار، فعليـه مشـاركة أعضـاء الفريـق في العصـف الذهنـي. حيـث يسـجل موظفـو هـواوي كل حلقـة يفكـر فيـه خـلال العصـف الذهنـي، حتـى ولـو كانـت مجـرد فكـرة بسـيطة. وفي وقـت لاحـق، يقومـون بفـرز جميـع الحلقـات التـي كانـت مكتوبـة عـلى الـورق وحـذف تلـك الحلقـات المتكـررة ودمـج الحلقـات المتشـابهة، وأخـيراً تبسـيط خطـوات المـشروع بكلـمات مختـصرة.

قبـل أن نبـدأ أي مـشروع، يجـب علينـا التفكـير بعنايـة في عمليـة التنفيـذ أولاً لضـمان تحقيـق أهدافـه بشـكل سـلس.

بطبيعـة الحـال، فـإن مـا يسـمى بخطـة المعـالم يعنـي مراقبـة الحلقـات الهامـة بـدلا مـن كل حلقـة مـن المـشروع، وإلا فـإن مثـل هـذه الطريقـة لـن يكـون لهـا أي معنـى.

يعـد موظفـو هـواوي تلـك الحلقـات مـع المـوارد غـير الكافيـة أو العمليـات غـير الماهـرة أو المشـاكل المحتملـة كحلقـات رئيسـية للمـشروع. وبطبيعـة الحـال، سـتصبح هـذه الحلقـات كائنـات خاضعـة للمراقبـة مـن "خطـة المعـالم".

وبعـد تحديـد الحلقـات الرئيسـية، يجـب أن نبـدأ في إعـداد جـدول زمنـي للتنفيـذ، وهـو خطـوة مهمـة للغايـة. لأن كل معلـم في خطـة المعـالم يجـب أن يكـون لديـه وقـت بدايـة ونهايـة واضحـين لضـمان أن المهـام مـن مختلـف المراحـل والهـدف العـام يمكـن أن تكتمـل في الوقـت المخطـط لـه.

نظـرًا لأن الوقـت الإجـمالي لإكـمال المـشروع محـدد، فـإن الأمـر كلـه يتعلـق بكيفيـة تخصيـص وقـت لـكل معلـم بـدلًا مـن مناقشـة مـا إذا كانـت المـدة الإجماليـة للمـشروع معقولـة أم لا، ونحـن بحاجـة إلى معرفـة كيفيـة تحقيـق الاسـتفادة الأقـصى مـن كل جـزء مـن الوقـت في الخطـوات المحـددة.

بعـد الانتهـاء مـن تحديـد الخطـوات الرئيسـية (المعـالم) والوقـت المخصـص لهـا، يقـوم

موظفو هـواوي برسـم خطـة المعالم. عـلى سـبيل المثـال، تظهـر أدنـاه خطـة المعـالم التـي وضعتهـا قسـم المشـاريع في شركـة هـواوي لزيـارة العمـلاء.

| 30 أكتوبر | 25 أكتوبر | 21 أكتوبر | 15 أكتوبر | 12 أكتوبر | 10 أكتوبر |
| زيارة شركة العملاء | الانتهاء من الزيارة | بدء الزيارة | التأكيد على الجدول | إرسال دعوة | إنشاء فريق المشروع |

الصورة 2-9   خطة المعالم لزيارة العملاء

في نهايـة الأمـر، يحتـاج موظفـو هـواوي فقـط إلى الالتـزام بمتطلبـات خطـة المعـالم التـي تسـمح لهـم التحكـم بالحلقـات الرئيسـية للمشـروع والتـي تقلـل بشـكل كبـير مـن مخاطـر المشـروع.

5. مراقبة كل تفصيل عن كثب

كـما هـو موضـح في مخطـط جانـت أو خطـة المعـالم، يتعـين عـلى المـدراء تنفيـذ الرقابـة في الوقـت المناسـب طـوال العمليـة بأكملهـا وإعطـاء الإشراف والتوجيـه الفعالـين للتنفيـذ، وذلـك مـن أجـل ضـمان أن النتائـج النهائيـة تتـماشى مـع التوقعـات.

لقـد تعلـم رن تشـنغ في تجربـة الإدارة مـن الشركـات الناجحـة، وطلـب مـن مـدراء هـواوي تنفيـذ الإشراف المناسـب عـلى كل تفصيـل.

تظهـر عمليـة مراقبـة مـشروع هـواوي في إنتـاج المنتجـات الجديـدة. إن إصـدار كل منتـج جديـد يجـب أن يمـر بعمليـة معقـدة، وهـي عبـارة عـن عمليـة مراقبـة صارمـة للمـشروع. أولا، نحتـاج إلى وضـع خطـة تطويـر المنتـج الجديـد. بعـد دراسـة أوليـة دقيقـة لميـزات المنتـج، يجـب علينـا إجـراء اختيـار شـامل ودقيـق، فقـط يمكـن للمنتجـات المختـارة أن تدخـل مرحلـة التطويـر المحـددة. وفي مرحلـة التطويـر، يسـتهلك المنتـج الجديـد الكثـير مـن الوقـت في إجـراء الاختبـارات المعمليـة، ويكـون احتـمال الفشـل مرتفعًـا للغايـة. عـلاوة عـلى ذلـك، فـإن المنتجـات

التي اجتازت الاختبارات المعملية لا يمكن وضعها في الإنتاج الضخم على الفور، ولكن يتم إنتاج كمية صغيرة من أجل إخضاعها لجميع أنواع إجراءات صارمة لتحديد الخطأ، بعد أن تجتاز المنتجات المنتجة على كمية صغيرة التقييم، سيخضع المنتج للاختبار عند المرحلة المتوسطة. وفي نهاية المطاف سيكون الإنتاج الضخم، ومن ثم يذهب المنتج إلى المستهلكين من خلال قنوات البيع.

من خلال هذه المراقبة الصارمة للمشروع، تقضي شركة هواوي على الإمكانية التي تسمح للمنتجات غير المؤهلة بالانتقال إلى العملية التالية، ناهيك عن دخولها إلى مرحلة الإنتاج الضخم.

واليوم، تصنف هواوي بنجاح بين أكبر 500 شركة في العالم، ويرجع ذلك بشكل جزئي إلى أسلوب العمل الجاد الموجه نحو التفاصيل.

هناك العديد من الشركات "التي تركز على التفاصيل" مثل شركة هواوي. في الواقع، جميع الشركات العالمية الممتازة متشابهة نسبيا في هذا الصدد. كما يجب أن نضع في اعتبارنا دائمًا المثل الصيني القديم الذي يقول إن "المشروعات الكبرى لها بدايات صغيرة" وأن ندرك أن الفرق بين النجاح والفشل يكمن في الاهتمام بالتفاصيل.

لنأخذ الشركتين العملاقتين في الوجبات السريعة ماكدونالد وكنتاكي كمثال. عندما دخلتا السوق الصينية، لم تكونا مشهورتين مثل بط بكين المشوي وباوتسي قوبولي. في ذلك الوقت، في شارع وانغفوجينغ، شارع المشاة التجاري الأكثر تميزًا في بكين، لم يكن مطعم ماكدونالدز فيه. ولكن اليوم أصبحت مطاعمها منتشرة في جميع أنحاء الصين، يمكنك العثور على علامة "M" الصفراء الخاصة بها في كل مكان. وبالمقارنة مع ماكدونالدز وكنتاكي، من الواضح أن الأطعمة الصينية مثل بط بكين المشوي وباوتسي قوبولي لم تعد تتصدر في السوق الصينية. ويعزي الكثير من الناس الفضل في نجاحهما إلى "قدرة الشركات الأجنبية على تصميم شعارات وإعلانات جذابة". في الواقع، لا تعرفون أن الشركات الأجنبية لا تعتمد فقط على تسويقها الناجح فقط، ولكن الأهم من ذلك، لديها مراقبة صارمة على العملية. ومن أجل ضمان المذاق اللذيذ للبطاطا المقلية، أرسلت ماكدونالدز خبراءها بشكل خاص للقيام بتفقد ميداني في الصين لإيجاد أفضل موقع لزراعة البطاطس. كما لدى كنتاكي قاعدة صارمة تنص على أن كل قطعة من الدجاج يجب أن تغمس في الخليط 15 مرة قبل أن يتم قليها. بدون هذه المراقبة الصارمة على العملية، لا يمكن لأي منهما تحقيق منتجات وخدمات عالية الجودة.

التفاصيل تقرر الفرق. نقلا من كلمات دونغ مينغ تشو: "مكيف الهواء يحتوي على

أكثر من 1000 جزء وكل مكون يبدو أنه مسألة صغيرة، لكنه في الواقع يلعب دورا هاما للغاية". من وجهة نظر دونغ مينغ تشو، فأن فشل جزء واحد يجعل مكيف الهواء يفقد قيمته بأكمله. وهناك العديد من المدراء التنفيذيين يركزون على القضايا الكبرى بينما لا يهتمون بالتفاصيل الصغيرة، في حين أن دونغ مينغ تشو تعتقد أن القضايا الصغيرة مهمة أيضا. اليوم، أكثر من 20 عاما من الخبرة في الإدارة تعطي دونغ مينغ تشو فهما عميقا للمعادلة "0=1-100" (مائة ناقص واحد يساوي صفر).

6. العمل بدقة وصرامة

من أجل ضمان الفعالية بشكل أفضل، يطلب رن تشنغ في من جميع مدراء وموظفي هواوي اتخاذ موقفا صارما ودقيقا في العمل.

كما يحترم رن تشنغ في بشكل خاص اتجاهات الفلسفة والإدارة للشركات اليابانية. حيث طلب من الموظفين في هواوي أن يكون لديهم فهم واضح لأنفسهم، وأن يتعلموا بحسن نية من اليابانيين أخذ كل التفاصيل على محمل الجد.

في الخمسينات من القرن الماضي، قام تايتشي أونو، مدير شركة تويوتا الذي دافع بقوة عن الإدارة الدقيقة، وضع "قاعدة" تنص على أنه: يجب على الموظفين وضع المنتجات الرديئة التي وجدوها خلال العمل في مكان واضح حيث يمكن للجميع رؤيتها، وألا يقوموا بإخفائها. في ذلك الوقت، اعتقد الموظفون أن "المنتجات الرديئة هي علامة على عدم كفاية التكنولوجيا". ولتفادي العقاب، كانوا يخفون المنتجات الرديئة عادة. بغض النظر عن عدد المرات التي أكد فيها تايتشي أونو على "عدم إخفاء المنتجات الرديئة"، فإن الموظفين لن يفعلوا ذلك.

ذات يوم، زار تايتشي أونو المصنع لتفقد الإنتاج، وكان جميع الموظفين يركزون على أعمالهم. فجأة صرخ أونو قائلاً: "ما الذي يحدث هنا؟" كان صوته مرتفعا جدا لدرجة أنه أعطى جميع الموظفين الموجودين شعوراً بالذعر. وسرعان ما ركض إليه قائد فريق الإنتاج للتحقق مما حدث. أشار أونو إلى عدد من المنتجات شبه النهائية المعيبة مخبأة في الزاوية ووبخ قائلا: "لماذا تخفي هذه المنتجات المعيبة؟ لقد قلت مرارا وتكرارا - بمجرد العثور على المنتجات المعيبة، يجب أن تتوقف فورا عن الإنتاج وتضعها في الممر، لماذا لا تفعل ما طلبت؟" مع غضب كبير، ألقى أونو تلك المنتجات شبه المصنعة المعيبة في الممر وشدد

مـرة أخرى: "لا تقم بإخفاء المنتجات المعيبة! بـل قم بوضعها في الممر، بحيث يمكن للجميع رؤيتها". وقـام بمعاقبة قائد فريق الإنتاج، ثم غـادر.

مـن وجهـة نظـر رن تشـنغ في، فإن أسـلوب العمل الصـارم هـو ضمان الاسـتقرار طويـل المـدى للمؤسسـة. وفي كل مـرة كان يذهب فيهـا رن تشـنغ في في رحلـة دراسـية إلى الخـارج، كان يحصـل عـلى العديـد مـن الاكتشـافات والانطباعـات الجديـدة. ومقارنـة بالموظفـين الألمـان واليابانيـين، فـإن الموظفـين الصينيـين يفتقـرون إلى المؤهـلات القويـة وكانـوا أقـل جديـة في عملهـم ويفتقـرون إلى روح التحسـين المسـتمر لمهاراتهـم.

يشـتهر الموظفـون اليابانيـون بصرامتهـم في العمـل. قبـل سـتة أشـهر مـن البـدء في العمـل عـلى تخطيـط المشـروع، فإنهـم يأخـذون زمـام المبـادرة للتنسـيق والمراجعـة مـع الأقسـام الأخـرى بشـكل متكـرر، حتـى لا يفوتهـم أي تفصيـل. في نفـس الوقـت، فإنهـم يسـتمعون إلى الاقتراحـات مـن جميـع الأطـراف ويبحثـون عـن الحـل الأنسـب دون التأثيـر عـلى عمـل الأقسـام الأخـرى. ومـن أجـل تحقيـق ذلـك، فإنهـم يقومـون بتأليـف وثائـق الأعمـال التحضيريـة في كتـاب سـميك لاسـتخدامها كمرجـع في حالـة حـدوث مشـكلة، وغالبـا مـا يكـون هنـاك طـرق لحـل المشـكلة بسـلاسة.

عـادةً مـا يكـون مـدراء الشـركات الأوروبيـة والأمريكيـة أكـثر ارتياحًـا، وعـلى الرغـم مـن أنهـم لا يمتلكـون مصنعًـا أوتوماتيكيـا أو معـدات متطـورة للغايـة، لكنهـم لا يزالـون قادريـن عـلى إنتـاج منتجـات عاليـة الجـودة. يكمـن السـر في ذلـك في حقيقـة امتلاكهـم عـدد كبـير مـن الموظفـين المؤهلـين تأهيـلا عاليـا مـع مواقـف العمـل الصـارمة. مـع أكـثر مـن قـرن مـن الحضـارة الصناعيـة، فقـد خلقـت الشـركات الأوروبيـة والأمريكيـة ثقافـة الشـركات مـن موقـف العمـل الصـارم. خاصـة بالنسـبة إلى الموظفـين الألمـان: إذا كانـوا يعملـون، فإنهـم يعملـون بجديـة ودقـة. الآن، إذا كنـت تقـف عنـد مفـترق طـرق في ألمانيـا، فأنـت نـادرًا مـا تجـد أي شـخص يمـر المفـترق عنـد الضـوء الأحمـر. مـن ناحيـة أخـرى، ألـق نظـرة عـلى الصـين، ينتهـك النـاس قواعـد المـرور في كل مـكان. ربمـا، هـذا يـدل عـلى الفجـوة بـين الصـين والبلـدان المتقدمـة في العـالم.

يأمـل رن تشـنغ في أن يعمـل موظفـو هـواوي بجديـة ودقـة مثـل هـؤلاء الموظفـين اليابانيـين والأوروبيـين والأمريكيـين، حتـى يتمكنـوا مـن إظهـار الأداء الممتـاز لشركـة هـواوي في السـاحة الدوليـة.

اتخـاذ الاحتياطـات اللازمـة لضمـان مسـتوى أخلاقـي للموظفـين هـو الاسـتثمار في مسـتقبل الشـركة. واليـوم، بالنسـبة إلى الشـركات الألمانيـة مثـل مرسـيدس - بنـز، وبي إم دبليـو، والشـركات اليابانيـة مثـل تويوتـا وسـوني وغيرهـا مـن الشـركات العالميـة العملاقـة الأخـرى، لديهـا منتجـات

تتمتع بسمعة جيدة في جميع أنحاء العالم. هذه الإنجازات لا يمكن فصلها عن موقف العمل الدقيق والصارم. وبسبب فقدان التحكم في النفس، يميل العديد من الموظفين الصينيين إلى عدم الخضوع لقيود الأنظمة: فهم يلعبون الألعاب طوال الليل أو يشغلون بالقيام بأعمال بدوام جزئي، الأمر الذي يؤدي إلى إنهاء أعمالهم الأصلية على عجل.

بصفتك موظفا، فيجب عليك أن تعمل بجدية ودقة. يمثل الموظفون في هونغ كونغ نموذجًا جيدًا لنا. حيث يتمتع الموظفون في هونغ كونغ شعورًا بالامتنان تجاه أعمالهم ويأخذون أعمالهم على محمل الجد، بغض النظر عن حجم عبء عملهم، فهم يتأكدون من أن كل جانب من جوانب أعمالهم يتم بطريقة دقيقة جدا، ويعملون وفقا لقواعد الأعمال دون أي إهمال أو شكوى. حيث لقيت مهنيتهم تقديرا عال. وبسبب التوسع السريع لشركة هواوي، فإنها تحاول توحيد إدارتها. لذلك، بدأت هواوي بتوظيف موظفين من هونغ كونغ، على أمل أن يترك أسلوبهم الجدي في العمل تأثيرا على الموظفين المتهورين مع الطموح غير الواقعي في شركة هواوي.

كما يأمل رن تشنغ في أن يصبح موظفو هواوي مثل الألمان واليابانيين والموظفين من هونغ كونغ الذين يعملون بدقة وجدية. لأنه بهذه الطريقة فقط، يمكن لمنتجات شركة هواوي أن تصبح عالمية ويكون لها حصة جيدة في الأسواق الخارجية.

7. الاستعراض وإجراء التحسينات

لا تركز الإدارة الداخلية لشركة هواوي على إدارة العمليات والموقف تجاه التنفيذ فقط، بل تؤكد على أهمية الاستعراض. وهنا يجب أن نذكر نظام الإدارة AAR (الاستعراض بعد العمل) المعروف أيضًا باسم إعادة التفكير بعد العمل في شركة هواوي، ويشير إلى عملية دراسة أوجه القصور والمزايا للمشروع المنجز، وإجراء تحسينات في المشاريع القادمة بناء على الخبرات المكتسبة. إنها طريقة فعالة للغاية لتعزيز التنفيذ، وتمكننا من العثور على أوجه القصور والأسباب التي تؤدي إلى الفشل خلال عملية التنفيذ، وكذلك الحل المناسب لحل المشكلة.

في وقت سابق، كان AAR مجرد مقياس للتفتيش الأذي تم إجراؤه من قبل القوات البرية الأمريكية عند إنهاء المهمة. حيث تقوم القوات البرية الأمريكية بعقد ندوات دراسية مهنية بعد الانتهاء من المشروع أو العملية. ويمكن للمشاركين من خلالها اكتشاف

والتعرف على ما حدث، ولماذا حدث، وما سارت الأمور على ما يرام، وما يجب أن يتم تحسينه، وكيفية الحفاظ على مزاياها والتغلب على أوجه القصور...

وعادة ما يتكون AAR الخاص بالقوات البرية الأمريكية من أربعة أسئلة:

"ماذا سنفعل؟"

"ماذا حدث بالفعل؟"

"لماذا حدث؟"

"ماذا سنفعل في المرة القادمة؟"

وأخيراً، وفقًا لتجربة الجيش الأمريكي، فإن حوالي 25٪ من الوقت تم قضاؤه على مناقشة السؤالين الأولين، و2٪ من الوقت على السؤال الثالث، في حين أن 50٪ الوقت على "ماذا سنفعل في المرة القادمة؟". يقدم هذا الاستعراض الدروس المستفادة من التجارب السابقة التي قد تكون مفيدة خلال المهمة التالية، مما يتجنب إمكانية التعرض للعرقلة بسبب المشكلة المماثلة مرة أخرى في المستقبل.

حقق AAR نجاحًا كبيراً في شركة BP والعديد من الشركات العالمية العملاقة الأخرى وأصبحت الأداة الأكثر استخدامًا في ممارسات إدارة المعرفة في الشركات. حيث أنه يسمح للفرق اكتساب الخبرات من نجاحاتها السابقة وإخفاقاتها واستخدامها كمراجع لإجراء التحسينات المستقبلية. بالإضافة إلى ذلك، يوفر AAR فرصة لإعادة التفكير في المشروع أو النشاط أو الحدث أو المهمة، واكتساب المعرفة الضمنية خلال دورة حياة المشروع أو النشاط. وبعد تخريج المعرفة الضمنية، ويستطيع الفريق منع ضياع هذه المعرفة حتى بعد فقدها.

يعد AAR عملية بسيطة وفعالة. وينقسم تنفيذه إلى ست خطوات: ما هو الهدف، وماذا حدث، وما تعلمناه، وماذا نفعل الآن، واتخاذ إجراءات والتشارك مع الآخرين (كما هو مبين في الصورة 3-9).

إن الاستخدام الصحيح لأداة AAR الفعالة يسمح لأعضاء الفريق بالتعلم من أخطائهم وإهمالهم، وتبادل وجهات نظرهم وأفكارهم مع الآخرين. وفي المقابل، يحصلون على ردود فعل بنّاءة ومباشرة ومجدية. يلهم نظام AAR التفكير السليم، ويزيد الوعي، ويجعل التحسينات على أساس إعادة التفكير.

الجدير بالذكر أنه على الرغم من أن الاستعراض يتم "بعد العمل"، إلا أنه ليس من الضروري أن يتم القيام بهذا النشاط لا يحدث بعد اكتمال المشروع أو النشاط. يمكن للفريق إجراء الاستعراض مباشرة بعد الانتهاء من كل حدث يمكن تحديده للمشروع أو

1
- الخطوة الأولى: ما هو الهدف؟
ماذا كان الهدف الأولى للعمل؟ ما هو الهدف من العمل؟

2
- الخطوة الثانية: ماذا حدث؟
ما الذي حدث بالفعل؟ لماذا؟ كيف حدث ذلك؟

3
- الخطوة الثالثة: ماذا تعلمنا؟
ما الأشياء الجديدة التي تعلمناها؟ ما هي الاقتراحات التي سنطرحها للآخرين إذا اعتزموا القيام بنفس العمل؟

4
- الخطوة الرابعة: ماذا نفعل الآن؟
ماذا سنفعل بعد ذلك؟ ما هي الإجراءات التي يمكننا تطبيقها مباشرة؟

5
- الخطوة الخامسة: اتخاذ إجراءات
المعرفة موجودة في العمل، يجب إثبات المعرفة الحقيقية من خلال التغييرات.

6
- الخطوة السادسة: التشارك مع الآخرين
تشارك المعرفة المفيدة مع الآخرين المحتاجين داخل المنظمة.

الصورة 3-9 الخطوات لتنفيذ نظام AAR

النشاط. هذه الطريقة تحول المشروع بأكمله إلى عملية تعلم يمكن من خلالها استخلاص الدروس المستفادة كمرجع إلى الخطوة التالية للمشروع وهذه القيمة الأكبر لنظام AAR.

كما تشدد شركة هواوي بشكل كبير على إدارة AAR في إدارتها الداخلية. حيث علق رن تشنغ في ذات مرة على أن: الشركة التي لا تلخص التجارب الماضية بشكل صحيح ليس لها مستقبل. لذلك، فقد قام بتقديم الملاحظات التالية لتشجيع الموظفين في شركة هواوي على إجراء تحسينات من خلال AAR:

"إذا أعطاك شخص ما بكرة من الخيط، فلن تتمكن من اصطياد السمك بها. يجب عليك ربط الخيط في شبكة عن طريق الحياكة تتكون العقد، وهذه العقد مثل النقاط في الحياة. حياتنا هي عملية تلخيص مستمرة، تشكّل من خلالها شبكة من النقاط. إذا لم تكن جيدًا في تلخيص النقاط، فستكون مثل المشي على المد المتصاعد، وفي النهاية لن يتبقى أي شيء. تحتاج إلى تدوين الملاحظات وكتابة تقارير موجزة في كثير من الأحيان، أما

بالنسبة لأولئك الذين لا يريدون تحسين أنفسهم فهم لا يفعلون ذلك. كما لا ترحب شركتنا بالأشخاص المتخبطين المكتظين بالمشاكل ولا يفكرون في تطوير أنفسهم. إذا لم تكن جيدًا في تلخيص الخبرات، فلا يمكنك المضي قدمًا. تاريخ البشرية هو التحول من مملكة الضرورة إلى الحرية. فإذا لم يكن هناك تعميم وتلخيص، فإن شبكة التفكير لا يمكن تشكيلها ولا يمكن اتخاذ التدابير اللازمة لمواجهة المشاكل التي يتم حدوثها في أي وقت. كما لا يمكنك المضي قدمًا أو التحسن دون تلخيص. يتقدم الناس خطوة فخطوة. فطالما أنك تتقدم خطوة صغيرة إلى الأمام في كل مرة، عندما تنظر إلى الوراء بعد بضع سنوات، ستجد أنك حققت قفزة كبيرة إلى الأمام."

يقوم الموظفون في شركة هواوي بكل شيء من البداية حتى النهاية. بغض النظر عن حجم المشروع، فهم لا ينسون وضع "خاتمة" له، وذلك من أجل تلخيص الخبرات وتعلم الدروس والحفاظ على الإنجازات. على سبيل المثال، تقوم شركة هواوي بإعداد المؤشرات المعنية لكل مشروع وإجراء عمليات تقييم للمشروعات وقبولها وفقًا لهذه المؤشرات؛ كما تولي شركة هواوي أهمية كبيرة لجمع وثائق المشروع. حيث أن جميع الملفات تحتاج إلى أرشفة للرجوع إليها في المستقبل، وكذلك من أجل تطوير عادات العمل الصارمة.

الفصل العاشر

نظام المكافأة والمعاقبة

تمثل شركة هواوي جيشا قويا وصارما، حيث يلعب نظام المكافأة والمعاقبة من المرتبات العالية وملكية أسهم رأس المال دورا كبيرا في تكوينه، كما يسمح لموظفي هواوي بالبقاء جعانين ومكافحين من أجل تحقيق المزيد من النتائج.

1. "سياسة العليا الثلاثة" في هواوي

"سياسة العليا الثلاثة" في هواوي هي قوة دافعة هامة للإدارة الفعالة للشركة. وبشكل خاص، تشير "العليا الثلاثة" إلى الراتب العالي والضغط العالي والكفاءة العالية. حيث أن الراتب العالي يجلب كفاءة جيدة ولكن عادة ما يتبعه ضغط كبير، في المقابل، كمية مناسبة من الضغط تعزز الكفاءة الجيدة، والتي غالبا ما تأتي جنبا إلى جنب مع أداء ونتائج أفضل.

يعتبر عمومًا موظفي الشركات الأجنبية في الصين مجموعة من المهنيين ذوي متوسط الراتب اللائق؛ مع ذلك، فهم يحسون بسياسة الراتب العالي في شركة هواوي. إن الرواتب والرفاهية لموظفي شركة هواوي في الخارج لا تقل عن متوسط الرواتب والرفاهية من نفس الصناعة في تلك البلد، إن لم يكن أفضل. إذا كان هناك شخص ما بموهبة نادرة، فإن عرض هواوي سيكون مرتفعا "بشكل صارخ".

يوضح التقرير المالي لهواوي في عام 2012 أن الشركة أنفقت 12.5 مليار يوان على

المكافآت السنوية في ذلك العام. حيث تم منح الموظفين حوالي 80000-330000 يوان لكل فرد. ومع نمو الأعمال المستمر، في النصف الأول من عام 2012، زادت هواوي رواتبها بنسبة 11.4٪ لأكثر من 40000 موظف من المستوى القاعدي والمتوسط، كما حصل العديد من الخريجين الجدد على رواتب شهرية تزيد عن 10000 يوان. مثل هذا الراتب المرتفع بمثابة حافز قوي للموظفين في هواوي من أجل العمل بكامل طاقتهم.

كما تظهر سياسة الرواتب المرتفعة من شركة هواوي في العديد من الجوانب الأخرى. خذ تسجيل الموظفين الجدد كمثال: عندما يسافر الخريجون الجدد لأول مرة إلى الشركة، يمكن تسديد جميع نفقاتهم للسفر ورسوم نقل الأمتعة الخاصة بهم وتحويل الأموال إلى حسابهم في الشهر الأول مع الراتب. علاوة على ذلك، خلال فترة تدريبهم التمهيدية قبل التوظيف، فهم يحصلون على راتب كامل ويتمتعون بالرفاهية المناسبة أيضًا.

وتبدو هذه السياسة بمثابة استثمار ضخم، ولكنها في الحقيقة تساعد في تحويل الخريج الجديد ليصبح محترف ناضج ومستقل، سيخلق قيمة أعلى بكثير من الاستثمار الأولي. دعونا نلقي نظرة على تطور الرواتب لأحد مهندسي هواوي.

في نهاية عام 1997، حصل أحد مهندسي هواوي على 80000 من تخصيص الأسهم (كل سهم بقيمة 1 يوان). وفي ذلك العام، بدأت شركة هواوي تخصيص حصصها الداخلية من حقوق الأولوية في الأول من أكتوبر، لذلك اضطر جميع الموظفين الذين سجلوا بعد ذلك التاريخ إلى الانتظار حتى الأول من أكتوبر من العام القادم.

عمل هذا المهندس في شركة هواوي لمدة أربع سنوات، لكنه بدأ العمل مع شركة هواوي بعد الأول من أكتوبر، لذلك كسب رواتب أقل من الزملاء الآخرين الذين أكملوا التسجيل قبل 1 أكتوبر من نفس العام بقدر ثلاثمائة ألف يوان. وعندما استقال من منصبه في يناير 2002، تحولت حقوق الأولوية لهواوي إلى خيار الأسهم. وبعد أن أنهى جميع إجراءات الاستقالة، حصل على حقيبة نقدية ثقيلة. وفجأة أدرك أن الاستقالة كانت خطأً فادحًا.

بدأت شركة هواوي في تخصيص الأسهم منذ عام 1997، وكانت هذه الخطوة نادرة في ذلك الوقت. حصل هذا المهندس على 800000 سهم في وقت واحد، الأمر الذي سينتج عنه مكافآت سنوية بحلول نهاية العام. وعندما استقال من منصبه في عام 2002، تغير سعر سهم هواوي (الأسهم الداخلية)، وبالتالي حصل على تعويض أعلى.

قال شخص آخر من هواوي: "تولي هواوي أهمية كبيرة على مطوريها. في عام 1995 عندما انضممت إلى الشركة، قدمت الشركة راتبا لي بمبلغ يصل إلى 6500 يوان شهريًا ..." لقد

كان يعتبر هذا الراتب مرتفعًا جدا في عام 1995.

في عام 1996، قدمت هواوي راتباً سنوياً قدره 100000 دولار أمريكي لمجموعة من "العائدين" (خبراء صينيون درسوا أو عملوا في الخارج)، وتم توظيفهم للمشاركة في البحث والتطوير التكنولوجي. ذات مرة قامت شركة هواوي بتوظيف مهندس متخصص في البحث والتطوير في مجال الرقائق براتب سنوي قدره 40000 دولار أمريكي؛ وعندما بدأ المهندس بالعمل، اكتشفت شركة هواوي قيمته حيث كانت أكبر بكثير مما توقعت الشركة، ورفعت راتبه السنوي إلى 500000 دولار أمريكي على الفور. وقفت العديد من الشركات ذات التمويل الأجنبي في رهبة من سياسة الراتب العالي التي تتبعها شركة هواوي. هذا وقال موظف في شركة موتورولا قال ذات مرة: "إنه من الصعب جداً على شركة موتورولا اقتناص مواهب شركة هواوي، ولكن من السهل السير في الاتجاه المعاكس."

تجذب وتدعم سياسة الراتب العالي في شركة هواوي مجموعة كبيرة من المواهب المبدعة والمبتكرة، وتغذي روحها للعمل الجاد، وتشجعها على مواصلة تحقيق اختراقات في التكنولوجيا.

الراتب العالي يأتي مع ضغوط عالية، حيث يعتقد رن تشنغ في أن الضغط العالي يمكن أن يجعل الراتب العالي يحقق عائدات متساوية أيضا. لذلك، من الطبيعي أن يكون الضغط العالي مصحوبًا بالراتب العالي.

الهدف من الراتب المرتفع في شركة هواوي هو تمكين الشركة من تحقيق أداء أعلى. لذا، فإن هدف الأداء الذي وضعته الشركة هو أيضًا تحدٍ كبير وبالتالي يجب على الموظفين العمل بجد للوصول إليه. وتلبي الشركة توقعات موظفيها، ويتم مكافأة الموظفين من خلال تلبية توقعات الشركة في المقابل. في الواقع، إن الجمع بين الراتب العالي والضغط العالي يشكل إستراتيجية مربحة للجانبين.

قال موظف في شركة هواوي بصراحة إنه: "بعد أن انضممنا إلى الشركة، كان علينا أن نعمل بجد حتى نتمكن من أن 'نسبق الآخرين'. وقد عكس ذلك بشكل غير مباشر بيئة العمل الداخلية عالية الضغط في هواوي التي كانت مدعومة برواتب مرتفعة وأرباح الأسهم المغرية."

تبلغ تكلفة الرواتب السنوية لشركة هواوي عشرات المليارات من اليوان، وإذا أردنا احتساب النفقات الأخرى، فإن الأرقام ستكون أكبر. وهذا يفرض ضغوطا كبيرة على التدفقات النقدية لشركة هواوي، وفي الوقت نفسه، يضيف المزيد من المسؤوليات على مدراء وموظفي هواوي.

في عام 2002، أدلى رن تشنغ في بتصريحاته التالية عندما كان يخاطب الاجتماع الداخلي للشركة (مقتطفات): "عندما يتعلق الأمر بالمناقصات، فإن سعرنا هو تقريبا نفس سعر الشركات الغربية. إذن، ما هي مزايانا؟ لا شيء. اعتدنا أن نقول إن ميزتنا هي الجودة العالية مع السعر المنخفض، لكننا لن نجرؤ في الحديث عن السعر المنخفض الآن، لأننا إذا فعلنا ذلك، فإننا نفقد الكثير. إلى حد ما، نحن نفقد ميزتنا. لكن لا يزال لدينا أساليب أفضل منها، إذا استطعنا التقاط المزيد من الأنفاس، سنبقى على قيد الحياة. "ما دام هناك طعام في جعبتنا، فهناك راحة بال". على سبيل المثال، في مكان مثل شنتشن، طالما أننا نمتلك المال في جيبنا، سنكون قادرين على القيام بالأمور بسهولة. في اللحظات الأكثر أهمية، يجب أن نولي اهتماما كبيرا على الدور الذي يمكن أن يلعبه التدفق النقدي في دعم الشركة. فيما يتعلق بأساليب المبيعات ونماذج المبيعات، نحتاج إلى تغيير نموذج العمل الشامل السابق. وأفضل أن أبيع بسعر أقل قليلاً بشرط أن أكون قادراً على الحصول على المال. وإذا لم نتمكن من تجميع ما يكفي من التدفق النقدي في فصل الشتاء، فلن تنجو شركتنا من الربيع. وبحلول ذلك الوقت، يمكننا تحسين قدرتنا التنافسية إلى حد كبير. لقد تركت الفقاعة المالية الهائلة بالفعل أثراً على الشركات الغربية، وبعد أن تعرضت لهذه الضربة، أصبحت الأمور صعبة بعض الشيء. إذن، ماذا نفعل الآن؟ سنزرع هناك ما دامت الشمس تشرق ونكسب المزيد من الأسواق والمزيد من الفرص، ثم سنتمكن من العيش في الربيع. وعندما نعيش في الربيع، نأكل كل أطعمتنا المخزنة، ونزرعه مرة أخرى."

"أعتقد أنه يجب علينا مساعدة آنشنغ Ansheng (باعت شركة هواوي شركة إلكترونيات آنشينغ Ansheng Electronics إلى الشركة الأمريكية Emerson في عام 2001). أعتقد أنه إذا كان لدينا مثل هذا النوع من اجتماع تحليل السوق في المستقبل، يجب علينا دعوة جميع مدراء المكاتب الفرعية في آنشنغ للمشاركة فيه. لدينا الآن عدة مليارات يوان في حسابنا. من أعطانا هذه الأموال؟ إن شركة آنشنغ قامت بذلك. قدمت لنا "سترة الشتاء" التي تمكننا من البقاء في فصل الشتاء لمدة عامين! كيف يمكننا ببساطة أن نتمتع بدفء هذه السترة بينما ننسى أن نشعر بالامتنان تجاه من صنعها!"

من الخطاب الموضح أعلاه، يمكن أن نشعر بمدى الضغط الذي كان لدى هواوي: "إذا لم نتمكن من تجميع ما يكفي من التدفق النقدي في فصل الشتاء، فإن شركتنا لن تنجو من الربيع". بسبب فقدان ميزة التسعير، لم تعد هواوي تمتلك ورقة رابحة في المنافسة ضد خصومها، مما جعل تطوير سوق هواوي أكثر صعوبة. وتحدث رن تشنغ في حول ذلك قائلا "ازرع ما دامت الشمس تشرق واستغل الوقت جيدا لكسب المزيد من الأسواق والمزيد

من الفرص"، وضع موظفو هواوي هذا الطموح الكبير في الواقع موضع التنفيذ. لقد عملوا بجهد بالغ وتغلبوا على العديد من الصعوبات في توسيع الأعمال التجارية في الخارج.

وفي جمهورية الكونغو الديمقراطية، كانت البنية التحتية سيئة للغاية وكانت العديد من الأماكن بدون طرق. وكان تسليم المشروع يطلب من مهندسي هواوي تركيب وتشغيل محطات أساسية في الميدان، كانوا يقودون السيارة لمدة ثلاثة أو أربعة أيام متتالية في الغابة من أجل الوصول إلى موقع البناء. وفي هذه الحقول المهجورة، جلبوا بضعة براميل المياه وبعض الطعام البسيط، وناموا في السيارة.

الناس الذين عملوا في هذا المشروع قاموا بوصف ظروفهم قائلين: "معظم الوقت كان لدينا خبز للأكل فقط. وإذا كان هناك ماء ساخن لطهي علبة من المكرونة السريعة التحضير مع جزء صغير من صلصة الفلفل الحار، حيث يمكن اعتبار تلك الوجبة وليمة فاخرة."

اضطر قاو شيويه شين، مهندس الخدمة في المكتب التمثيلي في الكونغو إلى التنقل بين مواقع مختلفة عدة مرات لتشغيل المحطات الأساسية. وبسبب الإرهاق المفرط، عانى من الملاريا 4 مرات في غضون 3 أشهر، لكنه استمر في العمل في الجبهة الأمامية.

لتوسيع الأسواق الخارجية، غادر العديد من الموظفين في شركة هواوي وطنهم وأحبائهم. وذهبوا إلى أفريقيا حيث تسببت الأمراض في دمار كبير في عدد كبير من الدول، وإلى الشرق الأوسط حيث اندلعت المعارك في كثير من الأحيان، وإلى إندونيسيا حيث اجتاحت أمواج تسونامي، وإلى القطب الشمالي حيث يكون كل شيء متجمدا ومغطيا بالثلج والجليد ... 20 سنة من التدويل يرافقه العرق والدموع والمصاعب والإحباطات والتضحيات.

لم تمنع بيئات المعيشة الشاقة والمخاطر المهددة للحياة موظفي شركة هواوي من الكفاح من أجل الأسواق الخارجية. دفعتهم روح هواوي للمضي قدما، لكن كرم الشركة شجعهم أكثر. حيث يمكن لموظفي شركة هواوي أخذ أفراد أسرهم معهم إلى الدول التي يعملون فيها. ويتم احتساب المكافأة باستخدام معامل السلامة. على سبيل المثال، إذا كانت المكافأة الحالية 10000 دولار أمريكي، في الولايات المتحدة كان معامل السلامة 1، ستكون المكافأة الحقيقية للموظف هو 10000 × 1 دولار أمريكي، لتصبح 10000 دولار أمريكي؛ في العراق، كان معامل السلامة 5، إذن ستكون المكافأة الحقيقية 10000 × 5 دولار أمريكي، أي ما يعادل 50000 دولار أمريكي بالمجموع.

ويكمن خلف هذا الراتب المرتفع منافسة شديدة، وخلقت روح الكفاح الدائم عند الموظفين في شركة هواوي. يوجد مثل هذا الجو عالي الضغط في كل جانب من جوانب إدارة

شركة هـواوي، وكان نظـام "الرتبـة والقضـاء" للشركـة مثالًا حيًا: عـادةً مـا يتـم فصـل وتسريح الموظفـين الذيـن تـم تقييمهـم بـأداء غـير فعـال، ولم يكـن هنـاك استثنـاء حتـى للمـدراء.

يمكـن أن يزيـد الضغـط مـن كفـاءة الأفـراد (القـوة الدافعـة). كمـاُظهـر البحـث الـذي قـام بـه الباحـث الأمريـكي ج. ويليامسـون أن مسـتوى الضغـط والقـوة الدافعـة للفـرد أو أدائـه في علاقـة معكوسـة، كمـا هـو موضـح في الصفحـة التاليـة:

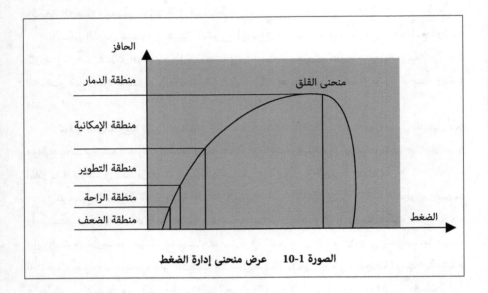

الصورة 1-10 عرض منحنى إدارة الضغط

- منطقـة الضعـف: عندمـا يكـون الضغـط في هـذه المنطقـة، سـيكون سـلوك الموظفـين كمـا يـلي: لا يعرفـون لمـاذا عليهـم العمـل بجـد، لذلـك ليس هنـاك قـوة دافعـة. يتـم الكشـف عـن طابـع الكسـل الخاصـة بهـم. إنهـم في حالـة مـن الارتبـاك، والعجـز، والتعـب.

- منطقـة الراحـة: يشـعر الموظفـون ببعـض الضغـط، ولكنهـم لا يرغبـون في التغيـير بشـكل عـام، لذلـك يتـم اتخـاذ الإجـراءات للحفـاظ عـلى "الراحـة"، فهـم لا يشـعرون بالحاجـة إلى بـذل الكثـير مـن الجهـد.

- منطقـة التطويـر: في هـذا المصطلـح يصبـح الضغـط واضحـا، ومـن أجـل تخفيـف الضغـط والحفـاظ عـلى "الراحـة"، يحتـاج الموظفـون إلى بـذل جهـود متواصلـة، كمـا

تـزداد القـوة الدافعـة بشـكل سريـع. وتكـون غالبيـة الحوافـز فعالـة في منطقـة الضغـط هـذه.

- منطقـة الإمكانيـة: عندمـا يسـتمر الضغـط في الزيـادة، تصبـح الطاقـة الحاليـة العاديـة غـير كافيـة، يحتـاج الموظفـون إلى حشـد الطاقـة الكامنـة للتعامـل مـع الوضـع. وبمجـرد أن تصبـح الإمكانيـة في وضـع التشـغيل الكامـل، قـد تنفجـر قـوة مذهلـة مـن الموظفـين.
- منطقـة الدمـار: عندمـا يتـم تجـاوز ذروة منحنـى القلـق، سيشـعر الموظـف باليـأس والضعـف. ونتيجـة لذلـك، يختـار الاستسـلام بوعـي أو مـن دون وعـي وتنخفـض القـوة الدافعـة بشـكل دراماتيـكي إلى الصفـر.

يوضـح منحنـى الضغـط أنـه عندمـا يتعـرض الموظفـون للضغـط، فإنهـم يميلـون إلى إطـلاق العنـان لإمكانيـات كبـيرة. يتـولى العديـد مـن الموظفـين الجـدد في شركـة هـواوي مهـام تطويـر المشـاريع مبـاشرة بعـد الانتهـاء مـن التدريـب التمهيـدي دون أي فـترة إعـداد، وتحـدد النتائـج مبـاشرة أداء أعمالهـم، مـما يفـرض ضغطًـا كبـيرًا عـلى الموظفـين الجـدد لشركـة هـواوي، ولكنهـم لـن يستسـلموا لمثـل هـذا الضغـط.

أشـار رن تشـنغ في ذات مـرة في خطابـه إلى أن إمكانيـة البشريـة هـي مثـل عمـود تقطـير النفـط: لا ضغـط، لا مكاسـب. وللتصـدي للمشـكلة التـي انغمـس بهـا بعـض الأفـراد بأسـلوب العمـل المريـح والهـادئ داخـل الشركـة، أطلقـت شركـة هـواوي "حملـة التنافـس للمناصـب".

في عـام 1995، حققـت شركـة هـواوي اختراقـا تكنولوجيـا رئيسـياً في مبـدل C&C08، حيـث بـدأ المنتـج في الحصـول عـلى حصـص هائلـة في السـوق. حيـث وصلـت مبيعـات هـواوي السـنوية إلى 1.5 مليـار يـوان، ودخلـت الشركـة مرحلـة تطـور سريـع.

مـع ظهـور مجموعـة مـن الأفـراد الأبطـال خـلال فـترة ريـادة الأعـمال في هـواوي، وجـدوا أن مسـاحة التطويـر الخاصـة بهـم أصبحـت ضيقـة بشـكل متزايـد. وهكـذا، بـدأ بعـض كبـار المـدراء التنفيذيـين يفقـدون شـغفهم، وأصبحـوا راكديـن في عملهـم، الأمـر الـذي أثـر بشـكل كبـير عـلى حـماس مرؤوسـيهم، وبالتـالي فـإن تنميـة هـواوي وصلـت إلى عنـق الزجاجـة. في هـذه المرحلـة، اتخـذ رن تشـنغ في قـرارًا: إعـادة الجميـع إلى حيـث بـدأوا، وعليهـم التنافـس عـلى وظائفهـم مـرة أخـرى، وأولئـك الذيـن يتمتعـون بالقـدرة يمكنهـم مواصلـة عملهـم، وأولئـك الذيـن لم يسـتطعوا تلبيـة متطلبـات الوضـع الحـالي، ينبغـي تعيينهـم في وظائـف أخـرى أو تسريحهـم.

إن طريقـة هـواوي في تصنيـف الموظفـين بنـاء عـلى قدراتهـم بـدلا مـن الأقدميـة لم تعـط الأمـل لجميـع الموظفـين فحسـب، بـل أشـعلت مبادرتهـم في العمـل، وحثـت أولئـك الذيـن

يشغلون مناصب عالية لبذل المزيد من الجهد في تحسين أنفسهم. مثل هذه المنافسة الداخلية وآلية الاختيار تضع المزيد من الضغوط على الموظفين وتعزز شعورهم بالمنافسة الذاتية.

في فبراير عام 1996، أطلق رن تشنغ في مؤتمرا للتدريب والإصلاح لقسم التسويق مع تقرير متكون من 10000 كلمة بعنوان "الوضع الحالي ومهمتنا".

أدلى رن تشنغ في بخطاب حماسي قائلا: "من أجل الغد علينا إصلاح اليوم. تظهر استقالتكم الجماعية الروح العظيمة من عدم الخوف والأنانية، وسوف تلمعون في تاريخ هواوي!" وبعد ذلك، قادت سن يا فانغ، نائبة رئيس هواوي المسؤولة عن التسويق، 26 مديرا رئيسيا من كل المكاتب الفرعية لكتابة تقريرين وقدمواهما إلى الشركة، واحد منهما هو التقرير الافتتاحي لعام 1995 والآخر تقرير استقالاتهم. كما أدلى سن يا فانغ بخطاب شغوف حول الاستقالة الجماعية. وعندما أنهى قسم التسويق قراءة قائمة الاستقالات، توجه العديد من الأفراد إلى المنصة بالدموع، وبدأ شخص ما في الجمهور يهتف بشعار: "إلى الأمام، هواوي! إلى الأمام، هواوي!" حيث أن الجو وصل إلى ذروته.

واستمر مؤتمر التدريب والتعزيز في شركة هواوي لمدة شهر كامل، تبعه دفاعات شفوية للمنافسة على المناصب، وبدأت الشركة عملية الاختيار بناءً على الأداء الفردي الحالي، وإمكانات التطوير، واحتياجات التطوير المستقبلي للشركة. فقد تم تسريح ثلاثين في المئة من المسؤولين من مناصبهم، من بينهم رئيس قسم التسويق بالوكالة ماو شنغ جيانغ.

من خلال خلق إحساس قوي بالأزمة، فرض رن تشنغ في الضغط على الموظفين من جميع المستويات في شركة هواوي، الأمر الذي جعل الآلية الداخلية لشركة هواوي في حالة نشطة دائمًا، وأبقاها حساسة ومرنة إلى الأبد. واعتقد أنه بهذه الطريقة فقط، يمكن أن تنفجر هواوي بإحساس قوي للتقدم، وتحقيق التنفيذ الفعال، وأن تصبح ناضجة وتنمو بسرعة وسط السوق الدولية شديدة التنافس.

2. تنفيذ نظام الرواتب بالتدرج

إلى جانب "سياسة العليا الثلاثة" التي تتبعها شركة هواوي، يأتي نظام الرواتب بالتدرج. يشير هذا النظام إلى نفس الرواتب لنفس المساهمة. إنه أحد المفاهيم التي

تشاركها هـواوي مـع موظفيهـا. وأشـار رن تشـنغ في ذات مـرة في مقالـه بعنـوان "كـم مـن الوقـت يمكـن لعلـم هـواوي أن يرفـرف":

"دعـوا الجميـع يبذلـون قصـارى جهدهـم، ووضـع نظـام عـادل لتوزيـع الدخـل. كيـف نشـجع موظفينـا عـلى بـذل قصـارى جهدهـم؟ المفتـاح هـو وضـع نظـام تقييـم وتوزيـع عـادل ومـبرر بحيـث يمكـن للموظفـين تكويـن توقعـات معقولـة، مـما يجعلهـم يؤمنـون أنهـم بذلـوا قصـارى جهدهـم فـإن الشركـة سـوف تمنحهـم عوائـد معقولـة. ولكـن كيـف نحقـق تقييـم القيمـة العادلـة؟ هـذا هـو السـبب في أننـا بحاجـة إلى تنفيـذ مبـدأ نفـس المسـاهمة ونفـس الرواتـب. سـواء كنـت حاصـلاً عـلى درجـة الدكتـوراه، أو الماجسـتير، أو درجـة البكالوريـوس، طالمـا أنـك تسـتطيع تقديـم نفـس القـدر مـن المسـاهمة، فـإن الشركـة سـتقدم لـك نفـس المكافـأة، وهـذا سيشـعل حـماس الجميـع."

يعتقـد رن تشـنغ في أنـه "عـلى الجميـع أن يبـدأ مـن مـكان مـا، بغـض النظـر عـن الخلفيـة التعليميـة. إذا كانـت المسـاهمة نفسـها، فسـتكون المكافـأة نفسـها أيضـا، يمكـن لهـذا الحافـز تحفيـز إمكانيـات الموظفـين إلى أعـلى مسـتوى. في وقـت لاحـق، أنشـأت هـواوي مجموعـة مـن نظـام توزيـع الرواتـب بالتـدرج المعـروف أيضا باسـم الرواتـب القياسـية للوظائـف.

قـام قسـم المـوارد البشريـة في شركـة هـواوي بتقييـم الرواتـب القياسـية للوظائـف وتقسـيمها إلى 22 مسـتوى، مـع تصنيـف كل مسـتوى إلى ثـلاث درجـات A، B، C وفقًـا لكفـاءة فريـق العمـل. الموظفـون تحـت المسـتوى الـ13 هـم في الأسـاس عاملـون عاديـون، لذلـك لـن نقـوم بوصـف محـدد هنـا. دعونـا نركـز عـلى المسـتوى الـ13 ومـا فـوق. .يظهـر الجـدول 1-10 تفاصيـل الرواتـب القياسـية لموظفـي هـواوي وتحليلهـا.

يعتـبر 22A أعـلى مسـتوى. حيـث تقـوم هـواوي بربـط مسـتوى الموظفـين مـع نتائـج تقييـم أداء عملهم.عـلى سـبيل المثـال، إذا حصـل الموظـف عـلى 15C في تقييمـه (نتيجـة تقييـم مسـاهمة الموظـف)، فـإن راتبـه الأسـاسي سـيكون 10500 يـوان، ويتـم حسـاب المكافـآت وخيـارات الأسـهم بشـكل منفصـل ولكـن ليـس بشـكل مسـتقل، لأنـه سـيتم تقييمهـا أيضًـا مـن خـلال أداء الموظـف؛ بالنسـبة إلى المسـتوى الـ15، فـإن خيـارات الأسـهم المخصصـة عـادة مـا تـتراوح بـين 30000 و40000 سـهم.

يوجـد أيضًـا مـؤشر كفـاءة مخصـص للرواتـب القياسـية للوظائـف لمكافـأة الموظفـين الذيـن يعملـون بجـد ومعاقبـة الكسـالى. مـؤشر الكفـاءة للموظفـين المؤهلـين تأهيـلا كامـلا هـو 1، للموظفـين المؤهلـين بشـكل أسـاسي هـو 0.9 وللموظفـين غـير المؤهلـين مؤقتـا هـو 0.8.

بالاضافـة إلى ذلـك، مـن أجـل تشـجيع موظفـي هـواوي عـلى ورث ثقافـة الشركـة، قامـت

الشركة بوضع مؤشر الفرق الإقليمي، حيث أن المؤشر للطبقة الأولى هو 1 وللطبقة الثانية هو 0.9 وللطبقة الثالثة هو 0.8 وللطبقات الأخرى هو 0.7.

الجدول 1-10 التفاصيل والتحاليل للرواتب القياسية لموظفي شركة هواوي (الوحدة: يوان صيني)

درجة / مستوى	C	B	A
13	5500	6500	7500
14	7500	9000	10500
15	10500	12500	14500
16	14500	17000	19500
17	19500	22500	25500
18	25500	29000	32500
19	32500	36500	40500
20	40500	44500	49500
21	49500	54500	59500
22	59500		

يتم تحديد مستوى الرواتب القياسية من خلال عاملين: الأول هو نتائج المقابلة والأداء خلال فترة الاختبار، والآخر هو تقييم العمل اليومي وتقييم تنفيذ المشروع. باختصار، كلما زادت المساهمات التي يقدمها الموظف، فتزداد إمكانية حصوله على مستوى أعلى. وقد تم وصف المستوى لموظفي شركة هواوي على النحو التالي.

- المستوى التقني لمساعد مهندس: 13C – 15B.
- مستوى مهندس عام من درجة B: 16A – 15A.
- مستوى مهندس عام من درجة A: 17A – 17C.
- مستوى كبير المهندسين من درجة B: 19B - 18B.
- مستوى كبير المهندسين من درجة A أو خبير تقني: 20A - 19B.
- مستوى رئيس القسم من الدرجة الثالثة: 19B, 19A.

- مستوى رئيس القسم من الدرجة الثانية: 20A.
- مستوى رئيس القسم من الدرجة الأولى: 22B، 21A، 21B.
- أعلى مستوى: 22A.

ومـن بـين هـذه المستويات، فـإن مسـتوى خبير تقني في هـواوي يعادل رئيس القسـم من الدرجـة الثالثـة، وقـد يصـل مسـتوى كبير الخبراء حتـى إلى درجـة رئيـس القسـم مـن الدرجـة الأولى 21A-22B، الأمـر الـذي يعكـس أيضًـا مبـدأ هـواوي في "نفـس المساهمة، نفـس المكافأة". منـذ تطبيـق نظـام الرواتـب القياسـية، لم يعـد الرؤسـاء في هـواوي يعينـون أو نـادراً مـا يقومـون بتعيـين أو تقييـم موظفيهـم، فالأمـر مـتروك للعامـلين لتقديـم الطلـب للحصـول عـلى المسـتوى المناسـب وفقًـا للأحـكام المعنيـة. عـلى سـبيل المثـال، يمكـن للموظـف الـذي عمـل في شركة هـواوي لأكـثر مـن ثمـاني سـنوات تقديـم الطلـب للحصـول عـلى A16، ويمكـن للموظـف الـذي عمـل لسـت سـنوات تقديـم الطلـب للترقيـة إلى A15 أوB15، والرؤسـاء مسـؤولون فقـط عـن التقييـم. هـذا النظـام يضـع حـدا لجميـع أنـواع السـلوكيات الظالمـة أو غير العادلـة.

- يمكـن للموظـف ذو الكفـاءات العاليـة والخبرات في المشـاريع الـذي اكتسـب منصبـا عـلى مسـتوى المديـر أو الخبـير الفنـي تقديـم الطلـب للحصـول عـلى المسـتوى 18.
- يمكـن للموظـف الـذي يمتلـك خبرة عمـل لا تقـل عـن 10 سـنوات أو يعمـل كمديـر إداري سـابقاً (للموظفـين المعينـين مـن المجتمـع) تقديـم الطلـب للحصـول عـلى المسـتوى 17A أو أعـلى وسـيتم إرسـاله إلى الخـارج.
- يمكـن للموظـف الـذي يتمتـع بخبرة عمـل لا تقـل عـن سـت سـنوات ولديـه قـدرات ومهـارات فنيـة عاديـة، ولكنـه مؤهـل أساسًـا للعمـل وانضـم إلى الشركـة مـن خـلال التوظيف الاجتماعـي تقديـم الطلـب للحصـول عـلى المسـتوى 15B أو 15A، إذا كان الموظـف عـلى المسـتوى الإداري في الشركـة التـي سـبق لـه العمـل فيهـا، يمكنـه تقديـم الطلـب للحصـول عـلى المسـتوى 16B أو 16A.
- الموظفـون العاديـون الذيـن انضمـوا إلى شركـة هـواوي مـن خـلال التوظيف الاجتماعـي وعملـوا لمـدة ثمـاني سـنوات، يمكـن منحهـم المسـتوى 16A أو 17B بشـكل عـام.
- الموظفـون الذيـن انضمـوا إلى شركـة هـواوي مـن خـلال عـرض توظيـف خـاص، يمكـن منحهـم المسـتوى 17A-18A بشـكل عـام، وبالإضافـة إلى ذلـك، سـيتم تخصيـص مبلـغ معـين مـن رسـوم التوقيـع وحصـص الأسـهم لهـم.

– الموظف الـذي سبق لـه العمـل في شركـة Cisco أو Ericsson أو Alcatel-Lucent أو نوكيا سيمنز أو أنـواع مشابهة مـن الـشركات وتـم تعيينـه رسميًا كمديـر للقسم (أو رئيس القسم) يمكن منحه المستوى 19B أو 19A، وهـو نفس مستوى رئيس قسـم مـن الدرجـة الثالثـة في هـواوي.

– يمكن للطلاب الخريجين الجـدد تقديـم الطلـب للحصـول عـلى المستوى 13C أو أعـلى.

– يجب تصنيف المشغلين على خط الإنتاج على المستوى 13C أو أقل.

ملاحظة: يشير رسم التوقيع إلى تعويض الموظف الـذي استقال مـن شركته السـابقة مـن أجـل العمـل في شركـة هـواوي، إلى جانـب مكافـأة اتفاقيـة العمـل الجـاد التـي يـتراوح قدرهـا بـين 30000 و50000 يوان.

كـما تربـط هـواوي المستوى التقنـي مـع المؤهلات الوظيفيـة، أي أنـه يتـم أخـذ المسمى التقنـي في الاعتبـار عند تصنيف الموظف. تقيم هـواوي الدرجـة الفنيـة 13 + = مؤهـل؛ عـلى سبيل المثـال، إذا كان الدرجـة الفنيـة لشخص مـا هـو 3A، فـإن مؤهلاتـه تصبـح 3A+13=16A. وهـذا يوفر فرصـة للعديـد مـن الفنيـين لتحقيـق نفس المعاملـة الماليـة التـي يتمتـع بهـا فريـق الإدارة.

وقـد شجع إنشـاء نظام توزيـع الرواتـب بالتـدرج موظفـي شركـة هـواوي إلى حـد كبـير، بالتـالي جلـب الشركـة ازدهـارا لم يسبـق لـه مثيـل.

3. آلية التخصيص الديناميكي لجميع الموظفين

مـع ازديـاد نضـج إدارة شركـة هـواوي، أصبح نظـام توزيـع القيمـة في الشركـة أكـثر مرونـة وفاعليـة. حيـث تطـورت ممارسـة تقاسـم المصالح مـع أولئك الذيـن يكافحـون مـن أجـل تطويـر هـواوي بشكل طبيعـي إلى نظام دفـع دينامـيكي، ويوفر مـردود فـوري لموظفـي شركـة هـواوي. يلعـب نظام توزيـع القيمـة دوراً هامـاً في سلسلـة القيمـة في شركـة هـواوي. وأشـار رن تشنغ في إلى أنـه "إذا أرادت شركـة هـواوي البقـاء عـلى قيـد الحيـاة، فـإن عمليـة توزيـع القيمـة هـي قضيـة رئيسيـة يجـب التعامـل معهـا." تسـتند إسـتراتيجية توزيـع القيمـة في هـواوي عـلى الاعتبـارات الثلاثـة التاليـة:

- التوزيع الاجتماعي: لتحمل المسؤولية الاجتماعية؛
- التوزيع بين موظفي الشركة: يمكن للموظفين أن يعيشوا حياة سعيدة؛
- التوزيع من أجل التنمية المستقبلية: لتوفير رأس المال للتوسع المستمر للشركة.

كما حدد "القانون الأساسي لشركة هواوي" المبدأ والنهج لتوزيع القيمة بشكل واضح، ويمكن تلخيصهما في الجوانب التالية:

(1) مبدأ توزيع القيمة (المادة 18)

ما هي المبادئ التي يجب اتباعها في توزيع القيمة: مزيج من التوزيع وفقا للأعمال والموارد.

- "الأعمال" تشمل العمل العام والعمل العقلي؛
- "الموارد" تشمل رأس المال الفكري، وإدارة رواد الأعمال، ومخاطر المؤسسات؛
- أما نسبة التوزيع للأعمال والموارد فهي قابلة للتعديل اعتمادًا على البيئة الداخلية والخارجية للشركة؛
- تستند هذه الفكرة على مفهوم وجوب مكافأة جميع الأشخاص الذين يناضلون من أجل مصالح الشركة بشكل مناسب (المادة 4).

(2) أساس توزيع القيمة (المادة 16)

أساس المعايير لتوزيع القيمة: "القدرة، والمسؤولية، والمساهمة، وموقف العمل، والتزام المخاطر".

- تستند القيمة على قدرة مقدم الخدمة على خلق القيمة، فضلا عن المسؤولية، وموقف العمل، والمساهمة أثناء عملية خلق القيمة؛
- يتم التعرف على هذا الأساس من قبل الشركة بعد التقييم والتقويم الذي يتم إجراءهما وفقاً لمعايير وإجراءات الشركة.

(3) عناصر القيمة المخصصة (المادة 17)

ما هي القيم التي يمكن تخصيصها: "السلطة التنظيمية والمصالح الاقتصادية".

- "إن المساهمين يستحقون عائدًا معقولًا" (المادة 4)، وذلك يعني أن الشركة "تكافئ العمل حسب الوظيفة"؛

- إجـراء تقييـم وتقويـم دقيقـين للمـدراء الذيـن يمتلكـون بالفعـل سـلطة تنظيميـة معينـة (مثـل نظـام الإبـلاغ المنتظـم)، لإضفـاء الطابـع المؤسـسي وتوحيـد آليـة تشـجيع وتنزيـل الكـوادر؛
- تتطلـب مـن الشركـة تأسـيس المزيـد مـن المناصـب الإداريـة لأولئـك القادريـن ولكـن ليـس لديهـم قـوة تنظيميـة بعـد، وتوفـر لهـم فرصـة عادلـة للوصـول إلى مسـتوى إدارة الشركـة؛
- "الاعتـماد عـلى جهودهـم وموهبتهـم في اكتسـاب الفـرص التـي توفرهـا الشركـة" (المـادة 54)، وتميزهـا عـن المنافسـة العادلـة، واكتسـاب القـوة التنظيميـة، ومـن ثـم التمتـع بمزيـد مـن الفائـدة الاقتصاديـة التـي تـأتي معهـا.

(4) أشكال القيمة المخصصة (المادة 17)

إن الأشـكال التـي يتـم فيـه تسـليم القيمـة المخصصـة للشركـة إلى المشـاركين يتمثـل في: "الفـرص، والسـلطة الوظيفيـة، والرواتـب، والمكافـآت، والأسـهم، والأربـاح، وغيرهـا مـن الفوائـد".

- هذا هو التجسيد الحقيقي "للسلطة التنظيمية والمصالح الاقتصادية؛"
- تنقسـم القيمـة التـي تخصصهـا الشركـة للأفـراد إلى ثلاثـة أنـواع: الأول هـو العملـة التـي يملكهـا الموظـف وتُـترك بشـكل كامـل للسـلطة لتقديـره، مثـل الراتـب والمكافـأة والأربـاح والفوائـد؛ والثـاني مملـوك للشركـة، ولكنـه يخضـع للفـرد خـلال فـترة زمنيـة معينـة تحـت بعـض القيـود، مثـل فـرص الترقيـة أو التدريـب؛ والثالـث هـو الالتـزام بالمخاطـر الـذي يمتلكـه الأفـراد ولكـن تحـت تـصرف الشركـة، مثـل الأسـهم.
- هــذا ليـس تخصيصًـا ثابتًـا، ولكنـه مزيـج مـن التوزيـع وإعـادة التوزيـع للقيمـة الداخليـة للشركـة.

(5) معايير لتحديد أشكال التوزيع (المادة 69)

أي مـا هـي المعايـير المطبقـة في عمليـة توزيـع القيمـة الحاليـة للأشـكال المذكـورة أعـلاه. يحـدد القانـون الأسـاسي لشركـة هـواوي عـدة فئـات:

- الراتب: نظام الراتب الوظيفي؛
- المكافأة: المرتبطة بإجمالي الربح؛
- التوزيع: يتعلق بالمساهمة والمسؤوليات من الأفراد أو الجماعات.
- المعاش: موقف العمل.

- التأمين الطبي: يعتمد على مقدار المساهمة؛
- الأسهم: يعتمد على المساهمة والمسؤولية والوقت.

(6) سياسة التوزيع المحددة

يتم تحديد القيود اللازمة، والقضايا المعنية، والنقاط المركزة لعملية تخصيص القيمة.

- يجب أن يكون توزيع القيمة الذي يستند إلى العمل العام مراعياً للاختلافات الواسعة بين الأفراد (المادة 18)، وبالتالي ينفي بشكل أساسي مبدأ المساواة (المادة 54)؛
- يجب أن يحافظ منحنى التوزيع على استمراريته ويتجنب نقاط التحول (المادة 18)، وذلك يشير إلى التوزيع بين الأقسام والوظائف والمستويات يجب أن يكون مستقرا نسبياً، وأن يحافظ على توازن ديناميكي بشكل عام، مع حالات صعود وهبوط معتدلة نسبياً وبعض الأجزاء المتداخلة.
- فيما يتعلق بتوزيع الأسهم، فإن شركة هواوي تمارس ملكية الموظفين، ولكن يجب أن يكون توزيع حقوق الملكية للموظفين الموهوبين ذوي الإحساس القوي بالمسؤولية (المادة 18)؛
- تلبية مصالح الموظفين على المدى القصير (المادة 69) في ظل الشرط المسبق لضمان مصالحهم على المدى الطويل. من أجل خدمة المصالح طويلة الأجل، يمكن للشركة التضحية مؤقتًا بالمصالح قصيرة الأجل ضمن حدود معينة، مثل تخفيض الأجور تلقائيا (المادة 70). كما لا توافق الشركة على سلوك قصير النظر أثناء عملية التوزيع (المادة 54)؛
- تحاول الشركة تشكيل نظام حقوق الملكية المتميز الذي يقوم على أساس مفهوم جديد من خلال توزيع القيمة (المادة 17).

(7) معيار لتقييم توزيع القيمة (المادة 19)

لمعرفة أي نوع من المعايير يتم تطبيقها لقياس ما إذا كانت عملية ونتائج توزيع القيمة معقولة أم لا، وهل تتفق مع مفهوم توزيع قيمة الشركة أم لا، وهل هي ناجحة وفعالة أم لا؟ إن المعايير الورادة في القانون الأساسي لشركة هواوي هي "الإنجازات التي حققتها الشركة، والروح المعنوية للموظفين، وإحساسهم بالانتماء إلى الشركة" (المادة 19). وبعبارة أخرى، يميل التقييم إلى أخذ الجوانب التالية في الاعتبار:

- هــل تــم تحســين الأداء العــام للشركة ومـا هــو مــدى سرعـة تحسـنه؟ هـل زاد بسرعـة أكـبر مــن معـدل سرعـة الصناعة وسرعـة المنافسـين الآخرين (المـادة 13)؟

- هـل تـم تحفيـز حماسـة الموظفـين بشـكل تـام وإذا حققـت الشركـة التأثـير الحافـز المتوقع أم لا؛

- هـل يتفـق الموظفـون مـع قيـم الشركة وثقافتهـا، وهـل شـكلوا بالفعـل "مجتمـع المصـير المشـترك"، "مجتمـع المسـؤولية المشـترك"، و "مجتمـع المصالـح المشـترك" مـع الشركـة أم لا.

لم يكـن توزيـع القيمـة ثابتًـا أبـداً، فهـو يتغـير مـع الأفكار والأشياء وعوامـل أخـرى لتوزيـع القيمـة، ولكـن غرضـه النهائـي هـو خلق القيمـة.

4. تفعيل المنافسة من قبل نظام الرواتب الوظيفية

نظـام الرواتـب هـو جوهـر توزيـع القيمـة في شركـة هـواوي. وتعتقـد شركـة هـواوي أنـه يجـب توحيـد مفهـوم توزيـع القيمـة ونظامـه مـن خـلال نظـام الرواتـب لتحقيـق الجـدوى منـه؛ كـما يرتبـط نظـام الروابـت بالمصالـح الاقتصاديـة للموظفـين، وبالتالـي يشـكل الأسـاس الاقتصادي المهـم لتلبيـة احتياجاتهـم الماديـة والنفسـية؛ كـما يمكـن أن تولـد الحوافـز مبـاشرة؛ كتوزيـع منتظـم، يجـب أن يتـم تنفيـذه شـهريا.

هنـاك ميـزات مختلفـة لـكل نظـام راتـب متـاح. في الوقـت الحالـي، يوجـد مـا يقـرب مـن أربعـة أنـواع مـن نظـم الرواتـب الشـائعة الاستخدام في الجـدول 2-10.

هـذه هـي أنظمـة الرواتـب السـائدة؛ فـما هـو نظـام الراتـب الذي اختـاره شركـة هـواوي؟

ينـص القانـون الأسـاسي لشركـة هـواوي بوضـوح عـلى أن "توزيـع الراتـب يجـب أن يكـون موجهًـا نحـو القـدرة، وبالتالـي يعتمـد عـلى نظـام الراتـب الوظيفـي" (المـادة 69). إذن لمـاذا تختـار هـواوي نظـام الراتـب الوظيفـي؟ ومـا هـي اعتباراتهـا؟

(1) الاعتبارات المتعلقة بالقيمة
يتلاءم نظام الرواتب مع مفاهيم هواوي في خلق وتقييم وتوزيع القيمة.

الجدول 2-10   نظم الرواتب السائدة

نظام الراتب	المقصود به	الميزات
نظام الراتب حسب المناصب	تحديد الراتب بناء على طبيعة ومستوى ومسؤوليات المنصب	يركز على قيمة المنصب وتقييم قيمة المنصب.
نظام الراتب حسب الأقدمية	يعرف أيضاً باسم نظام Nenko ويحدد راتب الموظف حسب عمره الحقيقي ومدة عمله المستمرة في الشركة.	في الحقيقة أنه يربط القدرات الشخصية وكفاة العمل مع مدة العمل المستمرة والعمر.
نظام الراتب الوظيفي	يعرف أيضا براتب التأهل المهني، حيث يتم تحديد الراتب بناء على قدرة الموظف على القيام بالمهام الوظيفية والخبرة والأقدمية.	هو تركيبة من الراتب حسب المناصب والراتب حسب الأقدمية حيث يحول عوامل خلق القيمة إلى مستوي تطبيق المهمة.
نظام الراتب السنوي	يقيم ويحدد الدخل السنوي بناء على الأداء المستهدف في بداية كل عام ويقسم إجمالي الدخل ويوزعه شهرياً.	يختلف نظام الراتب السنوي بشكل ضئيل عن نظام الراتب الشهري.

- من حيث خلق القيمة. ترتبط قيمة الشركة ارتباطًا وثيقًا بالمعرفة والعمل الفكري والتقنية وإدارة رواد الأعمال وتراكم المخاطر؛ لذلك، تحتاج شركة هواوي إلى توفير عائد معقول عبر نظام توزيع معين.

- من حيث تقييم القيمة. قبل أن تقدم شركة هواوي العائد، يجب عليها إجراء تقييم علمي حول عملية ونتائج القيمة التي تم خلقها، وإجراء توزيع القيمة على أساس نتائج التقييم. هذا يربط عمليات نظام الرواتب مع التقييم بشكل وثيق.

- من حيث توزيع القيمة. يجب على الشركة أن تمتلك مجموعة كاملة من نظام توزيع القيمة، وأن تقوم بتوحيدها من خلال النظام من أجل التنفيذ الكامل لتوزيع القيمة مع الإنصاف والعدالة.

باختصار، تسعى شركة هواوي أن يعكس نظام الرواتب مفهومها الخاص بالقيم بشكل كامل، وذلك يعد أحد أهم الأسباب التي دفعت هواوي إلى اختيار نظام الرواتب الوظيفية.

(2) بالنظر في نظام إدارة شؤون الموظفين

النظر في خصائص نظام إدارة شؤون الموظفين في هواوي.

- تؤيد شركة هواوي نظام التوظيف الحر (المادة 56)، حيث لا يتم الاعتراف بطول مدة الخدمة والعمر وغيرهما من العوامل الشخصية في عملية خلق القيمة لدى شركة هواوي. لأن شركة هواوي لم تختار أبدا نظام Nenko، الذي يأتي جنبا إلى جنب مع نظام التشغيل مدى الحياة.
- تؤيد شركة هواوي ترقية كوادرها وتنزيلهم بشكل حر ومرن، "تكلف الموظفين الأكثر مسؤولية وموهبة بأهم الواجبات"، و"اتخاذ المهمة باعتبارها مسؤولية" و"المكافاة مقابل العمل"، وذلك يحدد أن شركة هواوي لا تستطيع اختيار نظام الراتب حسب المناصب الذي يأخذ بعين الاعتبار قيمة المناصب كقيمة رئيسية.

(3) بالنظر إلى شروطها العملية الخاصة

عند اختيار نظام الراتب، تدرس هواوي تمامًا الوضع الفعلي للشركة.

منذ تأسيس الشركة حتى الآن، كانت شركة هواوي تمارس نظام الراتب الوظيفي بشكل أساسي، على الرغم من أنها لم تكن موحدة في البداية. حيث كانت تنظر هواوي بشكل كامل إلى احتياجاتها الفعلية وتصر على الالتزام بنفس المبدأ، مثل هذه الاستمرارية تساعد الشركة في تجنب التأثير المحتمل الذي قد يتركه تغيير طريقة توزيع القيمة على إدارة أعمال الشركة بشكل عام.

(4) بالنظر إلى مستوى الإدارة

قد أخذ نظام الراتب المعتمد في الاعتبار الجودة والقدرة الحالية للإدارة

أشار خبير نظام الراتب السنوي الياباني إلى أنه "من الخطير جداً إدخال نظام الراتب السنوي إلى الراتب حسب المناصب، أو الراتب حسب الأقدمية، أو نظام الراتب الوظيفي غير الناضج". صحيح أن هواوي اختارت نظام الراتب الوظيفي، ولكن بطريقة أخرى، اختار النظام هواوي أيضًا. هذا خيار معقول في اتجاهين وهو الخيار الوحيد.

يؤكد نظام الراتب الوظيفي على أن القدرة تأتي أولاً، ويتم من خلالها توزيع المعاملة العادلة وفقاً لقدرة كل شخص وأدائه. كما يحتوي على مضامين غنية يمكن تفسيرها بطرق عديدة.

- احترام الفرد (IBM، اليابان)
- الفردية المرنة (NEC)
- الواقعية
- السلطة
- الأداء
- القدرات
- النَتائج
- بناء الشعور بالضغط
- روح التحدي

يعمل الراتب الوظيفي على أساس نتائج تقييم الموظفين، من خلال ترقية (تخفيض) مستوى التأهيل، سيتم رفع (خفض) مستوى الراتب وذلك من أجل تحقيق الغرض من رفع (خفض) الراتب. وبهذه الطريقة يتم ربط نتائج التقييم مع مستوى الراتب مباشرة. إن العمر ومدة العمل والخلفية التعليمية وغيرها من العوامل الطبيعية الشخصية لم يعد يؤخذ بها في تحديد رواتب الأفراد، بل يتم أخذ قدرة الشخص على الوفاء بالمسؤوليات الموكلة إليه ومساهمته الفعلية في الاعتبار. لذلك، فان الجميع يريدون تحسين قدرتهم على القيام بعمل جيد من أجل الحصول على معاملة أفضل.

بسبب آلية الحوافز الخاصة بشركة هواوي، فإن نظام الراتب الوظيفي يجعل إنفاق الشركة على رواتب الموظفين لم يعد يمثل نفقات تكلفة العمالة، بل تحول إلى استثمار رأس مال بشري. عائد الاستثمار في رأس المال البشري أعلى من أي عائد رأس مال مادي. لأنه يلبي طلب الشركة في إيلاء أهمية كبيرة من حيث المعرفة والقدرة الفردية، فضلا عن التأكيد على الموظفين للاستمرار في تطوير الذات.

5. آلية الحوافز الخاصة بخطة ملكية الأسهم لجميع الموظفين (ESOP)

كما نعلم جميعا، كانت هواوي واحدة من أوائل الشركات الصينية التي تنفذ آلية ESOP. تنتمي خطة ملكية الأسهم لجميع الموظفين إلى نطاق الحوافز بحقوق المساهمين، حيث تشير الحوافز بحقوق المساهمين في الشركة إلى إعطاء حقوق اقتصادية معينة للموظفين المعنيين على شكل الأسهم، حتى يتمكنوا من المشاركة في عملية صنع القرار في الشركات كمساهمين، وفي عملية تقاسم الأرباح وتحمل مخاطر الشركة. إنها وسيلة لتحفيز حماس الموظفين على المدى الطويل.

ESOP هو نوع محفوف بالمخاطر نسبيا من حوافز بحقوق المساهمين، ولكن له العديد من الفوائد الهامة. وبالعودة إلى الوقت الذي كانت فيه شركة هواوي تروّج لآلية ESOP، كان من العدل أن نقول إن الشركة كانت شجاعة للغاية لتكون أول شركة رائدة في هذا المجال، وأصبح ذلك بمثابة دعامة صعود هواوي، ولا تزال شركة هواوي تواصل تنفيذ هذه الآلية الآن. بدأ حافز الأسهم الداخلية لشركة هواوي في عام 1990 وقد تم إجراء ثلاث جولات من حوافز بحقوق المساهمين الضخمة.

(1) حافز الأسهم خلال فترة ريادة الأعمال

تم إيشاء شركة هواوي في عام 1987، بعد عدة سنوات من التنمية، ما زالت الشركة تواجه صعوبات في توسيع سوقها والبحث والتطوير وإدارة التدفق النقدي. لذلك قرر رن تشنغ في تنفيذ نظام الأسهم الداخلية والأرباح المرتفعة. وفي عام 1990، اقترحت شركة هواوي آلية ESOP، وكان سعر كل سهم 10 يوانات وتم استخدام 15 في المائة من الأرباح (بعد الضرائب) كأسهم موزعة. بعد انضمام الموظفين إلى الشركة لمدة عام واحد، يتم تخصيص الأسهم لهم بناءً على مستوى مناصبهم والأداء الفصلي وما إلى ذلك. وتم شراؤها بالمكافأة السنوية للموظفين. إذا لم تكن المكافأة السنوية كافية لشراء الأسهم، فإن الشركة ستساعدهم في الحصول على قروض من البنك لشراء الأسهم.

عززت آلية ESOP شعور الموظفين بالانتماء إلى الشركة. ورسمت رؤية مستقبلية للموظفين، ووعدتهم بعوائد عالية في المستقبل. في الوقت نفسه، ساعد الموظفين على تكوين شعور بأنهم أصحاب الشركة، وبالتالي يغذي شعورهم بالمسؤولية والانتماء إلى الشركة.

بفضل حوافز الأسهم والشعور بأنهم أصحاب الشركة، يعمل موظفو هواوي بجد ليلاً ونهاراً. حتى مع رواتب متواضعة ومساكن ريفية بسيطة، فإنهم دائمًا يتمتعون بحماس

كبير، ويتطلعون إلى المكافآت والأرباح وجوائز الأسهم في نهاية العام.

كانت آلية ESOP حافزًا كبيرًا لزيادة أداء الموظفين. حيث جعلت كل موظف يشعر أنه مرتبط بالشركة من خلال الاهتمامات المشتركة، لذلك يبذل الجميع الكثير من الجهود لتعزيز أداءهم الشخصي وأداء الفريق. وذات مرة سخر موظفو هواوي من أنفسهم: من يعرف متى سيتم تحويل هذه "الأرقام" على الورق إلى الأموال الحقيقية. لكن في الوقت نفسه، كانوا يدركون تمامًا أن هذه الأرقام لن تكون "حقيقية" بدون جهود.

مع الجهود المتواصلة من قبل موظفي شركة هواوي، بدأت الشركة تحتل جزءًا كبيرًا من حصص السوق، كما ارتفعت تقنيتها في البحث والتطوير إلى مستوى جديد، وازدادت ثروة الشركة باستمرار. بحلول نهاية عام 2000، تجاوز حجم مبيعات هواوي 10 مليارات يوان صيني.

(2)   حافز الأسهم خلال فترة "شتاء هواوي"

تتغير آلية ESOP كوسيلة لتحفيز الأداء مع بيئة الأعمال من أجل تحقيق أداء أفضل.

في عام 2000، عندما انفجرت فقاعة تكنولوجيا المعلومات، دخلت هواوي لأول مرة فصل "الشتاء" في تاريخ تنميتها. ومن أجل ضمان التدفق النقدي الكافي وحل مشكلة العمالة المفرطة، بدأت هواوي بتنفيذ خيار الإصلاح المسمى بـ"الأسهم المقيدة الافتراضية." أخذت الأسهم الافتراضية شكل ومحتوى الأسهم، بينما في الواقع، لم يكن هناك مساهمون، وكانت أشبه بالوعد. لكن أعطت صاحبها عددا معينا من الأرباح وحقوق تقاسم الأسهم.

طرحت شركة هواوي أيضًا العديد من سياسات حوافز الأسهم الجديدة:

-   أوقفت تخصيص سهم واحد بقيمة يوان للموظفين الجدد؛
-   تحويل أسهم الموظفين القدامى تدريجياً إلى خيارات الأسهم؛
-   إلغاء العائد الثابت، مع احتسابه من الزيادة في رأس المال الصافي للشركة.

وفقا لنظام تقييم الشركة، خصصت شركة هواوي عددا معينا من خيارات الأسهم لموظفيها، وكانت فترة خيارات الأسهم أربع سنوات، مع صرف ربع من المبلغ إلى النقود كل سنة. ومن أجل التأكد من جدوى خيارات الأسهم دون التأثير على الأنشطة التجارية العادية، قامت هواوي بتحديد أربعة أساليب للصرف:

- صرف فروق الأسعار؛
- إعادة شراء أسهمها بسعر 1 يوان لكل سهم؛
- الصرف في وقت لاحق؛
- التخلي (للحفاظ على الوضع الراهن).

وكانت خيارات الأسهم أكثر منطقية من الأسهم للحصول على أقصى قدر من المنافسة في إطار فرضية ضمان فوائد الموظفين. في الماضي، إذا كان الموظفون يحتفظون بأسهم، حتى لو لم يعملوا، سيظلون يحصلون على أرباح. ومع مرور الوقت، أدى هذا النظام إلى تقويض البيئة التنافسية العادلة للشركة، كما لم يكن مساعداً على تحسين قدرات الأفراد وكذلك أداء الشركة. في حين أن خيارات الأسهم تتطلب نضالاً شخصياً. عدد خيارات الأسهم الذي يمكن للموظفين الحصول عليه كان يتفق مع مستوى الأداء الشخصي، فقد أدى ذلك إلى خلق فجوة أكبر في الدخل بين الموظفين وتنشيط المنافسة الداخلية بشكل فعال. لتنفيذ خيارات الأسهم، وضعت شركة هواوي أيضًا بعض التدابير الوقائية.

- بالنسبة للموظفين الجوهريين الذين يمتلكون عددا كبيرا من الأسهم، يجب ألا يتجاوز معدل السداد النقدي السنوي 10%؛
- ينبغي تخصيص عدد أكبر من الأسهم للموظفين الرئيسيين؛
- وضع حدود لتخصيص الأسهم، في غضون فترة معينة من السنوات، لن يسمح بصرفها إلى النقد، وإذا غادر الموظف الشركة خلال هذه الفترة، فلن تصبح الأسهم صالحة.

وكانت الأسباب الكامنة وراء إجراءات التقييد هذه واضحة. حيث وضعت هواوي آلية حوافز منافسة ومفتوحة ومقيدة مما يوفر لها بيئة جديدة، وارتفعت مبيعاتها وصافي أرباحها بشكل كبير.

(3) حافز الأسهم خلال فترة الأزمة الاقتصادية

في عام 2008، اندلعت الأزمة الاقتصادية العالمية، أطلقت هواوي مرة أخرى جولة جديدة من الحافز بخيارات الأسهم. في ذلك العام، بدأت هواوي أكبر مستوى من تخصيص الأسهم في تاريخ التنمية للشركة.

كان التخصيص "وضعًا مشبعًا"، وتم توزيع كميات مختلفة من الأسهم وفقًا لمستوى المناصب. يظهر نموذج التوزيع المشبع على النحو التالي.

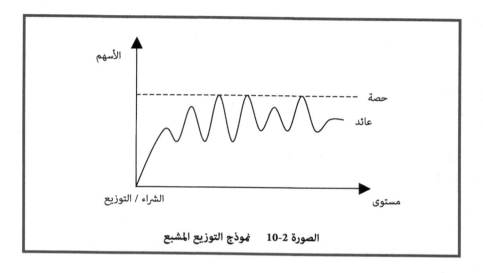

الصورة 2-10   نموذج التوزيع المشبع

يمكننا أن نرى من النموذج أن مستوى المناصب المختلفة يتطابق مع الكميات المختلفة من خيارات الأسهم، على سبيل المثال، فالموظفون على المستوى الوظيفي 13 لديهم حد أعلى لامتلاك 20000 سهم، والموظفون على المستوى الوظيفي 14 لديهم حد أعلى لامتلاك 50000 سهم. وكان العائد في خط متموج، وذلك يرجع إلى كميات مختلفة للشراء أو التوزيع. بالإضافة إلى ذلك، إذا وصلت كمية الأسهم إلى الحد الأعلى من مستواها، فإن الموظف لا يشارك في توزيع الأسهم.

خلال هذه الجولة من توزيع حصص الأسهم، خففت هواوي من ناحية الضغط المالي للشركة، ومن ناحية أخرى رفعت دخل الموظفين. وفي الوقت نفسه ربطت الأداء (خيارات الأسهم) مع المستوى الوظيفي، وبالتالي حسنت آلية التوزيع القائمة على أساس الأداء، بحيث تم تشجيع الموظفين على العمل بجدية أكبر.

6. استخدام الحوافز السلبية لتفعيل القوة الدافعة الداخلية

تـأتي المكافـآت جنبـا إلى جنـب مـع العقوبـات، وهنـاك أيضـا تدابـير الحوافـز السـلبية المكثفـة في نظـام الحوافـز في شركـة هـواوي.

ان التطـور السريـع المتواصـل لشركـة هـواوي جعـل بعـض موظفيهـا يشـعرون بأنهـم كانـوا في بيـت زجاجـي آمـن، تمامـا مثـل حيـوان الرنـة الـذي يشـعر أنـه في مأمـن مـن الوقـوع فريسـة للذئـاب، وفقـدوا شـغفهم للعمـل. وقـد وصـف رن تشـنغ في هـذا الأمـر قائـلاً: "بعـض قادتنـا وعمالنـا تلوثـوا بالكبريـاء والراحـة وبـدأوا التركيـز عـلى الاسـتمتاع بالحيـاة، والتخفيـف مـن متطلبـات الـذات، والخـوف مـن المشـاق والتعـب، ولم يعـودوا يعملـون بضمـير واع في عملهـم، وأصبـح مـن الصعـب إرضاءهـم وانشـغالهم بالمسـاومة عـلى كل أوقيـة مـن الكسـب الشـخصي." حتـى أن مجموعـة مـن أبطـال الشركـة الذيـن كانـوا يعملـون بجـد في فـترة ريـادة الأعـمال للشركة فقـدوا شـغفهم.

ومـن أجـل مواجهـة هـذا الوضـع، قـال رن تشـنغ في بثقـة: "بالنسـبة لأولئـك الكـوارد الذيـن لا يسـتطيعون تصحيـح أخطائهـم، سـنقيم حفـل وداع لهـم. يمكـن لجميـع الموظفـين مراقبـة مـا إذا أصبـح شـخص مـا (لا سـيما القـادة) في فريقنـا متكاسـلا، ويتخـلي عـن التقاليـد الجيـدة للعمـل الجـاد، خاصـة كبـار المـدراء لدينـا. نحـن نريـد أن نجـد المزيـد مـن الأشـخاص الذيـن يمتلكـون نفـس التفكـير والذيـن يرغبـون في الانضـمام إلينـا في العمـل الشـاق".

هنـاك مقـال بعنـوان "نحـل رأس الرجـاء الصالـح"، والـذي وصـف نوعـا مـن النحـل الـذي "يتمتـع بالحيـاة فقـط ولا يعمـل"، واعتمـد عـلى وظيفـة التمويـه في بيضـه، ويخلـط بيضـه مـع بيـض الأنـواع الأخـرى مـن النحـلات، ولم يتـم اكتشـافه أبـدا. وكان لا يعمـل بـل يـأكل العسـل الجاهـز. ومـع هـذه "القـدرة"، كان يتـم خدمتـه مـن قبـل النحـلات العاملـة الأخـرى طـوال اليـوم. وبعـد بضعـة أشـهر، فـإن عـدد نسـل هـذا النـوع مـن النحـلات يضاعـف عـدة مـرات مقارنـة مـع عـدده الأصـلي ويصبـح وضـع العـش كلـه عـلى حافـة الانهيـار. في هـذا الوقـت، سـيخرج ويجـد هدفـه التـالي.

إن الكسـل والتخلـف يشـبهان الأمـراض المعديـة المزمنـة التـي تنتـشر وتتكاثـر بسـهولة دون تحكـم مناسـب. إذا كان الشركـة تسـتوعب الكثـير مـن النـاس الكسـالى، فعندئـذ سـوف يضعـف بشـكل كبـير مـن الحـماس والـروح المعنويـة للفريـق. ونتيجـة لذلـك، بـدءاً مـن مقدمـة التدريـب، التزمـت شركـة هـواوي بشـكل صـارم بنظـام الحوافـز السـلبية بنسـبة 5٪. في فئـة مـن 20 إلى 30 شـخصًا، بغـض النظـر عـن مـدى جـودة النتائـج العامـة، سـيتم القضـاء عـلى الطالـب الأخـير.

حيث يأمل رن تشنغ في أن يساعد نظام الحوافز السلبية الشركة على التخلص من الناس المتخلفين والكسالى، لتحفيز القوة الدافعة الداخلية للشركة، بحيث يشعر الموظفون بحق أن الناس في هواوي ليسوا فقط في مواجهة الأزمات الخارجية، ولكن أيضا يواجهون المنافسة الداخلية.

كان جاك ويلش، الرئيس السابق لشركة جنرال إلكتريك، منفذًا لنظام "الرتبة والإقالة". كان لديه فهمه الفريد تجاه هذا النظام. ففي كل عام، كان يطلب من المدراء التنفيذيين للشركة على جميع المستويات بإجراء تقييم دقيق للموظفين في إداراتهم، حيث قسمهم إلى 20% من الموظفين النجمين (الفئة A)، و70% من الموظفين الفعالين (الفئة B) و10% الموظفين المتخلفين (الفئة C). ومن الطبيعي إقالة الموظفين الأسوأ أداء لتحسين الأداء العام للمنظمة. وممارسة نظام الحوافز السلبية عاما بعد عام جعل ويلش يسميه "سر إنشاء منظمة عظيمة."

كما أشاد بان شي يي، رئيس مجلس إدارة شركة SOHO الصينية، بشدة بنظام "الرتبة والإقالة". في شركة SOHO، نشأ جميع موظفي المبيعات في هذا النظام. حيث أعطى بان شي يي زيادات في الرواتب والترقيات، حتى فرص السفر إلى الخارج لهؤلاء الموظفين مع الأداء المتميز، ولكنه أقال الموظفين مع الأداء السيئ بلا هوادة.

لا منافسة، لا ضغط. بدون ضغط، كيف سنشعرون بالأزمة؟ إذا لم يكن هناك أي شعور بالأزمة، فلا يوجد قوة دافعة. ومن أجل التخلص التام من تفكير الموظفين في هواوي حول إكمال جميع الأعمال مرة واحدة إلى الأبد، أصر رن تشنغ في على تطبيق نظام الرتبة والإقامة، بما في ذلك مع كبار المدراء "ذوو الخبرة". حيث قال رن تشنغ في: "لدينا الكثير من كبار المسؤولين الذين يجيدون إجراء الحديث الفارغ، كما يتبع المرؤوسون سلوكياتهم، وبالتالي ينتج عنها مجموعة أكبر من المسؤولين المليئة بالكلمات الفارغة. أعتقد أنه إذا بدأنا في فحص وتقييم هؤلاء المسؤولين، سندفعهم يعملون بجد، بالتالي سنكون قادرين على تأسيس نظام الرتبة والإقالة." كان هذا النظام هو الذي وضع حداً لخلط أولئك الذين لا يتمتعون بمؤهلات كافية إلى موظفي هواوي المجتهدين في العمل.

لقد استبعدت آلية الحوافز السلبية أولئك الذين تخلفوا عن الركب، وزادت من شعور موظفي هواوي بالأزمة، كما قامت بتعبئة حماسهم، وتجنب بشكل فعال حالة الإفراط في العمالة وعدم الكفاءة. في هذا الصدد، أدلى رن تشنغ في بالملاحظات التالية في اجتماع نظمته لجنة البحث في عام 2004: "نحن ننفذ نظام الرتبة والإقالة للقضاء على أولئك الذين لا يعملون بجد أو ليسوا مؤهلين لمناصبهم الوظيفية، ليس لدينا خطة واسعة

النطـاق لتسريـح العمـال. وضعنـا المـالي لم يكـن بهـذا السـوء. بالمقارنـة مـع منافسـينا، مـا زال التدفـق النقـدي لدينـا جيـدًا وكافيـا نسـبياً ليمكننـا مـن المنافسـة في فصـل الشـتاء.

كـما يسـاعد نظـام الرتبـة والإقالـة عـلى حمايـة الموظفـين المتميزيـن. يجـب علينـا تفعيـل المنظمـة بأكملهـا. يقـول الجميـع إن الجـنرالات في الولايـات المتحـدة صغـار جـداً، بينـما في الواقـع، بالنسـبة لأولئـك الذيـن يفهمـون نظـام تدريـب الضبـاط الغربيـين ونظـام ترقيـة الرتبـة، يعرفـون أن الطريـق إلى أن يصبـح جـنرالاً مـليء بالمشـقة، بالنسـبة إلى ويسـت بوينـت (الأكاديميـة العسـكرية في الولايـات المتحـدة)، فهـي تنفـذ بشـكل ثابـت نظـام الرتبـة والإقالـة".

مـن الواضـح أن تطبيـق نظـام الرتبـة والإقالـة هـو آليـة التمثيـل الغـذائي الجيـدة؛ مـن خـلال الحوافـز السـلبية، تبنـت هـواوي مفهـوم المنافسـة، ومنعـت بشـكل فعـال الكسـل داخـل المنظمـة، وشـكلت جيشـا قويـا ومهنيـا يقـادر عـلى الالتـزام طويـل الأجـل في محاربـة المصاعـب والصعوبـات.

الفصل الحادي عشر

إدارة المشاكل

عندما يعتز الآخرون بلحظات المجد، يشعر موظفين هواوي بعيوبهم ويسعون إلى التحسين. إن شعور موظفي هواوي بالفخر والسعي وراء المزيد من الإنجازات يضيئان العالم بأسره.

1. تعزيز روح السعي الدؤوب من أجل التميز

نشر الكاتب الصيني الشهير هو شي عملاً بعنوان "سيرة السيد 'تقريبا'"، والتي وصف فيها بوضوح هذا الرجل الغريب:

"إن مظهر السيد 'تقريبا' يشبه مظهرك ومظهري. لديه زوج من العيون، لكنه لا يرى بوضوح. أذنان، ولكن لا يسمع بوضوح أيضا. أنف، ولكن ليس شديد الحساسية للرائحة. دماغه ليس صغيرا، لكن ذاكرته ليست جيدة، ولا يمكن أن يفكر جيدا. غالبا ما يقول: "من الجيد بما فيه الكفاية إذا كان كل شيء أكثر أو أقل حسنا. وما الهدف من الكمال المتطور؟""

يفترض السيد 'تقريبا' أن السكر البني والسكر الأبيض تقريبا متشابهين، وشنشي وشانشي تقريبا نفس المكان، والمغادرة اليوم أو غدا لا فرق تقريبا، وأخيرا مات بسبب "تقريبا". الآن، أصبح النمط "تقريبا" موقفا مشتركا لكثير من الناس، وبسبب هذا الموقف تجاه العمل، أصبح الناس غير قادرين على السعي من أجل التفوق، الأمر الذي أدى إلى الانحدار وتباعد واسع عن النتائج المتوقعة.

في هـواوي، كان هنـاك بعـض النـاس مثـل السـيد"تقريبا"، ويميلـون إلى تجاهـل بعـض التفاصيـل في العمـل، والفشـل في أداء واجباتهـم مائـة بالمائـة، مـما جلـب الكثـير مـن المتاعـب إلى شركـة هـواوي في نهايـة المطـاف.

ذات عـام، كان عيـد الربيـع الصينـي ينتهـي، وكان الجميـع مـا زالـوا منغمسـين في الجـو الاحتفـالي، فشـل أحـد منتجـات هـواوي التـي تـم تركيبهـا في مدينـة بشـمال الصين في الاختبـار، وكان الزبـون مسـتاءً إلى حـدٍ مـا. واتصـل بأفـراد الصيانـة في شركـة هـواوي، وطلـب منهـم الإسراع إلى الموقـع في أقـرب وقـت ممكـن وحذرهـم أنـه إذا لم يتمكنـوا مـن حـل المشـكلة بسرعـة، فسـينهي التعـاون مـع شركـة هـواوي. وقـد تفاجـأ أفـراد الصيانـة مـن هـذا الحـادث، لأن كل منتـج مـن منتجـات شركـة هـواوي يخضـع لاختبـارات صارمـة للغايـة وبالتـالي لا ينبغـي أن يكـون لديـه أي مشـكلة في الجـودة. فاستشـاروا الموظفـين المشـاركين في تطويـر المنتجـات وحصلـوا عـلى الإجابـة التـي تقـول "يجـب ألا تكـون هنـاك مشـكلة." ومـع ذلـك، مـن أجـل إعطـاء العميـل ردا مرضيـا، كافـح أفـراد الصيانـة لإجـراء تحقيـق شـامل ومفصـل، وأخـيرا حـددوا المشـكلة: اسـتخدم أحـد مطـوّري المنتجـات ترميـزًا غـير قيـاسي أثنـاء برمجـة المنتـج.

في الواقـع، كان لـدى هـواوي مجموعـة مـن المواصفـات الواضحـة بشـأن الترميـز القيـاسي، ولكـن كان هنـاك بعـض المطوريـن الذيـن كانـوا غـير جديـين عنـد تعديـل البرامـج، واعتقـدوا أن "كل شيء جيـد إذا لم يكـن سيئًا للغايـة"، مـما أدى مباشرة إلى فشـل المنتـج وبالتـالي تلـف صـورة الشركـة. كـما كشـف هـذا الحـادث أيضًـا عـن عـدم كفايـة المهنيـة لـدى بعـض موظفـي شركـة هـواوي الذيـن لم يشـكّلوا موقفًـا يسـعى باسـتمرار إلى التميـز في العمـل.

في الواقـع، إن موقـف العمـل هـذا هـو المشـكلة الأكـبر لمعظـم الصينيـين. وقـد دفعنـا ثمنًـا باهظًـا لذلـك. نـشرت إحـدى الصحـف ذات مـرة مقـالا بعنـوان "البطـل الشـجاع يهـز السـماء – قصـة مثـيرة عـن رحلـة تجريبيـة للطائـرة المقاتلـة ليوبـارد"، حيـث كتـب المقـال:

"عندمـا نزلـت إلى ارتفـاع قـدره 1540 مـترا، سـمعت صوتًـا ضخـمًا. وطـار غطـاء الفتحـة الأماميـة. وأجـبر تيـار الهـواء القـوي عـلى تـان شـو تسـاي (الطائـر لإجـراء الرحلـة التجريبيـة) عـلى الجلـوس عـلى مقعـده ولم يسـتطع التحـرك عـلى الإطـلاق، تدفـق الهـواء الـذي زمجـر في أذنيـه، لم يتمكـن تـان شـو تسـاي مـن رؤيـة المجـال الجـوي أمامـه، ولا يمكنـه سـماع صـوت القائـد عـلى الأرض مـن السـماعات. وعـلاوة عـلى ذلـك، ولأن غطـاء الفتحـة الأماميـة قـد ضـاع، فـإن نظـام المظلـة لم يعـد مضمونًـا، لذلـك يمكـن طـرده مـن الطائـرة في أي وقـت. ونـادرا مـا تحـدث هـذه المشـكلة في مجـال الطـيران، وكان المـوت يقـترب مـن الطيـار! وكشـف التحقيـق في الحـادث أنـه أثنـاء التركيـب في المصنـع، تـم تثبيـت مسـامير صـمام غطـاء قمـرة القيـادة رأسًـا عـلى عقـب."

كاد الطيار الشجاع أن يفقد حياته الشابة، الأمر الذي جعلنا نفكر في موقف "أكثر أو أقل جيد بما فيه الكفاية" هو أكبر عيب لدينا، وغالبا ما يصبح عقبة أمام تطوير العديد من الشركات المحلية.

لتجنب حدوث مثل هذه العيوب في شركة هواوي، يطلب رن تشنغ في من الجميع أن يركزوا على العمل وأن يكونوا حذرين وأن يحققوا "عدم وجود عيوب" في العمل. ومن وجهة نظر رن تشنغ في، لا يمكن لشركة هواوي اكتساب ثقة عملائها والتميز بين منافسيها إلا من خلال عدم التسامح مطلقا مع عيوب المنتج وسط المنافسة الشرسة في السوق.

في مكان قريب من الدائرة القطبية الشمالية في فنلندا، كان أكثر من نصف السنة شتاءً، وكانت درجة الحرارة أقل بكثير من الصفر. اضطر موظفو هواوي الذين عملوا هناك إلى الاستيقاظ في السادسة صباحاً كل يوم، والوصول إلى مبنى المعدات الخاص بالعميل في الساعة السابعة صباحا والانتظار في الرياح الباردة قبل أن يفتح العميل البوابة، ثم دخول المختبر لبدء الاختبارات. كان وقت الاختبار ضيق للغاية، لأن العميل طلب من الشركة حل المشكلة في غضون يومين، وإلا فإنها ستوقف الاختبار، ثم توقف التعاون مع شركة هواوي. من الواضح أن فريق مشروع هواوي كان تحت ضغط كبير من العميل. ومن بين جميع الاختبارات، كان الاختبار الأكثر إزعاجًا لأعضاء فريق المشروع هو اختبار "تدبيل بينغ بونغ"، حيث أضطروا إلى التبديل يدويًا بين الشبكة الجديدة والقديمة مرارًا وتكرارًا.

ذات مرة، كان فريق المشروع في حاجة إلى التبديل بين شبكات الاتصال من الأجيال الثاني والثالث والرابع. أرسل العميل ثلاثة مهندسين من ذوي الخبرة إلى الموقع لفحصها وقبولها. بعد بضعة تبديلات، اعتقد فريق المشروع أنه يجب ألا تكون هناك مشكلة، وبالتالي قاموا بتسليم المشروع إلى العميل. قام العميل بإجراء اختبارات وفقًا لأساليب الاختبار التي قدمتها شركة هواوي، وحاول خمس مرات وكانت جميع المحاولات ناجحة. أخرج الهواتف المحمولة لاختبار الشبكة في المناطق المحيطة بها، وليس لديها مشكلة. لقد تحمس موظفو هواوي لأنهم افترضوا أنهم سيجتازون الاختبار. ومع ذلك، فإن العميل لم يتوقف واكتشف مشكلة أثناء الاختبار السادس عشر: تم فقدان الإشارة. في ذلك الوقت، اشتكى بعض أعضاء فريق المشروع سرا لبعضهم البعض: "كان هناك الكثير من التبديلات غير الضرورية". ومع ذلك، قاموا بإعادة التحليل من أجل العثور على سبب المشكلة قبل الموعد النهائي.

وتجمع الجميع في المختبر لإجراء فحص شامل وتعديل الإشارات. وأخيرًا، بعد أن أجرى العميل أكثر من 10 مرات من التجارب دون أي فشل، تنهد فريق المشروع بإرتياح

كبير، تمكنوا من تحويل النجاح "العرضي" إلى النجاح "المحدد". وعندما انتهى اختبار قبول المختبر، حصلت شركة هواوي على "القبول" الذي وقعه العميل في جميع أوراق الاختبار البالغ عددها 158 ورقة.

لتغيير "العرضي" إلى " المحدد" والسعي للتميز هما ليسا أن تكون مسؤولا تجاه العميل، ولكن تجاه الشركة ونفسك أيضا. فقط عندما يكون العميل يقبل تماما منتجك، يمكن للشركة الحصول على قبول العملاء والاعتراف بها، بالتالي الحصول على مساحة أكبر للتطوير الشخصي.

لذلك، يجب على الجميع السعي وراء التفوق، لأن التفوق هو الحالة الأكثر مثالية، ويجب علينا دائما أن ندفع أنفسنا إلى تجاوز حدودنا والسعي إلى الكمال.

يوجد لدى العديد من موظفي هواوي ملف خاص يسمى "تحليل السبب الجذري"، وكان تشاو رونغ (اسم مستعار) غير مستثنى منهم. حيث حفظ تشاو رونغ ما يقرب من 40 نسخة كاملة من الرسوم البيانية للعظام السمكية داخل ملفه. وبالنسبة لأولئك الذين تلقوا التدريب، سيعرفون أن الرسم البياني للعظام السمكية سهل الرسم من الناحية الفنية، ويمكن لأي شخص أن ينسخ رسما جميلا للعظام السمكية، ولكن العثور على السبب الجذري من خلال الرسم البياني للعظام السمكية لم يكن عملا سهلا.

ذات مرة، تعطل جهاز العميل، وتجمع موظفو هواوي مع العملاء لإجراء عملية عصف ذهني لاكتشاف المشكلة. في الجولة الأولى، اقترحوا أكثر من 60 سببًا؛ وفي الجولة الثانية، طرحوا أكثر من 40 سؤالا بشأن عطل آخر. وفي الجولة الثالثة، بدأ بعض الأفراد يشكك في المقترحات وتحولت قاعة الاجتماع إلى "ساحة معركة" من الآراء. في هذه اللحظة، اقترح أحد العملاء أن يحدد السبب الجذري ببساطة. لكن تشاو رونغ لم يوافق. قال: "إذا حددنا السبب الجذري الآن، فما الفرق بينه وبين إعطاء الدواء الخطأ للمريض؟ لن نجعل أعمالنا السابقة سدى فقط، بل سنضر بسمعة شركتنا أيضا". في النهاية، لجأوا إلى قائد الفريق للحصول على المساعدة. يبدو أن قائد الفريق لديه خبرة أكبر بكثير وظل يطرح أسئلة. بعد مناقشات عديدة، أصبح الرسم البياني للعظام السمكية واضحًا، وتم العثور على "المشتبه به" الذي تسبب في حدوث العطل في نهاية المطاف. لقد لقي موقف العمل "الجاد" الذي تتخذه شركة هواوي تقدير العملاء.

لا يكمن نجاح الشخص في أحلامه وأهدافه الكبرى، بل في أسلوب العمل الدقيق في طريقه إلى النجاح. طالما أنك تستطيع أن تعمل بشكل أفضل، يجب عليك أن تفعل ذلك. إذا كان لديك فرصة لإكمال العمل بنسبة 100٪، فيجب ألا تستسلم أبدا إلى نسبة 99٪.

النجاح دائما ينتمي إلى الأفراد الذين يسعون للتفوق.

2. الأخطاء مسموحة ولكن يجب أن يكون هناك التقدم

إن تطوير الروح المهنية التي تسعى للتفوق لا يعني منع الموظفين من ارتكاب الأخطاء. تطلب شركة هواوي من موظفيها أن يكونوا صارمين وحذرين في العمل، وأن يعرفوا كيفية إحراز تقدم بعد تصحيح الخطأ وتجنب تكرار ذلك في المستقبل.

من المحتم على شركة هواوي، بصفتها مشغل معدات اتصالات شاب، أن ترتكب أخطاء عندما تتنافس مع شركات الاتصالات الدولية العملاقة. إلا أن رن تشنغ في أكد على ما يلي: "نسمح بحدوث أخطاء، لكن يجب تحقق التقدم معها". ويتم تحقيق هذا التقدم من خلال تحسين الذات.

قام عالم نفسي بمثل هذه التجربة.

قام بوضع أنبوب زجاجي في غرفة مظلمة مع إغلاق طرف واحد منه والطرف الآخر مفتوح. ثم وضع عالم النفس نحلة وذبابة في الأنبوب، وأشعل الأنبوب الزجاجي بالقرب من الطرف المغلق. ونتيجة لذلك، خرجت الذبابة من الأنبوب بسرعة كبيرة، في حين أن النحل اصطدم مرارا بالطرف المضاء (الطرف المغلق) في محاولة للخروج.

لماذا؟ لأنه بعد أن اكتشفت الذبابة أنها لا يمكن أن يمر عبر الطرف المضاء، فإنها تتلمس في كل مكان حتى تجد الخروج عن طريق الصدفة.

تُظهر التجربة أن الأخطاء الضرورية قد تقربنا من هدفنا. في شركة Sony، إذا لم يرتكب أحد المسؤولين خطأً من قبل، فلن يتم ترقيته. الشركات الأخرى ذات الشهرة العالمية مثل Samsung أو 3M تكون متسامحة جدا تجاه الإخفاقات في مساعيها البحثية والتطويرية.

وكذلك هواوي، خاصة في مجال البحث والتطوير، ستعطي هواوي موظفيها الحرية وتتسامح مع أخطائهم. لكن شركة هواوي "تقبل الأخطاء الإبداعية ولكن لا تسمح بالأخطاء الإجرائية".

كان هناك موظف مسؤولاً عن صنع لوحة PC التي كانت تستغرق عادةً ست ساعات للإغلاق. وفي وقت لاحق، بسبب درجة حرارة التشغيل التي تم تعديلها إلى درجة حرارة أعلى، قام الموظف بتدمير خمس لوحات على التوالي. في هذا الصدد، قال رن تشنغ في إنه إذا كان الموظف قد وضع لوحة واحدة في البداية، لكان قد تم تشجيعه، ولكن وضع

خمس لوحات، فارتكب خطأً إجرائياً.

بشكل عام، يختار الناس واحدة من هاتين الطريقتين في التعامل مع الأخطاء أو النكسات: الأولى هي إعفاء أنفسهم من المسؤولية باتهام الآخرين، مثل "هذا هو خطأك، وليس خطئي" أو بعض الأعذار الأخرى، وهذا النوع من الشخص لن يكون له أي تطور؛ والثانية هي التراجع في منتصف الطريق، والتفكير في "أن هذا أمر صعب للغاية" أو العثور على ذريعة أخرى للتراجع. لن يعترف سوى الأشخاص الأذكياء بأخطائهم ويقلبونها، ومن خلال تلخيص الخبرة المكتسبة في العمل، يتجنبون الانعطاف المستقبلي والابتعاد عن المسار الصحيح.

فقط من خلال تلخيص مختلف الخبرات والدروس في العمل والدراسة والحياة، يمكننا أن ننمو. في هذا الصدد، أدلى أحد مدراء اختبار PDT في هواوي بالتصريحات التالية:

"بعد مراجعة عملية IPD التي أجريت اليوم، وجدت أنني كنت أعمل بشغف وشعور بالمسؤولية، لكن بما أنني لم يكن لدي أي قدرة لعمل خرائط طرق أو خطط عمل. لذلك، شعرت دائمًا بالقلق الشديد عندما كان الجميع يكافحون من أجل أن يصبح المنتج مستقرًا، ولا يستطيع أي شخص تقريبًا تقدير موعد تقريبي لموعد إطلاق المنتج في النهاية. وفي هذه المرة شعرت وكأنني "بطل"، حيث أن فريقي أنهى المهمة بسلاسة في أقل من 10 أيام. استغرقنا تسعة أشهر فقط من إعداد المشروع لاستكمال النسخة النهائية منه، والتي لم يسبق لها مثيل في النسخ السابقة للمنتج. هذه هي قوة الاحتراف!"

يتفق رن تشنغ في مع ذلك تماما. في عام 1997، أكد رن تشنغ في في اجتماع داخلي على أنه: نحن بحاجة إلى الاستمرار في مراجعة عمل اليوم والتخطيط للغد.

"يجب أن نكون حاسمين مع أنفسنا حتى نهاية أيامنا، لأن الوقت لم يفت بعد للتعلم. إن تعبير "لم يفت الأوان بعد للتعلم" يعني أيضا أنه لم يفت الأوان بعد على أن تكون ناقدا لذاتك. إذا لماذا نتعلم؟ لتطوير أنفسنا. وما هو التطور الذاتي، هو تصحيح أخطاء الأمس. عندما كنا نستمتع بالنجاح الذي حققناه في شبكات الجيل التالي (NGN)، انقلب نظام G9 الخاص بنا رأسا على عقب أمام شركة AIS التايلاندية، ورفضت الشبكة. وتعطل جهاز HLR في تايلاند ومقاطعة يونان، الأمري الذي دق ناقوس الخطر بالنسبة لنا. إذا لم نشكل عادة من النقد الذاتي، فإنه لن نحقق أي نجاح في تسليم T-Board لشركة تشاينا موبايل. كما كان ضمان موسم الحج للمملكة العربية السعودية بمثابة نتيجة ساحرة للنقد الذاتي، والذي غير التطور التكنولوجي العالمي، فضلا عن تطور اتجاه تنمية الشبكة الأساسية لدينا. ومنذ ذلك الحين، اجتاحت الشبكة الجوهرية لدينا العالم، وبحلول نهاية

30 يونيو 2008، وصلت مبيعات الشبكة الجوهرية السلكية إلى 280 مليون خط. وبلغ عدد شبكة GU الجوهرية 830 مليون شخص؛ وعدد المستخدمين لشبكة CDMA الجوهرية 150 مليون شخص."

يعتقد رن تشنغ في أنه من خلال ممارسة "التأمل الذاتي على أساس يومي"، ومن خلال تلخيص الخبرات الناجحة والفاشلة بعناية، يمكن أن نأخذ الدروس من الماضي، والتمييز بين الصح والخطأ، وبين الحق والباطل من خلال المراجعة المستمرة وإعادة التفكير.

3. استمر في البحث عن السبب حتى تجده

إعادة التفكير في المشكلة وإيجاد حل له يمكن أن يجعل الفرد أو الفريق ينمو. ومع ذلك، يفشل بعض الأفراد دائمًا في العثور على ضرورة لدراسة مشكلة ما بشكل أكثر أو أعمق قليلاً، أو ببساطة يفترض أنهم حددوا سبب أو أصل المشكلة ثم أسرعوا إلى اتخاذ إجراءات طارئة. وفي النهاية، يبدو أنهم حلوا المشكلة ولكن نفس المشكلة تعود لاحقًا ويجدون أنفسهم يفقدون المزيد من الموارد.

تخيل أنه عند حدوث مشكلة في عملية معينة من عمليات خط الإنتاج الآلي، لكن فشل فريق الإنتاج في العثور على سبب ذلك، ماذا سيحدث؟ يجب إلغاء جميع المنتجات التي تم إنتاجها بالفعل، وكلما طالت المشكلة، كلما ازدادت الخسارة. لذلك، يمكن أن نرى في خطوط الإنتاج مثل فورد موتور، تحدد الشركة على أنه في حالة وجود أي خطأ في الإنتاج، يجب إيقاف خط الإنتاج بأكمله حتى يتم تحديد المشكلة الحقيقية وحلها.

عندما تحدث مشكلة أثناء العمل، تطلب شركة هواوي من موظفيها التمسك بموقف إجراء "تحقيق شامل"، وتؤكد أن هذا هو ما يحدث فرقًا بين موظف من الدرجة الأولى وموظف عادي.

فالعثور على جذر المشكلة يتطلب صبرا كبيرا ومثابرة.

ذات مرة، دعت هواوي مجموعة من الخبراء الألمان لمساعدة الشركة على تحسين عملية تصنيع PCB (لوحة الدوائر المطبوعة). في المرحلة الأولى من التحسين، كانوا بحاجة إلى مساعدة فريق مشروع هواوي على إجراء مسح في البداية، حيث سيتم جمع عشرات الآلاف من البيانات. ولأن البيانات تاتي دائما بشكل مفاجئ، في حين أن وقت بقاء الخبراء في الموقع كان محدودًا، لذلك عمل فريق المشروع بتوتر شديد. فبعد انتهائهم من جمع

المجموعة الأولى من البيانات، أسرعوا مباشرة إلى جمع مجموعة أخرى من البيانات دون أن يكون لديهم الوقت للاستراحة...

ومع ذلك، كان هؤلاء الخبراء الألمان دائمًا هادئين جدًا. وانتظروا بفارغ الصبر فريق المشروع لجمع البيانات، ومراجعة وتحليل البيانات واحدة تلو الآخري، وصنع نسخة، ومن ثم حفظها في مكان أمن. وعندما كان الخبراء يزورون موقع الإنتاج، كانوا يتنقلون من الطابق الأول إلى الثاني ثم إلى الثالث، وكانوا يسيرون طوال اليوم حول الموقع من أجل عدم تفويت أي تفاصيل. وأعضاء فريق مشروع هواوي الذين كانوا يتبعون هؤلاء الخبراء أصبحوا متعبين من المشي، في حين أن الخبراء استمروا في تقديم مقترحات جديدة. وبعد يوم واحد، تم اكتشاف العشرات من المشاكل.

لذلك، يجب أن نركز على تنمية روح "القيام بالأشياء بطريقة شاملة"، مثلما كان تايشي أوهنو، مؤسس أسلوب إنتاج تويوتا، يقول: "استمر في البحث عن السبب حتى تجده."

غالبًا ما يتم فقدان لوحة الإعلانات في مصنع تويوتا. لذا، قرر مستشار الشركة السيد هاياشي زيادة عدد اللوحات لحل هذه المشكلة. بهذه الطريقة، في بعض الأحيان سيكون هناك مخزون مفرط. بعد أن علم تايشي أوهنو بهذه المشكلة، غضب ودعا هاياشي للعثور على اللوحات المفقودة. ومع ذلك، بعد ساعة من البحث، لم يتمكن هاياشي من العثور عليها.

أبلغ هاياشي السيد أوهنو الوضع، لكن أوهنو وبخه وصاح: "فقط بعد ساعة من البحث، أتيت لتخبرني أنك لا نستطيع العثور عليها، ما هذا؟" لذا، عاد هاياشي إلى المصنع وواصل البحث عن اللوحات ولسوء الحظ، لم تمكن من العثور عليها.

سأل أوهنو: "هل تعرف لماذا لا يمكنك العثور عليها؟" لم يكن لدى هاياشي أي فكرة حول كيفية الإجابة على هذا السؤال. وأضاف السيد أوهنو: "السبب بسيط للغاية! لأنك لم تستمر في البحث عنها حتى تجدها!"

رفض هاياشي الاعتراف بهذه الهزيمة وذهب للبحث عن اللوحات للمرة الثالثة، وأخيرا وجدها. كانت ملصقة في الجزء السفلي من بعض الصناديق لقطع الغيار. قام هاياشي بتنظيف قاع الصناديق ولم يفقد المصنع أي لوحة منذ ذلك الحين.

زيادة عدد اللوحات كانت مجرد تدبير مؤقت، بغض النظر عن العدد الذي قمت بإضافته، فستظل تفقدها مرة أخرى. بعد تحديد السبب الحقيقي وتحسين الصندوق، تم حل المشكلة بشكل تام. لذلك، للعثور على السبب الجذري للمشكلة، تحتاج أولاً إلى اتخاذ موقف على "إنجاز الأشياء بشكل شامل".

4. اسأل المزيد من "لماذا"

عندما يواجه الشخص مشكلة ما، فإن الصبر على "اكتشافها بالكامل" هو أمر مهم للغاية، لكن في بعض الأحيان، على الرغم من أننا نفكر تكرارا ومرارا، لا نتمكن من معرفة أصل الخطأ.

كان رئيس تويوتا السابق، فوجيو تشو، يمر بهذه التجربة عندما كان مسؤولاً عن مصنع في ولاية كنتاكي في الولايات المتحدة. في ذلك الوقت، أمل السيد فوجيو تشو أن تكون السيارات التي يتم إنتاجها في الولايات المتحدة بنفس جودة تلك التي تم إنتاجها في اليابان. ومع ذلك، كان هناك مشكلة في رذاذ الطلاء لقشرة السيارة بشكل دائم. لقد قام الفنيون والعمال باستكشاف الأخطاء وإصلاحها ووجدوا العديد من "الاحتمالات". وقاموا بإعادة وضع العملية القياسية للتشغيل، وحسنوها عدة مرات. ومع ذلك، كانت النتيجة لا تزال غير مرضية. وأخيراً، قرر الفنيون والموظفون "التنازل"، وقالوا إنه "ربما هذا ما يمكن أن تحققه تكنولوجيا الرذاذ الحالية."

نحن نواجه أوضاعا مماثلة في العمل. عندما نجري "محاولة" للتوصل الى سبل حل مشكلة، ولكن المشكلة لم تتحسن، فمن السهل أن نتنازل ونترك المشكلة دون حلها.

في الواقع، إن المشكلة لا تكمن في أننا لا نستطيع العثور على السبب الجذري للمشكلة، بل يمكن في عدم إتقاننا لطريقة فعالة للقيام بذلك. دعونا نعود إلى المثال السابق.

لم يتنازل السيد فوجيو تشو، بل كرس لإدراك المشكلة. في غضون بضعة أشهر، قام بالتحقيق الدقيق في كل جانب من جوانب ورشة العمل مرة أخرى وسأل نفسه باستمرار "لماذا" قد تحدث مثل هذه الحوادث. وأخيرا، وجد السيد فوجيو تشو السبب الحقيقي للمشكلة. فإن الطلاء يتأثر من مستحضرات التجميل التي تستخدمها العاملات ومكونات ماء الصنبور في المصنع. وهذا العامل لم يتم النظر فيه من قبل العمال والفنيين.

السبب في أنه لا يمكننا العثور على الحقيقة هو ليس لأنه لا يوجد حقيقة، ولكن لأننا غالباً ما فشل في كسر التفكير التقليدي. إذا كنا مثل السيد فوجيو تشو، وأبقينا على طرح السؤال "لماذا"، قد تكون النتيجة مختلفة.

لذلك، في نموذج إدارة تويوتا، هناك قول مختصر عملي يقول: "كرر 'لماذا' خمس مرات". هذه الجملة توضح روح تويوتا في السعي لتحقيق التفوق. إنهم لن يتوقفوا عند حل معقول، ولكنهم يخوضون في تحقيقات جدية لمعرفة السبب الحقيقي وراء ذلك.

في الواقع، إن أحد الأسرار التي جعلت تويوتا شركة ذات أعلى درجة من الإنتاج

الدقيق وتحقق التقدم الحقيقي في جميع أنحاء العالم، هو كان مدراءها وموظفوها يسألون "لماذا" دائماً. كشركة، تعتبر جودة المنتج حياتها، لن يستسلم موظفو هواوي لأي مشكلة، بل يستمرون في البحث حتى يجدوا السبب الجذري.

بالطبع، لا تشبه هواوي تويوتا، ولا تطلب من موظفيها أن يسألوا "لماذا" خمس مرات، بل يتبنون نهجًا مشابهًا، وهو إيجاد المشكلة عن طريق المسائلة الذاتية المستمرة.

لقد أتقن موظفو هواوي مجموعة من الخطوات لتحليل المشاكل. كانت الخطوة الأولى هي فهم الوضع. في هذه الخطوة، سيسأل موظفو هواوي أنفسهم "ماذا أعرف الآن؟ ما الذي حدث بالفعل؟ هل هناك أي مشاكل أخرى؟ إلى أين سأذهب لإجراء التحقيق؟ ما هي القضية التي ينبغي عليي الاهتمام بها؟ من قد يكون لديه معلومات ذات صلة؟" استنادًا إلى الإجابات على هذه الأسئلة، سيكون بمقدور موظفي هواوي فهم الوضع الراهن.

بعد ذلك، سيقوم موظفو هواوي بالتحقيق في المشكلة. في هذا الوقت، كانوا يسألون الأسئلة مرة أخرى: "لماذا حدثت هذه المشكلة؟ هل يمكن أن أرى السبب المباشر للمشكلة؟ إن لم أتمكن من ذلك، ما الذي يمكن أن يكون السبب المحتمل؟ كيف أتحقق من السبب المباشر للمشكلة؟"

وأخيراً، سيقوم موظفو هواوي بالتأكد من السبب المباشر للمشكلة استنادًا إلى هذه الحقائق، وبعد التأكيد، سيقومون بصياغة خطة التحسين.

مع ذلك، يبدو أن السؤال "لماذا" هو عملية بسيطة، ولكنها ليست عملية سهلة. كما يمتلك العديد من موظفي شركة هواوي خبرة مريرة فيما يتعلق بهذه العملية:

"في البداية، كان بإمكاني دائمًا أن أسأل" لماذا "مرة أو مرتين. ولكن في وقت لاحق، لم أستطع الاحتفاظ به. عندما فشلت في فعل ذلك، كانت الممارسة العامة هي الاستيلاء على عدد قليل من "الاحتمالات" لإيجاد مخرج لنفسي. عندما كان من الصعب العثور على أسباب بعض المشاكل، كان عليّ أن أسأل نفسي مراراً وتكراراً "لماذا" حتى وجدت الأساس، ولم يكن الأمر سهلاً على الإطلاق."

في الواقع، الناس كسالى بشكل طبيعي، وبعد عدة مرات من السؤال "لماذا" مع عدم وجود إجابة، فإن البعض يميل إلى تنازلات وإيجاد سبب أو سببين لإنهاء الأمر. لذا، فإن مفتاح سؤال "لماذا" في العمل هو التحلي بالصبر والاستمرار. في حين أن المعنى الحقيقي لموظفي تويوتا عندما يقولون "فكر في الأمر لخمس مرات" هو اقتراح الناس على إعادة النظر في الأمور، ربما أكثر من خمس مرات. في هذه الحالة، يلعب الصبر والمثابرة دوراً أكبر.

5. كن مرآة للآخرين

تتطلب إدارة المشاكل أو إدارة إعادة التفكير من جميع الموظفين ألا يهتموا بمشاكلهم الخاصة فحسب، بل يطرحون أيضًا الآراء ويقومون بمناقشة لمشاكل الآخرين، فقط عندما نكون في فريق إيجابي ومحفِّز يعرف كيف يحسن نفسه، يمكننا الاستفادة من إمكانات إدارة المشاكل.

ومع ذلك، نحن معتادون على التستر على المشاكل في العمل، وعدم السعي إلى الحصول على التقدير، ولكن فقط إلى تجنب ارتكاب الأخطاء. وتظهر الحقائق التي لا حصر لها للشركات الفاشلة أن الشركة الأكثر هدوءًا، توجد فيها مزيد من المشاكل. ومن منظور طويلة الأجل، العمل "الهادئ" مثل السم المزمن الذي يقوض الشركة تدريجيا.

ولتفادي مثل هذا السم المزمن من تآكل شركة هواوي، يطلب رن تشنغ في من موظفي هواوي أن يواصلوا روح "انعدام الخجل"، وقال إن: "فضح الأشياء في ضوء الشمس، حتى تضيء كل شيء". لذلك، في هواوي، لا يحتاج الموظفون إلى معرفة كيفية إجراء الانتقاد الذاتي فقط، ولكن أيضا يجرؤون على الإشارة إلى العيوب وأوجه القصور للآخرين.

قال رن تشنغ في إن: "ماء الوجه هو الدرع الذي يستخدمه الجبناء لحماية أنفسهم. أما المتفهمين فهم الذين يسعون للعثور على الحقيقة، بدلا من حفظ ماء الوجه. فقط أولئك الذين يجرؤون على فقدان ماء وجههم يمكن أن ينجحوا. التغيير الكامل يولد رجلا حقيقيا." تؤكد شركة هواوي على أنه يجب على الجميع تصحيح أنفسهم قبل تصحيح الآخرين. وقبل انتقاد شخص ما يجب أن يتعلم المرء أولاً من مزايا ذلك الشخص. في ما يتعلق بالنصيحة التي يقدمها الآخرون، يجب على المرء أن يقبلها بتواضع دون أن يشعر بالقلق من فقدان ماء وجهه.

ذات مرة، أخبر زميل تشين تيان تشو (اسم مستعار): "في أيامنا الحالية، بعض الناس ليس لديهم فكرة عما يحدث خارج الشركة، لا يفكرون إلا في هواوي فقط. فهم لا يمتلكون أدنى فهم لمزايا وعيوب الشركات الأخرى." وافق تشين تيان تشو بشكل كامل مع ذلك الزميل. ولاحظ أن الكثير من الناس أغلقوا أنفسهم داخل دائرة صغيرة من هواوي ولم يتمكنوا من رؤية مزايا الآخرين، وذلك لم تكن حالة واعدة على الإطلاق. أدرك تشين تيان تشو أنه إذا لم يكن هناك موقف منفتح، ولم يتعلم من التجارب الناجحة للشركات الأخرى، فإن عقل المرء قد يصبح حادا ومتخلفا، أو في أسوأ الأحوال، يفقد الفطنة والشجاعة لمواجهة الواقع والحقيقة.

هناك مثل صيني يقول: "قد تخدم الأحجار من التلال الأخرى لتلميع اليشم المحلي. " هذا تعبير يقول إن نصيحة الآخرين قد تساعد في التغلب على أوجه القصور لأنفسنا. كما يجب أن نحسن أنفسنا من خلال الاستفادة من مزايا الآخرين. لذلك، في حين أننا نؤكد انتقاد الآخرين، ينبغي لنا أيضا التعلم من مزايا الآخرين في تحسين أنفسهم.

بدأت هواوي حملة "انتقاد"من أجل تمكين موظفيها من إجراء الفحص الذاتي بطريقة أكثر شمولاً، وفي البداية، شكك العديد من موظفي هواوي فيما إذا كانت هذه الحملة ستنجح فعلاً، حتى أن بعضهم قلقون من أن ذلك قد يأتي بنتائج عكسية في العلاقات بين الموظفين، ويحول "الإخوة إلى الأعداء". بعد كل شيء، انتقاد الذات أسهل بكثير من انتقاد الآخرين أمامهم، حيث يمكن اعتبار الأخير سلوكًا هجوميا. ومع ذلك، كان رن تشنغ في واثقًا جدًا بهذه الحملة.

عمل السيد تانغ شنغ بنغ في شركة هواوي من قبل، وشهد جلسة واحدة لمثل هذه الحملة. طوال العملية برمتها، كان تانغ شنغ بينغ أبعد ما يكون عن القلق من الإساءة إلى الناس وكان يتخذ موقفا داعما تجاه "ثقافة الانتقاد".

الخلفية: تم تعيين شخص معين يحمل اسم ليو (يشار إليه فيما بعد باسم ليو) كمدير لمكتب فرع هانغتشو. بعد وقت قصير من تولي منصبه، سمع الكثير عن المشاكل في المكتب وشهد شخصيا بعض النزاعات بين الموظفين. وفي اجتماع دوري، قام بتنظيم جلسة حملة الانتقاد.

ليو: "اليوم يجب أن نتحدث بصدق مع بعضنا البعض. ضع المشاكل على الطاولة، وتحدث عن نفسك، لذلك سيكون من الأسهل لنا أن نقوم بحلها. الآن، من يريد أن يتكلم أولاً؟" وقف وانغ لي أولاً وبدأ في الحديث قائلا:" بصفتنا مدراء للعملاء، فإننا نناضل من أجل الشركة في الجبهة الأمامية. ومع ذلك، ليس لدينا أي دعم من الإدارة. على سبيل المثال، كنت أتنقل بين عدة شبكات محلية، لكنني لم أستطع الحصول على سيارة لقيادتها..."

ليو:" لم تلمس القضية الأساسية بعد، من التالي؟ "وقف خه لونغ جيون، لكنه لا يزال لا يشير إلى المشكلة الجوهرية التي أراد ليو سمعها. لذا، قال ليو: "لم تتطرق إلى المشكلة الجوهرية. تانغ شنغ بنغ، أنت التالي. ألم ترد الاستقالة من الشركة منذ بعض الوقت؟ أخبرنا ماذا كنت تفكر!"

وقف تانغ شنغ بينغ ثم بدأ التكلم:" أريد أن أشير إلى مسألتين: الأولى التي ذكرتها سابقاً في اجتماع مجموعتنا، فإن آلية حوافز هواوي تعاني من مشاكل. حولت الشركة الأسهم الداخلية لجميع الموظفين القدامى الى خيارات الأسهم، لذا بغض النظر عن

الجهد الذي يبذله الموظفون الجدد، فلن يكونوا قادرين على اللحاق بالموظفين القدامى. إن الأسهم هي شريان الحياة لشركة هواوي. وإذا لم يتم تحفيز الموظفين الجدد بشكل صحيح، فستفقد الشركة قوتها الدافعة. نقطتي الثانية هي، في الوقت الراهن، نظام التقييم والإقالة هو فقط للموظفين على المستوى القاعدي. في حين يتم تأمين مناصب المسؤولين على المستوى المتوسط. أعتقد بغض النظر عن مرتكب الخطأ، يجب على المسؤولين على المستوى المتوسط تحمل جزءا من المسؤولية ... وأعتقد أن ذلك يجب أن يكون اتجاه التنمية. هذا كل ما أردت قوله."

في رأي الكثير من الناس، كان تانغ شنغ بينغ يمتلك الشجاعة الكافية للتحدث عن هذه الكلمات، وما قاله لمس مصالح كبار الموظفين والقادة على المستوى المتوسط. ولكن بالنسبة لليو، فإن تانغ شنغ بينغ لم يتطرق إلى أبرز النقاط. وأضاف: "تانغ شنغ بينغ، يبدو أن كلمتك رسمية جدًا، لكنك لم تتحدث من قلبك، لذلك سأقولها لك. أعلم أنك أنت وتشانغ لديكم خلافات، تحدثت ما تشانغ قبل يومين، وقلت له إنك لم تكن جيدًا في التسامح مع الآخرين. كما ذكر تشانغ هذه المشكلة عندما أقال من العمل، وأعتقد أن تشانغ كان لديه مشكلة في هذا الصدد."

كلمات ليو الحادة اكتوت قلب الجميع، وشعروا بعدم الارتياح بسبب سماعهم هذه الكلمات، ولكن هذا هو بالضبط ما تريد "حملة الانتقاد" تحقيقه. إن الروح المتمثل في "انعدام الخجل" هي التسمية بوضوح أثناء "انتقاد" الآخرين، سواء كانت مريحة أم لا، ووضع كل شيء على الطاولة. هذه هي النتيجة التي يتطلع رن تشنغ في إليها، لأنه بالنسبة له "انعدام الخجل" قد يؤدي إلى التقدم.

بشكل عام، هناك العديد من الناس الذين يتحدثون في جلسات حملة الانتقاد في شركة هواوي، حيث يمكن للجميع أن يكونوا مفتوحين للآخرين ويتبادلوا الآراء والأفكار. بعد ذلك، لم يظن أحد أنه يتعرض للانتقاد، على العكس، يقدر الجميع أن الآخرين كانوا يقولون الحقيقة بكل إخلاص.

كان هناك مدير منتج انتقد مدير عملاء معينا على النحو التالي:

"أعتقد أن مدراء العملاء في الوقت الحاضر لا يتمتعون حتى بأدنى قدر من الاحترام تجاه مدراء المنتجات. عندما نحتاج إلى تشارك سيارة مع أربعة أو خمسة أشخاص، فإن مدير العملاء، بغض النظر عن أي شيء آخر، يذهب مباشرة إلى المقعد الأمامي بدون أي إيماءة مؤدبة، ويترك كل موظفينا الكبار للجلوس في المقاعد الخلفية. في المساكن الخاصة بالموظفين من قسم الشبكات المحلية، يتم تعيين غرفة منفصلة مجهزة بسرير كبير لمدير

العملاء، في حـين كـان عـلى مـدراء المنتجـات تشـارك غرفـة صغيرة واحـدة".

في رأي مدير العملاء، كان مدير المنتج يقول الحقيقة، كان الانتقاد مـع حسـن النيـة وبالتـالي يصالـح للتنميـة في المسـتقبل. لذلك، لم يشـعر مدير العملاء بالإهانـة. لكـن بـدلا مـن ذلـك شعر بالارتياح.

يمكن القول إن ثقافة الانتقاد والمراجعة لـدى هـواوي قـد حسـنت جـو المنظمة وقاربت الموظفين مـن بعضهم البعض إلى حـد مـا. في وقت لاحـق، أثنى رن تشـنغ في على النتائج قائلا: "اليـوم، يـدرك العديد مـن النـاس بوضـوح أننا نقضي المزيد مـن الوقت مـع زملائنا في العمل أكثـر مـن وقتنـا مـع عائلاتنـا وأصدقائنـا، لذلك عندمـا نتمكـن مـن اختيـار ظروف بيئة عملنـا، يجب أن نختـار معاملـة زملائنا كإخوة وأخـوات وعملنـا كشـركة عائليـة. لـن يكـون هنـاك اضطهاد بيننـا، ولا مؤامرات ضـد بعضنـا البعـض، ولا يـصرخ أحـد عـلى الآخريـن، ولا خصومـة، ولا خيانـة. نقـف كتفـا بكتـف وندعـم بعضنـا البعـض. نحـن نحـب بعضنـا بعضـاً ونهتم ببعضنـا البعـض. ونحـن نتقاسـم الاهتمامـات المشـتركة، والأهـداف المشـتركة، ونحـن عـلى اسـتعداد للتحـدث مـع بعضنـا البعـض والاستماع إلى بعضنـا البعـض بعـد العمـل..."

مـع مثابرة رن تشـنغ في والموظفين في هـواوي، حققـت كل مـن الشـركة وموظفيهـا النتائج المرجـوة. بعد تحقيق مطالبـات الموظفين مـن خلال القنـوات المعقولـة للمنظمة، أصبحـوا أكثـر نشـاطًا وإيجابيـة في العمل؛ في حيـن أنه بـدون اشـتباه وإخفاء، يعمـل الموظفون معًـا بشـكل أوثـق، مـما يخلق بيئة أكثر تضامنا للشركة.

6. القيام بالتحسينات استنادا إلى حكمة الفريق

سـواء في الرخـاء والشـدة، سـواء أكان الأمـر يتعلـق بحـل المشـاكل أو تشـارك السـعادة، دون تعـاون الجميع والحكمـة الجماعيـة، حتى إذا تم تحقيق النجـاح، فلـن يسـتمر ذلـك طويلاً. قـال رن تشـنغ في: "بغـض النظـر عـن مـدى ذكاء الشـخص، لا يمكن إلا أن تلمـع حكمتـه بضـع مـرات في حياتـه. مـن ناحيـة أخرى، إذا كان نـور جميع المطوريـن يأتـي معًـا، فـإن مسـتقبل شركة هـواوي سـيكون مشرقًا للغايـة."

في عـام 2006، بعد أن نقل فريق صيانـة هـواوي في مقاطعـة جيليـن ثلاثـة عمال جـدد من قسـم التطويـر، تلقـى الفريق تقريـرًا عـن فشـل في الشـبكة، وطلب العميـل مـن هـواوي اتخـاذ إجراء عـلى الفور. بسـبب أن العامـل الجديد تشـين لو (اسم مسـتعار) كان مسـؤولاً عـن دعـم

الشبكة، قرر قائد الفريق إرساله إلى الموقع.

لم يكن لدى تشن لو أي خبرة صيانة في الموقع، لذلك عندما سمع أنه سيتم إرساله إلى غرفة معدات العميل، لم يكن لديه الثقة في حل المشكلة على الإطلاق. ونتيجة لذلك، وبعد التحقيق لعدة أيام، فشل في معرفة سبب العطل. وذلك لم يجعله قلقا للغاية فحسب، بل خاب أمل العميل أيضا.

عندما ذهب قائد الفريق لتفحص الموقع، قرر استدعاء جميع فريق المشروع لمعرفة المشكلة سويا على الفور. لم يعتقد أعضاء الفريق الآخرون أن هذه المشكلة لا تتعلق بأنهسهم، بل شاركوا فيها بنشاط وقدموا اقتراحات. وحددوا المشكلة وقدموا قائمة مفصلة بالعيوب المحتملة بشكل جماعي. وفي وقت لاحق، استغرق تشن لو أقل من يومين لإكمال المهمة بنجاح، حتى تلقى الفريق رسالة شكر.

يولي رن تشغ في أهمية كبيرة على تطوير حكمة الفريق ويعارض عمل الموظفين في هواوي بمفردهم. وقال رن تشنغ في في 'دليل الموظف الجديد' "إن هواوي هي مجموعة، وسيكون لدى الموظفين في هواوي روح الجماعة، ولا ترحب الشركة بمن يحب العمل بمفرده."

يعتبر النقاش الديمقراطي شائعًا جدًا في هواوي، حيث أن نهج العمل الجماعي هذا لا يقدم أعضاء الفريق فرصة للمشاركة في الأنشطة فحسب، بل يساعدهم على استخدام حكمة الفريق لإكمال العمل أيضا.

في هواوي، تشبه إدارة الأعمال من قبل مدراء الأقسام أسلوب العمل الميداني في كثير من الأحيان: وعندما يكتشفون أو يواجهون مشكلة، يتصلون بالأفراد المعنيين ويستدعونهم إلى مقعده لإجراء مناقشة صغيرة. في بعض الأحيان يقوم المدير بإعداد لوحة بيضاء، ويتحدث ويكتب عليها في نفس الوقت. كما يقدمون خطة العمل الخاصة بهم للحاضرين، أو أن الحاضرين يتحدثون عن خطة العمل الخاصة بهم. وبعد ذلك يتحدثون بحرية ويعبرون عن آرائهم وأفكارهم. وفي نهاية المطاف، قد تظهر الكثير من المشاكل أثناء المناقشات أو الترتيبات للعمل، ويعزز هذا النهج من العصف الذهني كفاءة العمل إلى حد كبير.

"العمل على المزايا، ثم لن تكون هناك جهود مهدرة". إذا كان الناس يلعبون دور نقاط قوتهم، فمن المفترض أن يحققوا النجاح. لذلك، بصفتنا عضوًا في فريق، يجب أن نتصدى لأوجه القصور الخاصة بنا وأن نتعلم كيفية الاستفادة من قوة الفريق وتطوير المزايا الخاصة بكل عضو، بحيث يمكن حل العديد من المشاكل المعقدة واحدة تلو الأخرى.

يعرف الكثيرون عن المناقشة الديمقراطية، ولكن من الصعب وضعها قيد التنفيذ الحقيقي. على سبيل المثال، لا يعبر بعض الموظفين عن أفكارهم إلا أثناء المناقشة، ولكن

لا يستمعون إلى اقتراحات وآراء الآخرين. إن جوهر المناقشة ليس وعظ الآخرين، بل جمع حكمة كل فرد والسماح لهم بطرح أفكارهم وخططهم الفريدة.

لدى موظفي تويوتا فكرة واضحة عن المناقشة الديمقراطية، فهم يعتقدون أن: "أنشطة التحسين المناسبة تعمل فقط في إطار التعاون. فبدون المساعدة من الآخرين، حتى لو كان عملي ناجحًا مائة بالمائة، فإن القيمة ستكون النصف. فقط مع المشاركة النشط من الفريق وتعاونه، يمكننا الحصول على النتيجة القصوى."

إن هدف الموظفين في تويوتا من المناقشة الديمقراطية هو: تمكين الجميع من التعبير عن أنفسهم، والتعبير عن أفكارهم الخاصة، حتى لو كانت بعض الأفكار خاطئة. وفي هذا الصدد، نفذت تويوتا نظام الاقتراح المعقول بغرض تحقيق التحسين المستمر من خلال العمل الجماعي.

كان نظام الاقتراح المعقول الذي روجته شركة تويوتا يسمى "نظام التفكير الإبداعي". فإن موظفو شركة تويوتا يؤمنون أن المنتجات الجيدة تأتي من الأفكار الجيدة، وبالتالي فإن الشعارات التي استخدموها في "نظام التفكير الإبداعي" هي "أفكار جيدة"، و"منتجات جيدة". كما تم اعتماد نظام الاقتراح المعقول على نطاق واسع لإلهام التفكير الإبداعي لجميع الموظفين، وذلك من أجل الحصول على "أفكار جيدة" من الجميع.

لذلك، يجب أن نهتم بحكمة الفريق وأن نرشد الجميع للتحدث بنشط عن أفكارهم. بالنسبة إلى الاقتراحات الجيدة، يجب علينا قبولها؛ أما بالنسبة إلى الاقتراحات السيئة، فيجب أن نقدر الجهود التي بذلها الآخرون من أجلها ونواصل تشجيع مشاركتهم النشطة.

7. التلخيص مرارا وتكرارا

السبب في أن موظفي هواوي أكثر كفاءة من المتوسط هو أنهم يولون أهمية على كل تجربة من حالات الفشل، حتى لو كان خطأ شخص آخر. ويعتقد موظفو شركة هواوي أنهم لا يملكون شيئًا يخجلون منه من حيث إخفاقاتهم الخاصة أو غضبهم من أخطاء الآخرين. فقط أولئك الذين يكررون الأخطاء يجب أن يُسخروا.

لذلك، تعد الاستفادة من الفشل أحد الممارسات الشائعة لموظفي شركة هواوي. إنهم قادرون على كسب الكثير من الخبرات القيمة من عدد كبير من حالات الفشل. وبصفته رئيس شركة هواوي، يحترم رن تشنغ في بشكل كبير الدروس المستفادة من إخفاق الآخرين

في تجنب ارتكاب نفس الأخطاء. وقال: "إذا لم تقم بإجراء مقارنات، فمن الصعب أن تعرف بوضوح يمكنك الغرق في تقدير الذات وعدم القيام بأي محاولة لإحراز تقدم. هذا ينطبق على كل شركة وكذلك كل فرد."

لذا، طرح رن تشنغ في أن أفضل طريقة لتحسين الذات هي التعلم من البارع في مجال معين، والتبادل مع المتميزين، ليس فقط للتعلم من تجربتهم الناجحة، ولكن أيضًا لاستخلاص الدروس من إخفاقاتهم السابقة ولتفادي وقوع نفس الإخفاقات.

العديد من الموظفين في شركة هواوي يذهبون إلى منافسيهم من أجل تحسين أنفسهم من خلال "تعلم الخبرة" منهم، حتى رن تشنغ في نفسه يسافر في كثير من الأحيان إلى الخارج لمواصلة دراسته. لأن موظفي هواوي يعتقدون أن المنافسين هم أفضل معلميهم.

في مقال "ما يمكن أن نتعلمه من الشعب الأمريكي"، أدلى رن تشنغ في بهذه التصريحات على وجه التحديد:

"إذا قللنا فترات الربيع والخريف والممالك المتحاربة التي استمرت لمدة نحو خمسمائة سنة إلى يوم واحد، فمن سيكون البطل؟ هناك موجة هائلة من المعلومات، وهي ترتفع وتهبط. مع التقدم في تكنولوجيا الشبكة وتكنولوجيا المعالجة، وأصبح الأيض أسرع فأسرع. لذلك سيكون من الصعب الحصول على نتيجة بشأن من هو البطل، وأي بطل عابر سيعطي دفعة لتطوير صناعة المعلومات. يجب أن نحترمهم، نتعلم منهم، ونتابعهم بشكل حاسم."

يعتقد رن تشنغ في أن المنافسين المحليين والأجانب يتمتعون بمزايا جديرة بالاهتمام، وتحتاج شركة هواوي إلى بذل جهود هائلة للتعلم منهم لتتجاوزهم.

ذات مرة، أشار رن تشنغ في بشكل حاد أمام موظفي هواوي: "ما هو مستقبل الشركة إذا لم تكن جيدة في تلخيص تجاربها؟ لذلك، لا يتعلم الشخص من أخطاء شخص آخر فقط، بل أيضًا من أخطائه الخاصة. لذلك يسهل عليه تحسين نفسه."

وفيما يتعلق بالتلخيص وإعادة التفكير، تمتلك لينوفو، وهي شركة محلية أخرى على الدرجة الأولى، طريقة تُعرف باسم "إعادة اللعبة". هذا هو المصطلح في لعبة الشطرنج، ويشير إلى استعراض عملية اللعبة بعد انتهائها، يراقب الجانبان "تحركاتهما" بشكل موضوعي لتجنب تكرار الأخطاء نفسها في المرة القادمة.

في لينوفو، سيضع الموظفون "إعادة اللعبة" موضع التنفيذ بمهارة، أي إعادة النظر في أعمالهم، بما في ذلك الهدف، والتدابير التي اتخذوها، والظروف الداخلية والخارجية، والحدود، والعوامل الحتمية والعرضية، وما إلى ذلك. لذا، كيف بدأت لينوفو باستخدام

طريقـة "إعـادة اللعبـة "هـذه؟

روى ليـو تشـوان تـشي قصـة حقيقيـة حدثـت عندمـا أصبـح المديـر العـام لشركـة لينوفـو في الثمانينـات مـن القـرن العشريـن. في غرفـة صغيـرة، عندمـا بـدأ ليـو تشـوان تـشي العمـل في الصبـاح، جـاء زميـل لـه للحديـث عـن شيء مـا. وكان زميلـه في غايـة الجديـة حـول هـذا الـشيء. ومـع ذلـك، عندمـا انتهـى مـن الشـوط الأول، قاطعـه شخصًا آخـر للحديـث عـن مشاكله. ثـم جـاء الثالـث وخـلال ذلـك الصبـاح، جـاء هنـاك خمسـة أشـخاص إلى ليـو تشـوان تـشي، ولم يكـن أحـد منهـم قـد أنهـى حديثـه.

بعـد عودتـه إلى المنـزل في المسـاء، فكـر ليـو تشـوان تـشي في هـذه الأمـور مـرة أخـرى، وتوصـل إلى استنتاجيـن: الأول، لم ينتـه أحـد منهـم مـن حديثـه ولم يعـرف مـا يريدونـه منـه. الثـاني، والأهـم مـن ذلـك، أن أيـاً مـن الأمـور التـي تحدثـوا بهـا لم تكـن مـن القضايـا الحيويـة بالنسبـة للشركـة.

ونتيجـة لذلـك، لـدى ليـو تشـوان تـشي فكـرة: مـا الـذي أردت فعلـه بالضبـط؟ يجـب ألا يتـم جـرّني مـن قبـل مرؤوسـي، ولكـن لتوضيـح مـا إذا كانـت الأمـور تتعلـق بي أم لا، أنـا في حاجـة للتعامـل معهـا وفقًـا لأولوياتهـا.

لذلـك، مـن أجـل تحسيـن القـدرة عـلى التصـرف بعـد التخطيـط، مـن المهـم جـداً معرفـة كيفيـة التعلـم مـن الـدروس. خاصـة بعـد الفشـل، يحتـاج المـرء إلى إجـراء تحليـل دقيـق لنفسـه. يجـب علينـا التعلـم مـن موظفـي هـواوي، والتعلـم مـن الإدارة الداخليـة لأي شركـة ممتـازة، وتلخيـص أوجـه القصـور الخاصـة بنـا. فقـط بهـذه الطريقـة، يمكننـا تحسيـن أنفسنـا باستمـرار.